스마트무역의 이해

스마트무역의 이해

초판1쇄 인쇄 2021년 6월 23일
초판1쇄 발행 2021년 6월 30일

지은이 최하늘, 이호형
펴낸이 신일희
펴낸곳 계명대학교출판부
출판등록 제347-1998-1호(1970.9.1)
주소 대구광역시 달서구 달구벌대로 1095
전화 053-580-6233
팩스 053-580-6235
홈페이지 www.kmupress.com

ISBN 979-11-6516-086-9 93320
값 23,000원

스마트무역의 이해

머리말

4차 산업혁명 시대를 맞이하고 있는 지금 무역은 종이 서류 기반의 무역업무에서 벗어나 정보통신기술을 활용하여 새로운 부가가치 창출과 비용 절감을 목표로 하는 전자무역으로 변화하고 있다. 디지털 기술과 인터넷의 발달로 조달, 생산, 유통, 물류, 마케팅 등 가치사슬의 모든 영역에서 과거와는 다른 형태로 변화하고 있다. 정보통신기술은 무역 절차를 혁신적으로 개선하고, 지식정보를 기반으로 창의적인 방식으로 새로운 시장 개척을 지원하며, 다양한 제품과 서비스의 글로벌 마케팅에 중요한 역할을 하고 있다.

따라서 정보통신기술의 정보와 지식의 효율적 처리와 관리 역량은 오늘날 무역 전문인력이 갖추어야 할 중요한 역량이다. 특히 4차 산업혁명 시대의 스마트 비즈니스 소양을 보유한 전자무역 전문인력 양성을 위해 스마트 비즈니스 프로세스, 스마트 무역마케팅, 스마트 비즈니스 애널리틱스에 대한 이해가 필요하다. 또한 4차 산업혁명의 기반이 되는 기술인 빅데이터, 사물인터넷, 인공지능, 그리고 금융과 물류 분야의 새로운 플랫폼 기술로 주목받는 블록체인을 이해하고 이를 다양한 비즈니스에 적용할 수 있는 역량을 갖추어야 한다.

본 책은 4차 산업혁명에 따른 기술발전이 생산방식과 무역 비즈니스모델을 변화시키며 이에 따라 상품과 서비스의 글로벌 무역패턴도 크게 변화하게 될 것을 독자들에게 이해시키는 데 목적이 있다. 지능정보 기술의 확산으로 인해 제조업 생산성이 진보되고 서비스무역이 활성화되는 것을 숙지할 수 있다. 가치사슬의 스마일커브가 변화되고 통신, 금융, 물류의 사물인터넷에 따라 디지털무역이 활성화되는 것을 인지할 수 있다. 4차 산업혁명에 따른 기술발전이 무역에 미치는 영향에 대한 자기 주도적인 전공 학습을 시작하는 계기를 마련할 수 있다.

본 책의 제1장에서는 디지털 경제의 개념과 특징, 정보 재화의 개념과 특징, 디지털 경제하의 상품 판매 전략에 대해 학습한다. 제2장에서는 기업의 경쟁 우위의 개념을 이해한 다음 망 효과와 기업의 경쟁 전략에 대해 학습한다. 그리고 플랫폼 비즈니스 개념과 특징, 성공 전략을 이해한다. 제3장에서는 해외시장조사를 이해하고 이를 토대로 마케팅 전략 수립 방법을 이해한다. 다양한 조사 방법에 대해 학습하고 결과 분석 방법을 학습한다. 온라인 설문 방법을 학습하고 시장 조사에 활용하는 방법을 이해한다. 제4장에서는 고객 관계의 정의와 필요성에 대해서 학습한다. 빅데이터를 이해하고 고객 관계 마케팅과의 관련성을 학습한 후 고객 관계 관리를 위한 빅데이터 활용 방법을 학습한다. 제5장에서는 혁신의 개념과 유형을 학습하고 발명과의 차이점을 이해한다. 혁신의 확산과 경로의존성의 개념을 학습한다. 혁신을 통한 경쟁과 협력이 일어나는 시장 생태계를 이해한다.

제6장부터는 스마트무역에 대한 실무적인 이해에 들어간다. 제6장에서는 무역자동화와 전자무역의 역사를 이해하며 4차 산업혁명 시대에 전자무역이 디지털 전환의 핵심이 될 것을 미리 내다볼 수 있다. 전자무역의 활용 효과와 활용 사례를 통해 전자무역의 필요성에 대해 확실히 이해할 수 있다. 전자무역과 직접 관련이 있는 글로벌 전자상거래 시장의 확장에 대하여 이해할 수 있다. 제7장에서는 전자무역 인프라인 uTradeHub의 추진 배경, 기능과 가입 방법에 대해 이해한 후 수출입 절차의 종합적인 이해와 더불어 수출입 시뮬레이션(uTradeEdu) 실습으로 각 수출 절차의 이론적 배경과 실무적 유의점을 체득한다. 제8장에서는 국제무역 대금결제를 취급하는 외국환 업무, 상역, 물류, 통관 등 제반 무역업무가 전자무역으로 처리되

는 과정을 이해한다.

제9장에서는 4차 산업혁명이 무역에 미칠 영향과 새로운 국제통상 질서에 대해 이해한다. 블록체인과 빅데이터에 대한 지식을 습득하여 전자무역에 어떻게 활용되는지 이해한다. 제10장에서는 무역마케팅 환경 변화의 이해를 통해 인터넷 무역마케팅의 필요성을 실감하고 비대면 무역마케팅 전략의 기초지식을 습득한다. 성공적인 비대면 무역마케팅을 위한 전자상거래 전략, 수출 아이템 발굴 전략을 이해하고 온라인 거래처 발굴이 유리한 점에 대해 알게 된다. 비대면 무역마케팅을 실제로 수행하기 위한 온라인 전시회, 화상 상담, 무역거래알선사이트, 검색엔진과 소셜미디어를 활용한 바이어 발굴 방법에 대해 이해한다. 학습자들은 본 책을 통해 스마트무역 시대의 미래 인재로 성장하고 세계 시장을 누비는 창의적인 무역 전문가로 활약할 것이다. 끝으로 본 책이 출판되기까지 많은 도움을 아끼지 않은 가족들과 계명대학교 출판부에 감사의 마음을 전한다.

차례

4장 빅데이터와 고객 관계 마케팅

5장 기술 혁신과 시장 생태계

6장 전자무역의 개념 및 활용

7장 uTradeHub와 전자무역시뮬레이션

8장 전자무역의 실무 적용 분야

9장 전자무역 분야의 4차 산업혁명 적용

10장 비대면 무역마케팅

1

디지털 경제

학습 목표

- 디지털 경제의 개념과 특징을 학습한다.
- 디지털 경제하의 정보재화의 개념과 특징을 이해한다.
- 디지털 경제하의 상품 판매 전략에 대해 학습한다.

제1절

디지털 경제의 개념과 특징

1. 디지털 경제의 개념

디지털 경제(Digital Economy)란 용어는 1998년 미국 상무부의 보고서인 The Emerging Digital Economy에서 탄생한 용어이다. 이 보고서에 따르면 정보통신(Information and Communication Technology, ICT) 산업의 발달과 더불어 인터넷의 확산 그리고 이를 기반으로 한 웹 비즈니스의 발달에 따라서 급격한 경제 구조의 변화를 디지털 경제의 출현(Emergence of Digital Economy)이라고 하였다.

디지털 경제는 '디지털 기술을 직접 생산하는 전자·정보·통신 산업 그리고 이 기술을 활용하는 제조업과 서비스산업뿐만 아니라 인터넷과 같은 정보 네트워크의 형성으로 인해서 경제 활동의 합리성을 규정하는 원리가 크게 달라지는 경제시스템 전반의 변화'를 말하고 있다. 디지털 경제는 단순히 디지털 기술을 기업의 생산 활동에 활용하는 제품이나 서비스이거나 혹은 가계의 경제 활동 등에 활용되는 각종 디지털 기기나 정보 서비스 등만을 일컫는 것이 아니라 디지털 기술과 인터넷의 확산으로 구체화되기 시작한 새로운 경제 패러다임이라고 할 수 있다.

그러나 디지털 경제는 단순히 경제 패러다임의 변화만을 의미하는 것은 아니다. 정보통신기술의 발달과 이를 통한 급속도로 진전되고 있는 기술 혁신으로 정보가 디지털화되고 인터넷을 통해서 컴퓨터, 통신, 그리고 정보 콘텐츠가 융합되고 있다. 이러한 융합으로 말미암아 사회 전반의 모든 요소들이 영향 받고 있고 융합의 물결에 합류하고 있다. 새로운 신조어가 탄생하고 새로운 문화가 탄생하고 있으며 새로운 세대와 생각들이 기술 융합의 기반으로 탄생하고 있다.

1) 지식 기반 경제의 디지털 경제

지식 기반 경제(Knowledge-based Economy)는 지식과 정보를 활용하여 기존의 경제 시스템에서 나타나지 않는 새로운 경제 원리 및 현상을 의미하는 가장 포괄적인 개념이라고 할 수 있다.[1] 지식 기반 경제는 '지식의 창출과 활용이 경제적 가치 창출에서 중심적인 역할을 하는 경제'라고 정의할 수 있다. 지식 기반 경제라는 용어는 1990년대 중반 OECD를 비롯한 국제기구에서 사용한 것으로 우월한 기술력과 경영 능력을 바탕으로 많은 부가가치를 창출하여 경제 성장을 도모하는 경제 시스템을 일컫는 말이었다. 지식 기반 경제는 지식과 정보를 활용하되 이를 위해서는 디지털 기술 발달이라는 물리적 기반이 필수적인 경제 시스템으로, 과거 전통적인 산업보다 더 높은 부가가치 창출이 가능하다.

1 류건우, 양근우, 이호형, 최하늘, 전자무역과 웹비즈니스, 계명대학교출판부, 2011.

- 지식 기반 경제의 등장 배경

지식 기반 경제는 다음과 같은 세 가지 배경을 갖고 있다. 첫 번째로 지식은 오랜 인류 역사 속에서 인류의 경제 발전의 중요 요소로 작용해 왔었다. 과거 오랫동안 지식은 기업 생산의 투입물로써 개별적인 시장 가치를 갖고 있었던 것은 아니었지만, 인류의 경제 발전의 중요한 계기에는 항상 새로운 지식의 등장과 발전이 있었다. 이렇듯 지식은 오랫동안 인류 역사에 중요한 역할을 해왔지만, 특히 오늘날의 경제 시스템을 지식 기반 경제라고 부르는 이유에는 정보와 지식의 창출과 확산 그리고 활용 등의 체계가 과거와는 다르게 나타났기 때문이다. 정보통신기술의 발전으로 인해서 지식을 탐구하고 이를 학습하는 방법의 급격한 혁신과 더불어 지식을 보다 효율적으로 확산시킬 수 있는 디지털 기술 혁명은 과거의 지식이 인류 역사에 기여했던 방식과는 다르다. 지식의 생산과 분배 및 활용 조건의 급격한 변화야말로 오늘날 지식 기반 경제의 등장 배경의 핵심이라고 할 수 있다.

두 번째로 연구·학습 시스템의 혁신으로 인한 지식의 생성이 정보통신기술발전으로 형성된 네트워크를 통해 보다 용이하게 됐다는 점이다. 그리하여 기초 조사와 연구 개발을 위한 도구와 장비의 개발 속도 증가와 비용의 감소, 가상 시뮬레이션 기법을 통해 기술 변화의 급속화가 이루어졌다. 그리고 다수의 개인들 및 연구자 집단, 기업 등이 자유롭게 접속하고 정보를 교환하여 새로운 지식 창출이 용이하게 된 인터넷의 등장으로 인해서 정보와 지식의 공유와 이를 통한 새로운 지식 창출이 활성화 되었다.

세 번째로 지식 기반 경제는 디지털 기술 혁명을 통해 0과 1이라는 비트 단위로 지식을 기호화하여 인터넷과 같은 정보 인프라를 통해서 쉽게 전달되고 공유할 수 있게 됨으로써 등장하게 되었다. 이로 말미암아 거대한 지식 자원들이 쉽게 저장되고 전달될 수 있었는데 이는 지식의 축소와 전환과정이라고 볼 수 있으며 지식의 전달·확인·저장 및 재생산을 손쉽게 할 수 있게 되었다.

- 지식 기반 경제의 특징

지식 기반 경제는 두 가지 특징을 가지고 있다. 첫 번째로 이전과 비교할 수 없을 정도의 풍부한 지식의 생성과 확산 그리고 용이한 활용을 통해서 과거 기업 생산의 주축이었던 노동이나 자본, 토지에 비해서 보다 높은 효율성과 더불어 기업의 경쟁력의 원천이 되는 경제 시스템이 지식 기반 경제이다.

두 번째로는 컴퓨터, 전자, 우주항공과 같은 첨단 기술 산업과 교육, 통신 등의 정보 집약적 산업의 비중이 높아지는 경제 시스템이 지식기반 경제이다. 이러한 특징으로 말미암아 기업들은 경쟁력 창출과 유지를 위해서 지식에 대한 많은 투자를 하고 있다. 따라서 기업 경영과 연구 개발이 유기적으로 연계되고 있으며 이를 지원하는 다양한 서비스업이 발전하고 있다.

디지털 경제는 그 대상이 지식이나 정보라는 측면에서 지식 기반 경제라고 볼 수 있다. 특히 디지털 경제는 다양한 형태의 지식이나 정보를 효율적으로 공유·확산·활용함으로써 기존 산업의 새로운 부가가치 창출과 생산성 증대를 가능하도록 하는 한편, 새로운 지식의 창출과 활용을 통해 지속적으로 새로운 사업 기회를 포착하고 이를 사업화하여 고용을 창출하는 경제를 의미한다.

2) 신경제와 디지털 경제

신경제(New Economy)는 정보 기술 발전에 의해서 산업의 생산성이 높아지고 이로 인해 고성장이 지속되는 경제 시스템을 말한다. 신경제는 기존 경제학에서 성장과 더불어 높아지는 물가와는 달리 고성장과 저물가를 동반하는 경제를 말한다. 이는 20세기 초 정보통신의 발달로 미국 경제에서 지속적인 산업 생산성의 증가로 인한 고성장과 더불어 안정적인 물가를 유지했던 10년여 동안의 경제를 말한다.

3) 사이버 경제와 디지털 경제

사이버 경제(Cyber Economy)는 컴퓨터 기술의 발전을 바탕으로 하여 인터넷으로 대표되는 가상공간(Virtual Space)에서의 가상 경제 주체의 출현과 이들 간의 여러 형태의 경제 행위, 예를 들어 전자상거래나 전자 금융 등을 말한다.

디지털 경제의 한 측면이라고 할 수 있으나 인터넷이라는 가상공간으로 국한하여 경제 시스템을 설명하는 용어이므로 비교적 좁은 개념이라고 할 수 있으나 최근 온라인 게임이나 가상 사회 서비스 등 가상 공간을 기반으로 한 많은 서비스들의 등장으로 실제 세상의 경제 시스템과 이러한 사이버 경제 간의 상호 관계에 대한 연구가 시작되고 있다.

4) 네트워크 경제와 디지털 경제

네트워크 경제(Network Economy)는 경제 주체 간에 인터넷을 토대로 유·무형의 망으로 연결되어 있어 이들의 경제 활동이 네트워크를 기반으로 일어나는 경제 시스템을 말한다. 네트워크 경제는 디지털 경제의 한 특징을 나타낸 것으로 네트워크를 구성하는 경제 주체 간의 정보와 지식 혹은 디지털화된 상품이나 서비스의 교류가 네트워크를 통해 일어나는 경제 시스템이다.

네트워크 경제하에서 경제 주체들은 하나의 네트워크 내에서 공통의 관심사와 이해관계를 갖고 움직이고 있으며 이들의 수가 늘어나고 교환하는 정보의 가치가 늘어남에 따라 이들이 속한 네트워크의 가치가 기하급수적으로 증가하는 특징을 갖고 있다.

5) 정보 경제와 디지털 경제

정보 경제(Information Economy)는 새로운 생산 투입물로써 등장하게 된 정보의 상업적 특징을 강조한 개념으로 정보가 경제 시스템 하에서 가치가 있는 재화나 서비스로서 경제 활동의 중심이 되는 경제 시스템을 말한다.

정보 경제하에서는 정보나 지식은 시장에서의 거래 대상이 되며 이러한 정보의 부가가치가 정보 재화의 시장 성공을 결정한다. 같은 정보라도 어떻게 이를 조합하느냐에 의해서 정보의 가치가 결정되며 정보 재화를 판매하는 기업의 경쟁력이 된다.

2. 디지털 경제의 특징[2]

1) 수확체증의 법칙

디지털 경제하의 수확체증 현상은 공급자 시장과 수요자 시장에서 찾아볼 수 있다. 먼저 공급자 시장에 대해서 알아보자. 기존 경제에서는 생산 및 유통의 한계비용이 증가하는 수확체감의 법칙(Decreasing Returns to Scale)이 작용한다. 이는 일반적인 생산 함수의 경우 생산 요소의 투입이 증가함에 따라 산출물이 증가한다. 그러나 생산 요소의 투입량이 증가할 때 산출물의 증가량은 점차 줄어드는 현상이 발생한다. 이를 수확체감 현상이라고 한다. 노동이나 토지 등과 같은 전통적인 생산 요소는 수확체감의 법칙에 의해 영향을 받는다.

그러나 디지털 경제하에서는 생산 요소의 투입량이 늘어나더라도 산출물이 늘어나는 수확체증 현상이 발생한다. 이는 디지털 경제하에서 지적 자본 즉 정보나 지식과 같은 무형의 재화를 투입 요소로 사용하는 경우에 가능하다. 이러한 무형의 생산 요소는 유형의 생산 요소와 달리 계속 사용하더라도 소모되지 않는다. 따라서 이를 토대로 한 생산이 이루어지는 경우 재화나 서비스의 한계 비용이 0에 가깝기 때문에 생산이 누적되더라도 비용의 증가가 발생하지 않는다. 따라서 같은 비용하에서 산출물이 증가하게 되는 수확체증 현상이 일어난다.

특히 R&D를 통해 얻어진 기술이 주된 생산 요소인 산업에서는 이

2 류건우, 양근우, 이호형, 최하늘, 전자무역과 웹비즈니스, 계명대학교출판부, 2011.

러한 수확체증 현상이 두드러지게 나타난다. 기술은 개발 과정에서 초기 투자 비용이 크지만 이를 사용하는 데 드는 비용은 크게 들지 않는다. 즉 고정 비용이 크며 생산 비용이 낮은 특징을 가지고 있다. 이 경우 생산 규모가 늘어남에 따라 평균 생산 비용이 감소하는 규모의 경제 효과가 발생한다. 기술의 경우 이를 활용하여 재화나 서비스의 생산 규모를 늘릴수록 평균 생산 비용이 감소하기 때문에 수확체증이 일어난다.

또한 기술 등의 지적 자본이 여러 생산 요소에 활용됨으로써 비용을 절감함으로써 수확체증 현상이 일어날 수 있다. 오늘날 재화나 서비스는 과거와는 다르게 매우 복잡해지고 있다. 전통적인 자동차의 경우에도 다양한 IT 기술과 기계 기술이 융합된 메카트로닉스가 접목되고 있다. 또한 오늘날 스마트폰은 과거 2G 통신 기술의 단말기와 비교할 때 기능과 편의성이 늘어남에 따라 접목된 기술의 다양성과 구성품의 복잡성이 급격히 늘어났다고 할 수 있다. 이러한 재화의 복잡성하에서 기업은 자사의 보유 자원을 여러 재화나 서비스에 공통으로 활용함으로써 개발 비용을 절감하고 제품 출시의 속도를 높일 수 있게 된다. 이렇듯 하나의 기업이 여러 재화나 서비스를 생산하는 것이 서로 다른 기업들이 개별적으로 생산하는 것보다 비용상 유리한 경우를 범위의 경제 효과라고 한다. 이러한 효과는 디지털 경제하에서 기업이 보유한 정보 자산을 결합하여 새로운 정보 재화나 서비스를 개발하는 데 큰 경제성을 제공함으로써 수확체증 현상이 발생한다.

수요 측면에서의 수확체증 현상은 망 효과에 의해서 발생한다. 소프트웨어의 경우 다수의 사람들이 사용하는 경우 제품 사용의 혜택이 늘어날 수 있다. 일상 생활에서 사용하는 모바일 메신저의 경우 자주 연락하는 친구들 간에 같은 소프트웨어를 사용하면 더욱 편리해지기 때문에 사용자 수가 증가하면 사용 혜택도 함께 증가한다. 문서 작성 소프트웨어나 발표 자료 작성 소프트웨어의 경우에도 같은 소프트웨어를 사용하는 사람들이 많아지면 작성 단계에서 도움을 구할 수도 있고, 작성한 문서를 서로 공유하거나 함께 작업하는 것이 용이해진다. 이와 같이 같은 사용자 집단 즉 사용자 네트워크에 참여함으로써 재화나 서비스가 제공하는 혜택이 늘어나는 것을 망 효과라고 한다.

이러한 망 효과는 사용자가 늘어남에 따라 크기가 증가하기 때문에 기존 사용자들이 다른 기업의 재화나 서비스로 쉽게 이전할 수 없도록 한다. 게다가 신규 사용자들도 망 효과가 큰 재화나 서비스를 선택하기 때문에 이들의 선택은 해당 재화나 서비스의 망 효과를 강화시켜 기존 사용자들이 해당 재화나 서비스에 계속 고착될 수 있도록 한다. 따라서 재화나 서비스 생산을 통해 얻을 수 있는 수익이 더욱 증가하게 되는 수확체증 현상이 발생하게 된다.

2) 핵심 생산 요소의 변화

디지털 경제에서는 지식, 정보 등이 경제 활동에 필수적이며 핵심적인 요소가 된다. 기존의 산업 경제에서는 부가가치를 창출하는 데 물리적 생산 활동이 가장 의미가 있었으며, 따라서 주요 생산 요소인 토지, 노동, 자본이 경쟁력 유지의 중요한 역할을 담당해 왔다. 그러나 디지털 경제의 핵심 요소인 지식이나 정보는 생산 과정에서뿐만 아니라 유통, 소비 등 모든 경제 활동의 부가가치 창출에 중요한 부분이다.

3) 글로벌 경제의 확대

기존 산업의 글로벌화는 재화, 노동력 및 자본 등의 이동이 물리적이거나 유형적인 차원에 머무는 한계가 있었다. 그러나 지식과 정보가 중요한 생산 요소로서 대두되었으며, 이러한 중요 자원이 갖고 있는 공간적·시간적 제약이 없다는 특징으로 말미암아 글로벌 시장 경쟁이 더욱 치열하게 되었다. 이는 지식과 정보가 중요한 자원이 되고 동시에 정보통신기술의 발달로 이들의 전파 속도와 범위가 세계적으로 확산됨에 따라서 세계 경제의 단일화를 촉발하게 됐기 때문이다. 따라서 국가 경제 간의 상호 의존성이 높아지고 기업간 장벽이 낮아짐으로써 경쟁이 보다 심화되고 있다.

4) 실시간 경제의 구현

경제 환경의 변화와 더불어 새로운 정보기술 혁명의 시작으로 말미암아 모든 개인과 기업의 커뮤니케이션이 광속으로 이루어지고 있다. 이는 곧 경제 활동의 모든 부문에서 업무 처리가 실시간으로 이루어질 수 있는 환경이 구축되었다고 볼 수 있다.

과거 산업 사회에서의 정보의 전파는 운송 수단의 발달의 속도와 유사했다. 경제 활동의 변화 속도는 마속(馬速)에서 차속(車速)으로 발전해 왔다. 따라서 정보 교환은 실시간이라기보다는 시차가 있었고 정보의 확산 측면에서도 속도와 범위에서 오늘날과는 현저히 차이가 있었다. 그러나 현재는 정보 교환이 실시간으로 이루어지고 있으며 시·공간 제약을 극복한 형태의 많은 개인과 기업의 비즈니스가 이루어지고 있다.

5) 네트워크 중심의 경제활동

디지털 기술의 발달은 기존의 사회 조직과 제도의 변화를 일으켰다. 특히 과거의 분절된 사회 조직에서 상호 연결된 네트워크 구조로 변화가 일어나고 있다. 기존 경제에서는 경제 단위가 부문별로 분리된 채 규모나 권력에 따라서 단선적인 계층 구조를 형성하였다.

그러나 디지털 경제하에서는 모든 산업 부문이 디지털 기술 기반하에서 통합이 되고 경제 단위의 크기와 상관없이 상호 연결된 네트워크 구조를 형성할 수 있다.

6) 신산업의 출현과 기존 산업의 변화

디지털 경제에서는 새로운 고부가가치 창출 분야가 나타난다. 이러한 분야의 등장으로 경제 발전을 이끄는 새로운 핵심 산업들이 등장하게 되는데, 각종 정보 기반의 서비스들이나 컴퓨터, 정보통신, 콘텐츠 산업 등이 전통적인 핵심 산업이었던 철강, 석유화학, 전자, 기계 산업 등에 못지않은 규모로 성장하게 되었다.

7) 경제 활동의 불확실성 증가

과거의 산업 경제는 경제 주체가 경제 활동의 영역이 협소함으로 경제주체가 인식하고 예측할 수 있는 범위에서 시장이나 기술의 변화가 일어났다. 이는 전통적인 산업에서 역사와 전통을 지닌 기업들의 탄생할 수 있는 기반이 되었다.

그러나 디지털 경제에서는 경제 활동 자체가 매우 광범위하고 순간적으로 발생함으로써 경제 주체가 인식해야 할 대상이 너무 많아졌다. 즉 현재의 시장과 기술을 인지하고 앞으로의 변화가 어떤 식으로 일어날 것인지 예측하기 위해서는 상당히 많은 비용과 시간을 필요로 하게 되었다. 이는 기업이 고려해야 할 변화 요인에 의한 사회·경제적 효과를 계산하고 예측하는 것을 어렵게 만들었으며 그로 말미암아 경영상의 불확실성을 높이는 결과를 낳게 되었다.

8) 새로운 불평등 현상

기존 산업 경제에서는 기업 간의 수입이 노동과 자본의 양과 이를 효율적으로 운영하는 데에 따라 결정되고 또 개인의 수입 역시 개인의 자질과 노력에 의해서 결정되는 것이 일반적이었다. 그러나 디지털 경제에서의 소득은 보유하고 있는 지식이나 정보의 양과 질에 따라서 결정된다. 이는 개인이나 기업 간의 불균등한 소득 수준이 이들의 디지털 기술의 활용 정도에 따라 달라지기 때문이다. 따라서 컴퓨터의 이용이 용이하지 않은 개인이나 정보화 수준이 여타 기업에 비해 떨어지는 기업들은 상대적으로 시장에서 불리한 위치에 있게 되며 불균등한 소득을 얻는 결과를 낳고 있다. 이러한 현상을 디지털 디바이드(Digital Divide)라고 하는 데 노령층이나 정보 인프라 낙후 지역 주민들이 이러한 디지털 기술의 수혜를 제대로 받지 못함으로 인해서 일어나는 불평등한 상황이 발생하는 것을 말한다.

제2절

디지털 경제와 정보 재화

1. 지식과 정보 재화

1) 지식과 정보의 비교

지식의 정의를 내리기에 앞서서 지식과 유사한 개념들로 데이터, 정보, 지식에 대한 개념을 알아보자. 각각의 개념들은 차이점이 있다고 하지만 그 차이점을 명확히 말하기는 매우 어렵다. 또한 각 개념들의 정의상 데이터, 정보, 지식의 단계로 변화한다고 주장하는 사람들도 있지만 오히려 개인이 갖고 있는 지식을 기반으로 정보를 찾아내고 이 정보를 구체화하기 위해서 데이터를 찾는 과정도 있다고 주장하는 사람들도 있다. 따라서 각 개념에 대한 보편적인 정의를 기준으로 차이점을 정리하면 아래와 같다.

데이터는 일반적으로 숫자의 나열이라고 한다. 대형 할인점의 POS를 통해서 기록되는 매출데이터, 스포츠 선수들의 기록 데이터, 설문 조사 결과의 문항별 수치 등과 같은 숫자의 나열이다. 또한 서류상으로도 저장될 수 있지만 데이터베이스라는 소프트웨어를 통해서 대량으로 저장되어 있는 경우도 존재한다.

이에 비해서 정보는 데이터를 의미 있는 형태로 조직화한 것을 말한다. 특히 정보는 데이터를 특정 상황이나 문제를 설명하기 위한 형태로 의도적으로 체계화한 데이터라고 할 수 있다. 예를 들어서 데이터베이스를 통해서 일정한 조건을 갖는 질문을 던져 결과 값으로 나온 데이터를 정보라고 할 수 있다. 예를 들어 특정 지역의 매장별 매출액, 특정 야구 선수의 월별 타율 등이 정보라고 할 수 있다.

지식은 특정 상황에서 데이터를 통해 구성한 정보를 이해하고 해결 방법을 결정하기 위해서 활용된다.[1] 즉 정보를 이용하여 특정한 조치를 취하고 이를 통해서 상황에 대한 인과관계의 구조를 이해하여 문제 해결에 활용하는 것이 지식이라고 할 수 있다. 예를 들어 특정 지역의 매장별 매출액에 문제가 있다면 이것을 지역 매장 관리자의 문제점으로 파악하여 매장 관리자를 재배치하거나 혹은 지역 시장의 차별성으로 간주하여 다른 물건을 비치하는 것을 들 수 있다. 또한 특정 야구 선수의 월별 타율 정보를 보고, 시즌의 중하반기에 타율이 떨어지는 정보를 얻었다면 이를 선수의 체력의 문제점으로 판단해 볼 수 있을 것이다. 종합적으로 시즌 시작 전에 보다 강한 체력 훈련을 시켜야 한다는 결론을 내릴 수 있는데 이것을 지식이라고 할 수 있다.

- 노나카 이쿠지로의 정보와 지식의 차이

정보와 지식은 노나카에 따르면 여러 차원에서 차이점을 갖고 있다고 말한다. 먼저 정보는 단편적 사고의 결과물로써 원인 혹은 결과

1 최동수, 디지털경제, 박영사, 2007.

를 나타낸다고 한다. 그에 반해서 지식은 이러한 원인과 결과의 인과 관계 전체를 이해하는 종합적 사고에서 탄생한다고 한다. 또한 정보는 외부를 통해서 주어지는 것으로 비교적 수동적인 형태로 얻어지는 데 반해서 지식은 여러 형태의 정보를 직접 취합하여 가공하고 분석하여 얻어지는 능동적인 형태로 만들어진다고 한다. 또한 정보는 새로운 지식을 만드는 투입 요소로써 지속적으로 새롭게 만들어지고 활용되는 흐름(Flow)의 성격을 갖고 있으며 지식은 취합되고 분석된 결과를 저장하고 이를 지속적으로 활용하고 개선하는 방식으로 누적되는 저장(Stock)의 성격을 갖고 있다.

2) 지식의 유형

- 암묵지

암묵지(tacit knowledge)는 주관적이며 형태화하기 어려운 지식을 말한다. 일반적으로 암묵지는 기호, 문자, 그림과 같이 객관적이고 누구나 이해할 수 있는 형태로 문서화를 하기 어려운 지식을 말한다. 예를 들어 수영을 하는 사람이 다른 사람들에게 수영을 가르치기 위한 책을 쓴다고 하자. 이럴 경우 이 사람은 그림이나 글 혹은 영상을 통해서 자신이 알고 있는 수영 방법을 알려줄 것이다. 그러나 이 사람이 이러한 과정을 통해서도 다른 사람들에게 전달하지 못하는 지식들이 존재하게 되는데 이 부분에 해당하는 지식이 바로 암묵지이다. 아무리 말과 행동으로 설명하더라도 다른 사람들이 이를 듣고 정확히 따라 할 수 없다면 표현하지 못한 부분 중에 암묵지가 존재하게 된다. 일반적으로 이러한 암묵지는 개인이나 팀의 경험, 숙련된 장인의 기능, 조직의 문화 등이 될 수 있다.

- 형식지

두 번째로는 형식지(explicit knowledge)를 들 수 있다. 형식지는 언어 혹은 그림이나 도표 등의 형태로 표현된 객관적인 지식이라고 할 수 있다. 제품의 설계도, 프로젝트 결과 문서, 데이터베이스 정보, 제품 사용 설명서, 컴퓨터 프로그램 등과 같이 언어 또는 구조를 갖는 형태로 존재하는 지식이라고 할 수 있다. 따라서 형식지는 기업의 정보 시스템을 통해서 혹은 인터넷을 통해서 기업 구성원이나 인터넷을 접속하는 개개인들이 접근하여 획득할 수 있는 지식이다.

- 암묵지와 형식지의 차이점과 활용

개인이 보유한 지식은 형식지와 암묵지를 동시에 갖고 있으며 지식의 종류에 따라 암묵지의 비율이 높은 경우도 있다. 예를 들어 많은 사람들 속에서 자신의 가족을 찾아내는 방법이나 숨은 그림 찾기에서 숨은 그림을 찾아내는 것, 그리고 유사한 그림 중에서 틀린 그림을 찾아내는 방법과 같은 것은 문서화하거나 말로 할 수 없는 개인의 지식이라고 할 수 있다. 또한 전화상으로 들리는 사람의 음성이나 혹은 대화를 통해서 거래 상대방의 진심을 알아내는 것, 형사가 범죄인을 취조할 때 이 사람이 진실을 말하고 있는가를 파악하는 방법과 같은 것은 우리가 말로 표현할 수 없지만 직관에 의해서 판단한다고 말하는 데 이러한 것들이 암묵지라고 할 수 있다. 따라서 기업 구성원들이 갖고 있는 지식 중에서 이러한 암묵지가 많게 되면 구성원 모두에게 공유하기가 어려워진다.

또한 암묵지는 형식지로 전환될 수 있을 때 가치가 커진다. 이 가치는 바로 공유할 수 있음으로써 지식이 확산되고 활용됨에 따라서 늘어나는 것으로 볼 수 있다. 그러나 암묵지는 특성상 형식지로 변환하기 매우 어렵다. 그러나 변환할 수 있는 암묵지는 공유를 통한 가치 상승이 가능하다.

암묵지의 보존을 위해서는 같은 형태의 암묵지로 변환하는 것도 생각해 볼 수 있다. 형식지로 변환할 수 없는 지식이라면 이것을 다른 사람에게 지속적인 훈련과 교육을 통해서 전달하는 방식을 통해 암묵지의 이전을 도모할 수 있다. 이러한 과정을 통해서 지식의 연속성 있는 계승과 기업이 창출한 지식을 계속 보유할 수 있게 된다.

2. 디지털 콘텐츠의 개념

1) 등장 배경

정보통신기술의 발전은 다양한 디지털 기기의 등장을 가능하게 하였으며 오늘날 많은 디지털 기기들이 통합되는 디지털 컨버전스(Digital Convergence)가 일어나고 있다. 이러한 디지털 기기의 등장과 더불어 중요하게 대두된 것이 바로 디지털 콘텐츠(Digital Contents)라고 할 수 있다.

디지털 콘텐츠는 쉽게 말하면 디지털화된 콘텐츠라고 할 수 있다. 또한 콘텐츠는 쉽게 생각하면 정보라고 할 수 있으며 어떤 목적을 갖고 만들어진 메시지의 내용에 해당한다고 할 수 있다.[2] 디지털 콘텐츠가 왜 주목을 받게 되었고 왜 앞으로의 기업 전략에 중요한 부분이

2 김대완, 김승욱, 문희정, 최하늘, 디지털 콘텐츠비즈니스, 청람, 2018.

되는 것일까?

디지털 콘텐츠 시장의 성장은 여러 가지 원인이 있겠지만 디지털 기기의 확대 보급과 끊임없는 정보기술의 발전에 의한 것이라고 볼 수 있다. 1990년대 이후로 세계적으로 시작된 인터넷 열풍과 이에 따라 늘어난 디지털 기기 시장의 확대가 그 배경이 된다. 또한 18개월에서 20개월마다 컴퓨터의 성능이 2배로 향상된다는 무어의 법칙은 이러한 디지털 기기 시장의 성장을 알려주는 대표적인 사례라고 볼 수 있다. 하드웨어의 보급은 궁극적으로는 디지털 콘텐츠 시장 성장의 인프라를 만들어준 것이라고 볼 수 있다.

특히 우리나라의 경우 PC방과 같은 저렴한 디지털 기기의 보급과 인터넷 접근성의 향상, 그리고 저렴해진 하드웨어 가격으로 인해 저렴하게 구입할 수 있게 된 pc와 더불어 초고속 인터넷 서비스의 등장으로 인해 디지털 콘텐츠 시장 발전의 튼튼한 기반을 마련하게 된다. 이에 발맞춰 등장한 스타크래프트라는 인기 온라인 게임과 더불어 각종 인터넷 기반의 정보 서비스, 온라인을 통한 영화나 음악 등의 스트리밍 서비스와 같은 엔터테인먼트 서비스 등의 성공적인 수익 창출은 콘텐츠 시장의 발전을 보여주는 사례라고 할 수 있다.

이러한 디지털 기기와 온라인 콘텐츠 시장의 발전은 기존 오프라인 매체인 TV, 신문, 잡지 등의 다양한 대중 매체를 통해 제공되는 오프라인 콘텐츠의 온라인화 즉 디지털화를 촉진시켰다. 대부분의 방송매체들은 웹 사이트를 운영하여 공중파를 통해 방송된 아날로그 콘텐츠들을 디지털화하여 공급하고 있다. 이들은 이렇게 디지털화한 콘텐츠를 판매함으로써 기존의 광고 중심의 수익 모델에서 점차 콘텐츠 판매 수익 모델로 바꾸어 가고 있다. 물론 기존 방송국들은 과거에도 유사한 수익 모델을 갖고 있었다. 방송된 자료를 비디오 등의 매체를 통해서 전화를 통해 판매하는 방식을 갖고 있었다. 그러나 디지털화된 콘텐츠의 공급을 통해서 더 많은 구매자들에게 판매할 수 있는 기회가 늘게 되었고 또한 저렴하게 공급할 수 있게 됨으로써 과거와는 다르게 더 많은 이익을 창출할 수 있게 되었다. 흔히 공중파 방송사들이 제공하는 VOD(Video on Demand)서비스가 바로 이런 예에 속한다.

신문사들 역시 종이와 같은 인쇄매체를 활용하는 방식에서 벗어나 온라인을 통한 뉴스 공급을 하고 있다. 이들은 기존의 종이 신문을 통한 광고에서 온라인을 통한 광고로 수익을 내고 있으며 사진이나 도표 등의 온라인 콘텐츠를 판매하는 방식이나 디지털 구독 서비스의 형태로 수익을 창출하고 있다. 또한 종이 신문의 지면 공간의 한계라던가 발행 시간의 한계를 온라인 신문을 통해서 극복하고 있다.

이렇듯 디지털 기기의 확산과 이것을 기반으로 하는 콘텐츠 시장의 성공은 기존의 오프라인 방식의 기업 프로세스의 변화와 새로운 이윤 창출 방식을 탄생시켰다. 그렇다면 이러한 환경에서 기업은 어떤 전략을 취해야 하는가? 기존의 오프라인 방식이 많은 투자와 시간이 걸렸다면 온라인 방식으로 콘텐츠를 제공하는 사업은 적은 비용으로 빠르게 진입할 수 있는 장점이 있다. 그렇다면 기존 오프라인 기업은 이런 시장 변화에 어떻게 대응해야 하며 온라인을 기반으로 시작하는 기업들은 어떤 전략을 수립해야 하는가? 본 장에서는 이런 내용을 살펴보기로 한다.

2) 디지털 콘텐츠의 개념

디지털 콘텐츠의 개념을 설명하기에 앞서서 콘텐츠의 개념부터 알아둘 필요가 있다. 콘텐츠란 어떤 미디어(media)를 통해서 표현되거나 전달되는 내용 혹은 메시지를 말한다. 여기서 미디어는 여러 가지 정의가 있을 수 있겠지만 일반적으로 커뮤니케이션 수단을 의미한다. 흔히 대중 매체로 알려져 있는 TV, 라디오, 신문 등을 대중 매체(Mass Media)라고 하는 데 이러한 매체에 해당하는 것이 미디어이고 이는 커뮤니케이션 수단으로 사용된다고 할 수 있다.

그렇다면 콘텐츠는 어떤 것들이 있을까? 가장 쉽게는 종이와 같은 인쇄 매체를 통해서 전달되는 뉴스나 소설, 그림, 논픽션, 에세이, 사진 등의 다양한 내용들을 들 수 있다.[3] 이러한 내용들은 사실상 어떤 목적으로 만들어지는 것이며 알리기 위한 성격을 갖고 있다. 또한 TV나 라디오와 같이 영상이나 음성을 통해서 전달되는 내용도 콘텐츠라고 할 수 있다. 영화나 드라마, 뉴스 그리고 광고, 스포츠 경기, 오페라 등 다양한 형태의 영상과 음성 정보가 바로 콘텐츠의 예가 될 수 있다.

콘텐츠는 일반적으로 목적을 갖고 있으며 또한 이윤을 창출하기 위한 수단으로서도 사용된다. 일반적으로 종이를 통해 작가의 생각을 전달하는 소설은 책의 형태로 판매된다. 그림이나 사진도 그림책 혹은 사진첩 등의 형태로 판매된다. 또한 영화나 드라마도 판매 된다. 영화나 드라마는 비디오 테이프나 CD, DVD 혹은 인터넷을 통한 실시간 스트리밍 방식으로 판매되고 뉴스나 스포츠 경기는 최근 들

3 오세인, 디지털미디어 콘텐츠비즈니스, 커뮤니케이션북스, 2005.

어 구독 서비스 방식이나 스트리밍 서비스로 판매되기도 하지만 일반적으로 방송 전후의 광고 수익을 통해서 이윤을 창출한다.

이렇듯 다양한 형태의 콘텐츠가 있다. 그렇다면 디지털 콘텐츠는 무엇일까? 간단히 말하면 디지털 기술을 적용하여 전자적인 형태로 변화한 콘텐츠를 디지털 콘텐츠라고 할 수 있다. 일반적으로 디지털은 0과 1의 비트(bit)형태로 정보를 표현하는 기술이라고 할 수 있다. 전구의 크고 꺼진 상태, 혹은 남과 여, 음과 양과 같이 임의의 정보를 두 개의 상태로 나타내는 기술이라고 할 수 있다. 디지털 기술의 장점은 다양한 메시지의 정보를 다수의 비트로써 여러 상태의 정보를 표현함으로써 문자, 그림, 영상, 음성과 같이 기존 기술로는 융합되기 어려운 정보들을 통합하는 장점을 갖고 있다. 디지털 기술을 기반으로 종이를 통해서 표현되는 문자나 그림, 영상 매체를 통해서 표현되는 영화나 드라마, 음성 매체를 통해서 표현되는 소리나 음악 등을 디지털 기술을 사용하는 하나의 기기를 통해서 볼 수 있다는 것이 디지털 콘텐츠가 갖는 하나의 장점이라고 할 수 있다.

3) 콘텐츠의 디지털화의 장점

- 비파괴성

디지털 콘텐츠는 0과 1의 비트의 디지털화된 정보의 형태이다. 이러한 디지털화된 정보는 자주 사용하더라도 마모되거나 손상되지 않는다. 책의 경우에는 자주 보게 되면 책의 종이가 마모되거나 혹은 잘못된 보관으로 인쇄 상태가 나빠져 시간이 흐르면 첫 제작 시에 비해서 질이 떨어지거나 정보의 손실이 발생할 수 있다. 그러나 최근 디지털 기술을 적용하여 만들어진 e북의 경우에는 아무리 많이 본다고 해도 책의 내용에 문제가 발생하지는 않는다. CD롬이나 DVD 등의 저장 매체에 저장된 디지털 콘텐츠 역시 자주 본다고 해서 파일의 내용에 문제가 생기는 것은 아니다. 단 CD나 DVD와 같은 저장 매체는 일반적으로 수명이 있고 잘못 다루면 파손이나 손상이 일어난다. 이것은 물리적 형태를 지닌 저장 매체가 수명을 갖고 있기 때문에 디지털 콘텐츠를 사용할 수 없는 것이지 이 매체 안에 저장된 파일에 손상이 일어나는 것은 아니다. 예를 들어 내구성이 보다 높은 하드디스크에 저장된 경우 오랫동안 문제없이 저장된 디지털 콘텐츠를 볼 수 있다. 자주 본다고 해서 파일의 손상이 일어나는 것은 아니며 저장된 매체의 손상으로 인해 디지털 콘텐츠에 손상이 일어나는 것처럼 보일 뿐이다.

- 편집과 합성을 통한 새로운 가치 창출

앞서 설명했던 것처럼 과거에는 서로 다른 매체를 사용해서 정보를 담고 전달했었지만 디지털화를 통해서 서로 다른 정보를 하나의 매체를 통해 저장할 수 있게 되었다. 이러한 디지털 기기를 통한 정보의 융합화는 다양한 정보의 편집과 합성을 가능하게 하였다. 과거에는 문서를 작성할 때 그림 자료가 필요한 경우에는 그림 자료를 구해서 이것을 문서에 맞게 오려 붙이거나 붙여서 완성된 문서를 다시 복사하는 방식으로 그림이 첨부된 문서를 만들 수 있었다. 그러나 최근에는 문서 작성을 위해서 워드 프로세서 프로그램을 사용하여 글을 작성하고 그림 자료를 스캔하여 그림 파일을 만든 뒤에 복사와 붙여넣기 기능을 사용하여 그림 자료가 첨부된 문서를 만든다. 이렇게 만들어진 문서 파일은 인쇄 기능을 통하여 문서로 출력하면 된다. 또한 과거에는 그림이나 사진 등의 자료는 대부분 용지에 출력되어 있는 자료였지만 오늘날의 사진이나 그림 자료는 디지털화되어 컴퓨터를 사용하거나 인터넷을 통해 다운로드 받을 수 있다. 이렇게 만들어진 자료는 문서 파일에 쉽게 붙여 넣을 수 있으며 맘에 들지 않는다면 언제든지 제거할 수 있다. 이에 반해서 과거의 종이로 만들어진 자료를 문서에 첨부하는 경우에는 실수로 잘못 붙이거나 잘못 다루어 손상이 되는 경우에는 다시 구해야 하는 불편함이 있다. 이렇듯 디지털화된 문서와 그림 혹은 사진 자료로 인해서 보다 쉽게 새로운 문서를 만들 수 있는 환경이 만들어졌다.

또한 정보의 융합화는 정보를 통합하는 다양한 방식을 가능하게 하였다. 과거에는 편지에 음성 메시지나 영상을 넣는다는 것은 상상도 못했다. 그림이나 사진을 붙여서 보내는 것은 가능했지만 음성이나 영상을 편지에 넣어 보내는 것은 가능은 하나 쉬운 일은 아니었다. 그러나 오늘날 많이 사용하는 이메일은 다양한 정보를 포함한 메시지를 보낼 수 있게 하였다. 이메일에 사진이나 그림은 물론 음성이나 영상까지 보낼 수 있게 된 것이다. 또한 발표 방식의 변화도 가능하게 하였다. 과거에는 발표를 위해서 OHP(Overhead Projector)를 사용하였다. OHP를 사용한 발표를 하려면 전용 필름에 발표 내용을 인쇄하거나 복사해야 한다. 일단 필름에 자료를 인쇄하게 되면 그 필름은 더 이상 다른 자료 제작에 활용할 수 없게 된다. OHP를 통한 발표는 대부분 정적이다. 왜냐하면 문자나 그림 자료만을 필름에 반영구적으로 복사하기 때문에 음성이나 영상을 첨부한다는 것은 상상할 수 없었고 굳이 발표에 음성이나 영상 정보를 활용하려면 다른 영상기기를 사용할 수밖에 없었다. 그러나 최근 많이 사용하는 프레젠테이션 소프트웨어들은 이러한 한계점을 극복한다. 발표 자료에 문자와 그림뿐만 아니라 영상이나 음성 등의 다양한 정보들을 표현할 수 있도록 함으로써 보다 동적인 발표가 가능하도록 하였다.

또한 영상이나 그림과 같은 개별적인 콘텐츠의 조합이나 변경이 원활하게 되었다. 과거 아날로그 방식으로 종이 매체나 비디오테이프 등에 저장되어 있던 콘텐츠들이 디지털화됨으로써 다양한 편집이나 조작 등의 작업이 가능하게 되었다. 사회적 이슈가 되는 문제들과 관련하여 영화 포스터 등을 편집하여 풍자하는 패러디물 등 기존 영상 콘텐츠에 자신 만의 메시지를 추가한 편집 영상들이 가능하게 된 것도 디지털 기술의 혜택이라고 할 수 있다.

- 다양한 디지털 미디어

과거 아날로그 방식의 콘텐츠들은 각기 서로 다른 매체를 사용하였다. 카세트 테이프에 저장된 음악은 카세트 플레이어를 통해서, LP에 저장된 음악은 턴테이블에서, 비디오테이프에 저장된 영화나 영상은 비디오 플레이이를 통해서 볼 수 있었다. 그러나 디지털화된 콘텐츠는 다양한 디지털 기기에서 사용할 수 있다. 예를 들어 음악파일 형식인 mp3 파일들은 mp3 플레이어를 통해서 음악을 들을 수 있지만 PC를 통해서 들을 수도 있고 PDA나 핸드폰을 통해서도 들을 수 있다. 또한 디지털화된 영상 파일 역시 PC 또는 스마트폰이나 태블릿 등에서도 감상할 수 있다. 이렇듯 콘텐츠가 디지털화됨으로써 디지털 기술이 적용된 기기라면 어떤 기기에서든지 즐길 수 있게 되었다.

3. 정보재화의 경제적 특징

1) 비용 상의 특징

디지털 콘텐츠를 비롯한 정보재화는 생산 비용 관점에서 일반재화와는 상이한 특성을 갖고 있다. 일단 처음 콘텐츠를 개발하는 데에는 상당한 비용이 드는 반면에 판매나 유통을 위해서 재생산하는 경우 비용이 매우 적게 든다는 특징이 있다.[4] 영화 산업의 예를 살펴보면 영화 한 편 제작을 위해서 상당한 비용이 투자된다. 저예산 영화도 존재하지만 제작비면에서 상당한 규모로 투자되는 많은 대작 영화들이 있다. 국내 영화 산업도 계속된 성공작들로 인해서 많은 투자가 있어왔고 이러한 영화산업 투자의 바람으로 상당히 큰 규모의 제작비로 만들어진 영화들이 있다. 이렇게 제작된 영화들에 대해서 손익 분기점이 몇 백만 관객이라고 나오는 뉴스를 들어보면 영화 제작비와 제작비 회수를 위한 극장 판매 수익과의 관계를 짐작할 수 있다. 영화 제작비는 천문학적 규모인데 비해 영화를 극장에 유통하기 위해서 드는 필름 등의 비용은 상대적으로 적은 편이다. 또한 DVD 등과 같은 이차 판권 산업에 판매하는 경우에는 별도의 마케팅 비용을 고려하지 않는다면 영화 콘텐츠 상품의 생산 비용은 매우 미미하다.

마찬가지로 소프트웨어도 비슷한 비용 구조를 갖는다. 소프트웨어의 경우에도 제품 하나를 만들기 위해서 매우 많은 비용이 든다. 개발 시간과 개발에 필요한 인력에 대한 인건비의 규모는 매우 크지만 일단 만들어진 소프트웨어 상품의 제작과 유통 비용은 매우 미미하

4 최하늘, 디지털 시장의 경쟁전략, 두남, 2008.

다. 게다가 과거에는 디스켓이나 CD 등으로 제작하여 판매했던 상품들을 이제는 인터넷을 통해서 유통할 수 있는 여건이 마련됨에 따라서 상품 생산 비용은 사실상 거의 0에 가깝다고 할 수 있다.

이렇듯 개발에 필수적이며 1회성으로 투자되는 비용을 고정 투자비라고 한다면 상품을 대량 생산하는 비용을 한계생산비용 혹은 재생산비용이라고 할 수 있다. 디지털 콘텐츠 산업은 높은 규모의 고정 투자비에 비해서 매우 미미한 규모의 재생산 비용의 특성을 갖는다. 이런 비용상의 특징으로 인해서 디지털 콘텐츠 산업은 규모의 경제 효과를 누릴 수 있다. 즉 생산량의 증가에 따라서 생산 비용의 하락이 일어나며 한계생산비용이 일반적인 제조 산업과는 달리 생산량이 증가했다고 해서 증가하지 않고 거의 일정하다. 따라서 생산량이 무한히 증가할 경우에는 거의 한계생산비용 수준으로 제품을 생산할 수 있게 된다. 아래의 식은 디지털 콘텐츠 시장에서의 규모의 경제 효과가 일어나는 현상을 나타낸다.

디지털 콘텐츠시장의 평균생산비용 = 고정비용 / 생산량 + 한계생산비용

따라서 무한히 생산할 경우 평균생산비용은 거의 한계생산비용과 비슷한 값을 가지게 되며 디지털 콘텐츠의 제품 1개당 한계생산비용은 고정이고 매우 작은 편이기 때문에 평균생산비용이 매우 낮아지며 동시에 디지털 콘텐츠 생산 업체는 가격 경쟁력을 갖게 된다.

디지털 콘텐츠의 한계생산비용이 낮다는 특징으로 인해 제품의 평균 생산 비용으로 시장 가격을 책정하게 되면 거대한 투자비용을 회수하기 어렵게 된다. 따라서 디지털 콘텐츠에 대한 구매자들의 가

치를 고려하여 시장 가격을 결정하는 것이 필요하다.

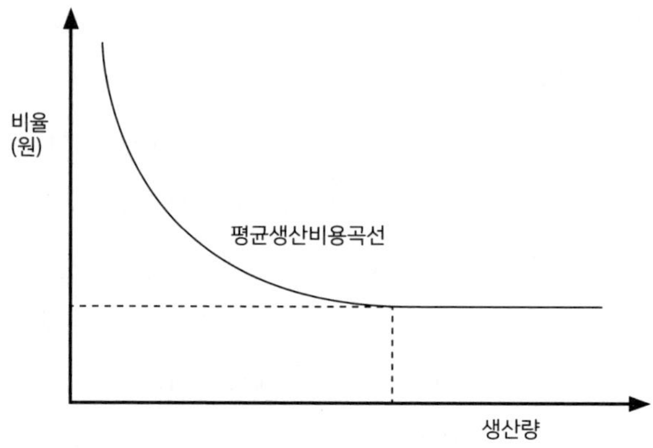

디지털 콘텐츠 시장의 비용 구조

2) 경험재적 특성

두 번째로 디지털 콘텐츠가 갖고 있는 경제적 특성으로는 경험재(Experience Goods)라는 특징이 있다.[5] 제품의 품질에 대해서 직접적인 사용 없이 외양, 색상, 규격 등의 정보만으로 알 수 있는 제품을 탐색재(Search Goods)라고 한다. 경험재는 직접 사용하지 않고서는 제품의 품질을 알 수 없는 경우를 말하며 디지털 콘텐츠는 이러한 경험재적 특징을 갖고 있다. 책과 같은 콘텐츠의 경우 직접 읽어보지 않고서는 품질을 알 수 없다. 소프트웨어나 학술 논문, 온라인 잡지 등과 같은 디지털 콘텐츠 역시 사용하기 전까지는 그 품질을 알 수

5 최하늘, 디지털 시장의 경쟁전략, 두남, 2008.

없다. 음반이나 영화 역시 직접 듣거나 보지 않고서는 자신이 원하는 스타일의 음악인지 혹은 원하는 취향의 영화인지를 알기가 어렵다. 물론 영화의 경우에는 성공을 위해서는 입소문의 역할이 중요하다고 한다. 입소문은 사용한 사람들에 의해서 전해진 정보라고 할 수 있다. 따라서 입소문을 통해 제품을 구매한다는 것은 결국 탐색재와 유사하다고 할 수 있다. 그러나 입소문에 의해서 보는 영화를 보게 되었다 할지라도 자신의 취향에 맞지 않으면 더 이상 그 사람을 통한 입소문을 기대하기는 힘들다. 따라서 입소문에 의한 제품이 잘 팔리는 것은 어디까지나 사용 후의 제품의 품질이 좋았기 때문에 가능한 것이지 탐색재이기 때문에 그런 것은 아니라고 할 수 있다.

- 경험재적 특성을 활용한 전략

디지털 콘텐츠는 경험재적 특징을 갖고 있기 때문에 기업들은 다양한 전략을 동원하여 구매자들에게 판매한다. 예를 들어 샘플을 제공하는 방식이다. 온라인을 통해 판매하는 잡지의 경우에 비구독자에게 일정 기간 동안 무료로 잡지를 볼 수 있도록 해 준다. 일정 기간이 지나면 그 이후부터는 구독료를 내고 볼 수 있도록 제한한다. 온라인 게임도 일정 기간 동안 무료로 게임을 즐기게 하거나 게임 내 특정 단계까지 무료로 사용하게 하고 이후부터는 돈을 내고 사용하게 한다. 또한 영화도 이러한 샘플 방식의 전략을 사용한다. 다른 영화 상영 전에 잠깐 보여주는 예고편이나 인터넷을 통해서 영화 개봉 전까지 지속적으로 영화 내용의 일부를 편집하여 공개하는 트레일러 동영상들은 대표적인 샘플 전략이라고 할 수 있다. 또한 소프트웨어 등도 이런 샘플 제공 방식을 택한다. 일정 기간 동안 무료로 사용하게 하고 그 다음부터는 모든 기능이나 일부 기능을 사용하지 못하게 한다거나 일정 기간이 지나면 지속적으로 구매 광고를 띄워서 사용자의 불편함과 구매를 유인하는 방식을 사용하기도 한다. 특히 소프트웨어의 경우에는 사용하는 과정에서 특정 소프트웨어에 대한 학습이 이루어지며 이러한 학습 기간이 길어질수록 다른 소프트웨어로 전환하기 어려워진다. 즉 소프트웨어를 보다 효율적으로 사용하기 위해서 사용 과정에서 노하우가 쌓이고, 다른 소프트웨어로 바꾸게 되면 이런 노하우를 버려야 하기 때문에 전환하는 데 부담이 될 수 있다. 정리하면 경험재적 특성을 갖는 제품들은 일단 사용자들이 시험적으로 사용하도록 하는 것이 품질을 알릴 수 있는 효과적인 방법이기 때문에 위와 같은 전략을 사용한다.

3) 공공재적 특성

세 번째로 디지털 콘텐츠는 공공재적 특징을 갖고 있다.[6] 공공재란 수도, 전기, 철도와 같이 정부가 일반 국민을 대상으로 하는 서비스와 같은 것을 들 수 있다. 공공재는 일반적으로 특정인을 배제하지 못하도록 하는 비배제성과 다른 사람이 서비스를 사용하더라도 서비스의 품질이 떨어지지 않기 때문에 경쟁이 필요 없는 비경합성을 들 수가 있다. 순수한 의미의 공공재는 비배제성과 비경합성이 보장되는 형태의 재화나 서비스를 들 수가 있다. 그렇다면 디지털 콘텐츠는 왜 공공재적 특성을 갖고 있을까?

먼저 디지털 콘텐츠는 앞서 설명했던 것처럼 정보의 한 형태로써

6 최동수, 디지털경제, 박영사, 2007.

정보재화의 특성인 비이전성이 존재하고 이것 때문에 비배제성의 특징을 갖게 된다. 먼저 비이전성이란 일단 판매자와 구매자간의 거래가 성사되어 판매자가 보유한 제품이 구매자에게 이전이 되더라도 같은 제품이 계속 판매자에 남게 되는 것을 말한다. 즉 이러한 특성으로 인해서 판매자는 아무리 제품을 많이 팔더라도 계속 제품을 보유하게 된다. 이러한 비이전성은 구매자가 스스로 다른 사람에게 판매 혹은 양도를 할 경우에도 일어나게 된다. 일반적으로 거래로 인한 물품의 이전 시에 물품에 대한 권리가 이전되어 판매자는 그 제품을 더 이상 사용할 수 없도록 제한되지만 비이전성의 특징을 갖는 디지털 콘텐츠의 경우에는 그렇지 않다. 따라서 권리의 이전으로 인한 사용권의 제한이 이루어지지 않게 된다. 따라서 결국 거래와 관련한 제품의 사용권의 제한이 이루어지지 않게 된다.

또한 디지털 콘텐츠는 비파괴성의 특징을 갖고 있다. 아무리 사용하더라도 그 품질의 하락이 일어나지 않는다. 또한 누군가 다른 사람들이 특정 재화나 서비스를 사용한다고 해서 그 품질의 하락이 일어나지는 않는다. 예를 들어 웹 게시판에 올려진 파일의 경우 내가 다운로드 받는다고 해서 다른 사람들이 다운로드를 제대로 받지 못하는 것은 아니다. 혹은 내가 다운로드 받는다고 해서 파일의 손상이 있어 다른 사람들이 제대로 된 파일을 다운로드 받지 못하는 것은 아니다. 즉 디지털 콘텐츠는 많은 사람들이 사용한다고 해서 질의 하락이 일어나지 않기 때문에 좋은 품질의 제품을 확보하기 위한 사람들간의 경쟁이 필요 없게 된다. 이러한 디지털 콘텐츠의 비파괴성의 특징으로 공공재적인 특성인 비경합성이 발생하게 된다.

그러나 웹을 통한 디지털 콘텐츠 서비스의 경우에는 다른 사람들의 사용으로 인해서 서비스 품질의 하락이 일어날 수도 있다. 예를 들어 국제 스포츠 경기의 생중계를 웹으로 제공하는 서비스의 경우 많은 사람들이 몰리기 때문에 접속이 잘 안 되거나 되더라도 화면이 느리고 자주 끊기는 현상이 일어난다. 이 경우에는 디지털 콘텐츠 자체의 문제라기보다는 디지털 콘텐츠를 전송하는 네트워크 하드웨어의 문제라고 볼 수 있다. 충분한 네트워크 성능이 제공된다면 해결될 문제이며 디지털 콘텐츠 자체의 손상으로 인한 문제라고 보기는 어렵다.

제3절

디지털 경제와 상품 판매

1. 디지털 정보재화의 가치

정보재화가 시장에서 거래가 되기 위해서는 제공하는 가치와 가격이 구매 결정에 적합한 수준이 되어야 한다. 보통 구매자들의 효용은 가치와 가격의 차이로 결정된다. 구매자들이 상품이나 서비스에 대해서 느끼는 가치는 개인별로 상이한 주관적인 특징을 가지고 있다. 이러한 가치는 크게 세 가지로 구분할 수 있다.[1]

1) 기능적 가치

정보재화를 비롯한 상품과 서비스는 제품 본연의 기능을 갖고 있으며 구매자는 자신의 목적을 달성하기 위해 구매한다. 정보 제공 콘텐츠라면 특정 분야의 정보를 사용자에게 공급하는 콘텐츠이며 교육 콘텐츠라면 특정 지식을 교육하는 기능을 갖는 콘텐츠라고 할 수 있다. 즉 디지털 콘텐츠가 갖는 기능적 가치는 사용자의 목적이나 욕구

1 Dawn Iacobucci, 마케팅 바이블, 세종서적, 2002.

를 얼마나 충족시켜주는가에 따라서 발생하는 가치라고 할 수 있다. 사용자의 원하는 취향이나 필요에 정확히 부합할수록 상품이나 서비스의 가치는 높아질 것이다.

기업은 이러한 기능적 가치를 높이기 위해서 상품을 기획하고 개발할 때 혁신적인 기능으로 구매자들의 니즈를 완벽히 충족할 수 있도록 노력한다. 사용자들이 가지고 있는 구체적인 목적들을 쉽고 편리하게 달성할 수 있도록 다양한 정보와 기능들을 제공한다. 예를 들어 음악 파일을 다운로드 받거나 혹은 스트리밍을 통해서 들을 수 있도록 하는 경우 자주 듣는 파일들을 목록을 만들어 다음에 사이트를 방문할 때 좋아하는 음악들을 하나하나 찾아서 듣는 불편함을 없애는 방법들이 있다. 또한 온라인 서점에서는 과거에 구매했던 책들 리스트를 저장하여 혹시라도 구매했던 책을 재구매하는 일이 없도록 하는 기능을 추가하기도 한다. 또한 대다수의 온라인 쇼핑몰에서는 과거 배송지 주소를 기억해 놓았다가 새로 물건을 주문할 때 과거 배송지 중에서 하나를 선택하게 하여 배송 정보를 입력하는 불편함을 덜어주기도 한다. 이러한 기능들은 서비스의 편리함과 목적 달성을 원활하게 해 주는 방법이라고 할 수 있다.

2) 감성적 가치

감성적 가치(Emotional Value)는 일반적으로 상품이나 서비스를 소비하면서 사용자가 느끼는 즐거움, 만족감 등의 심리적인 가치를 말한다. 감성적 가치를 꼭 디지털 콘텐츠 상품을 사용하지 않더라도 일반 상품을 사용할 때에도 느낄 수 있는 가치이며 대부분의 경우에 감성적 가치는 긍정적인 경우가 많다.

그러나 감성적 가치는 항상 긍정적이지만은 않다. 예를 들어 주변 사람들의 입소문으로 인해 보게 된 영화나 듣게 된 음반이 기대만큼의 품질이 아닌 경우에는 감성적 가치는 낮아질 수 있다. 감성적 가치는 앞서 설명했던 것처럼 사용함으로써 느끼는 즐거움과 만족감인데 기대 수준에 미치지 못할 경우 이러한 감정은 생기기 어렵다. 따라서 감성적 가치는 항상 긍정적이지는 않다.

감성적 가치는 주관적이기 때문에 사용하는 사람에 따라서 다르게 느낄 수 있다. 기능적 가치는 목적 달성과 관련하여 편리하고 쉽게 함으로써 효율성을 통해 만들어지는 것이라고 한다면 감성적 가치는 사용함으로써 느끼는 감정적 상태라고 할 수 있다. 따라서 기능적 가치에 비해서 주관적이다. 이러한 감성적 가치는 목적 달성을 위해 사용하는 과정에서 부가적으로 느낄 수 있는 가치라고 할 수 있다. 예를 들어 고급 명품제품을 구매하거나 정보를 얻기 위해서 방문한 웹 사이트의 디자인, 게임 포털 사이트의 역동적이고 유쾌한 음악과 동영상 등, 이러한 것들이 감성적 가치를 창출하는 예라고 할 수 있다.

3) 사회적 가치

사회적 가치는(Social Value) 상품이나 서비스를 사용함으로써 사용자가 원하는 사회적 이미지를 달성했을 때 느끼는 가치라고 볼 수 있다. 사람들은 사회 내에서 다양한 사람들과의 관계를 맺고 있고 이러한 관계에서 자신의 신분이나 지위를 드러내거나 과시하기 위해 생기는 욕구들이 많다. 고급차나 명품 등은 이러한 사회적 욕구를 만족시키기 위한 수단으로써 구매되는 제품으로 이러한 제품이 비싼 이유는 이 제품들이 갖는 우수한 품질이나 서비스가 있기도 하지만 이들이 갖는 사회적 가치가 매우 크기 때문에 가능한 것이라고 할 수 있다.

디지털 콘텐츠는 이러한 사회적 가치를 제공하기도 한다. 예를 들어 특정 전문 직종에 있는 사람들만이 가입할 수 있는 웹 서비스나 가입 요건이 특정 계층의 사람들로 제한되어 있는 동호회 등을 들 수 있다.

4) 가치와 구매 의사 결정

세 가지 가치에 대해서 구매자들은 자신이 중요하게 생각하는 가치를 중심으로 상품이나 서비스의 구매를 결정하게 된다. 기능적인 부분을 중요하게 생각하는 구매자들은 사회적, 심리적 가치에 대해서는 크게 효용을 느끼지 못한다. 반대로 사회적 가치를 중요하게 생각하는 경우에는 기능적인 부분에서의 효용보다 남들에게 과시하고 드러낼 수 있음으로써 얻게 되는 효용이 커지게 된다. 따라서 상품이나 서비스를 누구를 대상으로 판매하느냐에 따라 이들이 중요하게 생각하는 가치를 파악하고 이를 기반으로 상품이나 서비스를 기획하고 공급하는 것이 중요한다. 구매자들이 가치에 대해 주관적이라는 것은 세 가지 가치에 대해 무엇을 중요하게 생각하는지 모두 다르기 때문이라고 할 수 있다.

2. 버저닝을 통한 상품 판매

1) 버저닝의 개념

버저닝 전략은 하나의 디지털 콘텐츠를 생산하면서 다양한 고객의 취향에 맞도록 서로 다른 기능이나 품질 혹은 가격을 지닌 상품을 만드는 전략을 말한다. 즉 고객이 자신의 취향에 가장 맞는 상품을 직접 선택할 수 있게 함으로써 고객이 느끼는 가치를 높이며 만족을 최대로 할 수 있는 전략이라고 할 수 있다.[2]

예를 들어 마이크로소프트사의 운영 체제인 윈도즈를 생각해보자. 윈도즈의 예를 들면 대표적으로 Home Edition 버전과 Professional 버전의 두 가지가 있다. 이 두 가지 버전은 기본적인 운영 체제로서의 기능이 공통적으로 들어 있다. 그러나 차이점이 있다면 Home 버전은 주로 가정에서 윈도즈를 사용하는 사람들을 대상으로 한 제품으로 멀티미디어라든가 인터넷 사용의 효율적인 기능을 강화해서 만든 버전이다. 그에 반해서 Professional 버전의 경우에는 주로 기업이나 연구소 등 고급 사용자를 대상으로 만들어진 제품이기 때문에 보안이나 네트워크, 시스템의 안정성에 주로 초점을 두어 만든 제품이다. 또한 기업에서 사용하는 소프트웨어 개발 툴의 경우에도 일반 사용자를 대상으로 하는 버전과 기업 사용자를 대상으로 하는 Industrial 버전 등으로 나뉘는 경우가 많다. 또한 워드 프로세서 소프트웨어 중에서도 일반 사용자, 기업 사용자 그리고 학생 사용자 버전으로 나누어서 판매한다. 정리하면 버저닝 전략은 특히 디지털 콘

2 최하늘, 디지털 시장의 경쟁전략, 두남, 2008.

텐츠 사용자의 능력 차이나 선호도에 맞게 고객 별로 디지털 콘텐츠의 내용이나 형태를 조금씩 바꾸어 여러 가지 형태의 디지털 콘텐츠 제품을 출시하는 전략이라고 할 수 있다.

2) 버저닝의 방식[3]

여러 버전을 만드는 기업들의 전략이 추구하는 것은 다양한 구매자들의 니즈에 맞추어 높은 가치의 제품을 공급하기 위함이라고 볼 수 있다. 그렇다면 이런 다양한 버전은 어떤 기준으로 만들 수 있을까? 버저닝의 여러 가지 방법에 대해서 살펴보기로 하자.

- 온라인과 오프라인 버전

일반적으로 디지털화된 콘텐츠의 경우에는 인터넷을 통한 공급이 가능하다. 그러나 디지털화되지 않은 콘텐츠의 경우에는 기존의 종이 등과 같은 아날로그 매체를 사용해서 콘텐츠를 판매하게 된다. 일반적으로 하나의 콘텐츠는 오프라인 버전과 온라인 버전을 만들어 오프라인의 경우 돈을 지불케 하고 온라인으로 제공되는 버전은 공짜로 제공하는 경우가 많다. 예를 들어 어떤 책의 저자들은 자신의 책을 pdf 파일 형식으로 인터넷에 올려놓고 누구나 다운로드 받을 수 있게 한다. 그러나 종이로 출판된 책의 경우에는 돈을 지불하고 구매하도록 한다. pdf 파일로 만들어진 책의 경우 종이로 출판된 책과 비교했을 때 내용상의 차이는 전혀 없다. 종이로 만들어진 책의 경우에는 부피가 작지만 휴대성이 좋으며 pdf 파일 형식의 경우에는 PC를

3 최동수, 디지털경제, 박영사, 2007.

통해서 보는 경우 휴대성이 떨어지고 모니터 화면을 통해 책을 보는 것이 익숙하지 않은 독자에게는 불편함이 있다. 최근 스마트폰이나 태블릿을 통해 전자책을 볼 수 있게 되어 휴대성은 높아지고 있으나 여전히 좁은 화면으로 보는 것을 불편해 하는 사람들이 있다. 또한 많은 신문사들은 온라인을 통해서 제공되는 뉴스의 경우에는 돈을 받지 않으나 종이로 찍어낸 신문의 경우에는 돈을 받는다. 물론 온라인으로 제공되는 뉴스의 경우에는 일정 영역에 광고를 삽입하여 노출하는 방식으로 수익을 창출하기도 하나 구매자들이 직접적으로 비용을 들이는 경우는 없다.

- 기능의 수

기업은 디지털 콘텐츠에 제공하는 기능의 수에 따라서 차등화된 버전을 제공하는 전략을 취할 수 있다. 일반적으로 소프트웨어는 일반 사용자를 대상으로 하는 버전과 전문가를 대상으로 하는 두 가지 버전의 제품을 공급한다. 일반 사용자의 경우에는 원하는 기능이 다양하지 않은 반면에 전문가들은 다양하고 복잡한 기능을 사용하길 원한다. 마이크로소프트는 응용프로그램 개발툴로 비쥬얼 스튜디오라는 프로그램을 판매하였다. 비쥬얼 스튜디오는 일반 사용자 버전과 기업 사용자 버전이 나누어져 있는데 기업 사용자 버전에는 직접 판매할 수 있는 소프트웨어 개발에 필요한 모든 기능들이 추가되어 있다. 그러나 일반 사용자 버전에는 이러한 기능들은 없다. 또한 버전이 나누어져 있지 않더라도 하나의 소프트웨어를 설치할 때 일반 사용자와 고급 사용자가 직접 자신이 필요로 하는 기능을 선택할 수 있도록 하는 버저닝 방식도 있다. 일반적으로는 두 개의 메뉴를 제공하여 설치 기능을 선택할 수 있도록 한다. 예를 들어 일반 사용자의 경우에는 대체로 많이 사용하는 기능들을 선택할 수 있도록 하며 고급 사용자의 경우에는 직접 소프트웨어의 기능들을 직접 선택하여 설치할 수 있도록 한다.

- 해상도

버저닝 방식으로 디지털화된 그림이나 영상의 질을 차별화함으로써 여러 버전을 판매하는 전략이 있다. 방송사의 경우 자사 방송 프로그램을 편성 시간 이후에 볼 수 있도록 VOD 서비스를 제공한다. 또한 실시간으로 방송을 볼 수 있도록 하는 On-Air 서비스도 제공하고 있다. 이러한 서비스를 통해 방송을 시청할 때에는 사용자가 해상도를 설정할 수 있는 메뉴가 있다. 이러한 인터넷을 통한 방송 서비스는 스트리밍 방식으로 지원되는데 스트리밍 용량이 큰 메뉴를 선택하면 더 좋은 화질로, 작은 메뉴를 선택하면 저급 화질로 볼 수 있게 된다. 시청자의 인터넷 성능이 낮거나 혹은 사람들이 많이 집중되는 시간대에는 고급 화질로 볼 경우 많이 끊기며 제대로 된 시청을 하기 어렵다. 이런 경우 저급 화질을 선택하여 보게 되면 화면의 질은 떨어지지만 시청에는 크게 무리가 없게 된다. 어떤 방송사의 경우에는 고급 화질의 VOD 서비스의 경우에는 요금을 부과하고 저급 화질은 무료로 제공하는 방식을 채택하고 있다. 이 경우에는 화질의 차이도 있지만 서비스의 안정성이라는 측면에서 고급 화질의 가치는 높아진다. 일반적으로 사람들은 돈을 내기보다는 무료를 선택하기 때문에 많은 사람이 무료인 저급 화질을 선택하게 된다. 이 경우 저급 화질의 영상을 많은 사람이 이용하기 때문에 끊기거나 제대로 된

감상이 어려워진다. 따라서 일부 사람들은 유료인 고급 화질 서비스를 선택하게 된다.

이러한 영상뿐만 아니라 사진 자료들도 고화질이냐 일반화질이냐에 따른 차별화된 버전을 만들어 판매한다. 최근에는 전문적으로 사진 자료를 인터넷을 통해 판매하는 업체들이 늘어나고 있다. 사진 자료를 구매하는 고객들 중에는 자신의 웹 사이트에 활용하거나 발표 자료 등의 문서 작성에 활용하는 사람들도 있는 반면에 판매를 목적으로 하여 포스터 제작이나 웹 사이트 디자인에 활용하는 전문가 집단들도 있다. 이러한 전문가 집단들은 일반인들에 비해서 보다 고품질의 그림을 선호한다. 따라서 기업들은 이러한 해상도 차이를 활용한 버저닝 방식을 활용하고 있다.

- 성능 차별화

소프트웨어의 경우에는 처리 속도의 차이를 두는 방식으로 성능을 차별화하는 경우가 있다. 이는 특정 작업을 할 때 버전에 따라서 처리 속도를 다르게 하여 소프트웨어의 가치를 다르게 하는 전략이라고 할 수 있다. 예를 들어 공학용 계산 프로그램인 매스매티카(Mathematica)는 학생용 버전과 전문가 버전을 나누어 학생용 버전의 처리 속도는 느리게 하며 저렴한 가격으로 공급하는 방식으로 차별화하고 있다. 일반적으로 학생들은 매스매티카의 사용 방법을 배우는 것이 주목적이지 이것을 가지고 연구 등에 활용하는 것은 아니다. 그러나 연구자의 경우에는 다르다. 이를 통해 빠른 계산을 하고 연구에 활용하는 것이 주목적이기 때문에 빠른 처리 속도가 이들에게는 중요하며 보다 높은 가격을 지불하고서라도 구매할 것이다. 이러한 성능 차별화를 통해 버저닝이 없었다면 구매하기 힘든 고객층에게도 판매할 수 있게 된다.

- 사용 시간 제한 차별화

디지털 콘텐츠는 일단 구매를 하면 영구적으로 소유하고 사용할 수도 있지만 판매 버전에 따라서 사용 시간이 제한된 경우도 있다. 이러한 차별화가 사용시간 제한 방식이다. 예를 들어 Economist의 온라인 잡지를 구독하는 경우 1년 동안 Economist 웹 사이트의 모든 기사를 볼 수 있거나 1달 동안 보도록 하거나 혹은 하루 동안 모든 기사를 볼 수 있도록 하는 버전 중에서 하나를 선택할 수 있다. 이렇듯 구독 기간의 제한을 두고 각 버전에 다른 가격을 부과함으로써 정기적인 구독보다는 하루 정도 특정 분야의 기사 수집을 위한 고객과 장기로 구독하고 싶어 하는 고객들의 구미에 맞춘 버저닝 상품을 제공하고 있다.

과거 미니홈피와 같은 개인용 홈페이지에도 이러한 사용시간 차별화 상품들을 판매하고 있다. 예를 들어 기업들은 홈페이지의 외양을 꾸밀 수 있는 다양한 디지털 콘텐츠를 판매하고 있다. 이러한 콘텐츠는 일단 구매후에 영구적으로 사용할 수 있는 것이 아니라 판매할 때 몇 가지 버전을 나누어서 판매하고 있다. 예를 들어 하나의 디지털 콘텐츠를 3일 동안 사용할 수 있게 하고 저렴한 가격에 판매하거나 7일 혹은 1년을 사용할 수 있도록 하게하고 조금 더 비싸게 하는 방식으로 판매하고 있다. 이러한 방식은 지속적으로 다양하게 홈페이지를 바꾸고 싶어하는 사용자들의 취향에 맞는 방식이다. 홈페이지를 꾸미는 사용자들 중에는 특정 기념일이나 이벤트 등에 맞추어 자신의 홈페이지를 꾸미고 싶어 하는 사람들이 있다. 이렇게 홈페이지를 꾸미기 위해서 구입한 디지털 콘텐츠들은 기간이 지나면 더 이상 가치가 없어진다. 따라서 디지털 콘텐츠를 영구히 쓸 수 있도록 판매하기보다는 적정한 시점까지만 사용할 수 있도록 제한을 걸어두는 것이 사용자의 취향에 더 맞게 된다. 이렇듯 사용 시간 제한을 통한 버저닝을 통해 다양한 고객들의 취향을 맞출 수 있다.

- 정보의 완성도에 따른 차별화

보다 심층적인 정보를 제공하는 차별화를 통해서 가치를 높이는 전략도 가능하다. 뉴욕타임즈는 온라인으로 제공하는 일반 신문 기사는 공짜로 제공하지만 유명 컬럼니스트들의 글은 유료로 제공한다. 즉 신문에서 제공하는 콘텐츠의 일부분만을 제공하는 무료 콘텐츠와 전체를 제공하는 콘텐츠 간의 차이를 두고 있다. 많은 온라인 증권사들은 인터넷을 통해 개인 투자자들이 쉽게 증권 거래를 할 수 있도록 HTS(Home Trading System, 홈트레이딩 시스템)를 도입하였다. HTS를 통해서 고객들은 기본적으로 증권 거래와 온라인 뱅킹, 기업 정보 등을 알 수 있다. 여기에 보다 전문적인 투자를 원하는 고객을 대상으로 해서 기업별 투자 종목이나 상담을 해주는 부가 서비스를 제공하는 데 이러한 서비스는 유료로 제공하고 있다. 즉 완성도가 높은 정보의 경우에는 이런 정보를 원하는 사람들을 대상으로 유료 콘텐츠를 제공하고 있고 일반적이고 심층 정보를 원하지 않는 사람들에게는 무료로 콘텐츠를 제공하는 버저닝 전략을 취하고 있다.

- 시간 지연에 따른 차별화

디지털 콘텐츠의 배달 시간을 차별화하여 가치를 높이는 버저닝 전략을 생각할 수 있다. 예를 들어 전문적인 투자자 입장에서는 시시각각 전해오는 해외 시장의 정보를 실시간으로 파악하여 투자에 반영하는 것이 중요하다. 따라서 이들에게는 일반 투자자에 비해서 실시간 투자 정보는 매우 높은 가치를 갖는다. 포털에서 제공되는 증권정보의 경우에는 대부분이 실시간으로 제공되는 정보가 아니라 시차를 두고 제공되는 정보다. 실시간 정보를 얻기 위해서는 회원 가입과 사용료를 지급하는 방식으로 버전을 달리 하고 있다. 또한 많은 영화나 TV 방송 프로그램들의 VOD 서비스들은 방송이나 혹은 개봉 시점을 기준으로 하여 차등화된 서비스를 하고 있다. 예를 들어 방송시간이 얼마 지나지 않은 디지털 콘텐츠의 경우에는 프리미엄 콘텐츠로 분류하여 요금을 부과하고 방송일이 많이 지난 콘텐츠의 경우에는 일반 콘텐츠로 분류하여 무료로 제공한다. 영화나 최근 많이 방송되는 게임 중계 등도 시차에 따라 차등화된 요금을 적용하고 있다. 이는 빨리 보고 싶어하는 고객들은 콘텐츠에 대한 가치를 높게 보는 사람들로 이들이 느끼는 가치가 높기 때문에 요금을 부과하더라도 기꺼이 볼 것이다. 그에 반해서 지금 당장 보기를 원하지 않는 고객들은 가치를 낮게 보는 고객이므로 시간이 많이 지난 다음에 보게 될 것이다. 이들은 큰 가치를 느끼지 못하는 고객이거나 지출 여력이 없는 사람들로 이들을 대상으로는 요금을 낮게 부과하거나 무료로 제공하는 형태의 버저닝을 하고 있다.

3) 버저닝의 판매를 위한 고려 사항

지금까지 버저닝 판매 방식의 사례를 살펴보았다. 이 방식으로 판매하기 위해서는 아래의 사항들에 유념해야 한다.

- 버전별로 명확한 차별화

첫 번째로는 고품질의 버전과 저품질의 버전간의 차이가 명확해야 한다는 점이다. 예를 들어 앞서 매스매티카 제품의 경우에는 학생 고객과 일반 고객을 구분하면서 처리 속도의 차이로 품질을 높여 고객이 느끼는 가치를 높였고 이에 맞추어 높은 가격의 제품과 처리 속도가 느린 저품질의 저가격 제품을 학생 고객을 겨냥해서 출시하였다. 이는 처리 속도가 두 계층의 고객의 가치를 결정하는 요인이 되고 이러한 고품질/고가치의 제품에 대해서는 높은 가격을 부과하여 각 고객층이 서로 다른 버전의 제품을 선택하도록 하였다. 이렇듯 서로 다른 버전들은 각각이 목표로 하는 고객층을 명확히 정의하고 이들이 원하는 니즈를 가장 잘 맞추어 줄 수 있어야 한다.

그렇지 않은 경우에는 버저닝 전략이 실패할 수 있다. 예를 들어 사진을 판매하는 온라인 업체를 생각해보자. 이들이 판매하는 사진을 품질에 따라서 버전을 나누어서 판매한다고 해보자. 따라서 고해상도의 사진을 높은 가격에 저해상도의 사진을 낮은 가격에 판매하면 웹 디자이너 등과 같은 전문가들은 고해상도의 사진을, 일반 사용자는 저가의 저해상도 사진을 구매할 것이다. 그런데 일반 사용자뿐만 아니라 전문가들도 저해상도의 사진을 사는 일이 발생했다. 왜 그럴까? 버저닝을 잘 못했기 때문이다. 전문가들이 저해상도의 사진을 사게 되는 이유는 두 가지가 있을 것이다. 고해상도의 사진의 가격이

지나치게 높게 형성되어 있어 이들이 느끼는 가치 이상이 되는 경우가 있을 것이고 두 번째로는 저해상도의 사진이 고해상도의 사진과 품질상의 큰 차이가 없어 높은 가격의 고해상도 사진을 사느니 낮은 가격의 저해상도 사진을 사게 되는 경우가 있다. 첫 번째는 버저닝의 잘못이라기보다는 가격 설정의 잘못이라고 볼 수 있다. 두 번째는 두 개의 버전을 만들 때 각 버전이 가격과 품질 기준에서 서로 명확히 구분되어야 하는 데 그렇지 못했기 때문에 각각의 버전이 목표로 했던 고객이 다른 버전의 제품을 사게 되어 사실상 여러 개의 버전을 만들 이유가 없게 된 것이다. 즉 버전을 만들 때 주의할 점은 고품질의 버전을 구매하는 고객들이 저품질의 저가 버전을 구매하지 않도록 충분히 품질의 차이를 두어 높은 가치와 그에 상응하는 가격을 설정하는 것이 필요하다.

- 고품질의 버전을 기반으로 여러 버전을 생산

두 번째로 주의할 점은 버저닝은 항상 최고 품질의 제품을 만든 뒤에 이것의 품질은 낮추는 새로운 버전을 만드는 방식을 취해야 한다. 일단 고품질의 제품을 만들고 이것의 기능을 축소하거나 처리 속도를 낮추거나 해상도의 변경을 가하거나 유통의 지연, 혹은 정보 완성도를 떨어뜨리는 것은 어렵지 않다. 그러나 일반 제품을 만들고 이것의 고품질 버전을 만드는 것은 매우 어렵다. 따라서 버저닝은 가장 최고의 품질을 갖는 콘텐츠를 먼저 개발하여 최고의 가치를 갖는 상품을 만들고 이를 토대로 이들 계층에 맞도록 차등화된 버전의 제품을 만들어 공급하는 것이 필요하다.

- 극단성 회피 성향을 활용

세 번째로는 극단성 회피 성향에 따라 버전은 세 가지 정도로 만드는 것이 좋다.[4] 버전 간의 차이가 명확하게 고품질, 저품질의 두 가지 제품을 만드는 것도 좋지만 사람들은 극단적인 선택을 하는 것을 싫어하는 경향이 있기 때문에 세 가지 정도의 버전을 만들어 판매하는 것이 좋다. 예를 들어 상, 중, 하의 세 단계의 품질이 있다면 대부분의 사람들은 중간 수준의 제품을 선택한다. 고품질의 제품을 원하는 사람은 상위 등급의 제품을 구매하며, 재정적인 여유가 없는 구매자들은 하위 등급의 제품을 선택하게 된다. 따라서 이러한 회피 성향을 고려하여 버전의 개수를 셋 정도로 하는 것이 좋다.

4 오세인, 디지털미디어 콘텐츠비즈니스, 커뮤니케이션북스, 2005.

토의문제

1. 디지털 경제의 특징 중 수확체증의 법칙에 대해 설명해보고 관련된 사례를 설명해보자.
2. 디지털 디바이드란 무엇이며 여전히 존재한다고 생각하는가? 존재한다고 생각한다면 디지털 디바이드가 우리 사회에 미치는 영향은 무엇일까?
3. 암묵지와 형식지의 차이가 무엇인지 설명해보고 오늘날 정보사회에서 어떤 지식이 더 중요한 역할을 할 것이라고 생각하는가?
4. 정보재화의 특징에 대해서 설명해보고 정보재화의 소비가 우리 생활을 어떻게 변화시켰는지 논의해보자.
5. 정보재화를 하나 정하고 구매 시에 중요하게 생각하는 가치에 대해서 논의해보자.
6. 디지털 정보재화 중 버저닝을 하는 사례를 정하고 버저닝 전략에 대해 논의해보자.

2

플랫폼 비즈니스와 경쟁 전략

학습 목표

- 기업의 경쟁 우위의 개념을 이해한다.
- 망 효과와 기업의 경쟁 전략에 대해 학습한다.
- 플랫폼 비즈니스 개념과 특징, 성공 전략을 이해한다.

제1절

기업의 경쟁 우위와 플랫폼 비즈니스

1. 시장 경쟁과 기업의 경쟁 우위

1) 게임과 기업 전략

전략은 바둑이나 장기와 같은 게임 속에서 찾아볼 수 있다. 게임은 게임의 목적, 게임의 참여자, 게임이 일어나는 장소, 게임의 절차, 승자 혹은 패자에 주어지는 대가로 구성된다. 게임의 결과로 얻어지는 보상을 얻거나 벌칙이나 손해를 피하기 위한 참여자들 간의 경쟁을 게임에서 볼 수 있다. 이러한 경쟁에서 이기기 위한 다양한 방법들을 게임에서의 전략이라고 할 수 있다. 예를 들어 바둑을 둘 때에는 바둑판과 바둑알, 그리고 상대편이 있어야 하며 그리고 중요한 것은 바둑 게임의 규칙이라고 할 수 있다. 이런 상황에서 전략은 바로 바둑 게임에서 승리하기 위한 방법이라고 할 수 있다. 바둑의 초보자들은 교본을 통해서 혹은 다른 바둑 고수를 통해서 기본적인 규칙뿐만 아니라 특정 상황에서 이길 수 있는 요령에 대해서 배우게 된다. 이러한 요령을 학습함에도 불구하고 초보자들이 이기기 힘든 것은 어떤 상황에서 어떤 수를 두어야 하며 그 결과가 어떻게 되는가에 대해서 상대방에 비해 충분한 지식이나 경험이 부족하기 때문이다. 즉 경쟁에서 이기기 위한 지식, 정보 혹은 노하우나 경험과 같은 자원이나 이를 활용할 수 있는 역량이 상대적으로 승자에 비해 부족하면 게임에서의 패자가 될 가능성이 높아진다.

- 기업 전략과 게임의 유사성: 이기기 위한 방법

기업 전략은 바로 우리가 일상생활에서 즐기는 게임과 유사한 측면들이 있다. 첫 번째로 게임에서와 같이 기업 전략은 시장의 다른 기업들과의 경쟁에서 이기기 위한 방법이라고 할 수 있다. 보통 게임의 경우 참여자 모두가 이기는 게임을 찾는 것은 쉽지 않다. 물론 참여자가 여럿인 경우에 하나의 팀을 구성하여 다른 팀을 이기는 형태의 게임은 존재한다. 이런 형태에서는 경쟁도 있으나 팀원 간의 협력의 모습도 찾아볼 수 있다. 그러나 이런 팀 간의 게임도 결국은 개인 간의 게임과 마찬가지로 결국 승자와 패자가 존재하는 게임이다. 기업 전략의 필요성은 이기기 위한 상대편이 존재함으로써 시작된다.

- 기업 전략과 게임의 유사성: 경쟁이 벌어지는 장소와 규칙

두 번째로 게임에는 장소와 규칙이 존재한다. 일단 어떤 게임이든 이것이 벌어지는 공간적 의미의 장소가 필요하다. 보통 바둑이나 장기를 보드(Board) 게임이라고 하며 최근 많은 온라인이나 모바일 게임들이 인터넷을 통해 형성된 게임 상의 가상공간에서 진행된다면, 기업 간의 경쟁이 일어나는 게임의 공간은 시장이 된다.

그리고 어떤 게임이든지 게임을 수행하는 규칙이 존재한다. 어떤 게임은 참가자들이 서로 순번을 정해 자기 순번이 되면 주사위를 던

져서 자신의 말을 이동시키고 그에 따라 상대편도 같은 방식으로 주사위를 던져 말을 진행시키는 방식으로 게임을 진행시키기도 하며 바둑의 경우에는 서로 순번을 정해 자신의 돌을 바둑판에 놓으면 그것을 보고 상대편이 돌을 놓는 방식으로 진행된다. 또한 최근 많이 유행하는 온라인 게임의 경우에는 상대편의 움직임을 볼 수 없는 상태로 상대편의 움직임과 상관없이 동시간대에 자신의 방식대로 게임을 진행해나가는 경우도 있다.

그렇다면 기업은 시장에서 어떤 규칙에 따라 움직이는가? 기본적으로 기업은 제품의 개발, 생산, 마케팅, 유통과 같은 시장 행동을 통해서 상대편 기업과의 경쟁을 수행한다. 상대 기업의 움직임을 포착하고 적절한 행동을 취하는 경우도 있지만 상대편 움직임을 잘 모른 상태로 행동을 취하는 경우도 있다.

- 기업 전략과 게임의 유사성: 승자 결정 방법과 경쟁 결과의 급부

세 번째로 게임에는 승자를 결정하는 방법과 승자 혹은 패자에 대한 대가가 주어진다. 체스의 경우 상대방의 킹을 잡게 되면 승리하게 된다. 장기의 경우에도 마찬가지로 상대방의 왕을 잡게 되면 승리한다. 온라인 게임의 경우에는 게임마다 차이가 있지만 상대편 기지를 모두 점거하거나 파괴하면 이긴다.

시장 경쟁에서의 승자는 보통 시장에서의 경쟁 기업의 몰락이나 시장 철수 혹은 타 경쟁자보다 압도적인 시장 점유율이나 영향력을 통해 시장의 지배적인 위치를 차지하게 되는 기업이다. 물론 기업이 추구하는 지향점에 따라 기업의 시장 승리 혹은 성공이라 말할 수 있는 기준은 다를 수 있다. 그렇지만 모든 기업의 공통적인 목표가 이

윤 극대화라는 점을 고려해본다면 경쟁 기업의 몰락이나 시장 퇴출을 통해 더 많은 구매자를 확보하고 매출을 올리는 것이 기업이 일반적으로 생각하는 시장에서의 성공일 것이다.

- 기업 전략과 게임의 유사성: 상대성

모든 게임은 승리 규칙이 있지만 이기기 위한 방법은 다양하다. 체스나 장기, 바둑과 같은 보드 게임을 처음 배우는 사람들을 위해서 수많은 교본과 인터넷 정보들이 존재한다. 또한 온라인 게임의 경우에도 이기기 위한 수많은 방법들과 노하우들이 인터넷을 통해서, 책을 통해서, 방송을 통해서 소개 된다. 기업의 경우에도 시장 경쟁에서도 이기기 위한 다양한 방법들이 존재한다. 대중 매체를 통해서 많은 기업들이 기술 혁신, 비용 절감, 품질 개선, 제품 차별화, 유통 혁신, 마케팅 믹스 등의 다양한 전략을 수행하고 있으며 어떤 전략이 필요하다는 사설 등을 본 적이 있을 것이다. 기업은 이미 이기기 위한 다양하고 구체적인 전략을 알고 있다.

이렇듯 이미 잘 알려진 성공 전략이 있음에도 불구하고 어떤 기업은 성공하고 어떤 기업은 실패한다. 왜 그럴까? 여러 가지 이유가 있겠지만 모든 시장 게임은 바로 상대편이 존재하고 이들 간의 상호 경쟁에 의해서 진행되기 때문이다. 내가 알고 있는 것을 상대편도 알고 있으며 상대편이 알고 있는 것을 나도 알고 있기 때문에 이러한 관계에서 막연히 잘 알려진 성공 전략을 택하는 것은 이기기 위한 절대적인 방법은 아니다. 우리가 흔히 즐기는 게임도 마찬 가지다. 바둑이나 장기 교본을 통해서 우수한 전략을 아무리 많이 보고 암기해도 실제 게임에서는 크게 도움이 되지 않는다. 가장 어려운 점은 어떤 상황에서 어떤 전략을 써야 하는지 또 결과는 어떻게 될 것인지에 대한 부분이다. 또한 내가 이 전략을 사용할 때 상대편이 내가 알고 있는 방식대로 움직일지에 대한 불확실성도 여전히 존재한다. 즉 전략은 그 자체만으로 성공을 가져다주는 것이 아니라 시장 상황과 상대편의 반응 그리고 그에 따른 결과에 따라서 성공이 결정된다.

2) 전략의 정의와 특징

그렇다면 위의 내용을 정리할 때 전략은 어떻게 정의할 수 있을까? 전략은 기업의 선택과 경쟁 기업의 반응을 고려하여 기업의 이윤을 최대화할 수 있는 선택을 결정하는 것이라고 할 수 있다. 기업은 여러 가지 선택을 할 수 있다. 그러나 기업은 시장이 독점이 아닌 이상은 경쟁 기업의 반응을 고려하지 않을 수 없다. 이러한 자신의 선택과 경쟁 기업의 반응을 고려할 때 기업이 기대할 수 있는 이윤이 결정될 것이다. 따라서 기업은 자신의 선택과 경쟁 기업들의 반응에 의한 결과로 자신이 가장 큰 이윤을 창출할 수 있는 선택을 하면 된다. 주의할 점은 상대 기업들의 반응 역시 그들에게 최적의 선택이 되어야 한다는 점이다. 경쟁 기업은 내가 움직여 주길 바라는 대로 움직이는 것은 아니다. 그들 역시 자신의 이윤 극대화를 위해서 전략적 선택을 하기 마련이다. 나의 전략이 원하는 수준의 이윤을 거두기 위해서는 상대편 역시 원하는 수준의 이윤을 거둘 수 있어야 한다는 것이다.[1]

기업 전략은 상대편 기업의 반응을 예상하고 다양한 대응 방안 중

1 최하늘, 디지털 시장의 경쟁전략, 두남, 2008.

에서 가장 큰 이윤을 가져올 수 있도록 하는 대응 방안을 선택하고 수행하는 것이라고 말했다. 전략은 어디까지나 경쟁에서 이기고 더 많은 이윤을 획득하여 기업의 수익을 극대화하는 목표를 달성하는 것이라고 할 수 있다. 이렇듯 경쟁에서 이기기 위해서는 다양한 대응 방안들이 있을 텐데 저렴한 가격을 책정하거나 새로운 제품 디자인을 도입하거나 혹은 다양한 부가 서비스를 제공하는 등 여러 가지가 있다. 하지만 모든 경쟁 상황에서 동일한 대응 방안을 택할 수 없으며 어떤 대응 방안을 정하여 이를 수행할 때에도 기업의 역량이 되지 않아 수행하기 어려운 전략들도 있다.

기업의 전략은 또한 한정된 자원의 배분을 통한 경쟁 우위의 창출이라 정의할 수 있다. 기업은 형태가 있는 유형 자원이나 형태가 없는 무형의 자원을 보유하고 있다. 예를 들어 공장이나 설비, 건물, 인력 등의 유형 자원이 있고, 기술이나 브랜드 등의 무형 자원이 있다.

기업은 시장 경쟁에서 이기기 위해서 이러한 자원들을 활용한다. 그러나 기업은 무한한 자원을 보유하고 있지는 않다. 기업 활동을 위해 돈이 필요한 경우 기업은 은행 등의 금융 시장을 통해 돈을 빌린다. 이렇게 얻어진 금융 자본은 무한정 존재하는 것이 아니며 특히 빌리면 빌릴수록 이자가 늘어나게 되는데 즉 자본 비용이 증가한다. 인력 시장을 통해 많은 인력을 채용할수록 원하는 능력을 지닌 인력 자원의 크기가 줄어들 수 있고, 이 경우 수요와 공급의 원칙에 따라 우수한 인력을 수급하기 위한 비용, 즉 인건비가 늘어나게 된다. 처음 고용한 사람과 나중에 고용한 사람이 같은 능력이라고 할 때 나중에 고용한 사람의 인건비가 높아져 고용한 인력의 효율성이 떨어지게 된다. 공장 부지 등도 좋은 입지 조건을 갖는 부지는 자사의 매입에 의해서도 줄지만 경쟁 기업의 투자에 의해서도 줄게 된다. 그렇다면 기업은 이러한 제한된 자원을 가지고 경쟁에 이길 수 있는 역량 확보를 위해서 자본의 효율적인 배분이 필요하게 된다. 따라서 자원 투자는 기업의 경쟁력 확보를 위해 이루어져야 하며 이것을 위한 전략적인 선택이 필요하다.

기업의 전략은 또한 장기적인 특성을 갖는다. 기업은 오랫동안 생존하기 위해서 시장과 산업의 장기적인 변화를 지속적으로 관찰하고 이해하여 변화할 수 있어야 한다. 기업은 끊임없이 경쟁하며 경쟁 상대 기업들도 지속적으로 바뀐다. 따라서 전략도 새로운 경쟁 기업들에 맞추어 지속적으로 변화하는 것이 필요하다.

3) 전략과 경쟁 우위

기업 전략은 상대성이라는 특징을 가지고 있기에 상대편 기업의 반응을 예상하고 다양한 대응 방안 중에서 가장 큰 이윤을 가져올 수 있도록 하는 대응 방안을 선택하고 수행하는 것이다. 전략은 어디까지나 상대방과의 경쟁에서 이기고 더 많은 이윤을 획득하여 기업의 수익을 극대화하는 목표를 달성하는 것이라고 할 수 있다. 경쟁에서 이기는 것은 압도적일 필요는 없다. 경쟁자보다 잘하면 된다. 이렇게 함으로써 시장에서 더 많은 이윤을 창출하게 된다면 장기적으로 경쟁자들의 생존은 어려워질 것이다.

경쟁자들보다 앞서기 위한 다양한 대응방안과 선택이 존재하나 이것을 실행할 수 있는 기업의 역량의 차이로 인해서 어떤 기업은 적절한 전략을 수행하여 경쟁에서 이기기도 하고 그렇지 못한 기업들도 존재하는 데 이것을 결정하는 것이 기업의 경쟁력 곧 경쟁 우위라고 말할 수 있다. 경쟁 우위는 한마디로 기업이 경쟁에서 이길 수 있도록 하는 경쟁력의 원천이라고 할 수 있다. 경쟁 우위는 산업별로 상이하며, 산업 내에서도 상황에 따라서 달라지기도 한다.

- 경쟁우위의 요건

기업은 경쟁을 통해서 이윤을 창출하는 데 이윤은 곧 기업이 제공하는 가치와 밀접한 관련을 갖는다. 가치가 높은 제품일수록 그만큼 많은 고객의 구매를 이끌어 낼 수 있으며 기업의 이윤도 높일 수 있다. 그러나 높은 가치를 창출하는 것이 중요한 것은 아니며 창출해낸 가치 중에서 기업이 획득할 수 있는 부분이 어느 정도가 될지도 중요하다. 기업이 창출해 낸 가치 중의 일부는 구매자의 효용 증가로 혹은 종업원들의 임금으로 가기도 하며 때로는 협력 기업이나 심지어는 경쟁 기업의 이윤으로 나가기도 한다.

기업은 언제 창출해낸 가치를 경쟁 기업들에 잃게 되는가? 한 마디로 시장의 선도자로써 시장을 확대했으나 이후 경쟁에서 밀려났을 때라고 할 수 있다. 예를 들어 새로운 신제품으로 시장을 개척하여 성공한 기업들이 후발 기업들에 밀려 시장의 주도권을 잃고 2인자로 밀려나거나 시장에서 퇴출 되는 경우를 생각해 볼 수 있다. 개인용 컴퓨터 시장을 개척했던 애플사는 후발 기업이었던 IBM 사에게 개인용 컴퓨터 시장을 내주었다. 초기에는 대단히 성공적이었고 많은 수익을 창출하였지만 후발 기업에게 시장의 주도권을 내 준 대표적인 예라고 할 수 있다. IBM 역시 후발 기업이었던 Compaq에게 시장의 주도권을 내 주었다. 이렇듯 가치를 창출하는 것도 중요하지만 창출해낸 가치를 얼마나 지키고 획득하느냐 역시 중요한데 이것을 결정하는 것이 바로 경쟁 우위라고 할 수 있다.

이런 관점에서 경쟁 우위는 지속적이어야 한다. 높은 이윤을 내는 성공적인 기업들은 쉽게 알려지고 경쟁 기업들은 이들을 모방하거나 앞서려고 끊임없이 노력한다. 따라서 현 시점에서의 경쟁 우위가 앞으로의 경쟁 우위가 된다는 보장은 없다. 시장은 계속 변하고 기술은 계속 진보하며 새롭게 진입하는 경쟁 기업들도 현 시점과는 상이하다. 따라서 기업은 한 때의 높은 가치 창출이 지속적인 성공을 가져올 것이라고 믿어서는 안 된다. 항상 현 시점에서의 경쟁 우위를 평가하고 이를 지속하기 위한 전략과 경쟁 우위를 높이기 위한 노력을 끊임없이 수행해야 한다.

경쟁 우위의 원천은 기업 내부와 기업이 존재하는 외부 환경 모두로부터 창출될 수 있다. 예를 들어 기업이 갖고 있는 자산으로서 고품질의 제품 기술, 다양한 서비스 제공, 효율적인 유통망, 수익성 높은 충성 고객 등 여러 가지가 경쟁 우위의 원천이 될 수 있다.

제2절
망 효과와 기업의 경쟁 전략

1. 네트워크의 개념과 망 효과

1) 네트워크의 구조

망 효과는 네트워크 효과(Network effects)라고도 하는 데 여기서 네트워크는 두 개 이상의 개체가 연결을 통해 특정한 형태의 관계를 보이는 형태로 개체 간의 상호작용이 연결을 통해 이루어지는 구조를 말한다. 우리가 인터넷이라고 하는 것도 하나의 네트워크라고 할 수 있으며 교통망, 도로망 역시 네트워크라고 할 수 있다. 망 효과는 이러한 네트워크 하에서 발생하는 효과라고 할 수 있기 때문에 네트워크에 대해서 알아보고 망 효과가 어떻게 네트워크를 통해서 발생하는지 알아보자.

- 물리적 네트워크

네트워크라고 하면 일반적으로 전화, 전기, 수도, 인터넷과 같이 물리적인 네트워크를 떠올리기 마련이다. 이러한 물리적인 네트워크는 특정 지점과 지점 혹은 점과 점을 연결하는 선으로 구성되어 있다고 할 수 있다. 비록 우리 눈에는 보이지 않지만 전화를 사용하기 위해서 땅 밑에 많은 전화선들이 지나가고 있다는 것을 알고 있을 것이다. 마찬가지로 전기를 사용하기 위해서 곳곳에 세워져 있는 전신주와 전신주를 통해서 들어오는 전선을 통해 각 가정에서 전기를 사용할 수 있음을 알고 있을 것이다. 마찬가지로 우리가 쓰는 물도 땅 밑의 상수도관을 통해서 집에서 사용할 수 있는 것이며 가정에서 사용하는 도시가스 역시 가스관을 통해서 집에서 사용할 수 있는 것이다.

이렇듯 물리적인 네트워크는 특정 지역이나 거점을 서로 연결하는 연결선이 존재하여 실제로 네트워크 구조를 도식화할 수 있는 형태의 네트워크라고 할 수 있다. 일반적으로 물리적인 네트워크를 나타낼 때에는 특정 지역이나 점을 노드(Node)라고 표현하고 이들 간을 연결하는 선을 링크(Link)라고 표현한다. 이러한 노드와 링크로 구성된 네트워크 구조를 나타낸 그림을 그래프(Graph)라고 한다.

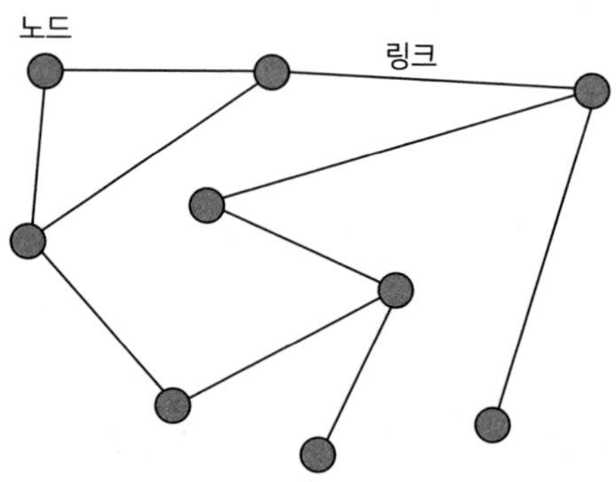

그래프 구조

- 가상 네트워크

그러나 모든 네트워크가 전화나 전기, 수도와 같이 점과 점을 연결하는 눈으로 보이는 선으로 엮어진 것은 아니다. 우리는 사회에서 다른 사람들과 다양한 관계를 맺고 산다. 가깝게는 가족에서부터 멀게는 직장 동료, 동호회 등과 같은 다양한 관계하에서 살아가고 있다. 이러한 관계 역시 네트워크라고 할 수 있는데 이것을 가상 네트워크(Virtual Network)라고 한다. 가족이나 친구는 물리적 네트워크와는 달리 서로를 연결하는 눈에 보이는 선이 존재하는 것은 아니다. 그러나 서로 간에 눈에 보이지 않는 혈육의 정, 소속감, 동지애 등과 같은 연결 고리를 갖고 있다. 또한 이러한 연결 고리하에서 함께 생활하고 일한다. 또는 이러한 연결 관계를 통해 정보를 교환하기도 하고 함께 모여 작업을 하기도 한다. 이렇듯 눈에 보이지 않는 연결 고리로 만들어진 네트워크를 가상 네트워크라고 한다. 이런 가상 네트워크는 매우 다양하다. 같은 직장을 다니는 사람들의 네트워크, 같은 학교를 졸업한 사람들의 네트워크, 같은 취미를 갖고 있는 동호회 사람들의 네트워크, 같은 수업을 듣고 있는 사람들의 네트워크, 그리고 같은 제품을 구매한 사람들의 네트워크까지 다양하다.

그렇다면 왜 네트워크가 만들어졌을까? 전기나 수도와 같이 분명 네트워크에 소속되어 있지만 누가 같은 네트워크에 소속되어 있는지 그다지 중요하지 않은 네트워크도 있다. 그에 반해 동호회와 같이 취미를 공유하는 사람들 간의 정보 공유를 목적으로 인위적으로 만든 네트워크도 있다. 또한 가족과 같이 분명 네트워크지만 내가 특정 가족 네트워크를 원해서 네트워크를 만들게 된 것은 아닌 경우도 있다. 이렇듯 네트워크는 어떤 목적에 의해서 만들어진 경우도 있고 그렇지 않은 경우도 있으며 네트워크 구성원간의 관계 및 정보 공유와 같은 상호작용이 혜택을 제공해주는 경우도 있지만 다른 구성원들이 누구인가는 그다지 중요하지 않은 경우도 있다.

2) 네트워크 효과

이렇듯 네트워크를 구성하고 구성원들의 수가 커짐으로써 구성원들에게 부가적인 혜택이 발생하는 경우가 있는데 이 혜택을 네트워크 효과라고 한다. 예를 들어 특정 취미를 목적으로 모인 동호회라면 사람들이 많이 모일수록 취미에 대한 더욱 다양한 정보를 교환할 수 있다. 디지털 카메라 동호회를 예를 들어보자. 이들은 동호회를 통해서 최신 디지털 카메라 정보, 디지털 카메라 사용법, 디지털 카메라와 관련된 부가 제품들에 대한 최신 정보, 저렴하게 구매할 수 있는 매장에 대한 정보 등을 서로 교환할 수 있다. 동호회의 구성원이 소수인 경우보다 구성원이 다수일 때 보다 다양하고 유용한 정보를 얻어낼 수 있다. 또한 구성원의 수가 많은 경우 특정 제품에 대한 공동구매를 통해 저렴하게 구매할 수 있다.

또한 같은 제품을 사용하는 사용자들의 경우에도 사용자 수의 증가에 따라서 사용 혜택이 증가하는 경우도 있다. 예를 들어 같은 소프트웨어를 사용하는 사용자들은 많은 수가 사용할수록 여러 가지 편리함을 누릴 수 있다. 먼저 소프트웨어 사용과 관련해서 다양한 정보를 접할 수 있다. 특히 인터넷이 도입되면서 소프트웨어 사용 시 모르는 점이나 궁금한 점이 있다면 인터넷을 통해서 바로 도움을 얻을 수 있다. 또한 주변의 친구나 가족들 중에서도 같은 소프트웨어를 사용한다면 마찬가지로 도움을 얻을 수 있다. 또한 소프트웨어를 통해서 만들어진 파일들을 서로 불편함 없이 손쉽게 공유하는 편리함이 있다. 상대편이 작성한 파일을 별다른 작업 없이 바로 내 컴퓨터에서 볼 수 있으며 그것을 수정하거나 편집하여 서로 간에 공동 작업을 하는 데도 어려움이 없게 된다.

- 부정적 네트워크 효과

이렇듯 네트워크 효과는 네트워크 구성원 수의 변화에 따라서 구성원들이 느끼는 혜택의 크기가 증가하는 경우를 말하는 데 모든 네트워크 효과가 혜택의 증가를 일으키는 것은 아니다. 초고속 인터넷 서비스의 예를 들어 보자. 특정 회사의 초고속 인터넷 서비스를 사용할 때 사용자 수의 증가에 의해서 얻을 수 있는 혜택은 무엇이 있을까? 가장 쉽게는 초고속 인터넷 서비스의 부가 혜택이나 요금제 등에 대한 정보를 얻을 수 있을 것이다. 즉 초고속 인터넷 서비스에 대한 정보 교환의 혜택이 있을 것이다. 그렇다면 사용자 수의 증가에 의해서 어떤 불편함이 발생할까? 점차 기술적으로 개선되고 있지만 특정 시간대 사용자 수가 몰리게 될 경우에 인터넷의 속도가 느려지는 문제가 발생하기도 한다. 즉 같은 서비스를 사용하는 사용자들의 수가 증가할수록 서비스의 품질이 하락하는 문제가 발생할 수도 있다. 이 경우에는 사용자 수의 증가가 서비스 사용 혜택을 증가시키는 것이 아니라 하락시키는 결과를 낳게 된다. 정리하면 네트워크 효과는 구성원 수의 증가에 따른 혜택이 늘어나기도 혹은 줄어들기도 하는 변화를 의미한다.

3) 망 외부성과 망 효과

경제학에서는 같은 네트워크의 사용자 수의 증가에 따라서 발생하는 혜택을 망 외부성(Network Externality)이라고 한다.

- 외부성

일반적으로 외부성(Externality)은 한 경제 주체의 효용 극대화를 위한 행동이 다른 경제 주체에 긍정 혹은 부정적인 영향을 미치는 경우를 말한다. 이러한 부정적인 영향에 대해서 이것을 발생시킨 주체가 영향을 받은 주체에게 적절한 보상이 지급되지 않는 경우 혹은 긍정적인 영향에 대해서 영향을 받은 주체가 발생시킨 주체에 대해서 보상을 하지 않는 경우에 외부성이 발생했다고 할 수 있다.

외부성의 대표적인 사례로 부정적 외부성(Negative Externality)을 들 수 있다. 부정적 외부성의 대표적인 사례는 공장에서 발생하는 매연이나 폐기물로 인한 공해를 든다. 공장은 이윤 극대화를 위한 생산 활동을 한다. 이때 발생하는 공해 물질들은 주변에 사는 사람들에게 피해를 준다. 즉 기업의 생산 활동이 기업의 이윤을 높이지만 기업과 관련 없는 경제 주체인 주변 사람들에게 피해를 주게 되는 것이다. 이러한 공해로 인한 주변 환경에 미치는 피해는 기업이 주변 사람들에 대한 보상의 형태로 지급되어야 한다. 그러나 일반적으로 기업은 이윤 극대화를 위해 이런 피해에 대해서 적극적인 보상을 꺼리기 때문에 제삼자인 정부에 의해서 조정된다. 정부는 기업에 대한 환경 규제를 통해서 외부성의 발생을 막는 방식을 택하거나 규정을 어겼을 경우에 처벌하는 방식을 택한다. 또는 기업이 자발적으로 지역 주민들에 대한 보상 차원으로 지역에 대한 투자를 하거나 지역 주민들의 적극적인 고용을 통해서 외부성에 대한 보상을 해 주기도 한다.

그에 비해 긍정적 외부성(Positive Externality)도 발생한다. 과수원의 경우 과실이 잘 열리기 위해서는 일조량이나 거름, 적절한 강수량 등도 중요하지만 기본적으로 곤충들에 의한 수분이 잘 되어야 한다. 따라서 비가 많이 와 곤충들에 의한 수분이 잘 되지 않을 경우 과실의 수확량은 많이 감소하게 된다. 이러한 과실의 수정을 원활히 하기 위해서는 벌 등의 곤충들의 역할이 중요한데 이런 이유로 인해서 과수원 운영자들은 근처에 양봉업자들이 있을 때 큰 도움을 받을 수 있다. 즉 양봉업자들은 꿀을 생산하기 위해서 사업을 시작했지만 이들의 사업이 근처 과수원 사업의 생산량에도 큰 도움을 주게 되는 상황이 발생한다. 즉 양봉업자의 선택이 발생시키는 외부성이라고 볼 수 있다. 이 경우에는 앞서 공해와는 다르게 한 경제 주체의 선택이 다른 경제 주체에 긍정적인 영향을 미치는 경우라고 할 수 있다. 그러나 양봉업자의 이런 도움에 대해서 과수원 업자는 보상을 직접적으로 하지는 않는다. 이럴 경우 외부성이 발생한다. 그러나 실제로는 과수원 주인은 양봉업자와의 계약을 맺어 그 대가를 지불하는 경우도 있고 혹은 과수원 주인이 직접 양봉사업을 겸하는 경우도 있다. 외부성은 어디까지나 긍정적 혹은 부정적 영향이 발생했지만 경제 주체들 간의 보상이 없는 경우를 말한다. 또한 일반적으로 외부성이 발생했을 경우에는 그 영향이 부정적이던 긍정적이던 제삼자의 개입에 의해서 피해나 혜택을 주고받은 경제 주체들끼리 경제적 보상을 한다.

- 망 외부성과 망 효과의 차이

그렇다면 망 외부성은 무엇이고 망 효과와는 어떤 차이점이 있을까? 한 마디로 정리하자면 망 효과 중에서 외부성이 발생하는 망 효과를 망 외부성이라고 할 수 있다. 즉 망 효과가 망 외부성의 상위 개념이라고 할 수 있다. 흔히 망 외부성과 망 효과를 혼용해서 쓰는 경우가 있는데 망 효과 중에서도 외부성이 발생하는 상황에서의 망 효과가 바로 망 외부성이다.

그러면 망 외부성은 어떻게 발생하는가? 앞서 언급했던 것처럼 외부성은 나의 효용 극대화를 위한 행동이 타인에게 혜택이나 피해를 주며 이런 혜택이나 피해에 대한 보상이 이루어지지 않는 경우를 말한다.[1]

4) 망 외부성의 사례

첫째로 긍정적 망 외부성(Positive Network Externality)에 대해 생각해보자. 많은 사람들이 자신의 취미 생활을 하기 위해 취미 관련 동호회를 찾는다. 이왕이면 사람들이 많은 동호회, 활동이 활발한 동호회, 내가 사는 지역과 가까운 동호회, 내가 원하는 활동을 많이 하는 동호회 등 다양한 기준에 의해서 선택을 한다. 동호회 가입을 통해서 기대하는 것 역시 다양할 것이다. 다양한 취미 정보, 다양한 동호회 활동 여러 가지가 있을 것이다. 이런 기준으로 한 사람이 동호회 가입을 했다고 하자. 이 사람의 동호회 선택은 자신의 여가 생활의 다양화 내지는 취미 생활의 확대와 같은 효용 극대화를 기준으

1 최하눌, 디지털 시장의 경쟁전략, 두남, 2008.

로 선택했을 것이다. 이 사람의 동호회 선택은 기존 동호회 사람들에게도 혜택을 준다. 2~3명의 소수로 구성된 동호회보다 3~4명 혹은 30~40명의 다수로 구성된 동호회가 더 많고 다양한 정보와 다채로운 동호회 활동을 가능하게 할 것이다. 즉 신규 가입자들은 자신의 여가 생활을 목적으로 가입했지만 이들의 선택이 기존 동호회 사람들에게도 신규 가입자의 증가로 인해 발생하는 혜택을 누릴 수 있도록 한다. 보다 구체적으로 앞서 설명했던 디지털 카메라 동호회를 생각해보자. 동호회 구성인원이 많을수록 다양한 사용팁과 정보들을 알 수 있으며 가장 직접적인 경제적인 혜택으로는 공동구매 시 더 저렴한 가격으로 좋은 제품을 구매할 수 있다는 점이다.

이렇듯 네트워크의 구성원의 수가 증가할 때 신규 참여자들뿐만 아니라 기존 참여자들 역시 혜택을 받게 되므로 망 효과가 커지게 된다. 이러한 신규 가입자의 참여로 인한 혜택에 대해서 기존 가입자들이 신규 가입자에게 보상을 하는가? 그렇지는 않다. 동호회에 가입하는 신규 가입자에게 기존 가입자들이 경제적인 보상을 하는 경우는 일반적인 경우에 없다. 따라서 동호회의 인원 수 증가에 따른 혜택의 증가는 망 효과이면서 동시에 망 외부성이라고 할 수 있다.

둘째로 부정적 망 외부성(Negative Network Externality)을 생각해보자. 망 외부성은 사용자 수의 증가에 따라 사용 혜택의 증가인 망 효과의 한 종류라고 할 수 있는데 항상 혜택이 발생하는 것만은 아니다. 앞서 설명했듯이 외부성은 항상 영향을 받는 상대방에게 긍정적인 영향을 미치는 것은 아니다. 오히려 네트워크에 참여함으로써 기존 사용자에게 부정적인 영향을 미치는 경우가 발생할 수 있다. 앞서 초고속 인터넷 서비스의 예처럼 가입자가 적은 경우에는 인터넷상에서 데이터가 이동되는 트래픽 정도가 낮으므로 가장 최고의 스피드로 데이터를 주고받을 수 있다. 그러나 사용자가 늘어나고 특히 사람들이 많이 몰리는 시간대가 되면 사용자가 없을 때에 비해서 저품질의 인터넷 서비스를 사용하게 된다. 즉 사용자 수의 증가가 오히려 기존 사용자의 혜택을 낮추는 일이 발생하게 된다. 동호회의 경우도 마찬가지다. 회원 가입자 수가 매우 적을 경우에는 가입자 수가 많아짐으로써 신규 가입자뿐만 아니라 기존 가입자 모두가 네트워크 규모의 증가로 인한 혜택을 누릴 수 있지만 사용자 수가 더욱 많아지게 될 경우 오히려 여러 가지 불편함이 발생할 수 있다. 예를 들어 동호회는 정보 교환이나 다양한 활동뿐만 아니라 인간적인 유대 관계의 형성에도 큰 기여를 한다. 따라서 설립 초기의 동호회는 그리 많지도 적지도 않은 인원으로 각 구성원 모두에 대한 인간적인 유대 관계를 맺게 되고 결과적으로 높은 충성도의 회원들을 유지할 수 있다. 그러나 인원수가 늘게 되면 모든 구성원들과의 유대 관계를 맺기 힘들며 이렇게 가입하는 회원들 중에는 동호회의 설립 목적과는 다른 생각으로 가입한 사람들이 있을 수도 있고 초창기 회원과는 달리 충성도가 낮은 회원들이 존재할 수도 있다. 따라서 이런 회원들의 유입은 동호회의 행사나 활동 시에 적은 수의 회원일 때보다 비교적 비효율적으로 운영될 수 있다. 다수의 회원일 때가 적은 수의 회원일 때보다 동호회 구성원들의 충성도나 동질성 등에서 훨씬 떨어질 수 있으며 이는 궁극적으로 동호회의 활동과 유지에 어려움을 줄 수 있게 된다. 정리하면 망 외부성은 특별한 경우의 망 효과이면서 망 크기에 따라서 긍정적이거나 혹은 부정적인 외부성의 특징을 갖고 있다.

2. 망 효과와 시장 경쟁

1) 망 효과의 유형

- 직접 망 효과

망 효과는 직접 망 효과와 간접 망 효과로 구분할 수 있다. 첫 번째로는 직접 망 효과(Direct Network Effects)는 같은 제품을 사용하는 사용자들의 수가 증가할수록 사용 혜택이 증가하는 경우를 말한다. 앞서 설명했듯이 다수의 사용자로 인해서 보다 쉽게 제품 사용 정보나 팁 등을 교환할 수 있는 경우를 말한다.[2]

예를 들어 학과에 문서 작성 소프트웨어로 한글을 쓰는 사용자가 마이크로소프트 워드를 사용자보다 많다고 해 보자. 이 경우 신입생이라면 한글을 쓰는 것이 유리할 것이다. 왜냐하면 한글을 사용하는 선배들이 많기 때문에 한글 사용 시에 도움을 구하기도 쉬울 것이고, 문서를 작성해서 공유할 때도 편할 것이다. 때로는 선배들이 작성한 보고서나 과제 등을 참고할 때도 유리할 것이기 때문에 한글을 선택하게 될 것이다. 많은 사람들이 사용하는 소프트웨어를 선택할 때 타 사용자들과의 연결을 통해 직접적으로 혜택을 얻을 때 직접 망 효과라고 할 수 있다.

다른 예로는 카카오톡(Kakao Talk), 라인(Line) 등과 같은 모바일 메신저를 들 수 있다. 우리 나라의 경우 거의 대다수의 사람들이 스마트폰의 메신저앱으로 카카오톡을 선택할 정도로 영향력이 매우 높다. 이는 메신저의 경우에는 연락이나 대화를 위한 앱으로 가장 중요

2 Katz Michael, Carl Shapiro, Network externalities, Competition, anc Compatibility, American Economic Review, 75:3, 1985.

한 혜택이 연결을 통한 자유로운 의사소통이기 때문에 다수가 사용하는 앱을 선택함으로써 만족을 높일 수 있기 때문이다. 다수가 가입했기 때문에 내가 원하는 사람과 자유롭게 의사소통하고 연결될 수 있는 혜택이 직접 망 효과라고 할 수 있다.

- 간접 망 효과

두 번째로는 간접 망 효과(Indirect Network Effects)로 특정 제품을 사용하는 사용자들의 수가 증가할수록 관련 상품의 다양성 혹은 공급의 증가로 인한 혜택이 증가하는 것을 말한다. 예를 들어 마이크로소프트사의 윈도즈가 PC의 운영체제 시장에서 많은 사용자들을 확보함에 따라서 많은 소프트웨어 회사들이 PC 사용자들이 쓰는 많은 소프트웨어들을 윈도즈에서 작동할 수 있도록 만들었다. 소프트웨어 회사들 입장에서 본다면 같은 물건을 생산하더라도 구매자들이 더 많은 시장을 대상으로 만들어야 더 큰 이익을 얻을 수 있기 때문에 당연한 결과라 할 수 있겠다. 마찬가지로 과거 비디오 플레이어 시장에서 많은 제작자들이 시장에 많이 보급된 VHS 방식의 비디어 테이프를 만들었던 것도 비슷한 이유에서였다. 즉 많은 사용자 기반이 갖추어진 제품일수록 그 제품과 관련된 상품들의 종류와 수가 많아지게 되고 이는 사용자들이 이런 제품을 살 때 보다 다양한 선택과 저렴한 가격을 택할 수 있는 혜택을 제공한다는 점이다.

2) 포지티브 피드백과 승자독점 시장

긍정적인 망 효과가 존재하는 시장에서는 보유한 네트워크의 규모가 클수록 더 많은 신규 가입자를 확보하게 된다. 이는 같은 품질이라면 망 효과가 더 큰 제품을 선택할 것이며 품질의 차이가 있더라도 이를 충분히 극복할만큼 큰 망 효과가 존재한다면 역시 이 제품을 선택할 것이다. 특히 망 효과로 인해서 사용자 수가 증가하면 증가할수록 기존 가입자 및 신규 가입자의 망 효과가 커지기 때문에 망의 크기는 지속적으로 늘어나게 된다. 이렇듯 커질수록 그 효과가 증폭되어 지속적으로 커지는 망 효과가 존재하는 시장을 포지티브 피드백(Positive Feedback) 현상이 일어난다고 한다.

포지티브 피드백은 투입물을 받아 산출물을 만드는 시스템이 산출물을 다시 투입할 경우 산출물의 크기를 지속적으로 키우는 현상을 말한다. 따라서 한 명의 추가 가입자로 인해 증폭된 망 효과는 새로운 가입자를 유인하게 되고 이로 말미암아 더 커진 망 효과는 이후 있을 신규 가입자를 계속 유인함으로써 망 효과로 인한 시장 점유율의 쏠림 현상이 일어나게 된다. 이러한 포지티브 피드백에 의해 망 효과가 증폭되는 순환 과정을 선순환(Virtuous Cycle)이라고도 한다. 포지티브 피드백의 간단한 예로 한 시스템이 입력한 숫자를 일정 숫자로 곱해 주는 경우를 생각해보자. 시스템의 곱해주는 숫자가 3이라면 1을 넣게 되면 결과는 3이 나올 것이다. 이때 나온 3을 다시 시스템에 넣게 되면 9가 될 것이며 9를 넣게 되면 27로 증가한다. 이렇듯 산출물을 넣으면 지속적으로 산출물의 값이 커지는 시스템이 포지티브 피드백 시스템이라고 할 수 있다.

그러나 포지티브 피드백은 동시에 부정적인 일이 벌어질 경우 그 일을 더욱 증폭시키는 결과를 낳기도 한다. 예를 들어 앞서 3을 곱해주는 시스템을 생각해 보자. 입력 값을 이번에는 -1로 넣어보자. 이때의 결과 값은 -3이 된다. 그러면 입력 값보다 출력 값이 좋지 않은 결과가 나왔음을 알 수 있다. 이 출력 값을 다시 시스템에 넣어보자. 이번에는 -9가 된다. 이 값을 다시 시스템에 넣게 되면 -27로 마이너스 값이 계속 커지는 것을 알 수 있다. 포지티브 피드백 시스템은 좋은 일은 더욱 좋게 나쁜 일은 더욱 나쁘게 하는 특성을 갖고 있다. 즉 망 효과로 혜택을 보는 기업은 포지티브 피드백 효과로 인해서 선순환 과정을 겪게 되지만 망 효과로 불리한 위치에 있는 기업은 동일한 효과로 인해서 악순환(Vicious Cycle)을 겪게 된다. 이러한 악순환의 과정을 겪은 기업은 망 효과의 차이로 인해서 신규 가입자들을 빼앗길 뿐만 아니라 장기적으로는 기존 가입자들의 이탈까지 일어나게 되는 결과를 낳게 된다.

이렇듯 포지티브 피드백 현상이 일어나는 네트워크 시장에서는 망 효과로 인한 승자는 일단 한번 결정되면 시장을 독점하게 되는 결과를 낳게 된다. 이렇듯 승자가 시장의 모든 것을 획득하는 시장 결과를 승자독점시장(Winner-takes-all Market)이라고 한다.[3]

3) 경로의존성과 시장실패

앞서 설명한 과도한 관성이나 포지티브 피드백 현상은 결국 신규 기업들이 품질이 우수하고 가격도 저렴한 새로운 상품을 도입했음에도 기존 고객들이 기존 상품이 주는 네트워크 가치가 커 신규 상품으로 이전하기가 어렵게 됨으로써 우수한 신상품을 외면하게 되는 사회적 손실을 발생시킬 수 있다. 이러한 망 효과로 인한 우수 상품의 시장 퇴출 현상을 시장 실패(Market Failure)라고 한다.

3 손용엽 외, 사이버 시장의 경쟁원리, 시그마인사이트컴, 2001.

망 효과로 인한 우수 기술의 퇴출과 같은 사회적 손실을 가리켜 망 외부성이 일으킬 수 있는 부정적인 영향이라고도 말한다. 망 외부성을 연구한 많은 학자들은 이런 관점에서 과거 비디오 플레이어 시장에서 VHS와 Beta-max 방식의 경쟁 그리고 타자기 시장에서 QWERTY와 드보락 방식의 경쟁의 예를 든다.[4] 이들의 주장은 품질 상으로는 보다 우수했던 Beta-max가 화질에서는 저품질이었지만 많은 비디오 플레이어를 시장에 보급시켰던 VHS가 Beta-max를 밀어내고 시장에서 성공했다고 말한다. 마찬가지로 타자기 시장에서 QWERTY는 드보락 방식의 키보드보다 속도도 느리고 문제가 있었지만 시중에 많이 보급되어 있었기 때문에 기업에서 QWERTY 방식 숙련자를 더 구하기 쉬웠고 결과적으로 기업에서 많은 타자기를 QWERTY방식으로 채택하였다. 이는 또한 사람들이 타자원으로써 QWERTY냐 드보락이냐를 결정할 때에도 영향을 미쳐 많은 사람들이 QWERTY방식을 택하게 되었다는 것이다. VHS의 품질과 QWERTY 방식의 품질이 Beta-max나 드보락과 비교했을 때 열등한 제품이었고 망 효과가 없었다면 이들 제품을 선택했을 거라면 망 효과는 시장 실패를 가져온 망 외부성이라고 볼 수 있다.

그러나 최근 연구자들에 의하면 위의 두 가지 증거들은 망 효과가 시장 실패를 가져온 것은 아니라고 말한다. 흔히 알려져 있기로는 VHS가 Beta 방식의 비디오에 비해서 품질이 나쁘다고 알려져 있지만 사실은 그렇지 않다고 한다. 초기 VHS 방식의 기술은 분명 소니의 Beta 방식에 비해서 화질이 떨어졌지만 기술 개발로 인해서 이내 화

4 이효진, CDMA와 WIPI 기술정책의 성과요인 비교분석 : 혁신시스템, 거버넌스구조, 경로의존성을 중심으로, 한국IT서비스학회지, 제18권, 4호, 2019.

질의 차이는 극복했다고 한다. 게다가 VHS 방식의 경우 Beta 방식의 테이프에 비해서 크기가 커 휴대성에 문제가 있었다고 지적을 한다. 그러나 VHS 방식은 크기가 큰 대신에 플레이 시간이 길어 Beta 방식에 비해서 장점을 갖고 있었다. 보통 영화 한 편을 보기 위해서는 VHS 방식은 테이프 하나로 가능했지만 Beta 방식은 두 개의 테이프가 필요했다. 또한 비디오 테이프를 녹화 수단으로 사용하는 사람들에게 VHS 방식은 월등한 강점을 보여줬다고 한다. 특히 미국 시장에서는 인기 스포츠인 미식축구 경기를 녹화하고자 하는 고객들이 많았다. VHS 방식은 최장 6시간 이상을 녹화할 수 있었기 때문에 그렇지 못했던 Beta 방식에 비해서 월등한 우위를 자랑할 수 있었다. 따라서 흔히 알려진 것처럼 VHS 방식이 망 효과로 인해서 품질이 월등한 기술을 시장에서 밀어내는 시장 실패가 일어났던 것은 아니다. 적극적인 기술 라이센싱을 통한 시장 확대로 저렴해진 비디오 플레이어의 가격, 이에 따라 확산된 비디오 플레이어의 보급, 그 결과로 늘어난 많은 VHS 기반의 영화 테이프, 구매자들의 니즈에 맞는 기술과 화질 등의 여러 가지 요인들이 복합적으로 작용하여 성공한 것이라고 볼 수 있다.

3. 망 효과와 경쟁 전략

1) 네트워크 가치와 기업 전략

그렇다면 네트워크 가치를 높이기 위한 기업의 전략은 무엇인가? 네트워크 가치를 높이기 위해서는 네트워크의 크기를 키우는 방법이 필요하다. 자사 고객의 수를 늘려 네트워크 가치를 높이게 되면 신규 고객을 유치하는 데에도 같은 본질적 가치와 가격이라면 네트워크 가치가 높은 쪽을 선택할 것이기 때문에 유리하게 된다.

또한 네트워크 가치는 포지티브 피드백 시스템 (Positive Feedback System)의 장점을 이용할 수 있다. 다른 조건이 동일할 때 신규 구매자는 경쟁 제품과 비교를 할 때 사용자 수가 많은 즉 네트워크 가치가 높은 제품을 선택하였다고 하자. 이 경우 다른 조건이 동일한데 네트워크 가치는 앞선 구매자에 의해서 더욱 높아졌으므로 미래 구매자는 당연히 이 제품을 선택할 것이다. 이런 식으로 신규 구매자의 선택은 네트워크 가치를 지속적으로 높여주며 이는 미래 구매자들 역시 계속 그 제품을 선택하는 결과를 낳게 된다. 즉 성공이 성공을 부르는 선순환이 일어나게 된다. 반대로 네트워크 가치가 낮은 기업은 악순환에 직면하게 된다. 먼저 경쟁 초기에는 고객 기반의 차이가 크지 않으므로 네트워크 가치의 차이 역시 크지 않다. 그러나 경쟁 기업으로 신규 구매자들이 계속 유입되게 되면 네트워크 가치의 차이는 점차 커지게 되고 차이가 매우 커질 경우에는 자사의 고객 역시 다른 기업으로의 이탈이 발생할 수 있게 된다. 즉 네트워크 가치가 고객에게 중요한 시장에서는 보유 고객의 수인 고객 기반(Installed Base)을 확보하고 이를 토대로 신규 고객을 확보하는 것이 경쟁 우위를 획득하는 방법이 된다.[5]

그러면 새롭게 시장에 진입하는 기업들은 어떤 전략을 택해야 할 것인가? 이미 고객 기반을 확보한 기존 기업들은 고객들이 느끼는 네

5 최하눌, 디지털 시장의 경쟁전략, 두남, 2008.

트워크 가치가 높기 때문에 신규 기업들은 기존 기업에 비해서 항상 경쟁에서 밀릴 수밖에 없다. 특히 아무런 고객 기반이 없는 신규 제품의 경우에는 네트워크 가치는 0라고 볼 수 있다. 그렇다면 진입은 불가능할 것인가? 그렇지는 않다. 구매자 입장에서 구매 결정 시에 두 가지 가치와 가격을 고려한다. 첫 번째는 제품의 본질적 가치 그리고 두 번째는 네트워크 가치이다. 그리고 마지막으로는 네트워크 참여 비용 즉 제품이나 서비스의 가격이다. 네트워크 가치에서 신규 기업이 불리하다면 그 나머지 가치 부분에서 신규 기업이 기존 기업을 앞서야 한다.

2) 신규 진입 기업의 전략

첫 번째로 생각해 볼 수 있는 것이 가격이다. 가격에서 우위를 갖고 이것을 통해 고객 가치를 높이기 위해서는 쉽게 생각할 수 있는 것이 바로 비용상의 우위이다. 그러나 기존 기업이 갖고 있는 선도 기업으로서의 여러 가지 비용상의 이점들은 신규 기업이 가격 경쟁력을 확보하는 데 큰 어려움을 주게 된다.

두 번째로 생각해 볼 수 있는 것이 제품의 본질적 가치이다. 뛰어난 품질의 제품을 만들어 고객 가치를 높이는 방식으로 기존 제품의 네트워크 가치를 뛰어 넘을 수 있다. 그러나 뛰어난 품질의 제품을 만드는 것 역시 그다지 쉽지는 않다. 과거 인텔의 사장인 앤디 그로브(Andy Grove)는 신제품이 시장에서 성공하기 위해서는 기존 제품보다 10배 이상의 품질 향상을 달성할 수 있어야 한다고 말했다.[6] 그

6 Carl Shapiro, Hal R. Varian, Information Rules, HBS, 1998.

만큼 신제품이 품질의 개선을 통해 시장에서 성공하기 힘들다는 것을 말해준다.

세 번째로 생각해 볼 수 있는 것은 네트워크 가치이다. 신규 기업들은 기존 기업들과는 달리 고객 기반이 매우 취약하다. 따라서 자사 제품을 사는 고객들에게 제공할 네트워크 가치는 거의 없다고 볼 수 있다. 그렇다면 어떻게 해야 하는가? 신규 기업들은 자사 제품이 기존 기업들 제품과 호환되도록 만들어 자사 고객들에게 네트워크 가치를 제공한다. 제품이 호환되면 신규 제품을 쓰는 사람이 기존 제품을 쓰는 사람과도 서로 소통이 가능하고 혜택을 주고 받는 것이 가능해진다. 새로운 모바일 메신저를 개발해서 카카오톡과 호환이 되게 한다는 것은 카카오톡을 설치하지 않고 새로운 메신저에서도 카카오톡 사용자와 메시지를 주고 받을 수 있다는 것이다. 그런 경우라면 새로운 모바일 메신저를 쓰는 데 큰 장벽이 사라질 것이다. 새로운 모바일 메신저가 카카오톡이 제공하지 못하는 특별한 기능이나 혜택을 준다면 기존 카카오톡 사용자가 새로운 모바일 메신저를 선택하는 일도 가능해질 것이다. 이것은 모두 호환성을 전제로 할 때 가능한 것이며 신제품을 가지고 시장에 진입하는 기업이 이미 다수의 사용자를 보유한 기존 제품과의 경쟁에서 살아남기 위한 방법으로써 선택하는 전략이라고 볼 수 있다.

3) 호환성 달성 전략

- 유사한 기능 제공

앞서 소프트웨어의 예에서 서로 다른 소프트웨어를 사용할 때는 파일 교환이나 사용 기능, 메뉴와 같은 인터페이스의 유사성 등이 불편함을 일으키는 원인이 될 것이다. 특정 소프트웨어에서 만들어진 파일을 다른 소프트웨어에서 사용할 때 전혀 불편함이 없다면 두 소프트웨어는 호환된다고 할 수 있을 것이다. 이런 호환성이 보장되면 신제품을 사는 고객들이 굳이 많은 사람들이 쓰는 기존 제품을 사야 할 필요는 없게 된다. 기존 제품 사용 고객들이 만든 파일을 내가 사용할 수 있다면 굳이 내가 그 제품을 사야 할 필요는 없기 때문이다. 휴대용 메모리의 경우도 마찬가지이다. 특정 회사의 휴대용 메모리가 많이 팔렸다고 해도 내가 사고자 하는 기업 제품이 특정 회사의 휴대용 메모리와 동일한 PC 인터페이스 기술을 사용하고 있기 때문에 굳이 특정 회사 제품을 살 필요는 없게 된다. 이렇듯 신규 기업은 기존 제품과 공통된 인터페이스, 유사한 기능, 원활한 파일 교환 기능과 같은 기술을 도입하여 호환이 되도록 하면 네트워크 가치로 발생하는 경쟁상의 불리한 점을 극복할 수 있게 된다.

- 어댑터의 개발

호환성을 달성하기 위해 신규 기업들은 어댑터(adapter)를 개발하여 호환이 되도록 한다.[7] 소프트웨어의 경우에는 특히 이전 버전과 최신 버전 사이의 파일들의 관리를 위해서 변환기를 제공하는 데 이것이 어댑터라고 할 수 있다. 예를 들어 최신 버전의 소프트웨어에서는 이전 버전 파일을 읽을 수 있도록 만들지만 이전 버전을 사용하고 있는 소프트웨어 사용자는 최신 버전에서 만들어진 파일들을 읽을 수 없다. 따라서 이전 버전을 사용하고 있는 소프트웨어 사용자들을

7 Carl Shapiro, Hal R. Varian, Information Rules, HBS, 1998.

위해서 기업들은 변환 프로그램들을 공짜로 제공한다. 이것은 호환성을 통해 사용자들에 대한 네트워크 가치를 유지해주기 위한 기업의 투자라고 할 수 있다. 또한 많은 전자기기들에는 어댑터가 제공이 된다. 일반적으로 사용하는 전기의 전압이 높은 지역에서는 낮은 전압을 사용하는 전자기기들은 바로 사용할 수 없다. 따라서 전기 전압을 전자기기들이 사용할 수 있는 전압의 형태로 바꾸어주는 기능을 하는 것이 어댑터이다. 또한 국가별로 사용하는 전압이 다르기 때문에 외국에서 사온 전자 제품을 국내에서 사용하기 위해 필요한 변압기 역시 호환되지 않은 제품 간에 호환성을 유지하도록 하는 어댑터의 예라고 할 수 있다. 또한 같은 전압을 사용하더라도 콘센트의 모양이 달라 사용하기 어려운 경우에도 어댑터를 사용하여 서로 다른 모양의 콘센트를 서로 연결될 수 있도록 한다. 이러한 어댑터들은 변환 기능을 하거나 바로 기기에 연결하여 호환되지 않는 제품들 간의 연결을 가능하게 함으로써 네트워크 가치가 없는 기업들에게 네트워크 가치를 제공함으로써 고객 기반의 차이로 발생하는 경쟁상의 불리한 부분을 해소시켜 준다.

- 호환 기술 개발이 어려운 이유

하지만 호환성을 달성하는 것은 쉬운 일이 아니다. 먼저 기존 제품의 파일을 우리 제품에서 100% 완벽하게 읽고 작업할 수 있도록 하는 것은 쉬운 일이 아니다. 또한 기능을 100% 같도록 만드는 것 역시 어려운 일이다. 또한 메뉴나 아이콘 등의 인터페이스를 유사하게 만들 수 있지만 이 경우에 발생할 수 있는 저작권 침해 문제 역시 완벽한 호환을 달성하는 데 저해 요인이 된다. 예를 들어 ipod의 인터페이스의 경우에는 법적으로 보호되고 있기 때문에 유사하게 만들 수 없다. 또한 기존 기업 제품에서 만들어진 파일을 완벽하게 읽게 한다 하더라도 기존 기업 제품을 사용하는 사용자가 신규 기업 제품의 파일을 읽을 수는 없기 때문에 여전히 불편함이 존재한다. 특히 기존 기업 제품을 사용하는 사용자가 나와 정보 교류가 많은 사람이라면 이런 불편함은 더욱 커질 것이다. 따라서 신규 기업이 호환을 통해 기존 기업이 갖고 있는 네트워크 가치로 인한 불리한 점을 극복하는 것은 제한적일 수밖에 없다.

제3절

플랫폼 비즈니스의 이해와 성공 전략

1. 플랫폼과 플랫폼 비즈니스

1) 플랫폼과 플랫폼 비즈니스의 정의

플랫폼 비즈니스의 플랫폼은 영어로는 Platform이며 사전적인 의미로는 기차역이나 전철역의 승강장, 포대, 연단, 교단의 의미를 가지고 있다. 플랫폼 비즈니스를 언급할 때 플랫폼의 정의는 원하는 상대와의 거래를 성사시키는 중개가 일어나는 장소라는 점을 강조한다. 구체적으로 제품이나 서비스의 소비자와 공급자의 중간에서 이들 간의 연결을 가능하게 함으로써 소비자와 공급자 모두 상대방의 탐색 노력과 거래 성사를 위한 여러 형태의 비용을 절감할 수 있도록 함으로써 새로운 가치를 제공하는 비즈니스의 토대 혹은 기반을 플랫폼이라 할 수 있다.

기업 전략에서는 플랫폼을 핵심 가치를 담을 틀을 제공하고, 내부와 외부, 외부와 외부 간의 상호작용을 가능하게 해주는 기반으로 정의한다. 또한 소비와 공급의 중간에서 연결을 통해 가치를 제공하고 변화하는 비즈니스 기반을 플랫폼으로 정의하기도 한다.

플랫폼은 기업 관점에서 공용 자원이나 기반으로 정의될 수 있다. 기업이 생산하는 다양한 제품이나 서비스, 디자인, 브랜드, 비즈니스 모델 등에 공통적으로 활용되는 공용 자원 등이 플랫폼으로 간주될 수 있다. 이러한 플랫폼은 하나의 개발로 여러 곳에 활용될 수 있기 때문에 범위의 경제(Economies of Scope) 효과가 발생함으로써 비용을 절감할 수 있게 된다. 범위의 경제 효과는 개별 기업들이 여러 제품을 생산하는 것보다 하나의 기업이 생산할 때 더 저렴하게 할 수 있음을 의미한다. 여러 제품을 생산할 때 공통되는 자원이나 역량이 있는 기업의 경우 범위의 경제 효과를 누릴 수 있게 되는데 플랫폼은 이러한 범위의 경제 효과의 원천이 될 수 있다.

IT 산업에서는 통신사가 중심이 되는 플랫폼, 스마트폰을 중심으로 플랫폼을 정의할 수 있다. 통신사는 데이터 서비스를 위해 필요한 자원인 콘텐츠와 소비하는 기기 혹은 사용자를 연결해 준다. 통신사는 콘텐츠의 소비와 공급이 원활하게 될 수 있도록 유통하고 제어하는 플랫폼을 제공해준다. 스마트폰을 중심으로는 안드로이드나 iOS 기반의 운영체제하에서 형성되는 앱 마켓을 생각해 볼 수 있다. 앱 마켓은 스마트폰에서 사용할 앱들을 구매할 수 있는 장소로써 앱의 제작자들이 다양한 앱을 올리고 앱의 사용자들이 앱 마켓을 통해서 구매하여 다운로드 받는다. 이러한 앱 마켓은 애플이나 구글에 의해서 제공된 플랫폼이라고 할 수 있다.

- 양면 시장과 플랫폼

예를 들어 기차역의 플랫폼을 생각해보자. 기차역의 플랫폼에는 보통 운송 서비스를 받기 위해서 기차표를 구매한 승객들이 모이는 장소이다. 승객들은 플랫폼에 도착한 기차에 승차하여 원하는 목적지에 가는 운송 서비스를 구매한다. 이러한 승객들을 대상으로 회사는 플랫폼에 운송 서비스를 제공하기 위해 기차를 배차한다. 기차는 운송 서비스를 제공하고 그에 대한 대가를 얻게 된다. 기차역 플랫폼은 운송 서비스의 소비자인 승객과 운송 서비스의 공급자인 기차가 연결되는 장소로써 서로 다른 두 계층의 시장을 연결해주는 역할을 하게 된다.

이러한 관점에서 플랫폼을 통해 연결되는 두 계층의 고객들로 구성된 시장인 양면 시장으로 이해하기도 한다. 양면 시장은 플랫폼을 기반으로 제품이나 서비스를 구매하는 구매자 집단과 이를 공급하는 공급자 집단으로 구성된다. 이러한 양면 시장은 개별 시장이 독립적이고 상이한 의사결정을 하는 배타적 집단으로 볼 수 있다. 즉 구매자는 제품이나 서비스를 통해 만족 즉 효용을 높이고자 하는 구매 의사결정을 하게 되며, 공급자는 생산된 제품이나 서비스의 공급을 통해 이윤을 높이려는 의사결정을 하게 된다. 예를 들면 인터넷 쇼핑몰과 같은 플랫폼에는 입점한 판매자와 쇼핑몰에 방문한 구매자가 존재하는 데 이들 집단은 플랫폼을 통해 연결되어 거래를 함으로써 자신이 추구하는 만족과 이윤을 얻기 때문에 양면 시장이라고 할 수 있다. 카드회사는 카드 서비스의 사용자인 고객과 카드 서비스를 공급하는 카드 가맹점을 연결해주는 역할을 하게 된다. 매장에 방문한 고객은 카드 가맹점에서 자신이 보유한 카드를 이용하여 구매를 할 수 있게 되는데 카드 회사가 제공한 플랫폼을 통해 매장과 고객이 연결됨으로써 편리하게 구매할 수 있고 매장은 카드 서비스를 제공함으로써 더 많은 구매를 유도함으로써 매출을 높일 수 있게 된다.

- 플랫폼 비즈니스의 정의

플랫폼 비즈니스는 플랫폼 운영자가 두 개의 서로 다른 시장을 연결하여 거래를 촉진하고 새로운 가치를 제공함으로써 이윤을 창출하는 형태의 비즈니스 모델을 말한다. 플랫폼이 연결을 통한 거래 활성화와 가치 창출의 장소적인 의미가 강하다면 플랫폼 비즈니스는 플랫폼을 만들고 운영하고 관리함으로써 이윤을 창출하는 플랫폼 사업자 혹은 운영자의 수익 모델이라는 측면이 강하다고 볼 수 있다. 따라서 플랫폼 비즈니스를 플랫폼을 가치 교환의 장소로 제공하고 운영함으로써 이윤을 창출하는 기업 활동으로 정의하기도 한다.

2) 플랫폼 비즈니스의 사례

플랫폼 비즈니스가 최근 들어 주목을 받고 있지만 그 사례를 살펴보면 반드시 최신 기술을 사용하거나 최근 들어 등장한 것은 아니다. 앞서 카드 회사의 예에서도 볼 수 있듯이 신용 카드 비즈니스는 IT 기술의 발전으로 모바일 카드, 앱 카드 등 많은 변화의 중심이 되고 있지만 1950년대 처음 등장한 비즈니스이다.

플랫폼 비즈니스로 과거부터 오랫동안 지속됐던 형태로 전통시장이 있다. 전통시장은 공급자인 시장 상인과 소비자인 시장 손님을 연결하는 장소이다. 시장은 재화의 거래가 일어나는 장소이며 화폐와 물품의 교환을 통해서 가치 교환이 일어나는 장소이다. 전통 시장을 운영하고 관리하는 주체는 전통 시장에 입점한 상인으로부터 임대료나 관리비 등을 받아 운영하게 된다.

다른 형태로 부동산 중개업을 들 수 있다. 부동산 시장의 공급자는 부동산의 매도자 혹은 임대인이라고 할 수 있다. 반대로 소비자는 부동산의 매수자 혹은 임차인으로 이들을 연결해주는 역할을 부동산 중개인이 하게 된다. 중개업소를 통해 매도자와 매수자, 임대인과 임차인은 부동산 매물의 거래를 하게 되며 부동산의 소유권 혹은 임차권과 화폐를 교환하게 된다. 이 과정에서 부동산 중개업자는 중개업이라는 플랫폼을 운영하며 해당 서비스를 제공하는 대가로 수익을 얻게 되는데 이것이 부동산 중개 수수료이다.

3) 플랫폼의 유형

채서일[1]은 네 가지 형태의 플랫폼 유형을 제시하고 있다. 첫째로 제조업 등에서 표준 공정을 통해 다양한 제품을 만들어내는 기반 및 도구로써의 하드웨어 플랫폼이다. 제조업에서 대량 생산과 비용 절감을 위해 다양한 제품 라인에서 공통적으로 활용되는 기본 뼈대나 틀이라고 할 수 있다. 여러 제품 등에서 활용되는 공용 자원이기 때문에 제품 개발 단계에서 해당 부품이나 기술 개발에 소요되는 투자비를 아낄 수 있으며 최종 제품의 개발에 걸리는 시간도 절약할 수 있게 된다. 예를 들어 현대자동차나 기아자동차의 경우에는 자동차의 플랫폼을 공유하는 데 같은 급의 세단형 자동차나 SUV(Sport Utility Vehicle)의 경우 각각 동일한 하드웨어 플랫폼을 공유한다.

둘째로 소프트웨어 플랫폼을 들 수 있다. 이는 다양한 애플리케이션 소프트웨어(Application Software, 응용 프로그램)가 작동할 수 있도록 기능을 제공하는 공통적인 실행환경이다. 흔히 마이크로소프트사의 윈도즈와 애플사의 아이맥(iMac)이나 맥북(MacBook)과 같

1 채서일, 플랫폼비즈니스, 비엔앰북스, 2020.

은 류의 PC나 랩탑의 하에서 구동되는 애플리케이션을 위한 개발 환경이라고 할 수 있다. 스마트폰의 경우에는 iOS나 안드로이드 OS를 들 수 있는데 이들은 모두 소프트웨어 플랫폼 하에서 다양한 기능과 서비스를 제공할 수 있는 부가 애플리케이션 소프트웨어가 구현되고 구동될 수 있도록 하는 플랫폼이다. 이를 위해서는 플랫폼 개발자인 기업은 애플리케이션 소프트웨어 개발을 위한 지원을 해 주게 되는데 대표적인 사례가 API(Application Programming Interface) 공개 및 개발도구(SDK, Software Development Kit) 등을 제공하는 것이다. 구글이나 애플의 경우 자사의 스마트폰에서 구동될 수 있는 앱의 개발자들을 위한 컨퍼런스를 열어 새로운 OS가 출시됐을 때 개발에 도움이 될 수 있는 정보 제공 등을 위한 행사를 열어 다양한 애플리케이션 소프트웨어가 시장에 출시될 수 있도록 지원한다.

셋째로 비즈니스 플랫폼을 들 수 있다. 사업을 위한 가상 공간으로 공급자와 수요자를 연결하여 이들 간의 상호작용을 촉진하고 새로운 가치를 제공함으로써 수익을 창출하는 플랫폼을 말한다. 앞서 플랫폼 비즈니스와 유사하다고 할 수 있는데 차이점이 있다면 인터넷 등의 가상공간을 활용하여 수익을 창출한다는 점이다. 예를 들어 Youtube, 에어비앤비(Airbnb), 배달의 민족 등과 같은 서비스 등이 있다.

2. 플랫폼 비즈니스의 특징과 유형

1) 망 효과와 플랫폼 비즈니스

플랫폼 비즈니스에는 망 효과가 존재한다. 망 효과는 플랫폼을 구성하는 양면 시장 각각에 존재하는 망 효과와 서로 다른 시장에 영향을 주는 교차 망효과가 존재한다.[2] 앞서 언급했던 망 효과는 하나의 네트워크, 즉 시장을 구성하는 참여자가 많아질수록 제품이나 서비스의 사용 혜택이 변화하는 효과를 말한다. 망 효과는 상술했듯이 사용자 수의 증가에 따라 사용 혜택이 늘어나는 경우도 혹은 줄어드는 경우도 있다. 플랫폼은 공급자와 수요자 시장을 연결해주는 양면 시장 구조이므로 각각의 시장에서의 망 효과에 대해서 생각해보자.

- 동일 시장의 긍정적 망 효과 (Same Side Positive Network Effects)

하나의 시장 내의 사용자가 서로 긍정적인 영향을 주는 망 효과라고 할 수 있다. 예를 들어 소비자 수의 증가가 다른 소비자에게, 생산자 수의 증가가 다른 생산자에게 긍정적 영향을 주는 경우라고 할 수 있다.

- 동일 시장의 부정적 망 효과 (Same Side Negative Network Effects)

같은 시장 내의 참여자 수의 증가가 부정적 영향을 주는 망 효과라고 할 수 있다. 예를 들어 다수의 생산자가 하나의 플랫폼에 참여하게 되면 생산자간 경쟁이 치열해지기 때문에 생산자 입장에서는 부

2 채서일, 플랫폼 비즈니스, 비앤앰북스, 2020.

정적인 영향을 줄 것이다. 혹은 다수의 구매자가 하나의 플랫폼에 늘어나게 되면 플랫폼에서 제공하는 서비스나 품질의 하락 문제가 발생할 수도 있을 것이다. 이런 경우 동일 시장의 부정적 망 효과가 발생했다고 할 수 있다.

플랫폼의 양면 시장은 서로 다른 시장의 성장에 영향을 주는 특성을 가지고 있다. 즉 한 시장의 성장이 다른 시장 성장을 촉진하기도 혹은 제한하기도 하는 데 이러한 특징으로 두 가지 형태의 교차 망효과를 생각해 볼 수 있다.

- 긍정적 교차 망 효과 (Cross Side Positive Network Effects)

한 시장의 참여자 수의 증가가 다른 시장의 참여자에게 긍정적 영향을 주어 다른 시장의 성장을 높이는 망 효과이다. 예를 들어 우버(Uber) 서비스를 제공하는 운전자 수의 증가는 우버 서비스 사용자 수의 증가를 유도할 수 있다. 인터넷 쇼핑몰의 경우 구매자 입장에서는 입점 기업들이 많아 다양한 종류와 가격대의 상품을 고를 수 있다면 더욱 방문하고 싶어질 것이다. 즉 공급자 시장의 성장이 구매자 시장의 참여를 도모하여 이들 시장의 성장이 가능하게 되는 경우를 말한다. 마찬가지로 유튜브와 같은 동영상 공유 사이트의 경우에도 다양한 동영상이 공급자로부터 제공되는 경우에 동영상 시청자, 즉 소비자들의 흥미를 높여 방문이 늘어나게 될 것이다.

- 부정적 교차 망 효과 (Cross Side Negative Network Effects)

한 시장의 사용자 수의 증가가 다른 시장의 사용자에게 부정적 영향을 주는 망 효과를 말한다. 예를 들어 결혼 정보, 부동산 중개 등의 중개 사이트의 경우에는 적절한 매칭이 중요하다. 그런데 매칭될 상대방 시장의 참여자가 늘어도 매칭에 적합지 않은 상대의 숫자가 늘어나 매칭이 성사되기 어렵거나 매칭을 통한 거래를 했음에도 만족할 만한 거래가 이루어지지 않는 경우에는 상대편 시장의 성장이 해당 시장의 성장을 저해할 수도 있다.

2) 개방 전략과 플랫폼 비즈니스

상술한 교차 망 효과가 존재하는 플랫폼 시장이기 때문에 두 시장이 충분한 규모를 달성하여 서로 간에 긍정적 망 효과를 만들어내기 위해서는 플랫폼에 쉽게 참여할 수 있도록 플랫폼 기술의 개방이 필요하다.

- 기술 개방의 장단점

기술 개방의 장점으로 제품이나 서비스의 개발의 속도를 높일 수 있다. 오늘날 제품의 복잡성이 높아짐에 따라 하나의 기업이 제품 구성품 모두를 개발하고 생산하는 것이 사실상 불가능해졌다. 따라서 기업은 기술 개방을 통해 일정 부문의 개발과 생산을 외부의 기업을 통해 수행함으로써 시장 출시 속도를 높일 수 있게 된다.

외부 기업에 기술을 개방하는 것은 시장을 통한 경쟁으로 개발의 질적 향상 및 생산의 효율성을 달성할 수 있다. 애플의 앱 마켓이나 구글의 구글 플레이와 같은 앱 시장은 다수의 개발자들이 자신의 제품으로 경쟁하는 시장이기도 하다. 이러한 경쟁은 제품의 질과 다양성을 높이고 가격을 낮추는 효과를 기대할 수 있다. 따라서 개방하지 않고 독점 생산하는 것에 비해 다양한 제품 구색을 갖출 수 있으며 더 효율적 생산이 가능한 외부 기업에 의해 저렴한 제품들이 공급될 수 있다.

한 기업의 기술을 토대로 한 많은 제품들과 서비스가 시장에 확산되면 시장에서의 사실상의 표준 기술로써 자리 잡을 수 있게 된다. 시장의 공식적인 표준이 없고 독점 기술들 간의 경쟁이 있는 경우 시장에 빨리 진입하여 많은 협력 기업들과 사용자들을 확보하는 것은 시장에서의 지배적 위치를 차지하는 데 중요한 부분이다. 기업의 독점 기술이 다수의 사용자와 기업을 확보하여 시장의 지배적 위치를 차지하면 이를 통해 기업은 안정적인 수익을 창출할 수 있게 되며 경쟁의 위협에서 벗어날 수 있게 된다. 따라서 많은 기업들은 공식적인 기술 표준이 없는 시장에서 사실상의 시장 표준 기술로 자리 잡기 위해 개방 전략을 취한다.

기술을 개방하는 것에는 위험도 존재한다. 다양한 외부 기업들에 의해 제품이나 서비스가 제공되는 경우 완성도의 문제가 발생할 수 있으며 일관된 제품이나 서비스 품질, 마케팅 등의 유지가 어려울 수 있다. 기술의 이해도가 낮거나 품질 관리 역량이 부족한 기업이 제품이나 서비스를 생산하는 경우 사용자들의 불만이 높아질 수 있으며 이는 해당 기술 전체에 대한 좋지 않은 인식을 가져올 수 있게 된다. 개방으로 제품의 다양성이 높아져 구매자들의 선택의 폭은 넓어질 수 있으나 이 과정에서 제품의 일관된 품질이나 서비스가 유지될 수 없다면 개방의 실익은 감소할 것이다.

또한 제품 개방은 독점했을 경우와 비교했을 때 기업의 이윤 확보의 불확실성이 존재한다. 대부분의 기업들은 핵심 기술 즉 부가가치가 높은 기술을 제외하고 나머지 부분을 개방함으로써 시장 개방의 효과를 높이며 동시에 높은 부가가치 부문을 독점하여 이윤을 확보한다. 개방의 정도가 높아질수록 시장에서의 표준 가능성은 높아질 수 있으나 기술 개발 기업의 이윤 확보의 불확실성은 높아진다고 할 수 있다.

예를 들어 기업이 독점하고 있는 기술을 대체할 수 있는 새로운 기술을 다른 기업이 개발하는 경우 기술 개방은 독이 될 수 있다. 즉 기술 개방으로 시장을 성장시키는 데는 성공하였으나 그 대가를 제대로 확보하지 못하는 문제가 발생할 수 있다. 과거 IBM이 PC 시장에 진출했을 때 PC 시장의 선도 기업인 Apple의 매킨토시 PC를 추격하기 위해 많은 기술을 개방하였다. 그 중에 I/O 관련 기술만을 IBM이 독점하고 있었는데 이 기술을 우회할 수 있는 기술을 다른 PC 제조 기업들이 개발했다. 그리하여 IBM은 PC시장의 주도권을 사실상 잃게 되었고 개방 전략으로 PC 시장 성장에는 기여했으나 그 이득을 유지하는 데는 실패했다.

- 플랫폼 기술 개방의 유형

특히 플랫폼 기술의 개방은 두 가지 유형이 있다. 첫째로 자체 기술을 외부에 공개하여 다양한 공급자들이 플랫폼에 참여할 수 있도록 하는 개방이 있다. 이 방법은 다른 기업에 기술 라이센싱(Licensing)을 주어 누구나 플랫폼 기반의 애플리케이션을 개발할 수 있도록 하는 방법이 있다. API 공개나 SDK 등의 제공 등이 이에 해당한다. 둘째로 설계 문서나 구현 기술, 프로그램 소스 자체를 개방하고 일정 조건만 갖추면 누구나 자유롭게 사용하고 개선, 개발에 참여할 수 있도록 하는 방식이 있는데 이러한 방식을 오픈 소스(Open Source) 방식이라고 한다. 오픈 소스 방식과 비교하면 전자는 플랫폼에 접근할 영역을 API로 제한한 형태의 개방이며 오픈 소스 방식은 전체를 모두 개방한 것으로 볼 수 있다.

스마트폰 시장에서 애플이나 구글은 iOS 혹은 안드로이드 기반의 앱 마켓을 활성화시키기 위해서 개발 관련 문서나 개발 도구 등을 공개하여 많은 기업들이 앱을 개발하여 앱 마켓에 공급할 수 있도록 하고 있다. 플랫폼 운영자는 앱 제작자의 판매 수익의 일부를 취득함으로써 플랫폼 비즈니스 이윤을 창출한다. 따라서 플랫폼 운영자는 플랫폼의 실질적인 수익 창출 방식 즉 비즈니스 모델을 설계하고 그에 맞도록 개방 정도를 결정하여야 한다.

3) 플랫폼 비즈니스의 유형

플랫폼 비즈니스 유형은 네 가지 유형으로 구분할 수 있다.[3]

- 제품 거래형

공급자와 소비자가 물리적인 제품을 거래할 수 있도록 연결을 용이하게 해 주는 플랫폼 비즈니스이다. 플랫폼 운영자는 공급자가 제품을 쉽게 판매할 수 있도록 각종 기능과 편이를 제공하며, 소비자에게는 제품 검색과 결제 및 배송 등의 각종 편의 서비스를 제공하여 이들 간의 거래가 원활히 이루어질 수 있도록 하는 형태이다. 공급자 시장과 구매자 시장을 연결하여 거래 비용 절감 등을 비롯한 다양한 가치를

3 채서일, 플랫폼 비즈니스, 비앤엠북스, 2020.

제공한다. 쇼핑몰의 정책에 따라 차이가 있으나 입점비를 받거나 거래 건당 수수료를 받는 방식으로 플랫폼 운영자의 수익이 발생한다.

대부분의 인터넷 쇼핑몰로 아마존이나 이베이, 쿠팡, 옥션이나 인터파크 등이 이에 해당하며 전문 쇼핑몰로는 책 판매 쇼핑몰인 교보문고나 알라딘, 패션몰로는 무신사 등이 있다.

- 서비스 거래형

참여자가 금전적인 거래를 통해서 공급업자로부터 원하는 서비스를 제공받을 수 있도록 하는 플랫폼 비즈니스이다. 제품형과 유사하게 플랫폼 운영자는 공급자 시장과 구매자 시장을 중개하여 거래 비용 절감 등의 부가 가치를 제공하고 그에 따른 수익을 취하게 된다.

예를 들어 마이리얼트립, 트립어드바이저 등과 같은 여행 정보 사이트나 에누리, 다나와 등과 같은 가격 비교 서비스, 페이팔(Paypal)이나 삼성페이 등과 같은 결제 서비스, 결혼정보서비스, 헤드헌팅 서비스, P2P 펀딩 서비스와 같은 온라인 매칭 서비스가 이에 해당한다.

- 소셜형

참여자들이 콘텐츠나 정보 등을 플랫폼을 통해 공유하여 참여자들이 원하는 가치를 창출할 수 있도록 하는 플랫폼 비즈니스이다. 흔히 소셜 네트워크 서비스인 SNS가 이에 해당하는 데 다양한 콘텐츠와 정보, 재미를 줄 수 있는 상호 작용 공간을 제공함으로써 참여자들에게 가치를 제공하게 된다.

대표적인 사례로 페이스북이나 인스타그램, 카카오페이지를 비롯하여 동영상 공유 서비스인 유튜브나 틱톡(Tiktok) 등이 있다.

- 자산 공유형

플랫폼을 통해 참여자의 소유 자산을 공유하여 자신의 원하는 가치를 창출할 수 있도록 하는 플랫폼 비즈니스를 말한다. 이는 공유경제(Sharing Economy)의 철학과도 관련이 있는데 자산의 판매를 연결하는 것이 아니라 유휴 자산의 가치를 높이기 위해 자신의 대여할 수 있도록 하는 플랫폼을 제공하는 형태이다. 따라서 유휴 자산을 보유한 공급자가 필요로 하는 유휴 자산을 대여하고자 하는 소비자가 되기도 하며 소비자가 유휴 자산의 공급자가 되기도 한다.

대표적인 사례로 공유경제 플랫폼 서비스의 대표적인 예인 숙박 공유 플랫폼 비즈니스인 에어비앤비와 차량 공유 서비스인 우버나 리프트(Lyft) 등이 있다.

3. 플랫폼 비즈니스 성공 전략

1) 플랫폼 생태계

플랫폼 비즈니스에는 플랫폼 운영자와 플랫폼을 통해 연결되는 공급자와 소비자와 더불어 플랫폼의 원활한 서비스를 위해 참여하는 외부 협력사를 비롯하여 규제 기관으로 정부나 지방자치단체 등의 이해 관계자로 구성된다. 다수의 참여자들로 구성돼 이들 간의 끊임없는 상호작용을 통해 가치의 교환과 순환이 지속적으로 이루어지기 때문에 마치 자연 생태계와 유사하다는 점에 착안하여 플랫폼 생태계라고 한다.

자연 생태계는 외부의 태양 에너지를 포집하여 에너지를 축적하는 생산자를 비롯하여 1차 소비자, 2차 소비자 등으로 구성된 복잡한 먹이그물로 이루어져 있다. 이들은 포식과 피식 관계로 연결되어 있으며 이러한 상호 작용이 생태계의 기본적인 작동 원리라고 할 수 있다. 생태계를 구성하는 하나의 종에 문제가 발생하는 경우 생태계의 지속이 어려워지기도 하며 전에 없었던 외래종의 등장으로 생태계의 커다란 변화가 일어나고 때로는 붕괴되는 결과를 낳기도 한다.

플랫폼 생태계도 자연 생태계와 유사하게 다양한 구성 요소로 이루어져 있으며 이들 간의 상호 작용을 통해 유지된다. 자연 생태계와 동일하게 생산자, 1차 소비자 등으로 비유할 수는 없으나 성격이 다른 집단들이 존재하고 있으며 집단을 구성하는 구성 요소 간의 상호 작용, 집단 간의 상호 작용의 형태를 볼 수 있다. 문제는 자연 생태계와 유사하게 교차 망 효과의 개념에서 시사하듯이 하나의 집단의 변화가 생겼을 때 이것이 다른 집단의 존재에 영향을 줄 수 있으며 이것으로 인해 생태계의 지속성에 큰 문제를 줄 수 있다는 것이다.

지속 가능한 플랫폼 생태계를 유지하기 위해서는 집단과 집단 간의 교차 망 효과를 고려하여 집단들 모두가 성장할 수 있도록 관리해 주어야 하며 개별 집단의 성장을 위해서는 집단 내 참여자들 간의 망 효과도 관리해주어야 한다는 것이다. 플랫폼 생태계의 관리는 연결하는 시장 참여자들에게 충분한 가치를 제공해 주어야 하며 특히 경쟁 생태계가 존재하는 경우 이탈을 막기 위한 충분한 장치가 유지되어야 한다는 점이다[4].

예를 들어 유튜브의 생태계를 생각해보자. 유튜브의 플랫폼 운영

4 마셜 밴 스타인 외(이현경 옮김), 플랫폼 레볼루션, 부키, 2017.

자는 구글이다. 구글은 유튜브 서비스를 관리하고 운영하며 연결을 통한 가치가 유지될 수 있도록 다양한 서비스를 제공한다. 특히 플랫폼에서 누구나 쉽게 유튜브 영상을 제작할 수 있도록 제작자인 크리에이터(Creator)가 되기 위한 안내 자료 등을 영상이나 문서 등으로 제공하고 있다. 또한 각종 메뉴 구성과 추가 기능 등을 끊임없이 개선하여 사용자들과 제작자들에게 유튜브를 지속적으로 사용할 수 있는 가치를 제공한다. 특히 과거 어린이 콘텐츠 관련한 댓글 등으로 인한 문제가 발생한 뒤로 어린이를 위한 콘텐츠의 경우 영상을 올릴 때 이를 선택하도록 하고 있으며, 댓글 기능도 제한하고 있다. 다른 집단으로 영상의 사용자 즉 소비자가 있다. 이들은 영상을 소비하고 즐기는 계층으로 검색을 통해서 자신이 원하는 콘텐츠를 찾을 수 있다. 또한 영상 목록을 저장할 수 있는 기능, 영상의 화질을 조정할 수 있는 기능, 실시간 자막 기능, 시청 영상과 관련된 영상 추천 서비스 등 다양한 부가 기능을 통해 영상 소비자에게 다양한 가치를 제공하고 있다.

영상 제작자인 공급자 역시 다수의 영상 소비자들과 연결되는 가치와 더불어 다양한 기능과 서비스를 통해 새로운 가치를 경험하고 있다.[5] 실시간 방송 기능, 댓글 기능, 자신이 작성한 콘텐츠에 대한 각종 통계 정보, 제작 동영상 등의 관리 메뉴 등을 제공하여 가치를 누릴 수 있도록 한다. 유튜브의 생태계에는 또한 광고주가 있다. 영상 중간에 삽입되어 있는 광고들은 다수의 유튜브 사용자들에 노출되며 이것을 통한 수익으로 유튜브 플랫폼이 유지되고 있다. 특히 이

5 최병삼, 김창욱, 조원영, 플랫폼 경영을 바꾸다, 삼성경제연구소, 2014.

수익의 일부는 해당 콘텐츠의 제작에게 돌아가게 되는데 이것을 통해 제작자의 창작 동기를 높이고 고품질의 영상 제작을 위한 투자를 유인하게 된다. 또한 유튜브에는 정부나 저작권 단체 등의 이해 관계자들이 있다. 이들은 직접적인 가치 창출에는 기여하지 않으나 유튜브 생태계의 운영과 유지에 중요한 영향을 줄 수 있는 생태계의 일부로 이들과의 관계에서 발생하는 법적 다툼이나 충돌은 특정 생태계의 생존에 큰 영향을 줄 수 있다. 예를 들어 과거 페이스북의 개인 정보 유출 사태와 같은 경우 미국 정부에 큰 제재를 받았고 엄청난 규모의 벌금을 냈다. 이로 말미암아 페이스북의 명성에 큰 타격을 입기도 했다.

차량 공유 서비스인 우버의 플랫폼 생태계는 여행자나 비즈니스 승객 등의 소비자 집단, 운송 서비스를 제공하는 운전자나 운송 조합, 배달업자 등으로 구성된 공급자 집단, 서비스 인프라 사업자로 요금 결제를 위한 결제 서비스 사업자, 우버 운전자의 주행 관리를 지원하는 시스템 서비스 사업자, 지도 서비스 사업자, 보험회사 등이 있으며 마지막으로 우버 운전자들의 노동 환경 등에 관여하는 노동부, 교통부, 우버 서비스의 지역 도입과 관련한 중요한 의사 결정을 내리는 주 의회 등이 있다.

2) 순차적 사용자 확대 전략[6]

플랫폼 생태계를 유지하고 발전시키기 위해서는 연결의 가치를 중요하게 관리하는 것이 필요하다. 특히 양면 시장 내의 망 효과 그

6 채서일, 플랫폼 비즈니스, 비앤앰북스, 2020.

중에서도 교차 망 효과의 관리가 중요하다. 교차 망 효과를 만들기 위해서는 양면 시장을 구성하는 두 개의 집단이 모두 성장해야 한다. 하지만 기업이 무한한 자원 즉 자본을 가지고 있는 것이 아니기에 두 개의 시장을 동시에 키우는 것에는 한계가 있다. 예를 들어 소비자 시장을 키우기 위해 무료로 회원을 가입하게 하거나 저가로 제품이나 서비스를 경험하게 하는 기간을 줄 수도 있다. 이러한 유인책들은 모두 기업의 비용이 되며 두 시장 참여자 모두에게 무료로 제공할 수는 없다. 플랫폼 운영자로서 이윤 창출을 위한 비즈니스 모델에 따라 일정 시장에는 비용을 부과하거나 제3자로부터의 수익, 즉 광고를 기반으로 한 이윤 창출을 생각하지 않을 수 없다.

그렇다면 어느 시장을 선택할 것인가? 이와 관련하여 기업이 선택할 수 있는 전략 중의 하나가 순차적 사용자 확대 전략이다.

순차적 사용자 확대 전략은 양면 시장의 한 시장에 집중하여 이를 성장시켜 이후 양면 시장을 통한 플랫폼 비즈니스 모델로 전환하는 형태의 전략을 말한다. 즉 처음 시작은 플랫폼 비즈니스의 형태는 아니나 하나의 시장에서 충분히 성공한 뒤에 상대방 시장과의 연결을 제공하는 형태의 플랫폼 비즈니스로 변화하는 방식이다. 대표적인 사례가 아마존이다. 아마존의 초기 비즈니스 모델은 자사가 보유한 물건을 인터넷을 통해 공급하는 인터넷 쇼핑 서비스였다. 특히 책 구매자를 대상으로 쇼핑 서비스를 시작했는데 점차 시장이 성장하면서 책 이외의 물품도 판매하기 시작한다. 아마존이 책 판매 비즈니스를 통해 얻게 된 많은 비즈니스 노하우와 기반을 토대로 새로운 시장으로 확대한 것이다. 이 과정에서 아마존은 책 이외의 다양한 물건들을 판매하는 쇼핑 서비스로 발전하게 된다.

이를 토대로 아마존은 양면 시장의 한 축인 인터넷 소비자 시장을 키우게 되었고, 이후 다른 판매업자들과의 연결을 통해 수익을 창출하는 쇼핑몰 형태의 서비스로 전환하게 된다. 책의 경우에는 과거 출판업자로부터 구매한 보유 물량을 판매하였으나 이제는 출판업자가 공급자로 플랫폼에 참여하는 형태로의 비즈니스로 변화하게 되었다. 특히 아마존은 연결의 가치 이외에도 자사가 보유한 많은 역량을 토대로 한 새로운 부가가치 서비스를 제공함으로써 공급자 시장을 아마존 서비스에 고착화시키고 있다. 예를 들어 기존 비즈니스를 통해 구축한 결제 서비스, 물류 인프라 등을 활용하여 판매자들 물건이 아마존 창고에 입고되면 라스트 마일(Last Mile) 즉 창고에서 고객까지의 배송에 이르는 모든 서비스를 대행해주는 풀필먼트(Fulfillment) 서비스를 통해 연결의 가치를 더욱 높이고 있다.[7]

3) 보조금 지급 전략

양면 시장 중 하나의 시장을 활성화시켜 교차 망 효과를 이용해 다른 시장도 성장하게 하는 전략으로 보조금 지급 전략을 들 수 있다. 순차적 사용자 확대 전략과 달리 처음부터 플랫폼 비즈니스 형태로 시작하되 양면 시장 중 하나의 시장을 선택하여 해당 시장의 참여자 수를 늘리기 위해 보조금과 같은 금전적 혜택을 제공하는 방법이다.[8]

이 전략의 전제는 양면 시장의 고객 집단 별로 플랫폼 참여를 위한 비용과 참여를 통해 얻게 되는 가치의 크기가 상이하다는 점이다. 따

7 강민영, 박도휘, 라스트마일 딜리버리: 택배물류의 마지막 1마일을 잡아라, 삼정 KPMG 경제연구원, 2018.

8 채서일, 플랫폼 비즈니스, 비앤앰북스, 2020.

라서 플랫폼 참여의 비용을 달리 하는 방식, 즉 참여 가격을 다르게 설정하거나 금전적인 혜택인 보조금을 지급하는 방식을 생각해 볼 수 있다. 예를 들어 양면 시장의 한 시장의 구성원들이 다른 시장에 비해 더 가격에 민감하다면 이 시장의 구성원들에게 낮은 가격을 설정하거나 금전적 지원을 통해 구성원들의 참여를 유도하는 방식이다.

예를 들어 유튜브의 경우에도 보조금 지급 전략을 활용하고 있다. 보조금은 보통 영상 시청 시 보게 되는 광고로 발생하는 수익을 영상 제작자와 공유하는 방식으로 지급된다. 이렇게 함으로써 영상 제작자는 더 질 높은 영상을 만들 수 있는 동기와 투자비를 회수할 수 있게 된다. 영상 제작자는 시간과 비용을 들여 높은 품질의 영상을 만들 수 있기 때문에 이들에게 비용을 부과하게 되면 이들의 참여는 저조해질 수밖에 없다. 달리 말하면 이들은 가격이나 비용에 민감한 계층으로 이들에게 보조금을 지급해야 한다. 반대로 유튜브 사용자는 비용을 내고 있다. 영상을 볼 때마다 보게 되는 광고는 사용자의 시간을 뺏기 때문에 사실상 돈을 내는 것과 같은 효과이며 사용상의 불편함을 유도하는 형태이다. 이렇게 함으로써 자연스럽게 광고를 보지 않고 영상을 볼 수 있도록 하는 멤버십 프로그램으로 유도하고 있다. 유튜브 사용자는 제작자에 비해 영상 소비와 관련하여 특별한 비용을 들이지 않는다. 스마트폰에 앱을 설치하는 것만으로도 영상을 손쉽게 볼 수 있으며 구글 계정과 연동하면 다양한 기기에서 자신이 원하는 영상을 편리하게 볼 수 있다. 영상 소비자들은 양질의 영상을 편리한 서비스를 통해 제공받기 때문에 투자를 통해 플랫폼에 참여할 수 있는 제작자에 비해 가격에 대한 민감도가 상대적으로 낮다. 따라서 보조금은 제작자에게 지급된다.

가격에 대한 민감도와 더불어 한 시장의 존재가 다른 시장 형성에 중요한 영향을 주는 경우에는 해당 시장에 보조금이 지급되는 것이 필요하다. 즉 교차 망 효과 관점에서 하나의 시장이 다른 시장의 교차 망 효과에 커다란 영향을 주는 경우에는 해당 시장을 활성화하기 위한 노력이 중요하다는 것이다. 특히 유명하거나 신뢰를 줄 수 있는 영향력 있는 사람이나 조직, 기업 등이 공급자로 있는 경우에는 플랫폼 성장에 큰 도움이 될 수 있다. 이러한 공급자는 구매자 시장의 교차 망 효과의 형성에 결정적인 역할을 하기 때문에 이러한 공급자를 활용하는 것이 필요하다. 이들에 의해 양면 시장 중 공급자의 제품이나 서비스의 매력도가 높아져 구매자 시장이 성장하게 되는 것이다. 유튜브의 경우에 유명 연예인이나 방송인과 같은 인플루언서(Influencer)들을 콘텐츠 크리에이터로 활용하였으며 네이버의 경우에는 지식인 서비스에 분야별 전문 지식인을 도입하여 활용함으로써 지식인 서비스의 매력도를 높여 사용자들을 모은 사례가 있다. 이러한 유명인들의 유치를 위해서는 많은 비용이 발생할 수 있다. 이것이 보조금인데 그럼에도 불구하고 플랫폼 생태계의 다른 한 축인 구매자 시장의 형성에 중요한 역할을 하므로 플랫폼 운영자의 투자가 필요하다.

4) 개방을 활용한 망 효과 제고 전략

양면 시장을 키우는 방법으로 플랫폼의 개방성을 높이는 전략이 있다.[9] 이는 플랫폼 참여자들의 참여 비용을 낮추거나 우리 플랫폼으

9 최병삼, 김창욱, 조원영, 플랫폼 경영을 바꾸다, 삼성경제연구소, 2014.

로 이전 비용을 저렴하게 함으로써 경쟁 플랫폼으로부터 새로운 참여자를 유치해 오는 전략이다. 이 전략은 특히 플랫폼 비즈니스 시장의 늦게 참여한 후발 기업에게 적합한 전략으로 볼 수 있다. 플랫폼 운영자는 공급자들이 적은 비용으로 플랫폼에 접속하고 플랫폼상에서 구매자들에게 판매할 수 있는 제품이나 서비스를 원활하게 공급할 수 있도록 플랫폼과 관련된 기술이나 서비스를 개방한다. 또한 플랫폼 운영자는 구매자들이 적은 비용으로 즉 손쉽게 플랫폼에 접속하여 다른 공급자들과 연결될 수 있도록 플랫폼의 개방성을 높인다.

예를 들어 스마트폰이나 PC의 OS와 같은 소프트웨어 플랫폼의 경우에는 앱이나 프로그램 개발을 용이하게 하는 관련 문서나 구현 기술 혹은 플랫폼의 소스 코드 자체를 개방하는 형태로 하여 개발자들 즉 공급자들이 손쉽게 개발할 수 있도록 한다. 그리고 다른 플랫폼을 기반으로 개발했던 공급자들이 해당 플랫폼으로 이전하거나 해당 플랫폼과 기존 플랫폼 모두에서 작동할 수 있는 크로스 플랫폼(Cross Platform) 형태의 개발이 가능하도록 지원하는 것이다. 이는 특히 유명한 앱, 흔히 킬러 앱(Killer App) 제작사들로 하여금 기존 플랫폼과 더불어 자사의 플랫폼 기반에서도 구동할 수 있는 앱을 제작하도록 유도하는 형태로 볼 수 있다. 크로스 플랫폼 방식은 앱 제작사인 공급자에게는 다수의 플랫폼 기반으로 하나의 앱을 판매할 수 있기 때문에 시장 접근성이 높아지고 하나의 앱으로 여러 시장에 활용하기 때문에 범위의 경제 효과를 기대할 수 있기 때문에 매력적인 전략이라고 할 수 있다. 단 기존 플랫폼과 함께 우리 플랫폼에서도 구동할 수 있는 앱을 제작하도록 유도하기 위해서는 제작과 관련된 비용이 크로스 플랫폼 전략을 택했을 때의 수익보다는 적어야 참여를 유도할 수 있다. 개방성을 높여 크로스 플랫폼을 택할 때의 비용을 낮추어 공급자의 플랫폼 참여를 유도할 수 있다.

구매자들 역시 하나의 플랫폼에만 참여하는 것이 아니라 다양한 플랫폼에 참여할 수 있도록 하여 우리 플랫폼으로의 참여를 유도하는 전략을 택할 수 있다. 구매자들이 동종의 서비스를 제공하는 다양한 플랫폼을 동시에 이용하는 행태를 멀티 호밍(Multi homing)이라고 한다. 플랫폼의 개방성을 높임으로써 구매자들의 멀티 호밍 비용을 낮추어 기존 플랫폼만이 아니라 우리 플랫폼 제품도 동시에 사용할 수 있도록 유도할 수 있다. 구매자들 입장에서는 유사한 서비스를 다양한 플랫폼에서 사용할 수 있기 때문에 플랫폼 별로 특화된 가치를 누릴 수 있게 된다. 예를 들어 우리가 인터넷 쇼핑몰을 통해 물품을 구매할 때 옥션이나 지마켓만을 통해 구매하는 것이 아니라 11번가, 인터파크, 위메프 등과 같은 다양한 쇼핑몰 플랫폼을 동시에 쓰는 것이 멀티 호밍이다. 이렇게 다양한 플랫폼을 동시에 사용하는 이유는 플랫폼 별로 특화된 서비스를 동시에 누릴 수 있고 플랫폼별로 할인 행사나 이벤트 등의 혜택을 기대하기 때문이다. 그러나 멀티호밍의 비용이 높아지면 기존 플랫폼으로부터 자신의 플랫폼으로 고객을 유치하기 어렵게 된다.

토의문제

1. 기업 전략의 개념을 설명해보고 IT산업의 성공 기업 하나를 선택하여 해당 기업의 전략에 대해 논의해보자.
2. 경쟁우위란 무엇인가? 1에서 선택한 성공 기업의 경쟁우위는 무엇이며 왜 경쟁우위라고 할 수 있는지 설명해보자.
3. 네트워크 효과에 대해서 설명하고 인터넷 서비스 기업을 하나 선정하여 해당 기업이 제공하는 서비스의 부정적 네트워크 효과와 긍정적 네트워크 효과에 대해서 논의해보자.
4. 네트워크 효과를 늘리기 위한 기업의 전략은 어떤 것이 있는지 실제 사례와 연결하여 설명해보자.
5. 플랫폼 비즈니스에서 수익 모델은 실제 사례와 연결하여 설명해보자.
6. 플랫폼 비즈니스 기업을 하나 선정하여 해당 기업의 플랫폼 생태계 유지 전략에 대해서 논의해보자.

3

온라인 시장 조사와 해외 마케팅

학습 목표

- 시장 조사를 이해하고 이를 토대로 마케팅 전략 수립 방법을 이해한다.
- 다양한 조사 방법에 대해 학습하고 결과 분석 방법을 학습한다.
- 온라인 설문 방법을 학습하고 시장 조사에 활용 방법을 이해한다.

제1절

해외시장조사와 해외 마케팅 전략

1. 해외시장조사의 개념과 특징

1) 해외시장조사의 정의

해외시장조사는 조사 주체가 누구이고 어떤 목적이냐에 따라서 다양한 형태의 조사가 이루어질 수 있기 때문에 광범위한 정의가 가능하다. 특히 기업들의 무역 업무를 지원하는 정부의 유관 기관들로 무역협회, KOTRA(대한무역투자진흥공사), 수출입은행 등의 기관들은 특정 국가가 아니라 전 세계 국가를 대상으로 하여 기업들의 수출입 업무 지원을 위한 시장 조사 업무를 수행하고 있고 기업의 위탁을 받아 대행하고 있다.

포괄적인 의미에서의 해외시장조사는 전 세계를 하나의 시장으로 간주하여 정치, 경제, 사회, 상거래 등의 제반 상황 및 여건들을 조사하여 기업의 문제를 해결하고 대응 전략을 수립할 수 있도록 하기 위한 총괄적인 조사라고 할 수 있다. 이런 의미에서 넓은 의미의 해외시장조사는 대상 국가의 지리, 기후, 정치제도, 화폐 등의 일반개황정보에서부터 거시경제현황조사, 일반경제현황조사, 상품 시장 및 유통 채널 전반에 대한 현황 조사 등을 포함한다.

좁은 의미로 해외시장조사를 정의하면 기업이 특정 상품의 판매를 위해서 진출하고자 하는 현지 소비자에 대한 조사, 해당 제품 및 상품에 대한 조사, 상품 가격 현황 및 추이 조사, 판촉 및 판매 채널에 대한 조사, 상품 시장의 산업 구조 및 경쟁 기업 현황 조사, 거래 대상과 거래처 등을 조사하는 것을 말한다. 즉 기업이 특정 상품의 성공적인 판매를 위해 필요로 하는 관련 정보의 조사를 말한다. 일반적으로 기업이 현지 마케팅을 위한 시장 조사가 이에 해당하며 대상을 국내 구매자들로 한정한다면 일반적인 의미의 시장 조사로 볼 수 있다.

2) 시장조사의 목적

시장 조사는 기업의 이윤 창출을 위한 다양한 전략적 활동 중의 하나라고 할 수 있다. 특히, 국내 시장 만으로는 충분한 성장의 제약이 있는 경우 기업은 새로운 시장을 개척하고 이를 통한 새로운 수익 창출의 기반을 찾기 위해서 해외 시장 진출을 목표로 한다.

해외 시장 진출을 고려하는 기업들은 새로운 성장 동력을 위한 시장 개척을 목표로 하거나, 국내 수요자 시장의 성장의 정체로 인한 수익 감소가 예상되거나, 경쟁 기업의 진출로 인한 수익성 악화로 인한 새로운 수익원 창출 등을 목적으로 하고 있다. 예를 들어, 기업이 수출입을 통한 시장 확대를 원한다면 무역 거래 체결을 위한 목적으로 특정 상품의 판매 및 구매 가능성을 조사하여 분석하는 과정의 시장 조사를 이행하게 된다.

예를 들어 모바일 게임을 제작하는 기업이 해외 시장에 진출하는 경우를 생각해보자. 이미 국내 모바일 게임 시장은 다수의 기업들이 경쟁하고 있으며 최근에는 중국의 모바일 기업들도 많이 들어와 있다. 시장은 새로운 구매자들의 진입을 통한 시장 성장보다는 이미 시장 포화(Market Saturation) 상태로 흔히 말하는 레드 오션(Red Ocean) 상태라고 할 수 있다. 새로운 니치(Niche) 시장을 탐색하여 성장 동력을 찾는 것도 가능할 것이다. 또한 코로나19와 같은 특수한 외부 충격에 의한 시장 변화로 확산된 언택트(Untact) 소비 환경은 모바일 게임에 새로운 성장 기회를 제공할 수도 있다. 그럼에도 불구하고 국내 시장의 치열한 경쟁을 피하고 새로운 성장 동력을 해외 시장에서 찾는다면 어느 나라로 진출할 것인지에 대한 의사결정과 이를 뒷받침할 수 있는 충분한 근거가 제시되어야 할 것이다. 실제로 다수의 국내 모바일 게임 회사들은 게임 제작 단계에서 해외 게임 제작사나 퍼블리싱(Publishing, 게임 유통과 마케팅 지원 기업) 업체와의 공동 제작을 통해서 해외 시장에서의 판매를 고려하고 있다. 그렇다면 게임 기업의 해외시장조사에서 고려해야할 사항은 무엇일까? 여러 가지가 있겠지만, 해당 시장의 소비층이 어떻게 구성되는가를 파악하는 것이 가장 기본적인 것이다. 해당 기업이 기존 게임의 해외 진출을 염두에 두고 있다면, 국내의 게임 사용자와의 유사성이 높은 현지 소비자 계층이 진출하고자 하는 해외 시장에도 존재하는지 확인해야 할 것이며, 새로운 게임을 제작하고자 한다면, 어떤 게임에 대한 수요자가 많은지 혹은 아직 발굴되지 않은 게임 수요층이 있는데 현지 경쟁사들이 파악하지 못하고 있는 것은 아닌지에 대한 조사가 필요하다.

정리하면 해외시장조사는 조사 주체와 목적에 따라 진출하고자 하는 시장의 관련된 정보를 체계적으로 기록하고 정리하고 분석함으로써 조사를 통해 해결하고자 하는 의사결정문제를 지원하기 위해 수행되는 조사라고 정의할 수 있다.

3) 해외시장조사의 필요성

해외시장조사는 위에서 언급한 기업의 의사결정문제를 해결하기 위해서 정보의 기록과 수집 정리, 분석을 통한 의사결정지원을 위해 수행된다. 특히 해외시장조사는 시장에 대한 정보 제공을 통해서 시장 진출로 발생할 수 있는 여러 가지 비용과 위험을 줄임으로써 시장 이익을 극대화할 수 있기 때문에 기업은 많은 비용을 들여 조사를 시행한다.

- 새로운 시장 발굴 및 확보

해외시장조사는 우리 제품이 가장 높은 가치를 제공하여 현지 구매자들에게 성공적으로 판매될 수 있는 시장을 탐색하고 발굴하기 위해 필요하다. 특히 시장 조사는 기존 시장의 동향 파악을 통해 적합한 시장을 찾는 것도 중요하지만, 드러나지 않는 소비자의 욕구를 파악하여 잠재된 시장을 파악하는 것도 중요하다. 즉, 기대하지 못했던 시장을 발굴함으로써 기회를 파악하고 이를 통해 시장 진출 제품의 판매 가능성과 판로를 개척할 수 있다.

새로운 시장의 발굴에는 판매하려는 제품의 수명 주기를 참고하면 도움이 될 수 있다. 제품 수명 주기는 제품의 탄생과 소멸까지의 과정을 시간과 매출액과의 관계를 통해서 나타낸 것으로서, 단계별 시장의 특징을 통해 기업의 전략 수립에 도움을 줄 수 있다.[1] 제품 수

1 하지철, 마케팅 조사 실무노트 I, 이담, 2010.

명 주기를 이해하고 이를 고려하여 해외시장조사를 실시한다면 새로운 시장 진출 기회를 효과적으로 활용할 수 있다.

그렇다면 제품 수명 주기를 어떻게 활용할 수 있을까? 제품 수명 주기는 아래 그림에 따라 크게 네 단계로 구분된다.

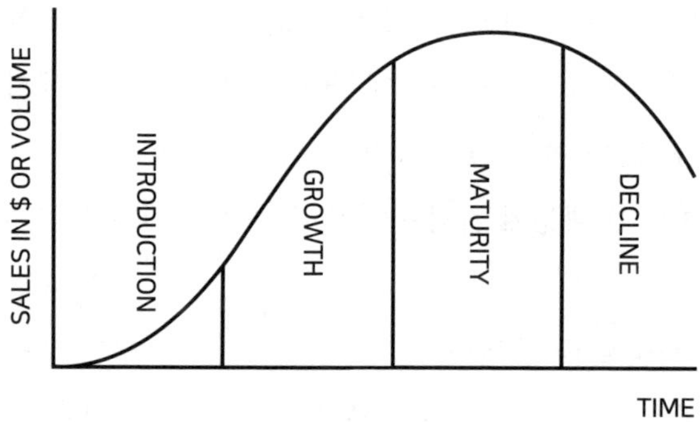

제품 수명 주기

먼저 도입기(Introduction)로 제품이 처음 시장에 알려지고 도입된 시기로서 보통 이 단계에는 많은 제품 개발비와 광고비가 투입되는 시기이다. 매출이 본격적으로 이루어지지 않은 상태이며, 유사한 개념의 서로 다른 제품들이 시장에서 경쟁하는 시기라고 할 수 있다.

두 번째는 성장기(Growth)로서 도입기의 많은 유사한 제품들 중에서 시장에서 주목받는 한 두 제품들이 등장하게 된다. 이 제품의 사양과 기술을 토대로 많은 기업들이 유사 제품을 생산하게 되며, 관련 상품으로서 보완재 시장이 본격적으로 성장하게 된다. 매출은 빠르게 성장하여, 많은 기업들이 시장에 진출하나 시장 수요가 공급보다 빠르게 성장하기 때문에 기업의 수익과 더불어 시장의 성장이 빠르게 이루어지는 시기이다.

세 번째로 성숙기(Maturity) 단계로서 이 단계의 기업의 매출이 가장 많이 일어나는 시기이다. 캐쉬카우(Cash Cow) 사업 즉 새로운 투자보다는 현 투자를 유지하는 상태에서 수익을 창출해내는 단계가 성숙기 시장에 해당하는 경우가 많다. 그러나 시장 수요의 성장이 둔화되거나 정체되기 때문에 기업들 간의 시장 점유율 경쟁이 일어나게 되므로 이러한 점에서 마케팅 비용이 많이 소요되는 시점이다. 광고나 판촉 등의 비용 지출로 인해서 수익이 하락하는 시점이다. 마지막으로 쇠퇴기에서는 제품에 대한 수요가 급격히 하락하는 지점으로 대체 기술이나 상품의 등장으로 제품이 소멸하는 시기로서 매출과 수익이 동시에 하락하는 시점이다.

그렇다면 제품 수명 주기는 해외시장의 발굴에 어떻게 활용될 수 있을까? 먼저 기업의 해외시장진출 동기에는 현재 시장의 치열한 경쟁으로 인한 수익성 악화 즉 성숙기 시장에서의 수익 하락과 기술과 제품의 진부화로 인한 시장 쇠퇴로 새로운 비즈니스를 탐색의 필요성을 들 수 있다. 따라서 기업은 새로운 시장으로의 진출을 모색하게 된다. 그런데 해외시장의 경우 국내 시장과는 다른 제품 수명 주기 단계에 있는 경우가 있다. 예를 들어 제품 수명 주기 단계로 보았을 때 다른 단계 즉, 도입 단계나 성장 단계에 있는 시장이라면 이 시장으로의 진출은 제품 판매의 새로운 기회가 될 수 있으므로 적합하다.

예를 들어, 과거 브라운관이나 평면 TV시장은 최근 PDP, LCD, LED TV 및 스마트 TV의 등장으로 이미 시장에서 거의 사라졌지만, 다른 저개발국 국가 등에서는 여전히 시장이 존재하거나 성장하는 시장이 될 수 있다는 것이다. 이러한 점을 고려한다면 시장 조사는 상이한 제품 수명 주기에 있는 여러 시장을 발굴하는 목적으로 이루어질 필요가 있을 것이다.

- 효과적인 시장 진입 전략 및 진입 후 경쟁 전략 수립

시장 진입 전략의 수립을 위해서는 해당 시장의 구조에 대한 분석이 선행되어야 하며 이러한 분석이 이루어진 후에 자사의 경쟁 역량 즉 강점과 약점 분석이 진행된 이후에 경쟁 전략을 수립할 수 있다.

이를 위해 진출 대상 시장의 시장 규모, 인프라, 가격, 경쟁 구도, 유통 구조, 수입 규제 등을 조사 분석함으로써 해당 지역에 대한 진출 및 대응 방안을 마련할 수 있다. 또한 시장 구조에 대한 분석과 더불어 중요한 것이 시장 구조에 해당되지 않으나 현지 시장 진입 시에 기업 운영에 중요한 영향을 줄 수 있는 법 규제, 환경 단체나 시민 단체 등의 이익 단체에 대한 분석 역시 선행되어야 한다.

이러한 분석을 통해서 현지 정부가 해당 산업에 정책적 투자를 고려하고 있는 경우라면 정부 간 협력 방안과 대응 방안을 마련할 수 있을 것이다. 현지 기업이 해당 산업에 관심이 있다면 이 기업을 통해 해외 시장 진출 방식인 수출, 직접투자, 합작투자 등의 시장 진출 방식을 결정할 수 있을 것이다. 시장 구조에 대한 분석은 산업 구조에 대한 분석으로 완료할 수 있다. 진출하고자 하는 국가의 산업 구조에 대한 분석은 마이클 포터의 산업구조분석 도구를 사용하여 산업의 매력도에 대한 평가를 할 수 있다.

포터의 산업구조분석은 기업이 새로운 신규 사업을 시작하기 위해 진출하고자 하는 산업에 대한 수익성을 분석하기 위한 도구로써

사용된다.[2] 산업구조분석 모형은 특정 산업의 진출 기업의 수익성을 결정하는 요소를 다섯 가지로 구분하여 진출 기업과 다섯 가지 요소간의 상호 관계를 통해서 수익성을 평가하는 분석 방법이라고 볼 수 있다. 산업의 매력도 즉 기업이 현 산업에 진출하고자 할 때 기대할 수 있는 수익성에 영향을 미치는 요소로 (1) 해당 산업의 경쟁 강도,(2) 해당 산업의 진입 장벽, (3) 판매 제품을 대체할 수 있는 이종 상품인 대체제의 존재 여부, (4) 제품 구매자의 거래 계약에서의 영향력을 나타내는 구매자 교섭력, (5) 원자재나 부품 등을 공급하는 공급자가 거래 계약에서 갖는 영향력을 나타내는 공급자 교섭력을 들 수 있다.

특히 공급자의 교섭력과 구매자의 교섭력은 기업이 제품 생산을 통해서 획득할 수 있는 가치 중 누가 더 많은 부분을 획득할 수 있느냐를 결정하는 요소로서, 제품의 가치 창출의 과정을 나타내는 가치사슬(Value Chain)의 개념으로 이해할 수 있다. 많은 가치를 창출하나 구매자의 교섭력과 공급자의 교섭력이 커지면 기업이 획득할 수 있는 수익은 줄게 된다. 또한 잠재 진입자의 존재는 산업의 진입장벽을 말하는 것으로, 진입 장벽이 높아질수록 추후에 시장에 진입할 수 있는 기업의 수가 적기 때문에 미래의 경쟁이 크지 않아 안정적인 기업 수익의 창출이 가능할 것이라고 볼 수 있다.

산업 구조에 대한 분석은 국내 시장에서의 새로운 사업을 시작할 때나 기존 사업에 대한 타당성에 대한 분석뿐만 아니라 진출하고자 하는 해외 시장에서의 조사에서도 반드시 수행되어야 한다.

2 장세진, 경영전략, 박영사, 2020.

- 해당 제품의 수출입 가능성을 파악하여 구체적인 마케팅 전략 수립

산업 구조에 대한 분석을 통해 시장 진입 여부와 진입 방법을 결정하게 되면, 제품에 대한 수출입 가능성을 판단하여 구체적인 마케팅 전략 수립을 할 때 해외시장조사가 필요하다. 특정 제품의 수출 및 해외 생산의 경우의 조달 문제에 대한 시장 물색, 거래 상대방에 대한 신용 조사와 현지 시장의 경쟁 제품의 특징 및 마케팅 전략 분석을 통해서 수출입 가능성을 파악한다.

수출입을 시작하기 위한 초기 단계로서 해외시장조사를 통해 현지 시장에서의 목표 세분 시장과 해당 제품에 대한 각종 상거래 정보를 조사함으로써 수출입 가능성을 모색할 수 있다.

이러한 과정을 통해서 기업은 해당 시장에서의 구체적인 마케팅 전략의 수립이 가능하게 된다. 일반적으로 마케팅 전략의 수립은 해당 국가의 시장 세분화, 목표 시장 선정, 선정 시장에서의 가치 포지셔닝(Positioning)의 단계를 거치고 난 뒤 판매 제품의 가격 결정, 제품과 서비스의 기획, 유통 방식의 결정과 판촉과 홍보 전략의 수립의 단계를 거치게 된다.

제2절

시장 조사 방법과 결과 분석

1. 시장 조사의 실행

1) 직접 조사

직접 조사는 기업의 문제 해결을 위해 직접적으로 관련성 있는 정보의 획득을 위한 조사라고 할 수 있다. 일반적으로 기업은 시장 진출 타당성 및 진입 후의 효과적인 이윤 창출을 위해서 해외 출장을 통한 자료 조사를 실시하게 된다. 이렇듯 기업이 자사의 의사결정문제의 해결을 위해 관련된 정보를 수집하는 조사를 직접조사라고 한다.

- 해외 전시회 참가를 통한 시장 조사

해외 시장에 대한 이해를 높이고 자사 제품에 대한 시장의 반응을 파악하기 위해 관련 상품의 해외 유명 전시회나 컨퍼런스에 참가하는 방법이 있다. 일반적으로 해외 전시회나 박람회는 제품의 전시를 통해 외국 바이어들에게 물건을 팔거나 혹은 바이어로 참가해서 수입 물품을 구매하는 기회로 생각할 수 있으나, 시장 정보의 중요한 수집 기회이기도 하다.

특히 상품별로 해외 유명 전시회들이 있는데, 이 전시회에는 많은 유명 바이어들이 참석하기 때문에 이들로부터 제품에 대한 평가와 의견을 통해 시장에 대한 정보를 수집할 수 있기 때문에 매우 유용한 시장 조사라고 할 수 있다. 또한 해외 전시회에는 세계의 주요 업체들이 모두 참여하기 때문에 한 장소에서 다양한 기업 제품들 즉 경쟁 제품들에 대한 정보를 수집할 수 있어 새로운 상품 및 기술 동향에 대한 파악도 가능하다. 또한 해외 전시회의 경우 지속적인 참여를 통해 기술 변화 추이 분석, 신기술의 적용 제품들에 대한 관찰, 경쟁 제품들의 변화 추이 양상 파악, 수입상의 취향 파악 및 변화 분석 등의 조사가 가능하다.

세계적인 박람회로는 하노버 박람회, 프랑크푸르트 박람회 등이 있는데 하노버는 산업 박람회로서 기계류, 설비, 엔지니어링, 자동화 기기 등의 박람회이다. 프랑크푸르트 박람회는 여러 제품들의 박람회가 이루어지는데 소비재 박람회, 문구 및 선물용품 박람회, 악기 박람회, 의류 박람회 등이 있다. 무엇보다도 중요한 것은 관련 산업에서의 대표적인 세계 박람회를 검색하고 지속적인 참여를 통해 동일 바이어에게 지속적으로 제품을 노출하고 관계를 유지하는 것이 시장 조사 측면에서나 제품 판매에서 유리하다.

- 현지 시장 조사의 활용

현지 시장 조사는 현지 방문을 통해서 관련 제품 시장의 시장 참여자, 정책 담당자와 거래 담당자들을 면담하는 방식으로 진행된다. 특히 현지 수입 업자 즉 바이어들에게 자사의 제품을 시연하고 반응을 청취하고 기록함으로써 제품에 대한 시장 수요의 존재 여부 및 판매를 위한 제품의 개선 사항 및 가격 책정과 관련된 정보를 수집할 수 있다. 또한 도매상 및 유통업자들과의 면담을 통해서 유통 관행에 대한 정보, 적정 도매 및 소매 가격, 유통 촉진을 위한 유통업자에 대한 현지 인센티브 제도, 도매업자 및 소매업자를 통한 최종 소비자의 성향에 대한 정보 등을 수집할 수 있다.

그러나 현지 시장 조사는 직접 해외 출장을 해야 하는 관계로 시간과 비용이 많이 소요된다. 또한 현지 시장 참여자 및 유통업자들과 만나는 것이 쉽지 않기 때문에 현지의 대리인을 활용하거나 지역 상공회의소, 한상 네트워크, 혹은 KOTRA 지역관 및 대사관 등을 거쳐야만 하기 때문에 많은 절차가 필요하다.

- 외부 위탁 조사

일반적으로 외부 위탁 조사는 기업이 직접 조사에 참여하지 않기 때문에 간접조사라고도 볼 수 있으나, 실질적으로 조사되는 내용은 기업의 문제와 관련한 정보이므로 직접 조사로 분류하는 것이 바람직하다.

외부 위탁 조사는 해외의 컨설팅 회사 및 현지 시장 조사 대리인을 활용하거나 국내의 정부의 지원 기관을 활용하는 방법이 있다. 외부 위탁 조사의 경우에는 전문적이고 상세한 정보를 획득하기 위해서는 전문 시장 조사 기관을 활용하는 것이 좋다. 광고 회사나 리서치 회사 등이 이에 해당하는 데, 조사의 범위나 기간, 수집하고자 하는 정보의 내용에 따라서 많은 비용이 수반될 수 있다.

또한 현지의 지인을 통한 조사 방법이 있다. 이 경우에는 현지의 지인의 전문성에 따라서 정보의 정확성이나 질이 결정되기 때문에 비용상의 이점이 있을지는 몰라도 시장 정보 획득의 효율성 측면에서는 그다지 좋지 않은 방법이 될 수 있다.

정부 기관을 이용하는 방법은 비교적 정확한 정보를 제공해주며 저렴한 비용으로 제공되기 때문에 충분한 자본의 여력이 없는 중소기업의 경우 바람직한 조사라고 할 수 있다. 대표적인 기관으로는 대한투자진흥공사(KOTRA)가 있으며, 정부 기관은 아니지만 무역거래 알선업체로 (주)EC21이나 (주)ECPlaza 등도 해외 시장과 관련된 정보 조사를 통해 무역 마케팅 및 수출 업무 지원 서비스를 제공하고 있다.

2) 간접 조사

간접 조사는 기업의 의사결정 문제 해결에 직접적인 도움이 되지는 않을 수 있으나 진출 해외 시장에 대한 이해를 높이고, 시장 전반에 대한 현황과 앞으로의 동향 파악을 통해 시장 진출 전략 수립에 간접적으로 도움이 될 수 있는 시장 정보를 제공한다.

간접 조사의 대표적인 방법이 문헌 조사이다. 문헌 조사는 기존에 발간되어 있는 자료를 이용하는 조사이다. 조사의 대상이나 분야에 대해서 잘 모르는 경우에 실행하는 최초의 연구로서 가장 신속하고 경제적인 조사 방법이라고 할 수 있다. 문헌 조사는 해외시장조사의 초기 단계에 주로 수행되는 조사로 직접 조사가 어려운 경우에 사용되는 방법이다. 그러나 직접 조사가 수행된다고 해서 문헌 조사를 하지 않는 것은 아니다. 문헌 조사를 통해서 얻어진 자료가 모두 조사 목적과 직접 관련된 것은 아니지만, 조사 대상이 되는 시장이나 제품, 기술 동향 및 특정 시장에 영향을 줄 수 있는 세계 경제, 사회, 정치 환경 전반에 대한 포괄적인 정보를 제공하기 때문에 직접 조사와 병행해서 실행되는 것이 바람직하다.

문헌 조사는 시장 조사의 초점을 명백하게 하며, 조사 문제와 관련된 전통적인 이론과 최근의 연구 경향을 파악하며, 관련 분야 조사에서 관행적으로 사용되는 자료 수집 방법이나 통계 분석법까지의 포괄적인 지식을 획득하는 것이다. 문헌의 범위는 조사 분야 이외의 경영학, 경제학, 사회학, 심리학, 인류학 등의 다양한 학문 분야를 포함하는 출판물이 이에 해당한다.

해외시장조사와 관련된 대표적인 문헌 조사의 자료원들은 국내외 대외 정책 기관 발간 자료, 영리 혹은 비영리 경제 기관 발행물, 무역 관련 유관 기관의 정기 간행물 등으로 서적, 홍보 책자, 기사와 같은 인쇄물이거나 데이터베이스 등의 디지털화된 자료의 형태가 있다.

특정 국가나 국가별 경제 및 수출입 통계 자료는 UN의 무역통계 연보를 활용하거나, IMF에서 발간하는 세계경제전망 자료, 혹은 국제금융통계 등의 자료를 활용할 수 있다. 국내 기관으로는 무역 협회나 관세청, 수출입 은행 등에서 발간하는 무역통계 연보 및 월보, 해외 국가별 보고서 등을 참고하여 진출 시장에 대한 기초 자료를 수집하고 분석할 수 있다.

문헌 조사는 시간과 비용이 적게 드는 것이 일반적이다. 그러나 조사 문제와 직접 관련된 주제의 자료가 아닌 경우가 많으며 설사 그렇다 하더라도 조사 시점의 시기나 조사 자료의 신뢰성이나 정확성이 보장되어 있지 않으므로 참고 자료로서 활용하는 것이 바람직하다. 특히 시장 조사의 경우 시장 환경을 정확하게 파악하거나 특히 제품 시장에서의 소비자의 동향이나, 공급자, 유통업자 등에 대한 세부적인 정보를 파악하는 데에는 한계가 있다.

2. 시장 조사의 내용과 전략 수립

해외시장 조사를 구성하는 내용은 크게 목표 시장에 대한 조사, 시장 및 수요 동향에 대한 조사로 상품의 수요 동향, 경쟁 동향, 생산 동향, 가격 동향, 유통 구조, 수출입 동향 및 수출입 관리 제도에 대한 조사 내용으로 구성된다.

1) 목표 시장에 대한 조사

기업의 의사결정문제와 관련 목표로 하게 되는 시장을 정하면 해당 시장의 이해를 돕고 문제 해결을 위해서 필요한 정보들에 대한 조사가 시작된다. 해외 시장 진출을 목표로 하는 기업이라면 현지 시장에 대한 조사의 시작은 목표 시장 국가의 일반 개황 정보를 포함하여 해당 국가의 리스크(Risk), 정부의 경제 동향과 재정 정책, 수출입 관리 제도 등 시장 전반에 대한 정보를 조사한다.

- 일반 개황 정보

해당 시장에 대한 일반 개황 정보는 국가의 지리적 특성, 인구통계적 특징으로 민족 구성, 언어 등의 정보, 행정조직, 정치 시스템, 사회 및 문화 특징과 상관습 등의 정보를 조사한다.

가. 지리적 특성

첫 번째로 지리적 특성으로는 위치 정보, 국토 면적이나 인구, 기후적 특성과 시간대, 인접 국가 등이 될 수 있다. 대체적으로 인구가 많고 국토 면적이 넓을수록 시장 규모나 잠재성이 높다고 평가할 수 있다. 그러나 국토 면적이 넓은 것이 항상 긍정적으로 작용하지는 않는다. 해당 국가의 운송이나 물류, 교통 인프라가 좋지 않다면 면적이 넓은 경우 기업의 물류 비용이 늘어나기 때문에 현지 시장 판매에 부정적 영향을 줄 수 있다.

또한 기후적 특성은 매우 중요하게 고려할 점이다. 이는 제품의 디자인이나 기능에 영향을 줄 수 있는데, 이는 기후대에 따라 생활방식이 다르고 소비 형태나 제품 선택의 기준이 달라지기 때문이다. 고온다습한 기후는 제품의 수명에 영향을 줄 수 있으며, 제품의 기능적인 측면에서도 소비자의 요구 사항이 달라질 수 있기 때문에 기후를 고려한 생산과 유통이 필요하다. 또한 현지 기후에 맞는 제품의 변형에 드는 비용 또한 고려해야 한다.

진출하고자 하는 국가의 인접 국가와의 관계도 중요한데 인접 국가와 경쟁 관계에 있다거나 적대 관계에 있다면 지정학적 위험이 높아지기 때문에 시장 진출의 저해 요인이 될 수 있다. 또한 인접 국가와 FTA(자유무역협정)을 체결한 경우 이를 활용한 현지 생산을 통한 인접 국가로의 수출과 같은 FTA 비즈니스 모델을 활용하는 것도 방법이 될 것이다.

나. 행정 조직

행정 조직은 궁극적으로 국가 정책을 결정하는 의사결정체계로서 현지 산업의 구조와 정책에 영향을 줄 수 있다. 따라서 수출을 하는 기업이나 현지 직접 투자를 하는 기업 모두에게 중요한 고려사항이다. 행정 조직과 관련해서는 국가 이름, 수도, 정부 조직, 주요 도시 등이 조사 대상이 된다.

다. 정치 시스템

정치 형태는 정부 형태, 국가 원수, 의회, 주요 정당 및 국제 기구 가입 현황 등이 된다. 정치 시스템은 해당 국가의 사회적, 정치적 안정성에 영향을 줄 수 있으며 정치적으로 불안한 국가의 경우 대금지급 불이행 등의 위험성이 증가한다.

라. 사회 및 문화적 특징

모든 국가별로 다양한 사회적, 문화적 특징들이 있다. 대표적으로 그 나라의 독특한 가치관, 사고방식, 상관습, 생활습관, 시간에 대한 관념 등이 이에 해당하는 데 이에 영향을 미치는 중요한 요인으로는 그 나라를 구성하는 민족 구성, 공식 언어, 종교의 구성, 해당 국가와 관련된 특이할 만한 역사적 사건(영연방 국가, 독립 국가) 등이며 그 밖에 조사할 내용으로는 회계연도, 도량형, 공휴일과 공식 화폐가 있다.

마. 국가 리스크

리스크는 수출 기업이라면 거래 상대방의 물품 대금의 지급불이행 위험을 말하며, 수입 업자의 입장에서는 대금을 지급한 매매물품을 수령하지 못할 수 있는 위험을 말한다. 해당 국가에 대한 투자나 혹은 매매상에서 발생할 수 있는 리스크는 (1) 경제 리스크, (2) 지정학적 리스크, (3) 사회적 리스크, (4) 환경 리스크의 네 가지로 구분할 수 있다.[1]

경제 리스크는 해당 국가의 경제적 안정성을 평가할 수 있는 지표로서 정부의 재정 수지, 정부와 기업의 외채 규모, 자산 시장의 안정성, 유가 및 에너지 공급 상황, 정부의 경제 정책의 신뢰성 등이 이에 해당한다. 자산 시장은 금융 시장의 안정성을 의미하며 부동산이나 주식, 채권 등의 금융 시장의 위험 요인들을 말한다. 특히 정부의 외채 규모는 국가 재정의 안정성에 영향을 주며 국가가 외채 상환이 어려운 경우 환율 변동에 의해 진출한 우리 기업들이 환위험에 노출된다. 따라서 정부의 외채 규모가 다른 국가들에 비해 어느 정도 규모인지, 그리고 비슷한 경제 규모의 상대 국가들과 비교했을 때 위험한 수준인지에 대한 파악이 필요하다.

지정학적 리스크는 인접 국가와의 적대 관계, 테러리즘, 국내 민족 간 갈등, 종교 분쟁으로 인한 내전 가능성 등이라고 할 수 있다. 특히 우리나라의 경우 남북이 대치한 상태에서 지속적인 긴장 상태를 유지하고 있기 때문에 지정학적 리스크가 크다고 할 수 있다. 또한 이라크나 아프가니스탄의 경우 종교적, 정치적 갈등으로 인한 테러리즘과 내전 등으로 인해 리스크가 높다고 볼 수 있다.

사회적 리스크는 사회의 안정성을 해치는 요인들로서 최근 급속한 경제 성장의 영향으로 도시화가 급진전되고 있는데 이로 인해 일부 국가에서는 지역별 빈부 격차가 심화되는 문제에 직면하고 있다.

1 이순철, 김정포, 해외시장조사론, 2011, 두남출판

특히 중국이나 인도에서 이러한 일들이 벌어지고 있는데, 이는 사회적 안정성을 해치는 위험 요인이 될 수 있다. 또한 정부의 과잉 규제나 부정부패 역시 시장 진출을 저해하는 위험 요인이 될 수 있다. 아프리카나 저개발 국가의 경우 내전이나 민족 간 갈등으로 지정학적 리스크도 높지만, 언제 바뀔지 모르는 정부 조직으로 인해 정부 관료들의 부패가 심하여 기업들은 추가적인 위험을 감수해야 한다.

환경 리스크는 환경오염으로 인한 문제로 해당 국가의 수질 오염이나 식수 부족 등이 해당된다. 물 공급의 문제로 인해 현지 투자를 목표로 하는 기업은 공장 운영을 위한 물 공급을 제대로 받지 못하는 위험에 노출될 수 있다.

바. 경제 정책 및 경제 동향 정보

경제 정책과 동향에 대한 정보는 크게 주요 경제 지표에 대한 조사, 해당 국가의 거시 경제 동향, 대외 경제 동향, 대외 부채 및 외환보유고 현황의 네 가지로 구분해서 조사한다.

사. 주요 경제 지표

주요 경제 지표를 통해서 해당 국가의 성장 가능성, 생산 잠재력, 물가 상황, 환율 변동 추이와 더불어 무역 규모 등을 사전에 파악할 수 있다. 일반적으로 주요 경제 지표라고 할 때 조사 대상 자료는 실질GDP증가율, 명목GDP, 1인당 GDP, 물가 상승률, 수출/수입 규모, 경상수지와 외환보유고, 외채, 실업률과 환율 변동 추이에 대해 조사를 실시한다.

경제 지표의 조사는 무엇보다도 안정적인 경제 성장이 가능한 국가인지, 경제 규모는 어느 정도인지, 환율은 안정적으로 관리되고 있는지, 외환 보유고나 경상수지 및 무역 수지 등을 조사하여 외부 충격에 대해서 안정적일 수 있는 국가 및 경제 시스템인지를 확인해야 한다. 또한 수출입 규모에 대한 파악을 통해서 시장 진출 시 충분한 판매 잠재력이 있는지를 파악하는 것도 중요하다.

아. 거시 경제 동향

해당 국가의 거시 경제 동향은 크게 경제성장률, 인플레이션, 재정수지의 세 가지 측면에 대해 검토한다. 경제성장률은 최근 5년간 추이를 비교하되 산업 분야 중에서 어느 분야가 성장에 크게 기여하고 있으며, 어느 분야가 성장을 저해하는가에 대한 분석이 필요하다.

인플레이션은 앞서 소비자 물가 지수(CPI, Consumer Price Index) 변화율 조사를 통해서 파악할 수 있다. 물가 상승은 여러 가지 원인이 있을 수 있다. 두 가지로 나누어 볼 수 있는데 수요 견인형 인플레이션과 공급 주도형 인플레이션이다. 흔히 경제 성장으로 인한 경기 호황으로 많은 돈이 시장에 유입되고 소비자들의 구매욕이 상승함에 따라 물가가 상승하는 것을 수요 견인형 인플레이션이라고 한다. 수요 견인형 인플레이션의 경우, 경기가 호황임을 의미하기 때문에 물가 상승은 기업에게 기회가 될 수 있다. 이는 소비자의 구매력도 높고 물가도 상승하기 때문에 매출 신장의 기회가 될 수 있기 때문이다.

공급 주도형 인플레이션은 재화 생산의 원가가 높아짐으로써 발생하는 물가 상승 현상을 말한다. 이는 수요 견인형과는 달리 경기 변동과는 관계없이 발생할 수 있다. 과거 70년대 오일 쇼크나 중동

분쟁 등 외부 충격에 의해서 물건 생산의 원가가 높아지는 것으로서 소비자의 구매력이나 경기와는 관계없이 일어난다. 더군다나 이러한 외부 충격은 오히려 경기를 후퇴시킬 수 있고, 그에 따라 소비자들의 소득을 줄이는 결과를 낳을 수 있다. 따라서 물가 상승이 일어나고 있다고 해서 반드시 긍정적으로 시장을 전망해서는 안 되며 물가 상승의 원인이 무엇인지에 대해 명확히 파악하여 시장 진출 타당성을 검토해야 한다.

재정 수지는 정부의 재정 상태를 파악하는 것으로서 현재 정부의 재정 상태가 흑자인지, 적자인지 혹은 균형 상태인지를 파악하는 것이다. 정부 재정 수지는 정부의 부채 상환 능력 및 국가 경제 시스템의 안정적인 운영 능력을 의미한다. 그러나 재정 적자가 항상 부정적인 것은 아니다. 경기 불황인 경우 정부는 재정 투자를 통해서 경제 활성화를 시도한다. 이 때는 정부의 재정 적자가 중기적으로 경기 활성화를 유도함으로써 시장 진출에 호기가 될 수 있다. 따라서 재정 적자를 부정적으로 보기만 해서는 안 된다. 정부 재정이 적자 상태가 계속 유지되거나 적자가 급격히 늘고 있다면 상기한 원인 이외의 문제가 무엇인지를 파악하여 시장 진출 여부를 결정해야 한다.

차. 대외 경제 동향

대외 경제 동향이란 수출입 동향을 말한다. 해당 국가의 전체 수출입 규모를 산업별, 품목별로 분석하고 상위 5위 제품에 대한 조사를 실시한다. 또한 기업의 판매 제품과 관련한 해당 국가의 수출입 규모와 최근 변동 추이를 파악한다. 수출 기업이라면 해당 국가의 수입 규모를 우선 조사해야 할 것이며, 어느 국가로부터의 수입 규모가 가장 큰가에 대한 분석을 한다. 또한, 최근 5년간 수입 규모의 변동 추이와 해당 국가별 분석이 필요하다.

뿐만 아니라 대외 부채나 외환 보유고에 대한 조사도 실행되어야 한다. 특히 저개발 국가나 개발도상국의 경우 급격한 경제 성장과 더불어 정부와 민간 부문에서의 투자 확대로 인한 부채 규모가 큰 경우가 있다. 대외 부채가 큰 경우에는 외부 충격에 취약하게 된다. 특히 정부의 재정 수지에 비해서 부채가 큰 경우에는 정부의 상환 능력이 떨어지는 관계로 정부의 조달 채권의 금리가 높아지고, 현지 국가의 화폐 가치가 떨어지게 되는 결과를 낳게 된다. 따라서 정부 및 공공기관의 부채 규모에 대한 조사가 필요하다.

또한, 환율의 변동에 대해 이에 대응할 수 있는 외환 보유고의 규모 역시 중요하다. 국가별로 자국 수출 기업의 경쟁력을 높이고 내수 기업을 보호하기 위해서 환율과 관련한 정부나 중앙은행이 개입하는 경우가 있다. 그러나 외환 보유고가 충분하지 않은 신흥 시장의 경우에는 투기적인 자금의 유입에 의한 환율 변동에 적극적으로 대응하지 못하여 취약함을 보이는 경우가 있다. 따라서 진출 시장의 외환 보유고에 대한 조사도 수행되어야 한다.

2) 목표 시장 분석의 활용

목표 시장 조사는 궁극적으로 기업의 외부 환경 분석의 토대가 되어 현지 시장에서의 기업의 비즈니스 기회를 파악하고 현지 시장 진출의 위협 요인을 파악하는 데 활용될 수 있다. 기업의 외부 환경은 특히 기업이 통제하지 못하는 요인으로 기업은 목표 시장 조사를 통해 외부 환경에 대한 이해를 높여 기업이 보유한 자원과 역량을 가장 잘 활용할 수 있는 시장 기회를 찾아내고 자원과 역량을 활용하여 현지 시장의 위험 요인들을 극복할 수 있어야 한다.

기업의 외부 환경으로 인구통계학적 환경을 들 수 있다. 현지 시장의 전체 인구수, 연령 분포, 지역별 인구 분포, 인구 증가율, 출산율, 평균 수명 등에 대한 정보가 이에 해당한다.[2] 인구통계학적 정보는 현지 국가의 시장 변화를 파악하는 데 중요한 정보로 활용된다. 특히 판매 제품이나 서비스의 구매 계층을 구분할 때 인구통계학적 변수가 중요한 경우 면밀한 조사가 필요하다. 예를 들어 모바일 게임이라면 스마트폰에 익숙한 세대인 10대에서 20대가 주요 고객이 될 것이다. 이 연령대의 인구 구성이 어떻게 되는지 이해하는 것이 시장 진출을 결정하는 데 도움이 될 것이다.

두 번째로는 경제적인 환경 요인이다. 현지 국가의 임금 수준과 소득 수준, 환율 변동과 경제 주기 등이 이에 해당한다. 소득 수준에 따라 도입하고자 하는 제품이나 서비스의 가격이나 품질, 유통이나 판촉 방식 등이 달라질 수 있다. 현지 국가의 임금 수준으로 소득의 크기를 결정하기도 하지만 현지 국가에 생산 기지를 확충하여 현지 생산을 하고 이를 유통하고자 한다면 임금 정보가 중요한 정보가 된다. 경제 주기는 현지 국가의 경제 불황, 호황 여부를 나타내는 것으로 호황에 적합한 제품이나 서비스, 불황에도 꾸준한 매출이 발생하는 제품이나 서비스가 있으므로 이를 토대로 시장 기회를 파악할 수 있다.

세 번째로는 사회문화적 환경 요인을 들 수 있다. 이는 사회 구성

2 정인희, 패션 시장을 지배하라, 시공아트, 2011.

원들의 세대별 특성을 나타내는 것으로 개성과 가치관이나 라이프스타일(Lifestyle), 소비 문화 등을 들 수 있다. 가치관의 변화나 새로운 라이프스타일의 등장은 제품이나 서비스의 소비 행태에 영향을 주어 특정 산업에 큰 유행을 낳기도 한다. 욜로족(YOLO)이나 파이어(FIRE)족은 새로운 가치관과 라이프스타일의 사례로 볼 수 있다. 현재 개인의 삶을 중시하는 욜로족의 등장으로 패션이나 뷰티, 음식, 취미 등의 지출이 많이 늘어난 것을 볼 수 있다. 기업은 이렇듯 시장에서 발생하는 사회문화적 변화를 인지하고 사업 기회를 파악하는 것이 중요하다.

네 번째로 기술적 환경 요인을 들 수 있다. 신기술의 등장은 소비자들의 욕구의 변화와 더불어 기업 운영에도 변화를 줄 수 있다. 정보통신기술의 발전으로 등장한 유무선 인터넷, 스마트폰을 비롯한 IT기기 등의 확산은 소비자들의 정보 획득 및 공유 채널의 확대와 더불어 디지털 재화와 서비스에 대한 수요가 늘어나는 데 기여했다. 또한 기업은 4차 산업혁명 기술의 등장으로 스마트 생산과 유통, 물류를 통해 비용을 절감하고 새로운 부가가치를 소비자들에게 제공하고 있다. 새로운 기술의 등장은 새로운 사업 영역의 확대를 의미하지만 동시에 기존 비즈니스 방식의 변화와 개선의 필요성을 높이며 때로는 도태를 야기하기도 한다. 정보의 소비 방식이 과거 아날로그 매체, 종이나 책 등의 인쇄물, 카세트테이프나 LP 등을 통해 이루어졌다면 오늘날은 CD나 DVD와 같은 디지털 매체를 비롯하여 초고속 유무선 인터넷망을 통해 스트리밍 방식으로 변화하고 있다. 이에 전통적인 아날로그 방식의 매체 판매에 의존했던 기업들은 이러한 시장 변화에 적응하지 못하고 도태되게 된다. 따라서 기술 변화를 인지하고 이에 대응하는 것이 기업의 시장 기회 확보와 더불어 생존의 문제에도 영향을 준다.

다음으로 정치적/법적 환경 요인을 들 수 있다. 세계화가 진전됨에 따라 국가 간 정치 및 경제 부문에서의 협력이 활성화되고 있다. 국제 기구를 통한 정치 부문에서의 협력과 안정은 국가 간 다양한 분야에서의 교류 확대의 기반이 되고 있으며, 무역과 같은 경제적인 부문에서의 교역의 확대가 이루어지고 있다. WTO와 같은 다자주의 체제하에서의 국가 간 무역 장벽 완화 노력과 더불어 지역 국가들 간의 자유무역협정이나 관세동맹과 같은 지역무역협정을 통해 무역 장벽이 낮아지고 있다. 이는 수출입 기업에 새로운 비즈니스 기회를 제공하고 있으며, 무역 장벽을 통해 보호받고 있었던 내수 중심의 기업에게는 위협 요인이 될 수 있다. 국가간 무역 협정과 동시에 특허나 지적재산권에 대한 규제를 강화하는 국제법의 적용은 기술이나 아이디어의 창작자에게 이윤을 보장하고 창작 동기를 제고하는 결과를 낳고 있다. 이를 통해 창의적 아이디어와 기술로 무장한 전 세계 많은 기업들이 세계 시장으로 진출하여 충분한 이윤을 확보할 수 있도록 보호하는 장치를 제공하고 있다. 이는 앞으로 많은 창의적 아이디어와 비즈니스 모델로 세계시장에 진출하고자 하는 벤처 기업들에게 큰 기회가 될 수 있다.

다음으로 생태학적 환경을 들 수 있다. 오늘날 시장 소비자들은 기업들에게 주변 환경에 대한 관심과 이에 대한 투자를 요구한다. 과거에는 경제적 소비, 즉 가격대 성능비를 강조했으나 오늘날은 가격도 중요하지만 소비를 통해 달성하고자 하는 가치가 다양해지고 있다. 특히 환경에 대한 관심이 높아지면서 소비자들은 자신의 소비를 통해 환경을 지키고 보존하는 것에 중요한 가치를 부여하고 있다. 현재의 환경을 후세에 그대로 물려줄 수 있기 위한 노력 즉 지속가능성에 대해 많은 관심을 보이고 있다. 기업은 이러한 소비자들의 요구에 부응하여 생산과 유통/물류, 판촉 등에서 그린 마케팅(Green Marketing)의 형태로 환경을 고려한 지속가능한 경영에 노력하고 있으며 이러한 형태의 노력을 통해 기업의 사회적 책임(Social Responsibility)을 다하고 있다.

마지막으로 우발적 사건을 들 수 있다. 우연히 발생한 사건으로 기업의 통제 밖에 있으나 기업의 사업이나 이윤 창출에 많은 영향을 줄 수 있는 기회나 위협의 원천이 되는 것을 말한다. 과거 SARS나 MERS와 같은 전염병의 창궐이나 2008년 금융위기와 같이 예측할 수 없는 사건으로 갑작스레 발생하여 새로운 사업 기회가 되기도 함과 동시에 위협 요인이 될 수 있는 것을 말한다. 과거 경기가 불황인 정도를 나타내는 지표로 사용했던 것으로 립스틱 지수가 있다. 이는 경기가 불황으로 소비가 위축됐을 때 여성들이 최소한의 지출로 자신을 꾸밀 수 있는 패션 아이템으로 립스틱을 선택하기 때문에 수요가 늘어나는 것에 착안하여 만든 지표이다. 2019년 코로나19 전염병이 전세계적으로 발발하였을 때 방역을 위한 여러 가지 보건 의료 관련 제품이나 서비스가 많은 주목을 받았고 해당 기업들이 성장을 거두었다. 이러한 전염병의 등장은 사람들의 이동을 제한함으로 말미암아 소비를 위축시켜 경기를 불황에 빠지게 한다. 그러나 당시 경기 불황이 왔을 때에는 립스틱 지수가 적용될 수 없었다. 코로나19 전염병을 막기 위해서는 마스크가 필수였고 마스크를 쓴 상태에서는 립스틱을 바르는 것이 불편하거나 또 패션 관점에서 봤을 때 드러나지 않는 부분이므로 패션 소비의 대상이 될 수 없었다. 오히려 마스크를 쓰고도 드러낼 수 있는 네일 관련 상품이나 헤어 관련 상품, 마스카라와 같은 눈 화장 관련 상품 등의 매출이 늘어났다고 한다. 이렇듯 예측하지 못한 사건의 발생은 과거 유사한 사건이 있었다 하더라도 동일하게 진행되지는 않기 때문에 이러한 일이 발생한 경우 기업은 면밀하게 시장 변화를 주시하고 이에 대응할 필요가 있다.

3) 산업 환경 분석과 마케팅 전략 수립

- 내부 역량 분석과 전략 수립

목표 시장에 대한 조사를 시행하고 이를 토대로 기업이 통제할 수 없으나 새로운 사업 기회나 혹은 위협이 될 수 있는 거시 환경에 대한 분석을 마치면 기업의 내부 환경으로 기업이 보유한 자원과 역량을 통해 강점과 약점을 분석하는 과정이 필요하다. 이러한 분석 과정을 SWOT(Strength, Weakness, Opportunity, Threat) 분석이라고 한다.

기업의 내부 환경은 수출 전략 실행을 위한 기업 내부의 자원으로서 자본, 생산설비, 인력, 제품이나 기술 등이 될 수 있다. 해외 시장 조사를 통해서 얻어진 자료를 바탕으로 하여 수출 전략 실행에 도움이 될 수 있는 충분한 자원이 있다면 강점이 될 것이고, 전략 실행에 차질을 일으킬 수 있는 부족한 자원은 기업의 약점이 될 것이다.

해외 시장 환경 즉 기업이 통제할 수 없는 외부 환경요인으로 기업에게 수익 창출의 가능성을 제공할 수 있는 시장 기회, 기업의 수출 전략 실행을 어렵게 만들거나 수익 창출을 저해할 수 있는 위협 요인에 대한 분석을 실시한다. 이를 통해 기업의 강점과 약점을 토대로 분석한 기회 요인을 활용할 수 있는 전략을 수립하며 이를 토대로 하여 위협 요인에 대처할 수 있는 수출 마케팅 전략을 수립한다. 해외시장조사는 기회와 위협 요인에 대한 실질적인 정보를 제공함으로써 자사 환경 분석을 통한 전략 도출을 가능하게 해 준다.

SWOT 분석을 통해 기업은 내부 자원과 역량의 강점과 약점, 기회와 위협 요인을 조합하여 네 가지 형태의 전략을 제시한다. 처음으로 강점을 통해 시장 기회를 살리는 SO(Strength Opportunity) 전략, 강점을 통해 시장 위협 요인을 극복하는 ST(Strength Threat) 전략, 약점을 극복하여 시장 기회를 활용하는 WO(Weakness Opportunity) 전략, 약점을 보완하여 시장 위협 요인을 극복하는 WT(Weakness Threat) 전략을 수립할 수 있다.

- 마케팅 전략 수립

SWOT분석을 통해 현재 기업의 자원과 역량으로 해외 시장 진출이 가능한 것으로 판명되면 구체적인 마케팅 전략을 수립하는 것이 필요하다. 마케팅 전략은 크게 STP 분석과 마케팅 믹스(Marketing Mix) 전략 수립의 단계로 이루어진다. STP는 시장 세분화(Market Segmentation), 시장 선정 (Market Targeting), 포지셔닝(Positioning)의 단계로 분석한다.[3]

가. 시장 세분화

시장 세분화는 현지 시장을 구성하는 유사성을 지닌 고객 집단인

3 최하늘, 해외시장 개척을 위한 시장조사론, 계명대학교출판부, 2018.

세분 시장들을 파악하는 것을 말한다. 세분 시장을 유사성을 기준으로 나눌 때 사용하는 기준은 여러 가지가 있겠지만, 인구통계학적 정보, 가치관이나 개성, 라이프스타일 등의 사회문화적 정보, 구매 빈도나 구매 규모 등의 구매 관련 정보 등의 다양한 기준을 사용하여 세분 시장을 구분할 수 있다. 주의할 점은 세분 시장의 구분 기준은 같은 제품이라 하더라도 국내 시장과 현지 시장의 기준은 달라질 수 있다. 따라서 세분 시장의 구분 기준의 적용에 있어서는 국내 시장의 기준을 참고로 하되 현지 시장의 상황에 맞도록 새로운 기준을 도입하는 등 다양한 구분 기준을 활용하는 것이 필요하다.

세분 시장은 구분이 명확해야 한다. 즉 세분 시장 내의 고객들 간의 동질성은 높으며 세분 시장들 간의 이질성은 높아야 한다. 즉 세분 시장들은 서로 배타적인 관계에 있어 중복되거나 교차되는 부분이 없어 명확하게 구분이 될 수 있어야 한다. 즉 세분 시장들은 서로 상호 배타적이어야 하며 동시에 모든 세분 시장들을 합하면 전체 시장이 될 수 있어야 한다. 이를 상호배타적이며 전체를 포괄한다는 의미로 MECE(Mutually Exclusive and Comprehensively Exhaustive) 조건이라고 한다.

세분 시장은 또한 접근 가능해야 한다. 특히 해외 시장인 경우 유통 관행이나 고객들의 유통망 선호도 및 광고나 홍보의 효과적인 채널에 대한 정보가 국내 시장에 비해서는 미약하다. 특정 세분 시장을 목표 시장으로 정했을 때 상기한 정보를 활용하여 세분 시장 고객을 대상으로 한 실질적인 마케팅이 가능하도록 세분 시장을 나누어야 한다.

또한 각각의 세분 시장은 충분히 크고 기업의 판매 수익이 보장되어야 한다. 모든 세분 시장이 이에 해당하지는 않겠지만, 기업이 특정 시장을 목표로 할 때 그 시장의 크기가 매우 작아서 기업의 마케팅 비용 및 투자비를 현 시장 판매로 회수하기 어려운 세분 시장들은 바람직하지 않다. 따라서 구분된 세분 시장들은 기업의 마케팅 대상이 될 수 있는 수익성이 보장되어야 한다.

나. 목표 시장의 선정 (Market Targeting)

이렇게 세분 시장들을 구분하면 현지 시장에서 우리 제품이나 서비스를 통해 높은 가치를 제공할 수 있는 세분 시장을 선정하는 단계가 필요하다. 앞서 언급했듯이, 현지 시장의 고객은 국내 시장과는 매우 상이하다. 같은 제품이라도 다른 가치와 혜택을 느낄 수 있기 때문에 이러한 점을 고려하여 목표 시장을 선정하는 것이 필요하다.

목표 시장의 선정 조건은 기업의 내부 자원과 역량을 고려하여 가장 높은 가치를 제공할 수 있는 수익성이 보장된 시장이어야 한다. 목표 시장의 고객들이 기업이 제공하는 제품이나 서비스에 대해 가장 높은 가치를 느끼며 기꺼이 구매할 수 있는 여유가 있는 고객들로 구성된 세분 시장이 적당하다. 제품이나 서비스에 대해서 느끼는 가치는 제품 자체의 기능에서 오는 것도 있으나 소비자의 심리적 만족으로부터 오는 가치, 타인에게 자랑하거나 제품을 소유함으로써 자신의 신분이나 성공을 드러낼 수 있음으로써 오는 가치도 존재한다. 우리 제품이나 서비스가 제공할 수 있는 가치와 세분 시장별로 구매자들이 중요하게 느끼는 가치를 고려하여 적절한 시장을 결정하는 것이 중요하다.

또한 기업의 마케팅과 관련된 비용도 생각하지 않을 수 없다. 고객들을 대상으로 구매로 이끌기 위해 많은 비용이 수반된다면 매출이 발생해도 실질적인 수익은 크지 않을 수 있다. 고객들이 제품이나 서비스에 대한 가치를 높게 평가하더라도 이들을 유지하기 위한 비용이 크다면 반드시 최적의 시장이라고 하기 어렵다.

다. 포지셔닝(Positioning)

목표 시장을 선정하면 해당 시장의 고객에게 제안하고자 하는 제품의 가치를 결정하는 것이 필요하다. 패션 제품이라면 고품격의 브랜드 제품이거나, 자동차라면 사회적 지위를 드러낼 수 있는 품격이라는 가치를 제공하거나 가족의 안전과 레저 활동의 가치를 중요시하거나, 세제라면 건강과 청결을 제공해 주는 제품 등 고객에게 소구할 수 있는 구체적인 가치를 결정하는 단계가 포지셔닝 단계이다. 가치를 구체화하고 이를 목표 시장 고객에게 알린다는 관점에서 포지셔닝을 가치 제안(Value Proposition)이라고도 한다.

가치 제안은 기업의 내부 환경에 대한 분석을 토대로 파악된 강점 즉 경쟁력 있는 자원과 역량을 토대로 이루어져야 한다. 즉 저가로 가성비를 고려한 제품을 만들어온 기업이 고가의 품격있는 명품 브랜드 제품을 만들겠다는 가치 제안은 현실적으로 어려우며 바람직한 포지셔닝이라고 하기 어렵다.

또한 경쟁을 고려하여 목표 시장에 효과적인 포지셔닝을 하기 위해서 기업은 경쟁자들의 포지셔닝을 고려하는 전략적인 포지셔닝(Strategic Positioning)을 할 필요가 있다. 경쟁 기업들이 설정한 가치와 우리 기업이 제공하는 가치 간의 상대적인 비교가 필요하며 이를 통해 적절한 포지셔닝을 할 수 있게 된다. 이를 위해 활용할 수 있는 분석 도구가 포지셔닝맵(Positioning Map)이다.

포지셔닝맵은 고객이 제품 구매 시에 중요하게 여러 가지 속성들을 조사하여 이를 토대로 2차원이나 3차원 공간에 제품별 구매자들이 느끼는 가치를 토대로 제품의 위치를 나타낸 도표이다. 제품별로 구매자들이 인지하는 가치가 상이하기 때문에 포지셔닝맵에 다양한 위치에 나타날 수 있다. 포지셔닝맵상에 많은 경쟁 제품들이 몰려있는 위치가 있다면 기업은 이 위치와는 다른 가치 제안을 함으로써 경쟁을 피할 수 있게 된다. 그렇지만 비어있는 위치라고 하여 항상 유리한 것은 아니다. 이는 비어있는 곳은 구매자 시장이 형성되어 있지 않을 수 있기 때문이다. 또한 비어있는 위치가 매력적인 시장이라 하더라도 기업의 자원과 역량이 해당 위치의 가치를 제안하기 어려운 경우에는 올바른 포지셔닝이라 하기 어렵다.

포지셔닝을 완료하면 기업은 제안한 가치를 실질적으로 전달, 즉 구매자에게 실현된 가치를 전달하기 위해 제품을 개발하고 해당 제품의 가격과 유통, 판촉 등의 구체적인 마케팅 전략을 수립하고 실행하게 되는데 이를 마케팅 믹스라고 한다.

라. 마케팅 믹스 전략 수립

마케팅 믹스(Marketing Mix) 전략이란 목표 고객을 설정(Targeting)과 이들을 대상으로 제품이 전달하고자 하는 가치를 결정하는 단계가 이루어진 뒤에 이를 효과적으로 달성하기 위해 필요한 마케팅 수단을 결합한 전략이라고 할 수 있다. 마케팅 믹스 전략 수립을 위한 마케팅 수단으로는 가격(Price), 제품(Product), 유통(Place), 판촉(Promotion)을 들 수 있다. 포지셔닝에서 결정한 고객에게 전달하고자 하는 가치는 위의 네 가지 마케팅 수단에 의해서 실현되어야 한다.

기업이 추구하고자 하는 가치가 브랜드 프리미엄이 있는 고품질의 제품이라면, 가격보다는 제품의 품질이나 유통 방식, 판촉에서 해외 시장 고객들에게 이를 효과적으로 전달할 수 있어야 한다. 브랜드의 가치를 높이기 위해서는 유통 방식에서도 현지 시장에서의 고가의 브랜드가 유통되는 백화점이나 고소득층들이 중심이 되는 지역에서의 유통에 초점을 두어야 한다. 또한 판촉에서도 가격 할인이나 쿠폰 등의 저렴한 이벤트보다는 프리미엄 브랜드 제품을 선호하는 현지 시장 고객들이 좋아하는 비금전적인 형태의 서비스 전략에 치중하는 것이 중요하다.

반면에 저렴하면서도 내구성 있는 브랜드로서 현지 시장 고객들을 목표로 하고 있다면, 제품의 품질에서의 우수성을 보장할 수 있어야 하며 더불어 저렴한 가격으로 제품을 제공하기 위해서 불필요한 광고나 판촉 활동을 줄이고, 이러한 브랜드를 선호하는 현지 시장 고객들의 접근이 용이한 유통망을 선택하는 것이 중요하다.

해외시장조사를 통해서 마케팅 전략 수립 시에는 마케팅 수단의 효과적인 결합을 위해서 이를 실행할 수 있는 유통망, 판촉 방법이나 판촉 대행사 등에 대한 조사가 충분히 이루어져야 한다.

제3절

시장 조사의 절차와 온라인 조사 방법

1. 시장 조사의 단계

1) 문제의 인식과 규정

대부분의 시장 조사는 조사를 시작하게 되는 동기가 있다. 특히 시장 조사의 대부분은 시장을 통해 이윤 획득을 추구하는 기업에 의해서 이루어지기도 하며, 최근에는 산업별로 존재하는 협회나, 정부 기관들에 의해서 시장 조사가 이루어지기도 한다. 그러나 대부분의 시장 조사는 해당 시장의 변화를 인지하고 새로운 제품이나 서비스를 기획하며 유통 방식의 변화, 고객 만족을 제고함으로써 이윤 창출을 목적으로 하는 기업에 의해서 주도된다. 시장 조사는 기업 자체적으로 수행하는 경우도 있지만 전문 리서치 기관이나 개별 연구소 등을 통해서도 수행되기도 한다.

이렇듯 기업이 현재 직면하고 있는 문제를 인식하고 이를 정확히 규명하는 것은 시장 조사의 방향을 설정하기 위한 첫 단계로서 조사 단계 전반에 걸쳐서 가장 중요한 부분이라고 할 수 있다.

조사 문제를 지나치게 광범위하게 잡는 경우, 조사의 기간이 길어지고 비용도 커지게 되어 조사 자체가 실행되기 어려우며 조사가 완료되더라도 결과로서 얻어지는 정보가 기업의 의사결정에 실질적인 도움이 되지 못할 수 있다. 또한 조사 문제가 지나치게 협소하게 잡는 경우에는 조사는 쉽게 진행될 수 있으나, 조사 결과를 적용하는 데 있어서 매우 제한적일 수 있다.

따라서 조사 문제를 규명하는 과정에서는 조사 의뢰자와의 논의를 통해 조사 문제가 의뢰자의 의사결정에 도움이 될 수 있는 유용한 정보를 제공할 수 있도록 적절하게 설정되었는지를 파악하는 것이 중요하다.[1]

또한, 조사자는 해당 기업의 문제가 등장한 배경에 대한 이해와 지식을 축적하는 것이 중요하다. 이는 조사자는 해당 분야에 대한 전문가일수도 있으나 그렇지 않은 경우가 많기 때문에 조사 의뢰자인 기업에 비해 시장의 과거 및 현재 동향 등 전반에 대한 지식이 부족하기 때문이다. 따라서, 해당 기업 내 부서 담당자들과의 면담이나, 관련 산업 분야의 전문가와의 면담, 관련 산업에 대한 각종 연구 보고서 등의 문헌에 대한 조사 등을 통해 이러한 지식을 축적해야 한다. 정리하면, 조사 문제 및 조사를 진행하는 과정에서 관련 분야에 대한 배경 지식을 보유함으로써 문제 해결을 위한 효과적인 조사를 진행할 수 있다.

2) 조사 배경과 조사 목적 정의

조사 문제가 규정되면, 조사의 배경과 조사 목적을 정의하는 단계

1 채서일, 마케팅 조사론, 비앤엠북스, 2005.

가 필요하다. 앞에서 문제 규명 단계에서 논의했듯이 기업의 문제는 주로 기술이나 시장, 혹은 법이나 제도 등의 외부 환경의 변화와 기업 내부의 변화에 의해서 시작된다. 따라서 이러한 문제의 발생 원인이 무엇인지 내/외부의 환경적 배경을 명확히 이해하는 것이 필요하다. 특히 기업 내부 변화가 원인이 되고 있다면 기업 조직 내 많은 부분 중에서 어디를 진단하여 어떤 정보를 얻어야 이러한 문제 해결에 도움이 될 수 있는 지를 파악하여 구체적인 조사 목적을 수립하는 것이 필요하다.[2]

- 조사 배경 작성의 유의사항

특히 조사 배경에는 문제점을 인식하고 이를 해결 했을 때의 의의를 제시하는 것이 좋다. 문제의 해결이 필요한 이유와 더불어 긴급하지만 현재 문제점에 대한 해결 방안이 드러나 있지 않다는 것을 제시함으로써 조사의 동기와 필요성에 대한 설득력 있는 근거를 제시할 수 있어야 한다.

- 조사 목적 작성의 유의사항

조사 목적에는 조사 배경에서 언급한 문제점에 대해서 보다 명확한 진술을 통해 조사를 통해 해결하고자 하는 것이 무엇인지, 그리고 이것을 어떻게 활용할 수 있는지에 대한 구체적인 진술이 필요하다. 조사 목적은 단순하고 구체적이며 단기적인 목표가 제시되어야 한다. 그렇지 않은 경우 조사 자체가 완료되기 힘들뿐더러 구체적이지

2 하지철, 마케팅 조사 실무노트 I, 이담, 2010.

않은 조사 목적은 조사가 완료된 이후에도 조사 달성 여부에 대한 논란을 일으킬 수도 있다.

정리하면, 조사 배경을 이해하는 것은, 문제가 발생하게 된 다양한 외부 혹은 내부 환경의 요인에 대한 분석을 통해 문제 발생의 원인과 해결 대안이 될 수 있는 요인들이 무엇인지를 파악하는 것이다. 이러한 요인들이 파악되면 구체적으로 조사를 통해서 얻고자 하는 정보가 무엇이고 이를 어떻게 획득할 수 있는지에 대한 구체적인 지침을 얻을 수 있는데 이를 통해서 조사 목적을 수립할 수 있게 된다.

이렇듯 기업의 문제를 규명하고 이 문제가 발생하게 된 주변 배경에 대한 이해를 통해 이를 해결하기 위한 정보의 범위를 설정하여 구체적인 목적을 규정하게 되면, 보다 정확한 조사 방법을 결정할 수 있게 된다. 조사 목적을 결정한 뒤에는 조사 설계와 계획서를 작성할 수 있게 된다.

3) 조사 설계 및 계획서 작성

조사 설계는 조사 전체 단계를 이행하고 이를 관리하기 위한 조사 계획을 작성하는 것이라고 할 수 있다. 조사 설계 단계에서는 조사 방법, 조사 대상, 조사를 위한 설문지 작성, 조사에 수반되는 비용과 인력, 조사 일정 등 조사 전반에 대한 내용을 기획한다. 이렇게 기획한 내용은 조사 계획서의 형태로 정리한다. 조사 설계 단계에서는 (1) 조사 문제, 조사 목적 검토, (2) 조사 대상 및 방법 결정, (3) 자료 수집 절차와 분석 방법 결정, (4) 조사 일정과 예산을 다루게 된다.[3]

3 이정호, 누구도 알려주지 않은 마케팅 리서치 비법 노트, 커뮤니케이션북스, 2007.

- 조사 문제와 조사 목적 검토

조사 문제와 목적에 대한 검토는 첫 단계에서의 규정한 조사 문제에 대한 재검토와 조사를 통해서 해결하고자 하는 것이 무엇이며 어떻게 활용할 수 있는지에 대한 조사 목적의 검토이다. 또한 조사 문제를 해결하기 잠정적인 답에 해당하는 가설을 세우게 된다.

- 조사 대상 및 방법 결정

조사 대상이란 연구 문제와 관련한 자료 수집의 대상이 되는 조사 대상물 혹은 조사 대상자들을 지칭한다. 조사 대상은 항상 사람이 될 필요는 없다. 조사 문제에 따라서 매출액에 대한 현황 파악이 필요하다면 각 지역별 매장이 조사 대상이 될 것이며, 제품별 월별 매출 추이에 대한 조사가 필요하다면 생산 제품 전체가 조사 대상이 될 것이다.

조사 대상을 명확히 규명하는 것도 조사에 반드시 필요한 부분이다. 조사 결과의 신뢰성과 타당성 그리고 결과를 해석하고 이를 적용하는 과정에서 조사 대상은 매우 중요한 영향을 미친다. 조사 대상 집단이 조사 목적 달성을 위해 반드시 자료 수집이 필요한 대상과 차이가 있다면, 조사의 정확성에 문제가 발생하기 때문이다. 또한 전체 조사 대상자가 아니라 일부 조사 대상자만을 규정하여 조사를 실시하는 경우에도 조사 결과가 편파적이거나 왜곡된 조사 결과를 얻을 수 있기 때문에 조사 대상을 명확히 규정하는 것은 중요하다.

조사 방법의 결정이란 문제 해결을 위한 자료 수집을 위해 어떠한 조사 방법으로 연구 대상자들로부터 자료를 수집할 것인가를 결정하는 것이다. 조사 방법은 조사 목적에 따라서 매우 상세한 자료를 요구하는 조사 방법이 필요할 수도 있으며 많은 시간과 비용이 소요되는 조사 방법을 선택해야 하는 경우도 존재한다.

조사 대상자들로부터 될 수 있으면 상세한 정보를 획득하는 것이 조사의 정확성에 있어서는 도움이 될 것이다. 그러나 이러한 조사는 시간이 많이 걸리며 비용도 많이 수반될 수 있기 때문에, 시급한 의사결정을 필요로 하는 기업의 입장에서는 바람직하지 않을 수도 있다. 따라서 조사 방법은 조사 목적 달성을 위해서 의사결정의 시급성과 허용 가능한 예산의 범위 안에서 결정되어져야 하며 목적 달성을 위한 효율적인 방법이 선택되어야 한다.

- 자료 수집 절차와 분석 방법 결정

자료 수집 절차에서 중요한 것은 조사 대상을 규정하는 것과 이들을 대상으로 자료를 수집하기 위해서 사용되는 설문지 작성이다. 설문지는 조사 방법에 따라서 혹은 연구 대상자에 따라서 달라질 수 있다. 조사 방법에 따라서 매우 짧은 설문지가 될 수도 있고, 정형화되어 있지 않은 형태의 설문 방식이 사용될 수도 있다.

또한 수집된 자료를 어떤 통계적 분석 방법으로 분석할 것인지에 대한 고려가 필요하며 수집된 자료의 형태에 따라서 통계적 분석 방법이 결정되므로 이러한 점을 고려하여 설문을 작성해야 한다.

- 조사 일정과 예산 결정

조사 일정은 조사에 필요한 조사원의 수, 조사 전체 기간과 비용 등에 대한 구체적인 사항을 나타낸다. 일반적으로 허용된 조사 예산에 맞추어서 기간과 소요 인원 및 비용이 결정되는데, 효율적인 조사가 될 수 있도록 일정과 예산 계획이 수립되어야 한다.

4) 자료의 수집

조사 계획서 작성이 완료되면 계획에 따라서 조사를 위한 자료 수집을 실행한다. 자료 수집 단계에서는 조사 문제와 관련된 조사 대상 집단을 규정하고 조사 일정에 맞추어서 조사를 실행한다.

- 조사 대상 집단의 규명

앞서 언급했듯이 조사 대상 집단을 명확히 규정하고 이들에 대한 현실적인 접촉 가능성을 고려해야 한다. 예를 들어, 대학생을 대상으로 한 스마트폰 만족도 조사를 한다고 할 때, 전국에 있는 모든 대학생을 조사 대상 집단을 선정하기는 어려울 것이다. 이는 비용과 시간 측면에서도 어려울 것이며, 전국 대학생 모두를 조사하는 것이 아니라 일부를 추출해서 하는 조사라 할지라도 지역에 따라서는 대학생들과의 직접 대면을 통해서 자료를 수집하는 것이 어려울 수 있다.[4]

금융 산업에서는 VVIP 마케팅이 유행하고 있다. VVIP 마케팅은 최우량 고객을 대상으로 한 고객 관계 마케팅으로 차별화된 서비스를 제공함으로써 기업의 장기적인 수익 창출을 위한 평생 고객 확보를 목적으로 시행하고 있다. 만약 한 기업이 이러한 VVIP 마케팅을 위해서 최우량 고객의 가능성이 높은 부유층을 대상으로 마케팅 프로그램 개발을 위해 시장 조사를 한다고 해 보자. 그렇다면 조사 대상인

4 채서일, 사회과학조사방법론, 비앤앰북스, 2016.

부유층을 대상으로 어떻게 이들로부터 자료를 얻을 수 있을까? 부유층을 국내 상위 5%의 경제력을 가진 집단이라고 규정해보자. 이 경우 조사 대상 집단의 목록을 만들기도 어려울 뿐더러 목록이 만들어진다 해도 이들로부터 자료를 얻는 것은 매우 어려울 것이다.

- 설문지의 작성

조사 대상이 결정되면 선행 단계에서 결정된 조사 방법에 따라서 적절한 설문지를 작성하는 것이 필요하다. 설문지는 최대한 정확한 응답을 얻을 수 있도록 응답자의 입장에서 간결하고 명확하게 만들어져야 하며, 조사 방법에 따라서 차이는 있지만 설문지의 길이와 문항의 형식 등도 면밀하게 검토해야 한다.

5) 자료의 분석 및 해석

수집된 자료는 과학적인 분석 방법 중의 하나인 통계적 분석 방법을 통해 데이터를 분석하여 기업의 의사 결정 문제를 해결하기 위한 답을 구하게 된다. 통계 분석은 대부분 컴퓨터를 기반으로 분석 소프트웨어를 통해 이루어지므로 소프트웨어를 통한 분석이 용이하도록 설문 데이터의 사전 정리 과정이 필요하다. 이 과정에서는 잘못된 응답, 미응답, 모순된 응답 등에 대한 처리를 하게 된다.

- 편집

수집된 자료의 통계 분석을 위해 완전하고 일관성 있는 자료를 확보하기 위한 작업이 편집 작업이다. 특히 자료의 정정이나 보완, 삭제 등이 편집 작업에서 이루어진다. 대표적인 작업으로 무응답 자료의 처리, 무성의한 응답의 제거 등을 실시하여 자료 분석의 정확성을 높인다.

- 코딩

자료 분석을 용이하게 하기 위해서 조사 자료의 결과값을 계량화하는 작업이 코딩(Coding) 작업이다. 조사 대상자들의 응답 결과에 대해서 숫자값을 부여하는 방식으로 자료를 정리하여 통계 분석을 용이하게 하는 것이 코딩의 목적이다.

그러나 설문 방법에 따라서 수치화하기 어려운 답변들도 있다. 특히 질문에 대한 답변을 여러 가지 예시로 제공하는 객관식 형태의 문항이나 예, 아니오 형태의 문항의 경우 숫자값을 부여하기가 비교적 용이하다. 그러나 조사 대상자의 의견을 자유롭게 기입하는 방식의 문항은 응답을 모두 분류하고 이를 토대로 수치를 부여해야 하기 때문에 코딩 작업이 길어질 수 있다.

이는 조사 방법에 따라서도 차이가 나타나는데 설문 문항이 모든 조사자에게 동일하게 제시되는 설문 문항을 사용하는 경우에는 코딩 작업에 큰 시간이 걸리지 않는다. 그러나 조사 대상자 한 명에 대한 면접을 실시하는 경우나 여러 조사 대상자들 간의 토의를 통해 자료를 수집하는 경우에는 조사자의 응답에 따라서 다양한 형태의 질의와 응답이 나올 수 있기 때문에 답변 자료를 정리하여 코딩하는 데 비교적 더 많은 시간이 소요된다.

- 통계 분석과 해석

편집과 코딩을 거친 자료를 토대로 통계 분석을 실시하고 이를 토대로 결과를 해석하는 작업을 거친다. 수집된 자료의 특성에 따라 사용할 수 있는 통계 분석 방법이 제한되어 있기 때문에 적절한 통계 분석 방법을 결정하는 것이 중요하다.

또한 통계 분석 방법을 사용할 때에는 왜 특정 방법을 사용하였는지 논리적인 설명이 필요하다. 또한 조사 의뢰자는 통계 분석 방법에 대한 지식이 없는 경우도 많이 있기 때문에 특정 분석법에 대한 기본적인 개념과 특징 그리고 기대할 수 있는 결과에 대한 소개가 있어야 한다. 또한 해당 분석 방법을 쓰게 된 타당한 이유에 대한 설명도 있어야 한다.

조사에서 가장 중요한 부분이 분석 결과에 대한 해석이다. 이는 조사 문제가 기존의 이론이나 조사 결과로 해결되지 않았던 미지의 영역을 다루는 것으로, 분석을 통해서 의미 있는 결과나 이론 혹은 현상을 이해하는 체계를 갖추기 위해서는 조사자가 해당 분야에 대한 충분한 지식을 보유하고 있어야 한다. 또한 분석된 결과를 토대로 참신한 제안을 하기 위해서는 뛰어난 상상력과 통찰력, 그리고 통계적 분석 기법에 대한 지식과 경험이 풍부해야 한다. 특히, 최근에는 많은 통계적 기법들이 지속적으로 등장하고 있으며, 이러한 분석 기법들을 사용하여 다양한 문제에 대한 과학적인 해석을 할 수 있다.

6) 보고서 작성

최종 보고서는 조사 의뢰자의 의사결정에 도움이 될 수 있도록 작성되어야 한다. 무엇보다도 최종 보고서는 의사결정자와의 원활한 의사소통이 될 수 있도록 작성하는 것이 중요하다. 따라서 분석 결과를 도표나 그림 그리고 이해하기 쉬운 간결한 문장을 통해서 알기 쉽게 제시하는 것이 중요하며, 조사 문제의 해결과 조사 목적에 부합하도록 조사 결과를 제공해야 한다. 분석과 관련된 결과나 조사에 사용된 설문지는 보고서의 부록의 형태로 첨부한다.

유의할 점은 기업의 의사결정자는 통계학의 기법이나 방법론에 대해 익숙하지 않을 수 있으므로, 분석과 관련한 세부적인 내용들을 보고서의 주된 내용으로 제시하는 것은 그다지 바람직하지 않다. 그러나 조사 자료 및 분석 결과를 별도로 제공하는 것은 반드시 필요하다. 보고서를 열람하는 기업 관계자 중에서 조사 자료를 활용하여 다른 부문에 활용하거나 분석 결과를 통해 해당 부서의 전략 수립에 활용하고자 하는 사람들을 위해서 참고할 수 있도록 제공한다. 또한 조사의 원자료를 디지털 형태로 만들어 제공하는 것도 필요하다.

토의문제

1. 지역의 유망 중소기업 하나를 선정하여 해당 기업을 위한 해외 시장 조사를 한다면 어떤 조사가 필요한지 논의해보자.
2. 제품수명주기에 대해서 설명해보고 제품수명주기 분석을 통해 해외 시장 진출을 고려할 때의 장점과 한계점에 대해서 논의해보자.
3. 해외시장조사 방법 중에서 직접 조사와 간접 조사의 장단점을 비교해서 설명해보자.
4. 해외시장 진출 시 고려해야 할 리스크에 대해서 유형별로 나누어 설명해보고 1에서 선정한 유망 중소기업이 진출할 가능성이 있는 국가를 정하고 해당 국가의 리스크에 대해 논의해보자.
5. 시장 조사의 단계에 대해서 설명해보자. 조사 방법의 결정은 시장 조사에 어떤 영향을 주는지 설명해보자.
6. 시장 조사 보고서 작성 시 유의해야 할 것들에 대해서 설명해보자.

4

빅데이터와 고객 관계 마케팅

학습 목표

- 고객 관계는 무엇이며 필요성에 대해서 학습한다.
- 빅데이터를 이해하고 고객 관계 마케팅과의 관련성을 학습한다.
- 고객 관계 관리를 위한 빅데이터 활용 방법을 학습한다.

제1절

고객 관계 마케팅의 개념과 필요성

1. 고객 관계 마케팅의 개념과 등장배경

1) 마케팅 패러다임의 변화와 고객 관계 마케팅

오늘날 급격한 기술의 발전과 구매자 시장의 변화로 인해 기업들은 치열한 경쟁에 직면하고 있다. 기업은 이윤 창출을 위해 다양한 방식으로 경쟁 기업들과의 생존 게임에서 이기기 위한 노력을 경주하고 있다. 이러한 구도하에서 기업은 저마다의 강점을 활용하여 다른 기업들과의 경쟁에서 이기려고 노력하고 있다. 어떤 기업은 신제품 개발의 능력으로 경쟁하고, 어떤 기업은 저렴한 비용으로 생산할 수 있는 노하우를 통한 가격 경쟁력으로 승부하기도 한다. 다른 기업은 산업 내에서 오랜 역사와 전통으로 얻어진 브랜드 혹은 명성 그리고 충성스런 고객을 기반으로 하여 새로운 기업과의 경쟁에 임하기도 한다.

이러한 시장의 변화의 시작은 20세기 초의 산업혁명으로 거슬러 올라간다. 19세기말과 20세기 초에 영국을 비롯한 서유럽 국가에서 시작된 산업혁명은 대량 생산이라는 산업의 새로운 패러다임을 가져왔다. 산업혁명의 근간에는 통신과 운송 수단의 발전, 저렴한 노동 인구 등 여러 가지 원인이 있겠으나 그 중에서도 중요한 것은 바로 소품종 대량 생산 기술이라고 할 수 있다. 이러한 기술을 토대로 기업들은 생산의 전문화와 분업화 그리고 대량 생산의 효율성을 높이기 위한 생산 규모의 확장을 통해 규모의 경제 효과를 활용하여 저렴한 비용의 제품을 시장에 공급할 수 있는 토대를 마련하게 되었다.

소품종 대량생산 기술은 무엇보다도 분업화와 전문화를 통한 효율적이고 저렴한 생산을 가능하게 하여 소비 시장의 수요를 충족할 수 있었기에 20세기 초 서구의 경제 성장에 큰 기여를 하게 되었다. 이러한 기술의 도입과 함께 점차 많은 기업들이 시장에 진출하였고 이를 통해 소비 시장에는 표준화된 제품이 지속적으로 공급될 수 있었다.

- 소비자 중심 시장으로의 변화

그러나 많은 기업들의 등장과 함께 충분한 제품의 공급은 시장에서 소비자와 기업 간의 관계에 영향을 미치게 되었는데, 특히 과거 기업 주도형의 시장에서 소비자 주도형의 시장으로 바뀌는 결과를 초래하였다. 산업혁명으로 시작된 시장의 성장은 기업이 주도하는 형태의 성장이었다. 이 당시 소비자들은 소품종으로 대량 생산되는 표준화된 제품을 소비할 수밖에 없었는데 이는 바로 시장의 공급이 급성장하는 시장 수요를 맞출 수 없었기 때문이었다. 그러나 기술이 시장에 확산되어 더 많은 기업들이 제품 공급자로서 시장에 진출하게 됨에 따라서 공급이 수요를 초과하는 결과를 낳게 된다. 따라서 시장 초기에 기업은 생산 규모의 확대를 통해 표준화된 소품종의 제품을 시장에 공급하기만 하면 팔렸고 이윤 창출에 문제를 느끼지 못했다. 그러나 많은 기업들이 다량의 물건을 시장에 공급함에 따라 시장의 초과 공급이 발생하였고 이로 인해 팔리지 않는 물건이 발생하여 시장에서 생존하지 못하는 기업들이 나타나게 되었다. 궁극적으로 기업들은 단순히 생산의 효율성을 통해 이윤 창출을 하는 것이 아니라 생존을 위한 경쟁에도 신경을 써야 했다. 기업은 생산한 물건이 충분히 팔릴 수 있도록 소비자에게 알리고 설득하며 소비자들의 의사를 제품의 개발과 판매에 반영해야 하는 상황에 직면하게 된다. 즉, 기업이 주도하여 제품을 기획하고 개발하여 생산하는 형태에서 시장의 소비자의 요구와 필요를 반영하는 소비자 주도형 시장으로 바뀌게 된다.

이러한 소비자 주도형 시장에서 탄생하는 것이 바로 기업의 마케팅이라고 할 수 있다. 기업의 마케팅은 소비자에게 제품을 알리고 구매를 설득하는 일련의 과정이라고 간단히 정리할 수 있다. 기업의 마케팅의 시작은 자사 제품이 소구할 수 있는 시장 내 다수의 대중이나 고객 집단을 찾아 이들의 요구와 필요를 이해하여 이를 충족시킬 수 있는 자사 제품의 핵심적인 가치를 확정하는 것이 선결되어야 한다.

- 마케팅 패러다임의 변화

기업의 마케팅 전략은 소비자 주도형 시장의 변화로 점차 발전되어 왔고 다양한 시장 분석 방법 및 이론들의 등장으로 더욱더 정교해지고 있다. 그러나 점점 더 치열해지는 시장 경쟁은 전통적인 마케팅 패러다임의 변화를 불러오고 있다.[1]

1 최정환, 이유재, 죽은CRM 살아있는CRM, 한언, 2013.

이러한 마케팅 패러다임의 변화는 양적 성장을 추구했던 기업들이 직면한 문제에서 시작되었다고 할 수 있다. 일반적으로 많은 기업들은 마케팅을 통해서 판매를 늘려 이윤 창출을 하고 이를 통해 다시 마케팅에 투자하는 형태로 성장을 해 왔다. 그러나 이러한 매출 중심의 시장 점유율 확대 전략은 매출 증대와 같은 외형적인 성장은 달성하였으나 실질적인 수익 창출에는 오히려 부정적인 결과를 낳는 경우가 많았다. 이러한 현상은 전통적인 마케팅 패러다임하에서의 과도한 기업 간의 경쟁으로 인해서 발생하게 된다.

따라서 기업은 시장 점유율은 높으나 실질적인 수익 창출에 기여하지 못하는 문제를 해결하기 위해서 마케팅의 새로운 접근 방법을 생각하게 된다. 그것이 바로 고객 관점에서의 마케팅인 관계 마케팅(Relationship Marketing)이다. 이러한 관계 마케팅은 곧 기업의 전통적인 마케팅 패러다임의 변화를 통해서 나타난 결과물이라고 할 수 있다. 그렇다면 전통적인 마케팅 패러다임과 관계 마케팅의 차이를 알아보자.

- 전통적 마케팅과 관계 마케팅

첫 번째로, 전통적인 마케팅에서는 고객과의 관계 지향적이라기보다는 거래 기반의 마케팅에 치중하였다. 거래 지향적이라는 것은 곧 구매자와의 거래를 통한 매출에 치중하였다는 것으로 구매자와의 장기적인 관계를 형성하기 보다는 이윤 창출에 초점을 둔다는 의미이다. 이러한 관점은 곧 구매자와의 거래 시에 구매자를 통해 최대한 많은 이윤을 창출하기 위한 마케팅으로 때로는 소비자들의 구매 경험에 부정적인 결과를 낳기도 한다. 오로지 판매를 목적으로 하여 고객의 구매 경험을 무시하게 되면 이 고객은 기업에 대한 좋지 않은 인상과 구매 기억을 간직하게 된다. 극단적인 경우 이 고객은 다시는 이 기업으로부터 구매하지 않을 것이며 기업에 대한 좋지 않은 인상을 다른 잠재 구매자에게도 전달하여 미래 매출에도 영향을 주게 될 것이다. 흔히 부정적인 입소문(Negative Word of Mouth)라고 하는 것으로 좋지 않은 구매 경험을 지닌 고객을 통해 기업의 미래 수익 창출에 부정적인 영향을 주게 된다.

이에 반해 최근의 마케팅은 관계 중심적인 형태의 거래 관계를 추구한다. 판매를 위한 1회성 거래가 아니라 앞으로 장기적인 거래의 시작이 될 수 있도록 고객과의 첫 대면에서 최대한 고객에게 좋은 인상과 구매 경험을 제공할 수 있도록 노력한다. 이러한 기업의 노력은 첫 구매만으로 한정되지는 않는다. 구매 이후에도 지속적인 고객과의 접촉과 제품 사용 시에 발생하는 여러 가지 문제점이나 불만 사항 해결, 고객 편의와 관련 서비스 혜택을 제공하고 알리는 다양한 마케팅을 통해 고객과의 장기적이고 확고한 관계 형성에 주력한다.

두 번째로, 전통적인 마케팅 패러다임하에서 기업들은 대중 마케팅 혹은 세분 시장 마케팅에 치중하였다. 대중 마케팅은 TV, 라디오, 신문 등 대중 매체를 통해 기업이 전달하고자 하는 정보를 구매자에게 전달하여 판매를 유도하는 마케팅 방식이다. 전통적으로 구매자들의 요구나 필요 등의 욕구가 동일하다는 가정하에서 하나의 광고를 통해서 제품에 대한 정보를 전달하는 형태의 마케팅이다. 이러한 대중 마케팅은 구매자들의 성향과 욕구가 점차 다양화되고 복잡해짐에 따라서 고객 집단을 구분하는 세분화 과정을 거쳐서 목표 집단을 설정하여 이들을 대상으로 하는 세분 시장 마케팅으로 점차 발전하였다. 세분 시장은 시장 내에서 제품이나 서비스에 대한 욕구가 유사한 집단으로 기업들은 자사의 제품이 가장 높은 만족과 효용을 줄 수 있는 고객 집단을 찾아 이들을 대상으로 집중적인 마케팅을 수행하였다. 그러나 이러한 마케팅 방식은 정보통신기술의 발전과 더불어 더욱더 다양해지고 있는 고객 개개인의 요구와 필요에 의해서 그 한계점이 나타나고 있다. 최근의 마케팅은 고객 개인별로 차별화된 마케팅 방식을 도입하는 형태로 바뀌고 있다. 특히 과거 10인 1색의 동질적인 고객 시장에 대한 가정에서 벗어나 10인 10색의 다양한 고객 개개인의 성향을 마케팅에 반영하여 이를 통한 고객 만족과 수익 창출에 노력하고 있다.

세 번째로 이러한 맥락에서 최근의 기업들은 10인 10색의 고객 성향과 더불어 구매자 개개인이 기업에 기여하는 수익에 초점을 두어 차별화된 마케팅을 수행하고 있다. 과거에는 시장 점유율 중심으로 매출을 늘리는 데에만 초점을 두어 고객 개인의 구매 잠재력 및 기업에 대한 수익 기여도를 고려하지 않았다. 이러한 과거 접근 방법으로는 시장 점유율을 높일 수는 있으나 실제 기업의 수익에는 큰 도움이 되지 않는 경우가 있었다. 특히 기업 간 경쟁이 치열해 지면서 매출을 높이기 위한 기업의 마케팅 경쟁이 심화된 상황에서 벌어지는 출혈 경쟁이 바로 그러한 결과를 낳게 된다. 예를 들어, 기업 간 매출 증대를 위한 경쟁에는 가격 할인이나 판촉, 사은품 증정이나 이벤트 행사 등이 있는데 이러한 마케팅 경쟁은 단기적인 매출 향상에는 도움이 되지만, 장기적인 기업 수익의 창출에는 도움이 되지 않는다는 것이다. 이러한 가격 할인이나 판촉 행사의 혜택만을 추구하는 구매자들이 많은 경우에는, 매출의 상승은 기대할 수 있으나 늘어난 마케팅 비용으로 인해 실질적으로 손해가 발생할 수 있기 때문이다. 게다가 기업 간의 이러한 마케팅 경쟁이 심화될수록 마케팅 비용은 증가하게 되어 더욱 큰 손실을 가져올 수 있기 때문이다.

물론 가격 할인이나 이벤트 행사 등의 마케팅 캠페인은 신규 고객 유치에는 효과적이고 많은 기업들이 수행하는 마케팅 프로그램 중의 하나이다. 그러나 이러한 형태의 마케팅은 비용을 수반하고 기업 간 경쟁이 치열한 상황에서는 실질적인 이윤을 증진시키는 데에는 큰 도움이 되지 않을 수도 있다.

따라서 기업들은 시장 점유율이라는 양적 지표보다는 고객으로부터 얻을 수 있는 수익의 크기를 기반으로 하는 질적 지표에 관심을 두게 되었다. 과거 고객 1명을 1회 판매의 대상으로 보는 것이 아니라 고객 관리를 통해서 장기적인 관계를 구축하고 이를 통해서 장기적인 수익을 창출하는 수단으로서 고객을 바라보기 시작하였다. 또한 마케팅의 대상으로서 고객을 세분화 할 때 고객 1명이 기여할 수 있는 수익의 크기에 따른 기준을 적용하는 관점으로 바뀌게 된다.

정리하면, 전통적인 마케팅 패러다임은 시장 점유율과 매출액과 같은 양적 지표에서 고객 개인의 수익 기여도와 같은 질적 지표로, 대중 마케팅이나 세분집단 마케팅에서 관계 마케팅으로, 거래 기반의 마케팅에서 고객과의 관계를 중요시하는 마케팅으로 변화되었다고 할 수 있다.

2) 고객 관계 관리의 개념

전통적인 마케팅 패러다임하에서 다루지 않았던 고객과의 관계 구축과 고객 1명에 대한 수익 기여도, 이를 기반으로 하는 고객 단위의 세분화 및 차별화된 마케팅은 오늘날 치열한 기업 간의 경쟁에서 기업이 추구하는 마케팅의 변화된 모습이라고 할 수 있다. 고객 관계 관리도 이러한 변화된 시장 환경 하에서 탄생한 새로운 경영 기법이며 마케팅 전략이라고 할 수 있다.

고객 관계 관리를 CRM이라고 하며 Customer Relationship Management의 약자로 고객 관계 경영 혹은 고객 관계 관리를 말한다. 고객 관계 관리는 간단히 정리하면 고객과의 장기적인 관계 구축을 통해서 기업의 수익을 높이는 형태의 마케팅이라고 할 수 있다. 그러나 CRM이 성공하기 위해서는 관계 구축을 위한 기업 내부의 인프라와 더불어 기업 구성원들의 변화가 필요하기 때문에 CRM은 전 기업의 변화가 필요한 전사적 프로세스의 구축이 필요하다. 따라서 고객 관계 관리는 고객과의 관계 구축을 위한 조직 내부의 변화를 수반하는 전사적 프로세스 구축을 통해 장기적인 고객 관계의 형성과 유지로 기업의 이윤을 증대하는 마케팅 활동이라고 할 수 있다.

2. 고객 관계 관리의 특징

1) 고객 관계 관리는 전사적 시스템

CRM의 성공을 위해서는 고객 관계 관리를 통한 기업의 수익 창출이라는 목표하에 기업내 모든 부서의 변화가 필요하다. CRM의 정의에서 마케팅 활동이라고 정의를 내렸으나 CRM은 마케팅 부서만의 변화만으로는 충분치 않다.

예를 들어 CRM에서의 고객 관계 관리의 시작 단계를 생각해 보자.

신규 고객 유치를 위한 마케팅 캠페인에서 시작할 수도 있지만, 가장 직접적으로는 기업의 영업 사원과의 만남을 생각할 수 있다. 즉 고객과의 첫 대면에서의 관계 관리는 마케팅 부서만이 아니라 영업 부서의 일이기도 하다. 뿐만 아니라 기업의 고객 유치 활동은 콜센터 업무를 통해서도 이루어질 수 있다. 기업 콜센터의 텔레마케팅 업무가 바로 신규 고객을 유치하기 위한 기업의 마케팅 활동이다.

고객과의 관계 유지를 위한 활동에서도 기업의 다양한 부서들이 개입된다. 대표적으로 콜센터에서는 고객들의 불만이나 제품 사용에서의 문제점들에 대한 상담을 해 준다. 이러한 상담을 통해서 구매 후의 고객 만족을 위한 관계 관리를 수행한다. 또한 영업 사원 역시 고객들과 직접 대면을 통해서 신제품에 대한 홍보나 기존 제품에 대한 사후 관리를 해 주기도 한다. 또한 마케팅 부서에서는 고객의 과거 구매 기록이나 고객이 제공한 개인 정보를 기반으로 하여 판촉 활동의 정보로 활용하거나 신제품에 대한 안내 우편을 보내는 데 활용한다. 고객에 대한 정보를 기반으로 하는 판촉 활동 등과 같은 마케팅을 데이터베이스 마케팅(Database Marketing)이라고 한다. 데이터베이스 마케팅을 위해서는 기업의 IT 부서의 역할이 중요하다. IT 부서는 고객의 신상 정보 및 구매 기록 등 각종 데이터를 저장하고 효율적으로 관리하는 역할을 한다. 또한 각 부서별로 분리되어 있는 데이터의 통합적인 관리와 더불어 데이터의 무결성(Integrity)을 유지하여 모든 부서가 고객들에 대한 일관된 정보를 받아볼 수 있게 한다. 이를 통해 각 부서들은 고객 관계 관리의 핵심적이고 중요한 자료를 얻게 된다. 또한 기업은 이러한 고객에 대한 정보를 기반으로 개별 고객에 대한 수익 기여도를 파악하여 기업의 현 상태를 파악하고 미래 기업 전략 수립의 기초 자료로 활용할 수 있게 된다.

이렇듯 고객 관계 관리는 여러 부서의 활동이 개입되는 마케팅 활동으로 한 부서만의 노력으로 성공적인 고객 관계 관리가 될 수 없다. 흔히 CRM을 도입하는 많은 기업들은 훌륭한 하드웨어와 소프트웨어로 구성된 CRM 정보 시스템의 구축으로 성공을 거둘 수 있다고 생각한다. 그러나 고객 관계 관리를 위한 기업 활동에는 많은 부서들이 개입되어야 하며 훌륭한 정보 시스템의 도입은 성공을 위한 필요 조건이지 이것만으로 모든 것이 해결되는 충분 조건은 아니라는 것이다.

2) 고객 관계의 유지와 확장을 위한 마케팅 활동

성공적인 CRM을 위해서 고객과의 관계 시작에서의 관리도 중요하지만 관계를 유지하여 장기적인 관계로 발전시키는 것도 매우 중요하다. 이를 통해 고객을 1회성 거래 대상으로서의 상대방이 아니라 상생의 관계 구축을 통한 평생 고객으로의 전환이 중요하기 때문에 고객 관계의 유지가 무엇보다도 중요하다. 관계의 유지를 위해서는 고객과의 지속적인 정보 교환의 커뮤니케이션 과정이 필요하며 관계의 만족도를 높여서 고객의 충성도를 높이는 것이 중요하다. 이를 위한 기업의 다양한 부서의 유기적인 연계가 무엇보다도 필요하다.

또한 CRM은 관계의 확장도 중요하다. 여기서 말하는 관계의 확장이란 특정 거래로부터 시작된 관계의 폭을 넓혀 다양한 거래가 일어날 수 있도록 관리를 하여 기업이 한 고객으로부터 얻을 수 있는 수익의 크기를 늘리는 마케팅 활동이다. 물론 고객 입장에서는 이러한 거래의 확대가 자신에게 필요하고 효용을 높여주는 만족스러운 것이

되어야 한다. 이러한 거래의 확대를 위해서는 고객이 원하고 필요로 하는 제품이나 서비스를 적절한 시점에, 적절한 장소에서, 적절한 가격으로 제안하여 만족스러운 거래 경험을 제공해야 한다. 그리하여 기존의 관계에 해가 되지 않고 기업과 고객 모두 만족하는 상생의 거래가 될 수 있도록 해야 한다. 이를 위해서는 고객에 대한 정보가 필수적이며 이러한 정보를 분석하고 적절한 시점에 제안할 수 있는 기업의 인프라가 갖추어 져야 한다. 이를 위해서는 마케팅 부서, 콜 센터, 영업 부서 등 모든 기업 부서가 연계하여 고객에게 최상의 가치를 제공할 수 있는 제품과 서비스를 제안해야 한다.

3) 고객 가치의 평가가 수반되는 마케팅 활동

CRM은 전통적인 마케팅에서의 세분화 기준으로 고객이 기여하는 수익의 크기를 중요하게 생각한다. 고객 1명이 기업에 기여하는 수익의 크기를 고객 가치라고 정의한다. CRM에서 간주하는 고객과의 관계는 1회성인 단기적인 것이 아니라 장기적이며 이를 바탕으로 관계 기간 동안 안정적인 이윤 창출을 한다. 따라서 고객 가치는 과거부터 현재까지 기여한 고객의 수익뿐만 아니라 먼 미래에 발생할 수 있는 수익을 고려하여 계산하게 된다.[2]

이러한 고객 가치의 평가는 기업이 보유한 고객들의 질적 평가의 수단이 된다. 가치가 높은 고객을 많이 보유한 기업일수록 장기적이고 안정적인 수익 창출이 가능한 반면 가치가 낮은 고객이 많아질수록 기업의 수익 기반은 위험해진다. 또한 이런 맥락에서 과거의 양

2 최하늘, 글로벌시대의 고객 관계 관리, 두남, 2008.

적 기준에 의해 고객 수가 많다고 해서 기업의 안정적인 수익을 보장할 수는 없다. 왜냐하면, 아무리 고객 수가 많다고 해도 구성 고객의 가치가 낮다면 외형적으로는 많은 매출을 거두고 있더라도 실질적인 수익이 나지 않는 경우가 있기 때문이다. 이는 고객 가치가 단순히 고객 1명이 기여하는 매출만을 보는 것이 아니라 고객 1명을 획득하기 위한 비용 모두를 고려하는 것이기 때문에 과거의 양적 지표에서 볼 수 없었던 기업 이윤의 질적 평가를 가능하게 한다.

4) IT 인프라의 구축이 수반되는 마케팅 활동

궁극적으로 CRM은 기업의 이윤 창출이 목적이지만, 이를 달성하기 위해서는 고객 관계 관리를 위한 기반이 갖추어져야 한다. 관계를 시작하기 위해 우량 잠재 고객을 발굴하고 이들과의 관계를 유지하며 다양한 제품과 서비스를 제안하는 마케팅 활동을 통한 관계 확장에는 무엇보다도 고객 정보를 저장하고 이를 통해 적절한 마케팅 프로그램을 기획할 수 있는 데이터베이스 등의 IT 인프라가 있어야 한다. 또한 통합적인 고객 관계 관리를 통해서 일관된 서비스의 제공을 위해서는 콜센터, 영업부서, 마케팅, 기획 등 다양한 부서에서 획득하고 활용하는 고객 정보가 하나의 데이터베이스를 기반으로 관리되어야 한다. 이를 위한 IT 인프라는 CRM의 필수적인 부분이다.

제2절
빅데이터의 등장과 고객 관계 마케팅

1. 빅데이터의 개념과 중요성

1) 등장배경

빅데이터는 ICT의 발전과 더불어 등장한 스마트폰을 비롯한 다양한 디지털 기기와 함께 이를 기반으로 파생된 웹2.0 철학이 담긴 페이스북, 트위터 등의 SNS를 비롯한 다양한 인터넷 서비스의 등장과 함께 4차 산업혁명 시대와 함께 등장한 새로운 핵심 기술이라고 할 수 있다. 4차 산업혁명의 도래와 함께 핵심기술로 주목받고 있는 인공지능, 사물 인터넷과 로봇 기술 등은 빅데이터와 밀접한 관련을 가지고 있기 때문에 빅데이터의 중요성은 매우 높아지고 있다.

빅데이터는 정보기술의 발전과 함께 CPU의 성능 향상으로 인한 대용량 데이터의 처리 능력 향상과 하드디스크와 SSD 등 초고속 저장장치의 발전으로 다량의 데이터를 처리할 수 있는 환경이 됨에 따라 주목을 받게 되었다. 과거에는 기업이 가지고 있는 다량의 데이터를 처리할 수 있는 하드웨어 능력이 부족했기 때문에 이러한 데이터의 활용이 제한적이었다.

그러나 빅데이터가 주목을 받는 것은 데이터의 양이 늘어났기 때문만은 아니다. 개인 일상 생활에 필수품인 스마트폰 및 태블릿을 비롯한 각종 디지털 기기를 통해 사용자가 만들어내는 다양한 형태의 데이터와 더불어 웹2.0 기반의 인터넷 서비스를 통해 발생하는 사용자들 간의 커뮤니케이션 데이터, 사물인터넷을 기반으로 물리적 공간을 통해 발생하는 다양한 형태의 데이터들이 분석에 사용되기 시작하면서 빅데이터 기술이 주목을 받게 되었다.

지금까지 기업 운영 과정에서 발생하는 실시간 거래 데이터를 비롯한 각종 기업 내부의 데이터들은 기업의 데이터베이스에 저장되고 분석되었다. 이러한 데이터들은 이미 정해진 틀에 의해 저장되고 관리되기 때문에 정형 데이터라고 볼 수 있다. 그에 비해 각종 인터넷 서비스나 SNS 등을 통해 발생하는 데이터 등은 그 형식이나 틀이 고정돼 있지 않기 때문에 비정형 데이터라고 할 수 있다. 오늘날 많은 기업들의 전략 수립과 정부나 공공 기관 등의 정책 수립 등에 비정형 데이터들이 활용되고 있으며, 이러한 분석에 빅데이터 기술이 중요한 자리를 차지하고 있다.

데이터량은 폭발적으로 증가하고 있는데 2020년부터 제타 바이트 시대가 본격화되었다.[1] 특히 SNS 및 스마트폰 중심의 모바일 환경이 본격화되면서 언제 어디서든지 인터넷에 접속하여 타인과의 상호작용이 가능하기 때문에 이 과정에서 발생한 대량의 데이터(페이스북의 올린 글, 댓글, 공유한 사진이나 트위터의 트윗 등)로 인해 데이터 양이 폭증했다고 볼 수 있다.

1 한국정보화진흥원, 新가치창출 엔진, 빅 데이터의 새로운 가능성과 대응 전략, IT & Future Strategy, 2011.

위키피디어에 따르면 빅데이터 시장은 전 세계적으로 2026년에 846억 달러를 넘어설 것으로 예상하고 있으며 2025년에 매년 100제타바이트의 데이터 트래픽이 발생될 것으로 예측하고 있다. 앞서 언급했듯이 데이터의 양뿐만 아니라 새로운 인터넷 서비스의 등장으로 생성되는 데이터의 다양성도 증대되고 있다.

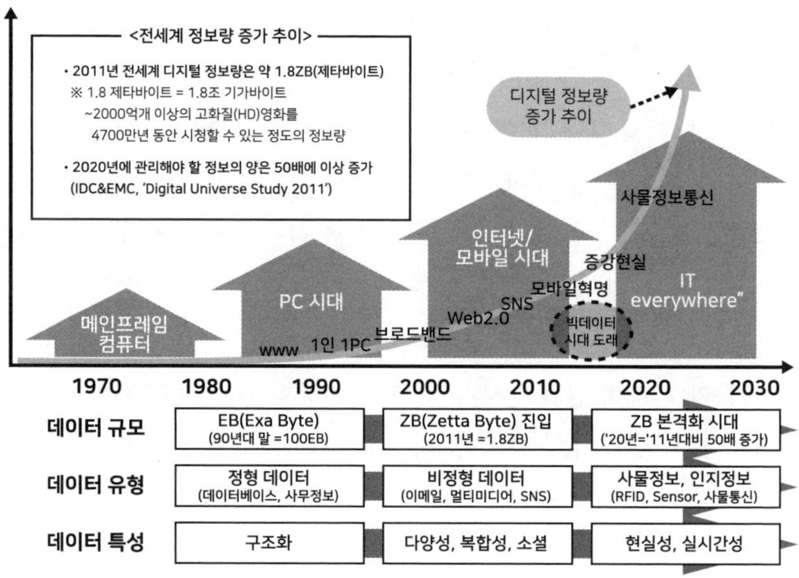

2) 개념

위키피디어에 따르면 빅데이터는 기존 데이터베이스 관리 도구로 데이터를 수집, 저장, 관리, 분석할 수 있는 역량을 넘어서는 대량의 정형 또는 비정형 데이터 집합 및 이러한 데이터로부터 가치를 추출하고 결과를 분석하는 기술을 말한다. 빅데이터에 대해서는 기관

별로 다양한 정의를 내리고 있다. 예를 들어 컨설팅 회사인 맥킨지(McKinsey)는 빅데이터를 일반적인 데이터베이스 소프트웨어가 수집, 저장, 관리, 분석할 수 있는 범위를 초과하는 대규모의 데이터로 일반적 데이터베이스 소프트웨어가 저장, 관리, 분석할 수 있는 범위를 초과하는 규모의 데이터로 정의하였다. 국내 삼성 경제 연구소는 기존의 관리 및 분석 체계로는 감당할 수 없을 정도의 거대한 데이터의 집합을 지칭하며, 대규모 데이터와 관계된 기술과 도구로써 데이터의 수집, 저장, 검색, 공유, 분석, 시각화 등을 포함한다고 하였다. 시장 조사 기관인 IDC(International Data Corporation)사의 정의에 따르면 빅데이터 기술을 다양한 데이터로 구성된 방대한 양의 데이터로부터 고속 캡처, 데이터 탐색 및 분석을 통해 경제적으로 필요한 가치를 추출할 수 있도록 디자인된 차세대 기술과 아키텍처로 정의한다. 가트너(Gartner)사는 향상된 시사점과 더 나은 의사결정을 위해 사용되는 비용 효율이 높고 혁신적이며 대용량의 고속 및 다양성의 특성을 지닌 정보 자산이라고 정의하였다.

다양한 개념들 사이에서 공통적으로 언급되고 있는 것은 빅데이터는 기존의 데이터베이스의 관리 역량을 뛰어넘는 대용량의 데이터라는 점, 그러므로 데이터의 수집과 저장, 관리와 더불어 이것을 기업이나 정부, 공공의 영역에서 활용하기 위해서는 별도의 분석 능력과 기술적 인프라가 요구된다는 것이다. 또한 빅데이터는 이런 관점에서 오늘날 기업이나 정부 및 공공 기관의 전략 수립이나 정책 결정에서의 중요한 정보 자산이 될 수 있다는 점이다.

최근까지 데이터는 기술적인 측면에서 저장, 관리, 분석을 위한 소프트웨어 및 하드웨어 인프라라는 측면이 강했으나 오늘날 빅데이터는 활용을 통해 새로운 가치 창출과 기업의 경쟁 우위 확보라는 측면으로 의미가 확대되고 있다. 따라서 빅데이터는 대용량의 정형, 비정형 데이터이면서 동시에 산업별, 시장별로 활용 범위와 중요성이 다르게 평가될 수 있는 정보 자원으로서 주목 받고 있다.

3) 빅데이터의 중요성

오늘날 빅데이터가 중요하게 언급되는 이유는 4차 산업혁명의 도래와 함께 발전한 기술의 융합을 통해 접할 수 있는 정보의 양과 질의 급격한 성장이 이루어졌다는 점이다. 예를 들어 이미 우리 일상생활에서 스마트폰이나 태블릿 등의 스마트 디바이스는 일상이 되었으며, 음악이나 영화, 게임 등 대용량의 멀티미디어 정보와 서비스를 소비할 수 있는 환경이 갖추어졌다. 특히 SNS의 사용 증가는 가상공간에서 창출되는 데이터양을 급격하게 늘리고 있다. 또한 이러한 데이터의 소비를 통해 발생하는 메타 정보 역시 대량으로 발생하고 있으며 사물 인터넷 기술이 사회 곳곳에 도입됨에 따라 인간과 인간, 인간과 기계가 만들어내는 데이터와 더불어 사물과 사물 간의 데이터, 인간과 사물 간의 데이터가 끊임없이 만들어지고 있다.

게다가 기술 발전으로 늘어난 데이터를 저장하며 이를 처리할 수 있는 자동화된 컴퓨터 능력으로 빅데이터의 처리와 분석이 용이하게 되었다. 특히 데이터의 분석에 더욱 정교하고 산업별, 시장별로 특화된 알고리즘의 개발과 논리적 추론이 가능하게 되었다.

이에 기업은 양과 질이 확보된 데이터를 통해 의미 있는 정보를 생성하여 기업이 직면한 의사 결정 문제를 해결함으로써 경쟁력을 높이려는 데이터 분석 수요가 늘어나고 있다. 이는 빅데이터가 앞으로 기업에 중요하게 활용될 것을 의미한다. 치열한 경쟁 상황에서 기업은 자사의 제품이나 서비스의 차별화를 위한 다양한 노력을 하게 되었다. 경쟁기업 제품과의 뚜렷한 차별화를 위해 필요한 것은 여러 가지가 있겠지만 결국 시장 구매자의 정보 즉 소비 패턴이나 욕구에 대한 정보와 지식이다. 이러한 정보를 얻기 위해서는 소비자들로부터 가능하면 많은 데이터를 얻어 이를 기반으로 한 분석을 통해 이들에 대한 정보를 획득하고 이를 기업의 제품이나 서비스 등의 마케팅에 활용할 수 있을 것이다. 예를 들어 과거의 데이터로부터 분석된 소비자의 구매 행태, 패턴에 맞는 차별화된 맞춤형 서비스, 그리고 판촉도 소비자의 과거 선호나 관심 분야를 고려한 맞춤형 광고나 할인 행사 등을 제공함으로써 효과적인 마케팅 믹스 전략을 실행할 수 있을 것이다. 또한 빅데이터는 컴퓨팅 기술의 발전과 기존 ICT 시장 포화에 따른 신규 시장 진출을 위한 의사결정문제의 해결의 수단이 될 수 있다. 특히 정보통신 서비스를 제공하는 많은 기업들은 이미 상당부분 산업 내 보편화된 정보시스템 시장에서 빅데이터 기술을 접목한 새로운 제품과 서비스를 도입할 의사가 있는 새로운 기업 고객들을 찾기 위한 노력을 하고 있다. 빅데이터와 이를 활용한 인공지능, 로봇 시장은 4차 산업혁명 기술로써 이러한 기술을 제공하는 IT 서비스 시장의 가능성을 넓혀주고 있다.

2. 빅데이터의 특징과 유형

1) 특징

빅데이터의 특징을 3V 혹은 5V로 설명한다.[2] 3V로 이야기하는 경우 규모에 해당하는 Volume, 데이터의 생성 속도를 의미하는 속도인 Velocity, 데이터 유형의 다양성을 의미하는 Variety를 말한다. 5V로 말하는 경우에 조금씩 차이가 있지만 보통 정확성에 해당하는 Veracity와 가치를 말하는 Value를 추가한다.

빅데이터의 특징인 규모(Volume)는 시스템에서 처리하는 데이터 크기, 데이터 처리 용량, 축적된 양을 말한다. 빅데이터는 스마트폰을 포함하는 각종 디지털 기기나 사물인터넷을 통한 데이터, SNS나 인터넷 서비스 등의 가상공간 등을 통해서 기하급수적으로 데이터가 생성된다. 따라서 빅데이터의 핵심 기술은 이를 수집, 저장, 처리하기 위한 기술이 된다. 빅데이터의 크기는 발생되는 장소나 시간 등에 따라 수십 테라바이트에서 수십 페타바이트까지 될 수 있다. 대부분의 데이터는 여러 개별 요소들로부터 발생한 방대한 규모의 원본 데이터(Raw Data), 소스 데이터(Source Data) 혹은 아토믹 데이터(Atomic)의 집합으로 간주한다.

빅데이터의 여러 원천을 통해 발생하는 다양성을 지니고 있다. 빅데이터는 다양한 형태의 데이터를 의미하며 다양성의 정도에 따라 정형(Structured), 반정형(Semi-structured), 비정형(Unstructured)으로 구분된다. 혹은 구조화, 반구조화, 비구조화 데

2 박두순 외, 빅데이터 컴퓨팅 기술, 한빛아카데미, 2014.

이터로 해석할 수도 있다. 기술의 발전과 다양한 IT 서비스의 등장으로 인해 데이터가 창출되는 채널 즉 원천(Source)이 다양해지고 있어 정형 데이터를 비롯하여 반정형, 비정형 데이터 역시 다양하게 만들어지고 있다. 데이터의 저장과 분석이라는 활용 측면에서 과거 대부분의 데이터가 기업이나 조직 내부의 관계형 데이터베이스 시스템에 정제되어 저장된 정형(구조화된) 데이터 분석 중심이었다면, 최근에는 다양한 형태의 비정형 데이터의 분석도 중요하게 다루어지면서 다양한 데이터 분석 역량이 빅데이터의 강점으로 인식되고 있다. 이러한 다양한 데이터의 예로는 기존의 구조화된 데이터가 저장된 관계형 데이터베이스와 더불어 SNS 데이터, 개인이나 사물(물류에서의 운송수단 등) 등의 위치정보, 각종 로그 기록을 비롯하여 멀티미디어 등의 비정형 데이터를 포함한 다양한 유형의 구조화되지 않은 데이터를 들 수 있다.

빅데이터의 특징은 세 번째 특징은 속도로 기존의 일괄 처리 데이터와는 달리 빠르게 생성되고 유통된다는 점이다. 빠른 생성과 처리는 곧 데이터의 실시간 분석을 통한 의사결정 속도가 빨라질 수 있다는 것을 의미하며 빅데이터 도입의 혜택이라고 할 수 있다. 정보 인프라의 발전으로 다양한 인터넷 서비스가 실시간으로 장소 제약없이 제공되고 있다. 음원이나 영상 등의 스트리밍 서비스, SNS 등에서 발생하는 실시간성 데이터가 계속 생성되고 있으며 이를 실시간으로 분석하여 소비자들에게 추천하는 것이 새로운 가치가 되고 있다.

일정 기간 동안 발생되어 축적된 데이터를 분석하는 경우에는 생성 시점과 분석 시점 간의 차이가 존재하여 현 시점에서 의미 없는 정보나 결론을 얻을 수 있다. 그러나 빅데이터를 활용하는 경우 실시간으로 유입되는 데이터를 바로 처리하여 정보를 얻고 의사결정을 하기 때문에 시차가 거의 없이 실시간 상황을 바로 분석해 현상을 파악하게 된다. 즉 데이터 생성, 수집, 통합과 분석의 모든 과정에서 실시간으로 반응함으로써 의사결정의 속도가 빨라진 것은 오늘날 빅데이터가 과거 유사한 데이터 기반의 분석 시스템과 차별화되는 점이라고 할 수 있다.

- 5V 관점에서의 빅데이터 특징

첫 번째로 정확성(Veracity)을 들 수 있다. 이는 데이터를 얼마나 믿을 수 있는지 정도를 의미한다. 데이터 분석에서 중요한 것은 데이터의 양이나 다양성, 분석 도구 등도 중요하나 정확한 데이터 역시 중요하다. Garbage In Garbage Out이라는 말이 있는데 이는 데이터 분석에서 잘못된 데이터가 입력되면 잘못된 결과가 나온다라는 것을 의미한다. 따라서 빅데이터를 활용하기 위해서는 저장된 데이터의 높은 품질을 유지하는 것이 중요하나 이는 매우 어려운 과제이기도 하다. 데이터는 입력 주체에 따라서 왜곡되거나 미기입되는 경우도 있으며, 기계에 의해서 입력되는 경우라도 위변조의 위험이 항상 존재하기 때문이다. 또한 최상의 데이터 정제 기법을 사용해도 날씨나 경제, 고객의 미래 구매 결정 같은 일부 데이터의 경우에는 데이터의 특성상 내재된 불확실성은 계속 존재한다. 소셜 네트워크상에서 생성된 데이터는 비정형 데이터로 빅데이터의 범주에 속하나 신뢰하기 어려운 데이터인 경우가 있다. 따라서 빅데이터의 분석에서 중요한 것은 수집한 데이터가 정확한 것인지 확인하며 면밀한 검토를 통해 분석 가치가 있는 데이터를 확보하는 것이다.

빅데이터의 다른 특성으로 가치(Value)를 들 수 있다. 가치는 빅데이터를 저장하고 관리하기 위한 정보 인프라에 대한 투자 대비 빅데이터 활용을 통해 기대할 수 있는 혜택의 크기를 말한다. 빅데이터의 규모는 엄청나며 대부분은 비정형적인 텍스트와 이미지 등으로 구성되어 있다. 데이터를 저장하고 관리하는 데 비용이 발생하며 저장된 데이터들은 새로운 데이터들이 추가됨에 따라 가치의 진부화가 일어날 수 있다.

빅데이터의 특징을 복잡성(Complexity) 혹은 변동성(Variability)으로 설명하기도 한다. 이는 데이터의 발생, 처리, 정제 등의 과정에 포함된 모든 요소가 복잡해지기 때문에 그렇다. 구조화되지 않은 데이터(비정형 데이터), 데이터 저장 방식의 차이, 중복성, 외부 데이터의 유입 등으로 인해 관리 대상이 증가함에 따라 데이터 관리의 복잡성이 증가되고 있다. 데이터 처리의 복잡성은 특히 다양한 채널이나 기기를 통해 수집된 데이터 융합 또는 연계의 난점을 의미한다. 따라서 빅데이터 분석을 통한 가치를 만들기 위해서 수많은 데이터의 융합이나 연계 과정의 복잡성을 극복한 빅데이터 분석과 활용이 필요하다.

빅데이터의 특징으로 휘발성(Volatility)을 들기도 한다. 휘발성은 데이터가 얼마나 오래 저장될 수 있고 오래 활용할 수 있는지에 대한 것을 말한다. 다양한 양질의 데이터를 많이 수집했다 하더라도, 그 데이터를 오래 보관할 수 없어 삭제하거나 데이터가 진부화되어 분석 가치가 떨어진다면 의미가 없다는 뜻이다. 따라서 데이터를 수집하고 가공하여 유용한 정보로 만드는 과정에 앞서, 설계 단계에서부터 이러한 휘발성의 특징을 고려해야 한다.

2) 유형

빅데이터는 수집 데이터의 형태(정형화 정도)에 따라 세 가지 유형으로 나뉜다.[3]

- 정형 데이터

정형 데이터는 데이터베이스의 설계에 따라 수집되는 정보의 형태가 정해지는 데이터를 말한다. 즉 데이터베이스를 하나의 표로 나타낸다면 고정된 항목 혹은 필드(field)에 저장된 데이터라고 할 수 있다. 예를 들어 유통 기업의 관점에서 주요 관리 대상은 구매자, 판매 상품, 납품 업체 등이 있을 것이다. 각각에 대해 기업의 관심사로 수집하고자 하는 정보의 항목이 있을 것이다. 기업이 유통하고자 하는 상품이라면 크기, 무게, 가격, 제조년월일 등이 있다. 이러한 항목을 필드라고 하며 정형 데이터는 대상물에 대한 필드가 정해져 있고 필드에 저장되는 정보를 분석 대상으로 활용한다. 기업은 구매자에 대한 정보로 성별, 나이, 거주지, 회원 등록 일시, 최근 구매 물품, 구매량, 구매액 혹은 결제 방법, 배송지 등의 정보를 저장한다. 저장된 정보 분석을 통해 선호하는 상품이 무엇이고 어떤 상품의 매출이 늘어났으며, 최근 인기 판매 물품에 대한 정보를 얻을 수 있게 된다. 실제 정형 데이터의 분석을 위해서는 데이터베이스의 스키마(Schema) 구조를 활용하게 된다. 스키마 구조에 따르면 데이터를 탐색하는 과정이 데이터가 저장된 테이블(Table) 검색, 열(Column) 구조 탐색, 행(Row) 탐색 순으로 정형화돼 있다. 정형 데이터는 대부

3 주해종, 김혜선, 김형로, 빅데이터 기획 및 분석, 크라운출판사, 2017.

분 기업 내부에 저장되는 자료이므로 수집이 용이하며 대부분 간단하게는 컴퓨터 파일 형태의 엑셀 파일과 같은 스프레드시트 형태이며 데이터의 형식이 지정돼 있어 처리가 용이하다.

- 반정형 데이터

반정형 데이터는 정형 데이터와 달리 고정된 필드에 저장되는 데이터는 아니다. XML, HTML 텍스트 등 메타데이터(Meta Data) 및 스키마를 포함하는 데이터이다. 반정형 데이터는 정형 데이터의 스키마 즉 정형 데이터가 저장된 데이터베이스의 구조 정보에 해당되는 메타 데이터를 가지고 있다. 반정형 데이터의 처리는 API(Application Programming Interface)를 활용하기 때문에 정형 데이터와는 달리 별도의 처리 기술이 필요하다.

- 비정형 데이터

비정형 데이터는 반정형 데이터와 유사하게 고정된 필드에 저장되어 있지 않은 데이터를 의미한다. 보통 페이스북, 트위터와 같은 SNS상에 공유된 데이터, 유튜브 영상 데이터, 인터넷 상의 이미지 파일이나 음원 파일, 문서 파일 등이 이에 해당한다. 예를 들어 인터넷 상에 공유된 날씨 정보, 특정 지역의 유동 인구의 수 등을 수집할 수 있다. 해당 데이터들은 정형 데이터와는 달리 저장된 형태가 정해지지 않은 정보이므로 분석 방향에 따라 일부 혹은 전부를 수집할 수 있다. 규격화되어 있지 않은 데이터인 관계로 같은 성격의 데이터라 하더라도(예: 페이스북, 인스타그램 등에 올라온 글이나 이미지) 데이터를 어느 채널에서 얻느냐에 따라 다양한 형태를 띠고 있다. 따라서 데이터의 수집 시에는 채널 별로 다른 접근이 필요하며 분석을 위한 처리 과정도 상이하기 때문에 어려운 편이다.

- 수집 데이터의 위치에 따른 구분

데이터가 어디에 보관되어 있느냐에 따라 내부 데이터와 외부 데이터로 나눌 수 있다. 내부 데이터는 수집하는 원천 데이터의 저장소가 기업이나 조직 내부 시스템에 존재하는 경우를 말한다. 내부 데이터에 접근하여 수집하는 주기 및 방법은 내부 데이터 관리자와의 협상을 통해 가능하다. 데이터 관리자와의 의사소통이 용이하다는 특징으로 수집의 난이도가 외부 데이터에 비해 낮은 편이다.

외부 데이터는 수집하는 데이터의 저장소가 기업이나 조직 외부에 존재하는 경우의 데이터를 말한다. 따라서 데이터 관리자와 사전에 약속이 되어있지 않은 경우에는 데이터 접근이나 수집을 위한 처리가 불가능하다. 따라서 데이터에 접근하기 위해서는 수집할 항목을 분석해 별도의 수집 시스템을 설계해야 한다. 외부 소스를 통해 수집하는 데이터는 데이터 관리자와의 의사소통이 용이하지 않기 때문에 데이터 접근 및 수집의 난이도가 높은 편이다.

- 생성 주체에 따른 구분

빅데이터의 원천으로는 거래 자료, 추정치 자료, 센서 계측 자료, 온라인 활동 자료 등을 통해 수집할 수 있는데 생성 주체에 따라서 기계 데이터, 사람 데이터, 관계 데이터로 나눌 수 있다. 기계 데이터의 경우에는 물리적 장치와 설비를 통해 얻어지는 자료라고 할 수 있다. 애플리케이션 서버에 저장된 로그 데이터라든가 센서를 통해 얻어지는 자료가 이에 해당한다. 사람 데이터는 사람에 의해 만들어진 데이터를 말한다. 앞서 SNS나 블로그를 통해 공개된 자료, 웹상에 공개된 글이나 사진, 이미지, 영상 등의 다양한 형태의 정보가 이에 해당된다. 관계 데이터는 사람과 사람 간의 상호 작용의 결과로 만들어진다. SNS를 통해 서로 주고받는 글들이나 이미지 등이 이에 해당한다. 트위터, 페이스북, 링크드인과 같은 SNS에 저장된 대화 및 댓글 등의 정보가 이에 해당한다.

3) 빅데이터의 유형별 가치 비교

빅데이터는 다양한 유형으로 분류할 수 있는데 이 중에서 정형 데이터는 내부 데이터의 특성상 활용 측면에서의 잠재적 가치는 상대적으로 낮다고 볼 수 있다. 이미 조직 내에서 활용되고 이해하기 쉬운 영역의 데이터이기 때문이다. 이에 비해 비정형 데이터는 일단 수집이 가능하면 수집 주체에게 가장 높은 잠재적 가치를 제공하므로 제공 가치가 가장 높다고 할 수 있다.

제3절

데이터 기반의 고객 관계 관리

1. 고객 관계 관리를 위한 시스템의 구조

고객 관계 마케팅은 고객과의 상호 작용을 통해 발생한 데이터를 기반으로 고객에 대한 정보와 지식을 축적하여 이를 토대로 관계를 유지하고 확장하는 형태의 마케팅이다. 궁극적으로는 일회성 거래 관계에서 벗어나 장기적인 관계를 구축함으로써 평생 고객으로의 변화를 꾀하게 된다. 이 과정에서 고객은 기업과의 신뢰를 바탕으로 거래를 지속하며 기업은 이를 통해 장기적인 수익을 기대할 수 있게 된다.

이러한 고객 관계를 유지하고 확장하기 위한 마케팅의 근간에는 고객을 통해 획득한 데이터의 효과적인 저장과 관리가 있다. 이를 위해서 발생하는 모든 고객 데이터를 체계적으로 저장하고 저장된 데이터를 효과적으로 분석할 수 있는 정보 인프라가 필요하다. 따라서 고객 관계 관리를 위해서는 IT 기반의 정보 시스템이 필요하다. 정보 시스템은 두 가지 관점으로 구축되어야 한다.

1) 운영 CRM

첫 번째는 고객 데이터가 발생되는 접점에서의 데이터 저장 및 관리를 위한 시스템과 접점에서 효과적인 마케팅을 지원할 수 있는 데이터 기반의 정보 시스템이다. 이를 운영 CRM (Operational CRM)이라고 한다.[1]

고객과의 상호 작용은 다양한 채널을 통해 이루어진다. 판매가 이루어지는 매장, 고객의 문의와 상담이 이루어지는 콜 센터, 상담이나 구매 문의를 위한 영업 사원과의 대면, 고객의 제품 및 서비스 정보 검색과 실시간 채팅 등이 이루어지는 웹 환경 등이 이에 해당한다. 다양한 채널을 통해서 고객과의 상호 작용이 이루어지고 이 과정에서 발생하는 고객 정보를 효과적으로 저장하는 것이 운영 CRM의 중요한 역할이라고 할 수 있다.

또한 다양한 채널을 통해서 고객에 대한 차별화된 서비스가 제공될 수 있다. 운영 CRM은 고객별로 차등화된 서비스를 위한 다양한 기능을 제시해주고 이를 효과적으로 실행할 수 있도록 지원해준다. 이는 고객과의 접점에서 제공되는 차별화된 서비스가 고객과의 관계 유지와 확장에 결정적인 영향을 주기 때문이다. 매장에 방문한 고객이 VIP 고객인지, 아니면 일반 고객인지 혹은 새롭게 방문한 고객인지에 따라 대응하는 방법에 차별화가 있어야 효과적인 고객 관계 마케팅이 될 수 있기 때문이다.

이는 매장뿐만 아니라 콜 센터, 실시간 채팅, 영업 사원과의 대면 등에서 일관된 형태로 제공될 필요가 있다. 그렇게 때문에 운영 CRM

1 박찬욱, 이상종, 조아라, CRM 고객 관계관리, 청람, 2019.

은 통합적으로 관리되어야 하며 한 고객에 대해 모든 채널에서 동일한 고객 정보를 토대로 동일하고 일관된 서비스가 제공될 수 있도록 고객 데이터와 정보, 지식에 기반한 마케팅이 이루어져야 한다. 매장에서는 VIP 고객으로 인식하고 그에 걸맞는 서비스를 제공하지만 웹에서 해당 고객을 VIP로 인지하지 못한다면 일관된 서비스와 기업 이미지를 제공할 수 없게 된다. 반대로 인터넷에서는 대량 구매로 VIP로 간주되나 매장 직원이나 영업 사원에게 이러한 정보가 전달되지 않으면 고객은 기업에 대해 혼란스러운 느낌을 갖게 된다. 따라서 일관된 서비스를 위한 통합적 운영 CRM이 필요하다.

- 콜 센터와 운영 CRM

콜 센터는 다양한 고객들과 만나는 대표적인 채널이다. 오늘날 고객 관계 관리 측면에서 콜 센터의 중요성이 높아짐에 따라 콜 센터를 컨택 센터(Contact Center), 고객 인터랙션 센터(Customer Interaction Center), 고객 지식 센터(Customer Knowledge Center)라고 불리기도 한다. 고객 콜 센터를 자동화함으로써 고객 관리를 효율성을 높이기 위해 도입된 것이 CTI(Computer Telephony Integration)라고 한다. 예를 들어 콜센터 서비스의 경우 고객의 대기 시간을 줄이기 위한 로드 밸런싱(Load Balancing)을 위해 콜 라우팅(Call Routing) 기능을 제공하거나 콜 센터 담당 직원이 효과적으로 고객 문의에 응대할 수 있도록 과거 상담 내역, 문의에 대한 효과적 응대 절차 및 답변을 지원하는 콜 스크립팅(Call Scripting) 기능 등을 제공해준다.

또한 VIP 고객을 대상으로 별도의 번호를 부여하거나 별도의 상담사를 배정하기도 한다. 보통의 고객의 경우 응답 시간을 짧게 할 수 있도록 상담의 효율성을 높이기 위한 기능을 지원하나 VIP 고객의 경우에는 상담 시간과 관계없이 이들의 상담 경험의 만족도를 높이는 형태의 기능에 치중한다. 이는 콜센터 상담원의 성과 평가에도 반영이 된다. 보통 일반 고객을 대상으로 상담하는 경우 상담원의 상담 건수를 늘리고 상담에 걸리는 시간을 줄이는 것이 중요하다면 VIP 고객의 경우에는 상담의 만족도가 더 중요한 성과 평가의 기준이 될 수 있다.

2. 분석 CRM과 활용

고객들에게 바람직한 가치를 전달하기 위해서는 고객의 욕구와 기대를 이해하는 것이 필요하다. 앞서 운영 CRM은 접점에서의 고객과의 상호 작용의 결과물인 데이터를 저장하기도 하지만 고객별로 효과적인 마케팅을 지원하기도 한다. 구체적으로 어떤 고객에게 어떤 서비스를 어느 범위로 제공하는 것이 효과적인 지를 알려주는 것은 운영 CRM의 영역이 아니며 저장된 데이터를 분석하여 얻어낸 고객에 대한 정보와 지식을 통해서 이루어져야 한다. 따라서 CRM에는 운영 CRM과는 다른 이런 역할을 수행할 별도의 정보 시스템이 필요한데 이러한 용도의 CRM을 분석 CRM이라고 한다.[2]

2 최하늘, 글로벌시대의 고객 관계관리, 두남, 2008.

1) 분석 CRM

분석 CRM은 다양한 데이터 분석 도구를 사용하여 운영 CRM을 통해서 저장된 데이터를 토대로 개별 고객을 이해하고 고객 집단을 구분하며 고객별로 적절한 서비스를 할 수 있도록 지원한다. 데이터 분석은 데이터베이스 마케팅과 기술을 결합하여 고객과 제품 그리고 거래 데이터의 분석을 통해 고객에 대한 지식을 확장하여 전략적인 의사결정과 전술적인 마케팅 활동을 도와준다. 궁극적으로는 고객과의 관계에서 높은 수익을 창출할 수 있도록 지원하는 역할을 한다. 또한 데이터 분석의 결과는 기업의 고객 관계 관리 전략을 결정하는 필수적인 정보를 제공하며 현재 진행 중인 CRM 전략을 개선할 수 있도록 도와준다.

운영 CRM은 고객과의 상호작용을 통해서 축적된 다양한 고객 데이터를 분석 CRM으로 전달하고 분석 CRM은 데이터를 분석하여 운영 CRM에서 보다 효율적인 고객 서비스를 수행할 수 있는 전략 기획을 도와준다. 효율적인 고객 서비스는 다시 운영 CRM을 통한 고객 정보의 수집을 원활하게 해줌으로써 CRM의 두 시스템 간의 상호 보완적인 관계가 됨을 알 수 있다.

2) 분석 CRM의 구성요소

고객 데이터 분석을 위해서는 데이터를 저장하고 관리할 수 있는 별도의 시스템이 필요하다. 대부분의 정보 인프라를 가지고 있는 기업들은 실시간으로 발생하는 거래 내역을 저장할 수 있는 거래 데이터베이스(Transactional Database)를 보유하고 있다. 생산 물품의 판매 내역, 생산을 위한 부품의 조달 내역 등 기업 운영상 발생할 수 있는 다양한 형태의 데이터를 보관하고 있다.

CRM을 위한 고객 데이터 분석을 위해서는 필요에 따라 여러 번 많은 양의 데이터를 거래 데이터베이스로부터 전송받아야 하는 데이로 인해 정상적인 기업의 업무 처리가 방해받을 수 있다. 예를 들어 금융 산업의 경우 1초당 수천 수만 건의 결제가 이루어지는데 해당 내역을 기록하고 있는 데이터베이스를 분석에 사용하려면 결제 처리를 수행하는 데 부담이 발생할 수 있다. 따라서 CRM을 위한 데이터베이스는 별도로 구축하는 것이 일반적이다. CRM 분석을 위한 고객 분석 전용 데이터베이스로 데이터웨어하우스(Data warehouse)와 데이터마트(Data Mart) 등을 사용하고 있으며, 이를 토대로 실시간으로 다차원 분석을 위한 도구로 OLAP(Online Analytical Processing)을 사용한다.[3]

- 데이터웨어하우스의 개념과 특징

데이터웨어하우스는 W.H. Inmon에 따르면 데이터를 주제 지향적으로 통합하여 서로 다른 시간대의 데이터의 집합으로 경영 의사결정을 지원하는 정보 시스템이라고 한다.

데이터웨어하우스의 특징을 정리해보면 첫째로 기존의 부서별 데이터베이스의 데이터를 사용하여 분석 작업을 수행하기 위해 디자인된 데이터베이스라고 볼 수 있다. 부서별 데이터베이스는 업무 수행을 위해 구축된 거래 데이터베이스이며 이 데이터베이스의 데이터를 가져와 분석을 위해 설계된 데이터베이스가 CRM의 데이터웨어하우

3 홍태호 , 신택수 , 안현철 , 김은미, 고객 관계관리, 한경사, 2019

스이다.

둘째로 상대적으로 적은 사용자들과 분석하고자 하는 데이터의 축적 기간이 길다는 점이다. 고객 분석 및 관계 마케팅 전략 수립을 위한 부서 내 인력들이 주로 사용하며, 비교적 오랜 기간 동안 누적된 데이터를 사용하기 때문이다.

셋째로 데이터웨어하우스내의 데이터들은 주기적으로 갱신되며 분석을 위해 필요한 데이터들을 부서 데이터베이스를 통해 확보하며 최신 데이터를 축적하게 된다. 넷째로 데이터웨어하우스를 통해 하나의 고객을 분석하면 현재와 과거 데이터 모두를 포함하고 있으므로 한 고객에 대한 전체적인 경향을 파악할 수 있다. 다섯째로 고객들의 속성 및 행태와 관련된 모든 데이터를 저장하다 보니 부서별로 구축된 데이터베이스에 비해서 큰 용량과 테이블(분석을 위한 고객 속성 혹은 필드들로 구성된 데이터 저장 구조, 메타 데이터)을 가지고 있다. 마지막으로 데이터의 분석을 위해 전체 테이블에 대한 빈번한 검색이 발생하기 때문에 부서별 데이터베이스에 접근하여 데이터를 추출하는 것이 아니라 별도의 데이터베이스로 구축한다.

- 데이터마트의 개념과 특징

데이터웨어하우스가 전사적 즉 전 부서에서의 활용을 염두에 두고 만든 데이터베이스라면 데이터마트는 데이터웨어하우스에서도 특정한 주제나 특정 부서 중심으로 구축된 소규모의 데이터웨어하우스라고 할 수 있다. 즉 필요로 하는 부서별 분석 목적을 효과적으로 충족시킬 수 있도록 별도로 구성된 데이터웨어하우스의 부분이라고 할 수 있다.

특정 부서의 의사결정 지원을 목적으로 하여 부서별 혹은 분석 목적이나 업무 기능별로 구축되었기 때문에 보통은 한 기업 내에서도 복수의 데이터 마트가 존재하게 된다. 보통은 데이터웨어하우스를 기반으로 데이터마트가 만들어지는 것이 일반적이나 데이터마트를 만든 후에 이를 통합하는 것을 염두에 두고 먼저 구축될 수도 있다.

데이터마트의 특징을 정리하면 첫째로 분석 주제를 중심으로 구성한 데이터웨어하우스를 재구성했다는 점이다. 또한 요약된 데이터로 구성이 돼 있어 데이터의 추세나 패턴 등의 분석이 용이하다는 점이다. 또한 분석에 필요한 과거 데이터들만을 포함하고 있기 때문에 데이터베이스가 크지 않으며 분석을 위한 다양한 질의나 분석자의 요구사항을 적절히 충족할 수 있는 다차원적 구조를 가지고 있다.

- OLAP의 개념과 특징

1993년 E.F. Codd에 의해 처음 사용된 용어로 online analytical processing의 약자로서 온라인 분석 프로세싱이라고 한다. 일반적으로 데이터웨어하우스 환경에서 데이터를 접근하고 분석할 수 있는 기능을 제공하는 데 다른 용어로 표현하자면 '다차원 정보분석'이라고 말할 수 있다.

예를 들어 대학에서 자퇴하는 학생들에 대한 현황과 원인 분석을 해 본다고 하자. 데이터마트나 데이터웨어하우스의 장기 데이터를 통해 자퇴예측 모형을 만들 수도 있겠지만 이 경우 통계적 방법이나 인공지능 방법을 활용하기 때문에 모형을 만들고 검증하는 데 많은 시간이 걸릴 수 있다. 이미 자퇴하는 이유에 대해서 충분한 경험을 통해 알고 있다면 복잡한 통계 예측 모형을 만들기보다는 해당 원인을 중심으로 해서 앞으로의 자퇴 학생 규모에 대해 간단히 분석해 볼 수 있을 것이다. 예를 들어 입학 전형과 관련이 있다고 한다면 해당 전형별로 입학생들이 몇 명이 있는지를 조회를 하여 파악할 수 있을 것이다. 또한 소속 대학이나 학년, 성별이나 주소지 등이 자퇴에 영향을 줄 수 있는 원인이라고 하면, 해당 항목을 기준으로 하여 조회하면 앞으로의 자퇴생들의 규모를 예측할 수 있을 것이다.

혹은 자퇴생들의 특징을 분석하여 그 원인을 파악하고자 한다면 학생들의 속성, 성별, 입시 전형, 나이, 가정환경 등의 항목을 기준으로 하여 자퇴생들에게 공통적으로 나타나는 특징들을 조회를 통해 알아낼 수 있을 것이다.

간단한 예이지만 자퇴생에 대한 분석은 OLAP의 전형적인 활용 예로써 사용자가 원하는 다양한 각도에서 대화식으로 정보를 조회하는 과정이다. 여기서 말하는 대화식이라는 것은 사용자가 원하는 형태의 데이터를 메뉴 방식으로 선택할 수 있는 시스템의 이용 방식을 말한다. 대화식으로 출력하는 정보를 선택함으로써 사용자가 원하는 정보를 취사선택할 수 있게 된다.

정리하면 OLAP는 최종 사용자가 다차원 정보에 직접 접근하여 대화식으로 정보를 분석하고 의사결정에 활용하는 과정으로 정의할 수 있다.

특징을 정리하면 네 가지로 정리할 수 있다. 첫째로 OLAP은 다차원 정보의 분석에 적합하다는 것이다. 고객 데이터베이스를 통해서 각 부서별로 관심 있는 정보의 형태는 매우 다양할 것이다. 마케팅 부서에서는 최근 판촉 행사에 따라 증가된 매출 현황을 알고 싶어 할 것이며 영업 부서에서는 영업 사원별 최근 판매 실적을 알고 싶어 할 것이며 구매 부서에서는 최근 몇 개월간의 구매 비용의 변동을 알고 싶어 할 것이다. CRM관점에서 본다면 우량 고객과 불량 고객을 파악한다거나 우량 고객의 최근 매출 추이를 파악하는 것이 필요할 것이다. 정보를 분석하는 과정은 첫 질문을 통해서 여러 정보를 비교하고 비교 결과를 기반으로 새롭게 생긴 의문점이나 문제점의 원인을 찾기 위해서 다른 형태의 정보를 대화식으로 접근하여 계속 추적한다. 이런 일련의 과정에서 다양한 형태의 정보를 요청하고 비교 분석을 하게 된다. 하나의 기준으로 정보를 분석하는 것을 정보의 한 차원으로 간주할 때 정보의 분석은 다양한 각도에서 이뤄지기 때문에 일반적으로 정보의 분석은 다차원 분석이 대부분이라고 할 수 있다.

둘째로 분석자가 원하는 정보에 직접 접근할 수 있다는 점이다. 과거에는 부서별로 원하는 정보를 얻고자 할 때 전산 부서와 같은 정보 매개자를 통해서 정보에 접근하였다. 왜냐하면 기업의 대다수의 데이터가 전산 부서에 의해서 관리되어 있었고 이런 특성 때문에 기업의 데이터베이스는 전체 데이터의 수집과 갱신에 초점을 맞추어 설계되어 있었지 부서별 목적에 맞추어 설계되어 있지는 않았다. 따라서 데이터는 사용자가 원하는 형태로 존재하지 않았으며 이러한 시스템을 통해서 정보를 찾아내고 가공하는 일은 전산 환경에 익숙하지 못한 사용자에게는 어려운 일이었다.

전산 부서는 부서별로 원하는 데이터에 대한 요청을 받아 데이터를 찾아내고 가공하는 일을 담당하였는데 많은 일이 몰릴 때면 원하는 데이터를 얻는 데 오랜 시간이 걸렸고 사용자와 전산 부서 사이의 의사소통의 문제가 발생하게 되는 경우에는 더 오랜 시간이 걸리기도 했다. OLAP는 사용자가 직접 원하는 형태로 데이터를 찾아내고 분석할 수 있으며 여러 각도로 정보에 대한 분석이 필요할 경우에도 쉽게 조작하여 빠르게 정보를 얻을 수 있는 장점을 제공한다. 즉 OLAP는 사용자가 필요한 시점에 정보 매개자 없이 정보원에 직접 접근하여 다양한 각도에서 분석을 빠르게 수행할 수 있도록 도와준다.

셋째로 대화식으로 분석할 수 있다는 점이다. 사용자는 원하는 질문에 대한 정보를 기반으로 다양한 각도의 분석을 하고 싶어 한다. 하지만 정형화된 보고서나 분석 시스템으로는 이런 사용자의 요구를 충족시켜줄 수 없다. OLAP는 사용자가 필요할 때 원하는 정보의 유연한 보고서를 만들어 낼 수 있도록 도와준다.

또한 대부분의 정보 분석은 처음 분석을 시작하게 된 질문에 대한 결과를 기반으로 새로운 질문들이 만들어진다. 따라서 사용자는 자신이 어떤 정보를 원하고 있는지 사전에 알기가 힘들다. 따라서 정형화된 분석 시스템으로는 질문 결과에 따라 변화하는 사용자들의 정보 요구를 맞춰주기가 힘들다.

OLAP를 통해서 사용자는 원하는 데이터를 요청하고 결과를 얻는다. 사용자는 얻은 결과를 분석하고 이 새로운 정보를 이용해 또 다른 질문을 던진다. 이렇듯 OLAP는 사용자와의 대화 즉 상호작용을 통해서 정보를 분석할 수 있도록 도와주며 원하는 결과를 얻을 수 있을 때가지 분석을 수행하도록 지원한다. 또한 사용자가 원하는 결과에 도달할 때까지 빠르게 수행할 수 있도록 도와준다.

마지막으로 경영자들의 의사결정에 활용하기 용이하다는 점이다. OLAP 시스템의 목적은 사용자가 기업의 전반적인 상황을 이해할 수 있게 하고 의사결정을 지원하는 데 있다. OLAP의 이런 목적은 실시간 업무 처리(Online transaction processing: OLTP)와 많이 비교

된다. 일반적으로 은행의 창구 업무나 항공사의 예약 업무 등이 바로 실시간 업무 처리의 대표적 예라고 할 수 있는데 이 시스템의 목적은 주문, 예약, 출고 등의 실시간으로 발생하는 원시 데이터(발생 시점의 데이터, Raw Data)를 기록하는 시스템이다. 반면 OLAP는 수집된 데이터를 통해서 문제점에 대한 원인이나 기업 전반의 상황을 이해하는 데 지원되는 시스템이다. 궁극적으로는 기업 전략을 설정하는 데 도움을 주는 시스템이다.

3. 데이터마이닝과 고객 관계마케팅

1) 성공적 데이터 분석을 위한 요건

분석 CRM은 운영 CRM을 통해 저장된 데이터를 처리, 가공 및 분석하여 고객에 대한 이해를 높이고 지식을 축적하는 역할을 한다. 이때 활용되는 분석 방법이 데이터마이닝(Data mining)이다. 데이터마이닝에 앞서 성공적 데이터 분석을 위해 무엇이 필요한 지에 대해 정리하면 아래와 같다.

- 고객 관련 정보의 수집과 통합적 관리

효과적인 고객 데이터 분석은 가능한 완벽한 고객 데이터베이스에 기반하여야 한다. 완벽한 고객 데이터베이스를 만드는 데에는 모든 고객 관련 정보를 획득해야 하는 데 이것은 기업에게 큰 어려운 일이다. 그러나 정확하고 적절한 분석을 위해서는 완벽한 고객 데이터베이스가 만들어져야 하는 것이 필수적이다.

모든 고객 관련 정보 수집을 위해 첫 번째로 고려해야 할 점은 CRM 전략을 수행하기 전에 고객 정보가 상이한 유형으로 기업 내에 전달되었거나 다른 부서들이 다른 정보원을 갖고 있었을 수도 있다는 것이다. 분석을 위해 꼭 필요한 데이터 통합을 위해서는 모든 정보가 사업부나 기술적인 관점에서 표준화되어야 한다.

두 번째로 생각해야 할 점은 시간이 지남에 따라 고객들과 기업과의 접촉 방식이 새롭게 변화되기 때문에 새로운 형태의 고객 데이터가 발생할 수 있다는 점이다. 콜 센터를 고객 서비스의 유일한 창구로 사용했을 경우에는 고객 접점에 대해서 분리할 필요는 없으나 영업 사원을 통한 판매와 웹을 통한 고객 서비스를 추가하게 될 경우에는 앞으로의 고객 정보는 접점에 따라서 혹은 선호하는 접점에 대한 정보를 포함하여야 한다. 따라서 분석 도구는 모든 유통 채널과 고객과의 접점에서 만들어지는 모든 데이터들을 유연성 있고 일관되게 통합할 수 있어야 하며 고객 정보가 실시간으로 갱신되고 중요한 정보가 삭제되는 일이 없도록 해야 한다.

- 고객의 인구통계학적 분석을 통한 예측 모델 구축

고객의 인구통계학적 분석을 통해서 기업은 고객의 이름, 성별, 주소, 나이, 교육, 가족 구성원 수 등의 정보로 고객이 누구인지를 알 수 있다. 고객의 행태를 관찰하고 모델화함으로써 기업은 고객들이 어떻게 행동해 왔으며 어떻게 행동할 것인지를 알 수 있다. 따라서 기업은 고객 집단을 분류할 수 있게 되며 그 결과로 고객 집단 별로 상이한 마케팅이나 판매, 고객 서비스를 제공할 수 있다. 예를 들어 고객의 거래 기록을 분석하여 기업은 특정 고객의 구매가 얼마나 최근에 발생했는지, 얼마나 자주 발생했는지, 그리고 구매액은 얼마인지를 알 수 있다. 또한 고객 서비스 기록을 통해서 고객의 태도나 그들이 제공한 피드백을 얻을 수 있다. 이러한 정보를 기반으로 하여 기업은 특정 고객의 행동 유형을 모델화할 수 있으며 그들이 다시 구매할 것인지, 무엇을 구매할 것인지, 언제 구매할 것인지, 얼마나 구매할 것인지, 그리고 부가적인 서비스로 어떤 것을 원할 것인지를 예측할 수 있다.

- 고객 가치 평가

고객에게 가치를 매기는 것은 분석 CRM의 핵심적인 부분이다. 이를 통해 기업은 한정된 자원을 보다 효율적으로 최우량이고 가장 가치 있는 고객 관계에 집중할 수 있게 된다. 고객 가치 분석과 스코어링(점수 매김) 절차 등을 통해서 고객의 계층을 분류할 수 있게 된다.

2) 데이터마이닝의 개념과 특징

데이터마이닝은 분석 CRM의 한 부분을 차지하며 구축된 고객 데이터를 기반으로 하여 실질적인 고객 관계 전략을 구축하기 위한 유용한 정보를 제공해준다. 데이터마이닝은 대용량의 데이터로부터 이들 데이터 내에 존재하는 관계, 패턴, 규칙 등을 탐색하고 모형화함으로써 유용한 지식을 추출하는 일련의 과정들로 정의할 수 있다.

데이터마이닝을 기존의 고객 전략을 위한 분석 방법론으로 많이 활용되었고 지금도 데이터마이닝의 중요한 부분을 차지하고 있는 통계적 분석 방법의 관점으로는 "대용량 데이터에 대한 탐색적 데이터 분석"이라고 말할 수 있다.

- 등장배경

데이터마이닝이 CRM의 한 부분으로써 주목을 받게 된 첫 번째 이유로는 정보 기술 환경의 변화를 들 수 있다. 고객 데이터를 저장할 수 있는 데이터베이스의 구축 및 운영 비용이 정보 기술의 발달로 점차 저렴해지고 있다. 따라서 과거에 고객 정보를 저장하고 운영하는 것을 비용 문제로 도외시했던 기업들도 점차 고객 데이터베이스 구축에 적극적으로 나서게 되었다. 예를 들어 자료의 효율적인 저장을 위한 기술로 앞서 설명한 데이터웨어하우스와 데이터 압축 기술의 발달을 들 수 있다. 또한 기업이 점차 글로벌 시장으로 확대해 나아감에 따라서 흩어져 있는 고객 데이터를 취합하여 저장하고 분석할 수 있는 통신 기술과 클라이언트-서버 기술 등의 발전도 데이터마이닝에 많은 관심을 갖게 한 원인이라고 할 수 있다. 이러한 기술적인 발전은 데이터마이닝을 통해서 급속도로 증가하는 대용량의 데이터를 분석하여 전략적인 고객 관계를 형성할 수 있는 실마리를 제공해주었다.

두 번째로는 비즈니스 환경의 변화를 들 수 있다. 21세기는 치열한 기업 간 경쟁이 난무하는 지식 기반의 사회이다. 이런 사회 환경하에서는 더 많은 더 정확한 그리고 더 차별화된 지식을 확보하여 경쟁 우위를 갖추는 것이 기업의 성공전략이라고 할 수 있다. CRM의 주목적이 치열한 기업 간 경쟁하에서 수익성 있는 고객 관계를 구축하는 것이라고 할 때 데이터마이닝은 고객에 대한 지식을 쌓아가고 기업에 바람직한 고객을 확보하고 유지하는 데에 필요한 전략을 구축하는 수단이라고 할 수 있다. 특히 이미 데이터베이스 시스템을 구축하여 많은 데이터를 축적한 기업은 데이터 분석을 통해서 앞으로의 고객 관계 구축에 활용할 수 있는 강점을 갖고 있다.

- 특징

데이터마이닝의 첫 번째 특징은 대용량의 관측 가능한 자료를 다룬다는 것이다. 다양한 채널로부터 발생하는 고객 데이터는 시간이 지남에 따라 누적되며 오늘날은 정형화된 데이터와 더불어 SNS나 사물인터넷 등 웹2.0 기반의 서비스와 더불어 4차산업혁명 기술로 더욱더 다양한 형태의 비정형 데이터들이 누적되고 있다. 이러한 데이터를 분석하는 것이 데이터마이닝이며 오늘날 빅데이터의 분석에도 적용되는 정보 분석 방법이다.

둘째로 데이터마이닝은 컴퓨터의 강력한 처리 능력을 활용한다. 데이터마이닝에 사용되는 분석 방법론은 수리적인 방법을 비롯해 컴퓨터 공학 분야의 다양한 이론들을 접목하고 있다. 통계학과 같은 전통적인 수리적 분석 방법이라 하더라도 대용량의 데이터를 처리하기 위해서는 고성능의 계산 능력을 가진 컴퓨터가 없으면 불가능하다. 많은 통계 분석 소프트웨어에는 데이터마이닝 분석 기능을 갖추고 있으며 고성능의 컴퓨터가 있을 때 효율적으로 분석이 가능하다.

셋째로 데이터마이닝은 수학적으로 증명되었다기보다는 경험적으로 개발된 방법이다. 모든 데이터마이닝 분석 방법이 경험적인 방법만을 사용하는 것은 아니다. 인공지능 분야의 기계학습, 신경망 등의 분석 방법은 수학적인 증명보다는 결과의 예측 정확도를 토대로 개발된 방법이다. 많은 실제 데이터를 토대로 하여 모형을 훈련, 즉 개선하는 과정을 통해서 예측율이 높은 모형을 만드는 것이 데이터마이닝 분석의 목적이다.

넷째로 데이터마이닝은 대용량의 데이터를 통해 일반적인 규칙이나 경향을 파악하여 미래의 예측이나 판단을 위한 일반화된 모형을 구축하는 방법이다. 대용량의 관측 가능한 자료를 토대로 일반적인 상황에 적용하거나 앞으로의 사건을 예측하는 모형을 만드는 것이 데이터마이닝의 특징이다. 예를 들어 이번에 매장 방문한 고객이 앞으로 VIP 고객이 될 수 있을지 예측하는 모형을 만든다고 해보자. 이를 위해서는 과거 혹은 현재 VIP 고객을 분석하여 이들이 가지고 있는 공통점을 찾아낸다. 그러면 이번 방문 고객이 VIP 고객이 될 가능성은 이러한 공통점을 얼마나 많이 가지고 있는가를 분석함을 통해서 예측할 수 있을 것이다. 또한 은행의 경우 신규 대출을 해 줄 때 해당 고객이 상환을 제대로 할 것인지에 대해서 예측하거나 판단해야 할 것이다. 만약 부도를 내거나 상환이 늦어질 가능성이 높다면 대출 심사 과정에서 적절한 기준을 적용하여 부적격 판정을 할 수 있어야 할 것이다. 이를 위해 과거 상환을 제대로 한 고객들의 공통점, 상환 지연이나 부도가 났던 고객들의 공통점을 찾아낼 수 있다. 이를 통해 신규로 대출을 신청한 고객이 어떤 집단과 더 가까운가를 판단하여 대출 여부를 결정할 수 있을 것이다. 이렇듯 데이터마이닝은 과거 실제 있었던 누적된 대용량의 데이터를 토대로 앞으로의 상황을 판단하고 예측할 수 있는 일반화된 규칙이나 모형을 만드는 방법이다.

마지막으로 데이터마이닝은 데이터를 통해 얻어진 다양한 규칙, 모형과 지식을 통해 기업의 의사결정을 지원한다. 정리하면 데이터마이닝은 고객 데이터베이스를 분석하여 의미 있는 정보를 추출하기 위한 목적으로 통계학과 컴퓨터 공학 분야의 많은 이론을 차용한 방법론으로 엄밀한 수학적인 검증과정으로 통해 만들어진 것이 아니라 실험을 통해 가장 높은 예측률을 갖는 방법론을 채택하는 경험적인 방법이라고 할 수 있다.

3) 데이터마이닝의 활용

첫 번째로 데이터베이스 마케팅을 들 수 있다. DB마케팅이라 불리는 데이터베이스 마케팅은 CRM 개념이 탄생하기 전에 마케팅 부서에서 제품 카탈로그나 할인 행사 안내 등과 같은 판촉행사를 알리기 위해 고객들에게 인쇄 매체를 우편으로 발송하는 DM(Direct Mail, 직접 메일) 발송과 같은 마케팅 활동을 효과적으로 수행하기 위해서 도입된 방식이다. DM의 효과적인 발송을 위해서는 고객 데이터베이스의 분석을 통해서 DM에 대해 반응을 하고 실제 구매를 할 가능성이 높은 고객 계층을 알아내어 이들을 대상으로 한 마케팅 활동이 필요하다. 이때 사용하는 방법이 데이터마이닝이다.

마케팅 이론에서 전통적으로 사용해왔던 고객 세분화나 목표 마케팅에 사용되며 통신 회사나 신용카드 회사 등에서 많이 사용하는 고객이탈분석(Churn Analysis), 그리고 고객 콜 센터에서 전화로 문의한 고객에게 판매를 늘리기 위해서 활용할 수 있는 교차판매, 그리고 매장 내의 제품 진열이나 머천다이징에 사용될 수 있는 시장바구니 분석 등에 활용이 된다.

미국의 대표적인 할인점인 월마드는 매장 내의 상품들과 고객들의 구매 경향의 연관성을 발견하기 위하여 데이터마이닝 기법인 연관성 규칙 알고리즘을 사용하였다. 월마트는 시장바구니 분석이라는 구매 연관성을 파악하는 데이터마이닝을 통하여 미국 남성들은 구매 시에 기저귀와 맥주를 같이 구매하는 경향을 보이는 것을 알아냈다. 이와 같은 구매 경향의 발견을 통해 기저귀와 맥주를 매장 내의 가까운 곳에 진열하여 매출을 늘리는 성과를 얻어냈다.

두 번째로는 신용카드나 은행 등의 금융회사에서 대출 고객의 신용 평가(Credit Scoring)에 활용한다. 신용 카드 발급이나 은행 대출 시에 찾아온 고객에 대한 신용 상태를 평가할 수 있는 점수 시스템을 구축하여 발급 여부를 결정하거나 대출 한도를 정할 수 있는 모델을 구축하는 데 데이터마이닝이 활용된다. 궁극적으로 금융 기관들은 불량 채권이나 부실 카드 사용자를 줄일 수 있다.

세 번째로는 의료 분야에서의 의료 서비스의 질적 향상을 위해 데이터마이닝 기법이 사용된다. 한 의료기관은 종양이 악성으로 전이될 것인지 아니면 양성인지를 판단하기 위해서 데이터마이닝 기법의 하나인 판별 및 분류 분석을 활용하였다. 과거의 환자들에 대해서 종양의 크기, 모양, 색깔 등과 같은 검사의 결과를 근거로 종양의 악성/양성 여부를 구별하는 분류 모형을 만들었다. 이 모델을 기반으로 하여 신규 환자들의 종양 특성을 모형에 적용하여 악성인지 양성인지를 예측하고 분류할 수 있도록 하였다. 이와 같은 분류 및 예측과 같은 분야에서는 데이터마이닝 기법인 신경망, 로지스틱 회귀분석, 의사결정 나무 등이 활용된다.

마지막으로 부정행위 적발 등과 같은 분야에서 사용된다. 이는 사기 행위를 발견할 수 있는 규칙이나 경향을 과거의 데이터베이스 분석을 통해서 얻어내는 방식이다. 주로 신용 카드 회사에서 거래 사기 탐지, 부정 수표의 적발, 전화를 통한 카드 거래사기 혹은 부당 또는 과다 보험료 청구를 탐지하는 데 사용된다. 이를 활용한 예로 국내의 한 신용카드 회사는 부정 카드 사용을 예측하고 막기 위해서 기존 카드 소지자의 구매 경향을 분석하여 현재 구매가 이와 큰 차이점을 보일 때 부정 사용으로 간주하는 모델을 만들었다. 실제로 최근의 카드 회사들은 구매액이 큰 경우에는 사용자에게 핸드폰의 SMS나 카드 회사 직원이 직접 전화로 고객에게 구매 여부에 대한 확인을 함으로써 타인에 의한 부정 결제를 차단한다.

토의문제

1. 고객 관계 마케팅이 등장하게 된 마케팅 패러다임의 변화에 대해 설명해보자.
2. 전통적 마케팅과 고객 관계 마케팅의 차이를 설명해보고 IT기술이 오늘날 고객 관계 마케팅에 어떻게 기여했는지 논의해보자.
3. 고객 관계 관리의 특징에 대해 설명해보고 고객 정보는 고객 관계 관리에 어떻게 활용될 수 있는지 사례를 통해 설명해보자.
4. 빅데이터의 특징인 3V에 대해서 설명해보고 오늘날 SNS와 같은 새로운 형태의 인터넷 서비스가 빅데이터의 형성에 어떻게 기여했는지 설명해보자.
5. 데이터 기반의 고객 관계 관리를 위해 고객과의 접점에서 관리하는 운영 CRM에 대해서 설명하고 금융 산업의 하나의 기업을 선정하여 해당 기업의 운영 CRM에 대해 논의해보자.
6. 분석 CRM은 어떻게 구성되어 있으며 각 구성요소가 고객 관계 마케팅에 어떻게 기여할 수 있는지 설명해보자.

5

기술 혁신과 시장 생태계

학습 목표

- 혁신의 개념과 유형을 학습하고 발명과의 차이점을 이해한다.
- 혁신의 확산과 경로의존성의 개념을 학습한다.
- 혁신을 통한 경쟁과 협력이 일어나는 시장 생태계를 이해한다.

제1절

혁신의 개념과 확산

1. 혁신과 발명

1) 혁신의 개념

오늘날 우리는 혁신이라는 단어가 쓰이지 않는 곳이 없을 정도로 사회 곳곳에서 접할 수 있다. 기술 혁신, 혁신 경영, 사회 혁신, 혁신 성장, 정부 혁신 등 다양한 분야와 상황에서 사용되고 있다. 그렇다면 혁신이란 무엇인가? 혁신을 이야기할 때 이노베이션(Innovation)으로 말하기도 하는 데 사전적 정의로는 '낡은 것을 바꾸거나 고쳐서 아주 새롭게 한다', '묵은 풍속, 관습, 조직, 방법 등을 바꾸어 아주 새롭게 하는 것', '전에 없었던 새로운 것', '잘못된 것, 부패한 것, 만족스럽지 못한 것을 개선하거나 고치는 것' 등이 있다. 사전적 의미를 통해 혁신에 공통적으로 언급되는 것은 새로운 것, 낡은 것을 개선하거나 고치는 것이다.

혁신에 대해서 다양한 학자들과 기관들이 정의한 것은 아래와 같다. 먼저 영국 역산업국 혁신 부서는 '혁신은 새로운 아이디어의 성공적인 활용이다.'로 정의한다. 혁신을 새로운 생각이라는 점에서 확장하여 활용이라는 측면을 강조하고 있다. 기술 혁신 분야의 학자인 C. Freeman에 따르면 '혁신은 새롭거나 개선된 제품, 공정 또는 설비의 최초 상업적 활용과 관련된 일련의 과정'으로 정의하고 있다. Freeman에 따르면 혁신의 영역을 제품, 공정, 설비 등으로 구체화하고 있으며 상업화를 위한 기업의 활동까지도 혁신으로 포함하고 있다. Rothwell과 Gardiner에 따르면 혁신이란 급진적인 혁신처럼 상당한 진보를 상업화하는 것만을 의미하는 것이 아니라 점진적인 혁신처럼 소규모의 변화를 활용하는 것도 포함한다고 정의한다. 이들의 정의에는 혁신은 급진적 혁신과 점진적 혁신으로 나눠질 수 있으며 혁신이 상당한 변화 혹은 소규모 변화와 관계없이 상업화 즉 활용하는 것도 포함하고 있음을 내포하고 있다. Peter Drucker의 정의에 따르면 혁신은 기업가들의 특별한 도구이며, 새로운 사업과 서비스를 찾는 기회로서 변화를 활용하는 수단이라고 정의한다. 즉 혁신은 기업가들의 도구이며 이들이 새로운 사업과 서비스를 찾는 기회라고 할 수 있다. 즉 이윤을 추구하는 것이 목적인 기업가들에게 혁신은 궁극적으로는 이윤 창출의 수단으로 사용됨을 알 수 있다. Michael Porter 교수는 혁신에 대해 기업들은 혁신 활동을 통해 경쟁우위를 얻을 수 있으며, 그들은 새로운 기술과 일하는 새로운 방식 모두를 포함해서 넓은 각도에서 혁신을 접근할 수 있다고 언급하였다. 그는 시장 경쟁에서 혁신은 기업의 경쟁력 향상에 도움을 줄 수 있다고 주장하였다.

다양한 학자들의 혁신에 대한 정의의 공통적인 부분은 혁신은 새롭고 진보적인 아이디어의 상업적 활용이라는 것이다. 따라서 혁신은 새로운 아이디어의 창조와 상업적 활용이라고 정의할 수 있다.

뛰어난 아이디어와 기술이 접목된 제품과 서비스는 사회적 수용을 통해 상업적인 성공을 거두며 궁극적으로 사회에 다양한 영향을 끼친다.

- 제록스 PARC와 혁신의 요건

혁신의 개념과 관련하여 복사기나 프린터로 유명한 미국의 제록스(Xerox)의 Palo Alto Research Center(PARC)는 많은 우수한 기술적 발명을 이루었던 연구소로 알려져 있다. 이 연구소는 1970년에 최고의 컴퓨터 공학자들과 프로그래머들이 모인 거대한 연구소로 뉴욕 본사와는 멀리 떨어진 캘리포니아 실리콘 밸리에 설립되었다. 이 연구소는 추후 30여 개가 넘는 회사의 창업에 기여하게 된다.

PARC에 의해서 개발된 기술로 1971년도에 레이저 프린팅 기술은 제록스사에 큰 상업적 성공을 가져다 주었다. 이후 객체지향 프로그래밍, 추후 개인용 PC의 모델이 됐던 개인용 워크스테이션(Workstation) 컴퓨터인 알토(Alto), 1973년도에는 오늘날 근거리 네트워크(Local Area Network, LAN)의 표준 기술인 이더넷(Ethernet), 오늘날 개인용 컴퓨터의 사용자 환경으로 화면 상의 아이콘을 마우스로 클릭하여 지정된 작업을 실행하는 GUI(Graphic User Interface) 기술, 작업한 결과물이 컴퓨터 화면에 보이는 대로 인쇄되는 기능으로 위지위그(WYSIWYG) 기술, 언제 어디서나 컴퓨터를 활용할 수 있도록 하는 유비쿼터스 컴퓨팅 기술로 오늘날 PDA와 스마트 패드의 원조가 되었다. 특히 Alto 컴퓨터는 PARC에서 처음 개발한 마우스를 이용하여 GUI 환경에서 윈도우, 메뉴, 아이콘, 라디오단추, 체크박스 등의 그래픽 요소를 가미한 컴퓨터였다. 그러나 시장에서는 성공하지 못했는데 이 Alto 컴퓨터는 후에 스티브 잡스에 의해서 애플의 가장 첫 번째 개인용 컴퓨터인 매킨토시의 탄생을 낳게 된다.

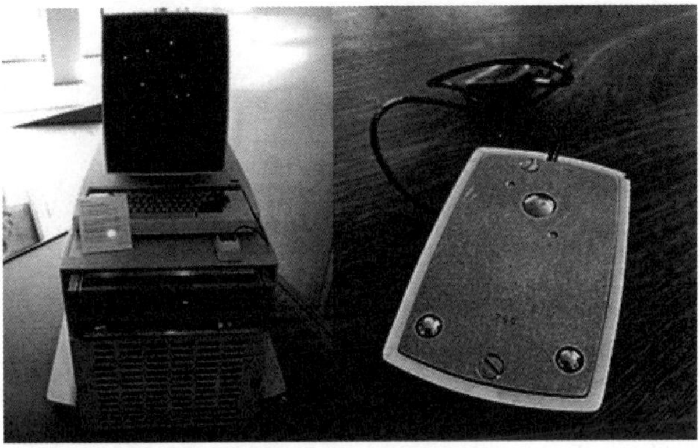

제록스의 Alto 컴퓨터와 마우스
출처: 위키피디어

PARC에서 다양한 창의적이고 혁신적이었던 많은 기술들이 탄생한 이유로 세 가지를 들 수 있다. 첫째로 다양한 분야의 연구자들이 모여 통합적 연구를 수행하는 학제간 연구(Interdisciplinary Research)가 가능했다는 것이다. 둘째로 3~7명의 작은 팀 단위로 진행되었던 공동 연구이다. 마지막으로 기술의 상업적 활용을 고려한 연구 문화가 특징이었는데, 무엇보다도 중요했던 것은 실패에 대해 관용적인 문화와 인내심이었다고 할 수 있다.

그러나 이러한 다양한 기술들은 제록스에서 개발되었으나 제록스에 의해서 상업화되지는 못했다. 이는 뛰어난 발명이 반드시 사회적 성공 즉 상업화로 이어지지 못한다는 것을 의미한다. 뉴욕 본사와 연구소의 물리적인 거리로 인한 의사 소통의 문제가 있었고, 개발된 기술이 제록스의 핵심 제품인 프린터나 복사기 기술이 아닌 경우 주목을 받지 못했다. 또한 Alto PC의 경우 시장에서 실패를 했기 때문에 해당 분야 기술 개발에 대한 투자를 축소하는 등의 결과로 팔로 알토 연구소의 많은 뛰어난 기술들은 시장에서 빛을 보지 못했고 이 기술의 상업화는 제록스 회사 밖의 새로운 창업가들에 의해 가능하게 됐다.

2) 발명과 혁신

혁신을 이야기할 때 발명과 혁신을 구분해야 할 필요가 있다. 우리는 혁신적인 아이디어, 혁신적인 제품을 이야기한다. 그러나 아이디어가 제품이나 서비스 형태로 만들어지는 것은 발명이지만, 이것이 혁신이 되기 위해서는 상업적인 성공, 즉 사회적 확산과 수용이 이루어져야 한다.

발명이란 무엇인가? 사전적인 의미로는 전에 없던 물건이나 방법 따위를 새로 생각하여 만들어 내는 것, 혹은 새로 궁리하여 만들어 내는 것을 말한다. 특허법에서는 발명을 "자연법칙을 이용한 기술적 사상의 창작으로서 고도한 것"이라고 정의하고 있다. 발명도 혁신과 유사하게 전에 없던 새로운 것을 만들어내는 것을 말한다. 따라서 발명은 좋은 아이디어의 창조와 그에 따른 결과물이라고 할 수 있다. 그러나 모든 발명이 상업화에 성공하고 사회적으로 인정 받는 새로운 것이라고 할 수는 없다.

우리는 세상에서 활용되지 못한 수많은 엉뚱한 발명들을 찾아볼 수 있다. 예를 들어 모자를 자동으로 들어 인사를 하게 해주는 기계

(미국의 James C. Boyle의 발명), 전기줄을 타고 다닐 수 있는 자전거, 물 속에 잠긴 상태로 한 달 정도를 생존할 수 있다는 잠수복, 숟가락으로 완두콩을 떠먹기 힘든 사람들을 위해 입에다 조준하는 방식으로 쏘아서 먹는 기계 등 세상에 다양한 아이디어와 이를 반영한 발명들은 계속 만들어지고 있다.

그러나 엉뚱한 발명도 사회에서 인정받지 못하지만, 후에 상업적인 성공을 거두는 창의적 기술조차도 만들어진 시기에는 그 잠재성을 인정받지 못하고 사회에 도입되는 데 어려움을 겪거나 오랜 시간이 지난 뒤에 사회에 확산되는 기술도 있다. 특히 발명 초기에 인정받지 못한 제품 등을 개량하는 방식으로 사회적 수용을 가능하게 한 많은 혁신가이나 사업가들이 있는데 대표적인 사람이 에디슨이다.

우리는 에디슨을 발명가로 알고 있지만 그는 훌륭한 사업가이기도 하며, 많은 발명을 했고 상업화에 실패한 경우도 있다. 대표적인 사업가이자 혁신가로서의 결과물이 백열전구이다. 실제 전구는 에디슨 이전의 사람들에 의해서 발명되었다. 가장 처음 전구의 형태로 발명된 것은 1802년 험프리 데비가 아크 방전 기술을 활용해 만든 아크등이다. 아크등은 엄청난 밝기와 열로 인해 가정용으로는 사용되지 못했다고 한다. 이후 1844년에 존 웰링턴 스타라는 사람이 필라멘트 백열전구를 발명한 이후에 계속 개선 작업이 이루어지다가 오늘날 방식의 전구를 만든 것은 1878년 영국의 물리학자이자 화학자인 조지프 윌슨 스완 경으로 진공으로 된 유리구 안에 탄소 필라멘트를 넣은 전구를 발명한다. 에디슨은 조지프 스완 경의 필라멘트 전구를 토대로 하여 1879년 필라멘트가 들어 있는 백열전구를 발명하면서, 전기를 만들어 내는 발전기, 만들어진 전기를 이용할 수 있도록 전선을 따라 흘려보내는 방법, 전선에 너무 많은 전류가 흐르는 것을 막는 방법 등을 함께 고안하였다. 에디슨은 상업적으로 성공한 백열전구를 만든 사업가이지 가장 처음 백열 전구를 만든 사람은 아니다.

에디슨은 뛰어난 발명가이자 사업가였으나 자신의 모든 발명을 혁신으로 이끌지는 못했다. 대표적인 사례가 축음기이다. 축음기는 에디슨의 순수 발명 제품이다. 소리를 녹음하여 다시 재생할 수 있는 당시로서는 혁신적인 발명이었다. 그러나 에디슨이 1877년 미국 특허국에 특허권을 제출할 때 축음기의 명칭은 토킹 머신(Talking Machine)이었다고 한다. 즉 말하는 기계라는 용도에 지나지 않았던 것이다. 에디슨이 생각했던 축음기의 용도는 이미 고인이 된 사람의 녹음된 목소리를 재생해서 듣는다거나 문서를 구술시키는 것이었다고 한다. 심지어는 처음 축음기가 음악을 재생하는 기구로 사용됐을 때 에디슨의 반응이 좋지 않았다고 한다. 즉 축음기의 발명가였던 에디슨조차도 축음기의 상업적 성공을 가져올 진정한 가치를 알지 못했던 것이다. 그러나 축음기 기술은 후에 많은 발명가들에 의해서 개선을 거듭하면서 음악의 대중화에 기여하게 된다. 특히 축음기의 대중화에 기여한 제품은 바로 주크박스의 등장이다. 주크박스는 동전을 넣으면 음악을 틀어주는 기계인데 이 기계에 축음기가 활용되면서 축음기의 대중화에 큰 기여를 하게 된다.

에디슨의 축음기와 그래모폰(Gramophone)
출처: 위키피디어

축음기 기술은 끊임없이 발전하면서 새로운 혁신을 낳게 된다. 1887년 독일 출신의 발명가인 에밀 베를리너는 그래머폰(gramophone)이라는 새로운 형태의 원반 형태의 축음기를 발명하여 과거 소량의 녹음만이 가능했던 과거 축음기에 비해 대량 녹음이 가능하게 함으로써 음반의 대중화에 기여한다. 1925년에 확성기를 통해 신호가 증폭되는 축음기가 등장했고 1937년에는 스피커와 2개의 마이크로폰을 사용한 스테레오 녹음이 발명된다.

이렇듯 발명이 혁신으로 이어지기 위해서는 제품을 사용하는 소비자에게 소구할 수 있는 가치가 무엇인지를 알아 이것에 초점을 두어 제품을 개선하거나 홍보하는 것이 중요하다고 할 수 있다. 즉 발명이 시장을 통해 인정받고 수용됨으로써 낡았거나 비효율적인 것을 바꿀 수 있다. 발명은 시장을 통해 가치를 인정받음으로써 우리 생활을 변화시키고 사회를 변화시키는 혁신이 될 수 있다.

2. 혁신의 유형

일상생활에서 혁신 제품이나 혁신 서비스라고 하면 공통적으로 나타나는 특성이 기존 제품과는 편익이 다르다는 점을 들 수 있다. 이전 제품과 같은 기능을 제공한다면 혁신 제품은 향상된 성능을 제공한다. 예를 들어 Full HD급 화질의 모니터가 있다면 향상된 화질의 4K 기술의 고화질 모니터는 혁신 제품이라고 할 수 있다.

제품은 다양한 기능을 제공함으로써 편익을 높이기도 한다. 초기의 구글 서비스는 검색 중심이었다. 그러나 점차 구글의 행아웃, 지메일 서비스가 등장했고 클라우드 서비스인 구글 드라이브, 그리고 사무실 환경에서 사용할 수 있는 구글 문서, 슬라이드, 캘린더 등의 서비스가 등장하였다. 구글 스위트(Google Suite)에서 명칭을 바꾼 구글 워크스페이스(Google Workspace) 서비스를 통해 기업이나 학교 등에서 많이 사용하는 기능들을 모아 제공하고 있다. 필요로 하는 기능을 한데 모아 제공함으로써 편의성을 높여 사용 편익을 제공한다.

혁신 제품은 사용 방식이나 소비 방식이 기존 제품과 다르다. 흔히 신제품은 기능상의 변화, 성능의 변화, 외형이나 디자인 등의 변화로 인해 사용 방법이 달라질 수 있다. 혁신의 정도가 높을수록 일반적으로 사용 방법의 차이가 커질 수 있다. 기존 제품에 없었던 기능이 추가된다거나, 성능의 개선으로 새로운 동작이나 기능을 사용할 수 있게 된다거나, 외형이나 디자인의 변화로 버튼을 눌렀던 것을 돌리는 방식으로 변화하게 되었거나 아날로그 조작 방식에서 디지털 조작 방식으로 변화하는 등의 사용 방식의 변화가 존재할 수 있다. 이러한 변화는 성능 향상이나 기능 다양화로 인한 편익의 증가를 상쇄시키는 결과를 낳기도 한다.

예를 들어 전기 자동차의 경우 가솔린이나 디젤 연료를 쓰는 내연기관 자동차와는 달리 매연을 발생시키지 않아 환경 친화적이고 전기를 사용하기 때문에 유지비가 상대적으로 저렴한 혁신 제품이다. 그럼에도 불구하고 내연기관 자동차와 동일한 방식으로 사용할 수 있다. 예를 들어 자동차를 운전하는 방식은 동일하다. 운전대와 엑셀, 브레이크 등으로 조작한다. 법적으로도 내연 기관 자동차로 취득한 운전 면허증으로 전기 자동차도 운전할 수 있다. 대부분 거의 유사하나 한 가지 차이가 있다면 연료를 충전하는 방식이다. 주유소와 유사하게 충전소가 존재하나 아직 많이 보급이 되어 있지 않으며 충전 방식도 가솔린이나 디젤과 다르게 기술적인 한계로 많은 시간이 걸리는 편이다. 물론 적절한 충전 설비가 갖추어져 있으면 아파트나 직장, 쇼핑센터 등에서도 충전을 할 수 있다는 차이가 있다.

구매나 소비 방식의 차이가 발생할 수 있다. 대부분의 내연기관 자동차 회사에서 전기 자동차도 생산하기 때문에 해당 자동차 매장에서 구매할 수 있다. 일부 전기 자동차의 경우 인터넷 쇼핑을 통해서 구매하기도 하나 대부분의 경우 기존의 자동차와 유사하게 구매를 한다. 즉 구매 채널이 확대되었다고 볼 수 있다.

유통에서의 커다란 혁신의 하나로 인터넷을 통한 유통을 들 수 있다. 음악이나 영화의 경우 과거에는 레코드판이나 카세트 테이프로 음악을 들었으며, 최근에는 디지털 저장 매체의 발전으로 CD를 통해서 음악을 들었다. 그러나 인터넷을 통한 네트워크 기술의 발전으로 인해 음악이나 영화의 소비는 스트리밍 방식이 보다 보편화되고 있다. 소비 방식이 아날로그 혹은 디지털 저장 매체를 통한 콘텐츠 소비에서 스트리밍 방식을 통한 온디맨드(On Demand) 즉 주문형 방식으로 실시간 소비가 가능한 유통의 혁신이 이루어졌다.

이렇듯 혁신은 기존 제품이나 서비스와 비교했을 때 편익의 향상이 이루어지고, 기능이나 성능, 디자인 및 외형의 변화로 인한 사용 방식의 변화, 구매나 소비 방식의 변화를 야기한다고 볼 수 있다. 그렇다면 이러한 혁신은 어떻게 구분될 수 있을까?

1) 제품 혁신[1]

제품 혁신은 Product Innovation이라고 하며 제품이나 서비스의 특성이나 용도에 있어 획기적으로 개선하는 것을 말한다. 보통 제품이나 서비스의 기술적 사양, 부품의 소재, 사용자 친화성 및 기능적 특성의 개선이 되는 경우를 말한다. 이를 위해서 보통은 새로운 기술을 이용하여 제품이나 서비스가 제공하는 편익을 개선하게 된다. 제품 혁신의 경우에는 사용자가 이를 쉽게 확인할 수 있다는 특징이 있다.

예를 들어 과거 돛을 단 범선에서 증기 엔진을 장착한 증기선은 제품 혁신이라고 할 수 있다. 종이로 인쇄된 백과 사전을 CD에 담아서 제공하는 경우 역시 제품 혁신이라고 할 수 있으며 이것을 인터넷을 통해 제공하는 경우 사용자의 접근성이 증가하고 다양한 멀티미디어 정보를 검색해서 볼 수 있기 때문에 혁신적이라고 할 수 있다. 종이로 인쇄된 백과사전인 브리태니커 백과사전의 경우 최근에는 인터넷

1 박태영, 사례를 통한 기술경영의 이해, 무역경영사, 2014.

으로 검색해서 볼 수 있도록 하고 있다. 또 다른 예로 필름을 사용하는 카메라에서 디지털 카메라로의 혁신도 제품 혁신이다. 필름의 경우 찍은 사진을 바로 확인할 수 없고, 촬영 회수에 제한이 있으며 보관이나 분실의 문제가 있다. 구매 및 사진으로 인화할 때의 비용도 발생한다. 그에 비해 디지털 카메라는 필름을 사용하지 않고 메모리에 저장하기 때문에 이러한 비용이 없으며 찍은 즉시 사진을 확인할 수 있고 여러 번 찍어도 문제가 없다. 이러한 혁신을 제품 혁신이라고 한다.

제품 혁신은 보통 새로운 기술이 출현하고 이를 도입한 제품이 등장했을 때 나타나게 된다. 오늘날 많은 혁신적인 디지털 기기들은 디지털 기술의 등장과 함께 출현하게 되었다. 종이 등의 인쇄물에서 전자책과 같은 디지털 콘텐츠로의 변화, 레코드나 카셋트 테이프에서 CD나 mp3 파일과 같은 디지털 음원으로의 변화는 디지털 기술이 가져온 혁신이라고 할 수 있다. 또한 배터리 기술의 발전은 내연 기관에서 전기를 동력으로 하는 전기차 시장을 확대하게 된다. 이렇듯 기술의 발전은 여러 시장으로 파급되어 신제품의 등장을 가능하게 하는 제품 혁신의 원천이 된다.

2) 공정 혁신

공정 혁신은 Process Innovation이라고 하며 작업을 수행하는 과정과 방법에서 만들어진 새롭거나 획기적인 것을 말한다. 구체적으로 공정 혁신은 제품이나 서비스를 제공하거나 납품하는 과정에서 획기적으로 채택한 과정이나 방법이 될 수 있다. 기업은 공정 혁신을 통해 비용을 절감하거나 불량률 개선 등의 품질 상승을 꾀하게 된다.

예를 들어 생산 과정에서 자동화 혹은 통합된 프로세스를 통한 생산성 향상이나 불량률 하락을 위한 품질 개선 프로세스, 작업장 내의 안전성 강화 프로세스, 환경 친화적 생산 프로세스, 물품의 조달이나 물류 프로세스 개선 등이 이에 해당한다.

공정 혁신은 제품이나 서비스의 생산과 물류/유통 단계에서 적용되기 때문에 혁신의 구체적 내용을 제품이나 서비스 사용자 입장에서 직접 확인하기는 어렵다. 그러나 혁신의 결과물로써 편의성이 높아지고 배송 시간이 짧아지는 등의 편익의 증가는 소비자에게 큰 가치로 전달될 수 있다.

공정 혁신 역시 새로운 기술의 등장과 이를 도입한 기업의 노력에 의해서 이루어진다. 기업은 비용 절감을 통한 이윤 제고를 위한 노력을 하게 되는데 이 과정에서 불량 제품의 수를 줄이고, 생산 과정 중에서의 대기 시간을 줄이며, 악성 재고 등을 감소시키는 노력을 하게 되는데 이 과정에서 공정 혁신이 필요하다.

대표적인 공정 혁신의 사례로 미국의 자동차 회사인 포드(Ford)사를 들 수 있다. 포드사의 공정 혁신의 핵심 어구로 3S를 들 수 있다. 첫 번째 S는 Simplication으로 제품이나 작업의 단순화를 의미한다. 두 번째 S는 Specialization으로 기계나 공구의 전문화를 의미한다. 세 번째 S는 Standardization으로 부품이나 작업의 표준화를 의미한다. 포드는 이러한 철학으로 1908년 처음 출시한 포드 T모델을 20년 동안 생산하여 1천5백만 대를 판매했다. 또한 1914년도에는 24초만에 1대를 제조할 정도로 생산 효율성이 높아지게 된다. 포드는 13,000명의 직원으로 30만 대의 차량을 생산했다고 한다.

포드의 공정 혁신의 핵심은 컨베이어 벨트(Conveyor Belt) 기반의 조립 생산 시스템을 들 수 있다. 컨베이어 벨트를 따라서 생산의 흐름이 끊기지 않도록 하여 생산 효율성을 높였다고 한다. 이 시스템에 따르면 불필요한 동작이 발생하지 않도록 하기 위해 작업자가 1초 이상 걷지 않도록 했고 결코 몸을 구부리지 않도록 작업 공간을 설계하였다고 한다. 또한 포드는 T 모델을 생산하면서 단일 모델과 단일 색상 제품만 공급하여 생산의 효율성과 더불어 규모의 경제 효과를 통해 제품 생산 단가를 낮출 수 있었다고 한다.

생산에서만 공정 혁신이 이루어지는 것은 아니다. 델(DELL) 컴퓨터는 1984년에 마이클 델이 설립했고 미국의 대표적인 PC제조 및 판매 회사이다. 델은 혁신을 통해 1996년에 당시 쟁쟁했던 HP나 COMPAQ 등과 같은 컴퓨터 유통 회사와의 경쟁에서 우위에 서게 된다. 델의 공정 혁신은 바로 컴퓨터 유통과 조달에 있었다. 먼저 컴퓨터를 주문 받는 방식에서 획기적인 방식을 도입한다. 지금은 인터넷을 통한 구매가 일상화되었으나 1990년대 인터넷의 상용화가 시작될 무렵에는 웹을 통해 소비자가 직접 주문하는 것이 흔한 일은 아니었다. 델은 과감하게 이런 방식을 택하였고 이를 통해 소비자들이 직접 자신이 원하는 사양으로 선택하여 맞춤형 컴퓨터를 만들 수 있도록 하였다. 특히 웹을 통한 직접 주문 방식은 오늘날 인터넷 기반의 상거래가 그렇듯이 유통 단계를 축소하여 저렴한 가격으로 물건을 공급할 수 있다. 또한 웹을 통해 주문이 들어왔을 때 해당 정보를 컴퓨터 부품 공급자와 공유하여 해당 부품이 신속하게 조달될 수 있도록 하였다. 모니터와 같이 완제품의 형태인 경우에는 델 회사로 입고할 필요 없이 바로 주문자에게 배송될 수 있도록 하여 신속 배달이 가능하도록 하였다.

이러한 직접 주문 방식은 컴퓨터 업계의 고질적인 문제인 악성 재고도 해결한다. 컴퓨터와 같은 제품은 팔리지 않고 재고로 남게 되는 경우 가치의 하락이 심하게 발생한다. 이는 컴퓨터는 기술의 발전 속도가 빠르기 때문에 이전 단계의 제품의 가치가 급격히 하락하기 때문이다. 신제품이 나올 때마다 이전 단계의 제품은 시장 가치가 하락하기 때문에 잘 팔리지 않으며 팔더라도 싸게 팔아야 판매할 수 있다. 잘 팔리지 않기 때문에 재고 비용을 높이며 팔리더라도 낮은 마진에 판매되기 때문에 컴퓨터 업계에서는 재고를 낮추기 위해 서둘러 팔아 재고를 회전시킬 필요가 있었다. 재고의 보충 빈도로서 일정 기간 중에 재고가 얼마나 고갈되었다가 다시 보충되는지를 나타내는 재고의 회전 속도를 재고 회전율이라고 하는 데 이것이 높아야 악성 재고를 줄일 수 있다.

델의 주문 방식은 기존의 PC 제조 및 유통업계의 관행인 미리 만들어 창고에 쌓아두고 판매하는 방식이 아니라 주문을 받아 제조하는 방식이다. 따라서 완제품 재고의 부담이 적은 방식이며 주문을 받아 해당 부품을 공급받고 이를 조립해서 판매하는 방식이기 때문에 부품에 대한 재고의 부담도 적다고 할 수 있다. 이를 통해 델은 다른 PC기업보다 재고 비용을 획기적으로 절감함으로써 공정 혁신을 통해 성공적인 PC 유통 기업으로 도약하였다.

3) 구조 혁신과 부품 혁신

- 구조 혁신의 개념과 특징

구조 혁신은 Architectural Innovation이라고 하며 제품이나 서비스의 전체 디자인, 구조의 변경과 개선으로 얻어지는 것을 말한다.

쉽게 말하면 제품의 개선을 위한 설계상의 획기적인 변화라고 할 수 있다. 설계상의 변화는 제품을 구성하는 구성 부품들이 결합되는 방식, 배치되는 형태 등의 변화가 일어난다. 이러한 변화로 부품 간의 상호 작용 방식이 변화된다. 설계상의 변화는 뒤에 설명할 부품 혁신보다 혁신의 정도가 높다고 볼 수 있다.

예를 들어 과거 자전거와 오늘날 자전거의 구조 변화를 생각해볼 수 있다. 과거 자전거는 오늘날 자전거와 비교하면 바퀴의 크기가 다르다. 특히 19세기 말 유럽에서는 오디너리(ordinary)라는 자전거가 유행했는데 이 자전거는 앞바퀴가 큰 구조였는데 앞바퀴를 직접 돌리는 방식이었다. 페달이 앞바퀴에 달려있기 때문에 앞바퀴가 클수록 멀리 나아갈 수 있었기 때문에 인기가 좋았다고 한다. 그러나 앞바퀴가 커지면 높이가 높아져 타기 위해서는 사다리를 이용했고, 중심을 잡기도 어려웠다. 그에 비해 오늘날 자전거는 바퀴의 크기가 동일하다. 추가된 혁신은 페달을 바퀴 사이에 위치시키고 페달의 동력을 체인에 의해 뒷바퀴로 전달되게 하는 방식으로 자전거를 움직였다는 점이다. 그렇게 함으로써 안장에 오르기도 쉬웠고 균형을 잡는 것도 수월하게 되었다.

음악을 듣는 장치로써 CD에서 MP3 플레이어로의 변화 역시 구조 변화라고 할 수 있다. 음원을 저장하는 매체가 CD에서 MP3 파일로 바꾸는 경우의 가장 큰 구조적인 변화는 장치의 크기 변화라고 할 수 있다. CD의 경우 저장된 음원을 읽기 위해 CD Rom을 회전시키고 이것을 레이저로 읽어들여야 하는 데 MP3 플레이어는 메모리와 메모리를 읽어 음악으로 변환할 수 있는 마이크로 칩과 회로만 있으면 된다. 따라서 부피를 크게 줄일 수 있다. 또한 CD 플레이어보다 더

적은 전기를 소비하기 때문에 배터리의 크기도 작아진다. 그래서 일반 배터리보다 더 소형 배터리를 장착해도 되기 때문에 크기를 작게 만들 수 있다.

-부품 혁신의 개념과 특징

부품 혁신은 Modular Innovation이라고 하며 모듈(Module) 혁신이라고도 한다. 제품이나 서비스를 구성하는 부품의 성능 향상이나 기능 다양화 등의 획기적 개선의 결과로 얻어지는 것을 말한다. 구조 혁신과 비교되는 경우가 많은데 제품을 구성하는 부품 혹은 모듈의 변화로 전체 제품의 구조 변화에는 영향을 주지 않는다. 해당 부품의 개선을 위한 부품 수준의 전문 지식을 토대로 이를 개선하고 변화시키는 것이다. 개선하는 과정에서는 관련된 부품과의 관계만을 고려하게 된다. 예를 들어 PC의 CPU를 생각해보자. CPU를 개발하고 개선할 때는 전체 컴퓨터의 구조 변화를 염두에 두지는 않는다. CPU의 속도를 개선하기 위해 CPU와 관련된 내부에 대한 지식을 토대로 개선하는 것으로 CPU 혁신이 가능하다. 컴퓨터의 외형이나 전체 설계상의 변화를 고민할 필요는 없다. 마찬가지로 파일 저장을 위한 하드디스크의 개발에도 하드디스크의 용량, 속도 등만을 고려하면 된다. 단 하드디스크가 컴퓨터의 마더 보드(Motherboard)에 잘 연결되고 조화롭게 작동될 수 있도록 만들기만 하면 된다. 즉 관련 있는 부품과의 원활한 상호 작용 부분만을 고려하면 된다.

자전거도 보다 편한 안장을 만든다고 할 때 전체 자전거의 구조를 고민할 필요는 없다. 심지어 과거 앞바퀴가 큰 자전거나 오늘날 자전거나 안장을 개발할 때 바퀴 크기를 고려할 필요는 없다. 어떤 자전거든지 간에 잘 장착되고 탄 사람이 편하게 느낄 수 있도록 만들기만 하면 된다. 전체 구조에 대한 고려보다는 개별 제품의 원래 목적과 기능을 획기적으로 개선하여 잘 실현될 수 있기만 하면 된다.

- 구조 혁신과 부품 혁신과의 관계

구조 혁신이 일어나는 경우 설계 상의 변화가 일어나는 과정에서 부품 혁신을 수반하는 경우가 발생하기도 한다. 반대로 부품 혁신이 구조 혁신에 영향을 미치기도 한다. 예를 들어 스마트폰의 휴대성을 높이고 디자인을 좋게 만들기 위해 애플은 아이폰의 유선 이어폰 단자를 없애는 혁신을 도입하였다. 설계상의 변화라고 할 수 있다. 이런 변화는 얇아지기만 하면 되는 것은 아니다. 스마트폰의 성능이 높아지면서 발열은 스마트폰 개발자의 골칫거리가 되고 있다. 스마트폰이 얇아지면 열을 식히거나 빠져나갈 수 있는 공간이 줄어들기 때문에 발열의 문제가 발생한다. 이를 위해서 발열을 원활하게 하기 위한 또다른 설계상의 변화가 일어날 수 있으며, 때로는 발열의 효율을 높이기 위해 스마트폰의 발열 부품인 히트 파이프 등과 같은 부품의 혁신이 필요할 수 있다. 또한 얇아지면 담을 수 있는 배터리의 부피도 줄어들기 때문에 용량의 감소가 일어날 수 있다. 이는 스마트폰 사용 시간에도 영향을 주기 때문에 더 효율적인 배터리를 개발하거나 배터리를 효율적으로 사용할 수 있도록 스마트폰 OS의 최적화와 같은 부품 혁신을 수반하기도 한다. 반대로 스마트폰의 CPU인 AP의 성능을 높인 부품 혁신을 담아내기 위해서는 마찬가지로 발열의 문제가 발생하기 때문에 열을 잘 식힐 수 있는 설계상의 변화가 필요하다. CPU의 성능이 좋아지면 전기를 많이 필요로 하기 때문에 배터리 사용의 효율성을 높이거나 배터리의 용량을 늘리기 위한 더 큰 배터리가 필요할 수 있다. 이는 스마트폰 내부 부품의 배치 형태의 변화를 야기할 수 있으면 이는 궁극적으로 구조적인 변화 즉 혁신을 필요로 할 수 있다.

4) 점진적 혁신과 급진적 혁신

- 점진적 혁신의 개념과 특징

점진적 혁신은 Incremental Innovation이라고 하며 변화의 정도가 낮은 수준의 혁신으로 보통은 기존의 혁신을 토대로 하여 연속적이고 단계적인 개선으로 얻어지는 혁신을 말한다. 기존 제품이나 서비스의 작은 수준의 개선이나 변경을 통해 편이성을 높이거나 품질을 개선하거나 비용을 절감하여 구매자에게 새로운 가치를 전달하는 형태의 혁신을 들 수 있다. 예를 들어 스마트폰의 메모리를 8기가 바이트에서 16기가 바이트로 높인다거나, 여러 개의 버튼을 하나의 돌리는 형태의 휠(Wheel)로 바꾸는 등의 혁신을 들 수 있다. 자동차의 경우라면 기존보다 개선된 연비의 새로운 엔진을 도입하는 것도 점진적 혁신으로 볼 수 있다.

혁신적인 제품이라면 사용이나 소비 행태의 변화가 발생하는 데 점진적 혁신의 경우에는 큰 변화가 수반되지는 않는다. 스마트폰 메모리가 늘어났다고 스마트폰의 구매 방식이나 사용 방식이 크게 달라지지는 않는다. 메모리가 늘어났기 때문에 더 많은 앱을 설치하거나 더 많은 데이터를 저장할 수는 있지만 사용에 있어서 커다란 변화가 일어나는 것은 아니다. 마찬가지로 자동차의 연비 향상과 같은 혁신 역시 자동차 운전자에게 커다란 변화가 일어나는 것은 아니다. 연비가 향상되면 연료비가 적게 들거나 주유소 방문 회수가 줄어들어 편의성은 늘어나지만 사용 방식에 큰 변화를 요구하지는 않는다.

- 급진적 혁신의 개념과 특징

급진적 혁신은 Radical Innovation이라고 하며 변화의 정도가 높아 이전 혁신과 비교했을 때 새롭고 상이한 것을 말한다. 제품이나 서비스의 획기적인 성능 향상이나 비용 절감을 가능케 하는 전례 없는 형태의 결과물이 급진적 혁신이다. 급진적 혁신은 이전 혁신의 결과물을 대체할 수 있는 가능성이 있다. 즉 이전 혁신을 사라지게 하고 그 자리를 대신하게 될 수 있다. 또한 급진적 혁신이 도입되면 사회 전반에 큰 변화를 야기하기도 한다.

대표적인 급진적 혁신이 바로 디지털 기술이다. 과거 아날로그 기반의 기술과 비교했을 때 디지털 기술은 획기적인 성능 향상과 비용 절감을 가능케 하였다. 0과 1의 숫자로 정보를 표현하는 디지털 기술은 문자, 그림과 사진, 음악과 영상 등 다양한 멀티미디어 정보를 하나의 기기로 통합할 수 있는 기반을 제공하였다. 그에 따라 과거 종이 인쇄물, 비디오테이프나 레코드판 등의 아날로그 기술 기반의 매체보다 높은 편이성을 제공하였다. 특히 디지털화된 정보의 경우 정보의 저장과 관리가 용이하며 종이와 같은 아날로그 매체에 저장된 정보와 달리 파손이나 분실, 오래 써서 낡게 되는 일이 발생하지 않는다. 또한 디지털화된 정보는 인터넷과 같은 디지털 네트워크를 통한 손쉬운 유통이 가능하여 더 저렴하고 신속하게 다수의 구매자들에게 제공할 수 있게 만들었다. 획기적인 성능 향상과 비용 절감을 통한저렴한 가격으로 고품질의 정보를 제공하여 구매자들에 높은 가치를 제공하였다. 디지털 기술의 등장으로 인해 아날로그 기술 제품이나 서비스들은 점차 그 자리를 잃어가고 있다. 레코드판, 비디오테이프 등의 아날로그 제품들은 소수의 사람들 흔히 마니아(Mania)들에 의해서만 소비되고 있다. 따라서 디지털 기술은 급진적 혁신의 특징을 보이고 있다고 볼 수 있다.

하지만 디지털 기술이 사회 모든 부분을 대체한 것은 아니다. 일정 부문에서는 공존하고 있기도 하며 대체되는 속도가 느리게 진행되는 경우도 있다. 예를 들어 인쇄물인 책의 경우에는 처음 전자책이 등장했을 때 머지않아 모든 종이책이 사라질 것이라고 예상한 사람들도 있었다. 그러나 여전히 종이책은 유통되고 있으며 전자책과 함께 공존하고 있다. 그럼에도 불구하고 전자책 시장은 꾸준히 성장하고 있으며 초기 전자책을 볼 수 있는 전용 기기 등이 기술 발전을 통해 점차 개선되고 있다. 아마존의 경우 과거 킨들(Kindle) 제품을 판매하였으며 최근에는 일반 태블릿의 형태인 Fire HD Tablet을 전자책 단말기로 판매하고 있다. 특히 스마트폰이나 태블릿이 보편화되기 시작하면서 이를 통해 전자책을 보는 계층이 늘어나면서 점차 디지털 인쇄물로의 전환이 일어나고 있다. 이는 전자책이 갖는 장점으로 휴대성과 저렴한 가격, 종이 인쇄물이 제공하지 못하는 검색이나 즐겨찾기 등의 부가 기능들로 인해 높은 가치를 제공하기 때문이다.

- 점진적 혁신과 급진적 혁신의 판단

어떤 혁신을 점진적 혁신과 급진적 혁신의 하나로 구분하는 것은 어려운 일이다. 대부분의 혁신은 점진적 혁신과 급진적 혁신의 양 끝단 사이의 연속선상의 어딘가에 위치하게 되며, 한 제품이나 서비스에서 등장한 여러 혁신을 비교할 때 상대적으로 점진적 혁신과 급진적 혁신을 비교하는 것이 바람직하다.

하나의 혁신이 기존 혁신을 대체하기 못했기 때문에 급진적 혁신이 아니라고 규정하는 것은 잘못된 판단일 수 있다. 혁신은 발명이 있고 사회적 수용을 거치는데 모든 발명이 같은 속도로 사회적 수용이 일어나는 것은 아니며, 또 경쟁 관계에 있는 기존 혁신이 새로운 혁신에 의해 대체되는 것도 같은 속도로 이루어지지 않기 때문이다. 시장에 바로 도입되어 급격하게 시장에 수용되고 기존 혁신을 대체하는 경우도 있지만 서서히 시장에 확산되고 서서히 경쟁 제품을 대체해 나가는 경우도 있기 때문이다. 따라서 하나의 혁신을 특정 시점에서 급진적 혁신이다 아니다를 구분하는 것은 무리한 판단이 될 수 있다.

- 점진적 혁신과 급진적 혁신의 유사 개념

점진적 혁신과 유사한 개념으로는 연속적 혁신, 존속적 혁신, 역량 강화 혁신, 호환성 혁신 등을 들 수 있다. 첫째로, 연속적 혁신은 기존의 시장, 구매자, 공급자, 투자자들을 노대로 기존의 요구를 충족하는 목적의 혁신이라고 할 수 있다. 둘째로, 존속적 혁신은 기존 기술의 성능과 기능을 부분적으로 향상하는 혁신이라고 정의 한다. 셋째로, 호환성 혁신은 기존 제품이나 서비스에 크게 다르지 않아 함께 사용할 수 있는 혁신을 말한다. 상기한 네 가지 혁신의 공통점은 기존의 시장, 기존 제품이나 기술 등을 토대로 하여 연속성과 양립 가능성에 초점을 두고 있다는 점이다.

마지막으로, 역량 강화 혁신은 자신의 핵심 경쟁력을 개선하고 지속하는 혁신으로 특정 분야 연구개발 능력이 뛰어나 많은 특허를 생산해내고 이를 통해 수익을 창출하는 기업이라면 연구개발 능력을 향상시키는 형태의 혁신이 이에 해당한다. 기존 제품이나 서비스의 강점을 더욱 개선하거나 기존 기술의 성능이나 비용 등을 절감하는 발전을 말한다. 예를 들어 하이브리드 자동차는 기업이 하이브리드 방식의 동력원이 갖는 장점인 연비를 더욱 향상시키는 형태의 혁신이 역량 강화 혁신이라고 할 수 있다. 삼성전자의 경우 스마트폰에 들어가는 CPU인 AP인 엑시노스를 직접 제작하는 데 AP의 성능을 개선하는 혁신을 한다면 핵심 경쟁력을 강화하는 것이므로 역량 강화 혁신이라고 할 수 있다.

급진적 혁신의 유사 개념으로 첫 번째는 불연속적 혁신으로 전혀 새로운 시장과 구매자, 공급자를 바탕으로 잠재적 욕구 충족을 목표로 급변하게 일어나는 혁신을 말한다. 연속적 혁신과 대조되는 개념이다. 두 번째는 와해성 혁신이다. 이는 기존 시장과 전혀 다른 속성을 요구하는 새로운 시장 요구를 충족하는 혁신이다. 이는 존속적 혁신과 대조되는 개념이다. 세 번째로 비호환성 혁신이 있다. 이는 기존 제품이나 서비스와 매우 달라 함께 사용하기 불가능한 혁신을 말한다. 호환성 혁신과 대조되는 개념이다.

마지막으로 역량 소실 혁신으로 자신과 타인의 경쟁력을 무력화하고 소멸시키는 혁신이다. 기존 제품이나 서비스, 기술과 지식을 포기하게 되거나 진부하게 만드는 혁신이다. 역량 소실 혁신은 이것이 담긴 제품이나 서비스에 의해 기존 기술을 대체하게 된다. 따라서 기존 제품이나 서비스를 보유한 경쟁 기업을 도태시킬 수 있으며 심지어는 자사의 제품이나 서비스도 이 혁신에 의해 퇴출될 수 있다. 따라서 역량 소실 혁신은 이것을 만들어낸 기업에 의해서도 수용되기 어려운 특징을 가지고 있다.

예를 들어 노키아(Nokia)는 핀란드의 통신 장비를 만드는 기업이다. 사실 이 기업은 과거 2G 통신 기술이 주력인 시기에 핸드폰 제조업체로써 세계 시장 1위 점유율을 달렸던 기업이다. 유명세가 높았기에 영화에서도 많이 등장했던 핸드폰이다. 그러나 3G 통신 기술이 등장하고 스마트폰이 통신 단말기 시장의 주력이 되면서 애플의 아이폰과 구글의 안드로이드 기반의 스마트폰 진영에 점차 밀리기 시작하였다. 노키아는 뒤늦게 몇몇 제품을 출시하였으나 이미 대세가 됐던 안드로이드와 iOS 스마트폰 시장에서 자리를 잡지 못했고 급기야는 스마트폰을 비롯한 단말기 사업부를 매각하게 된다. 사실 노키아는 심비안(Symbian)이라는 OS를 개발하여 가장 처음으로 스마트폰을 만든 기업이다. 그러나 스마트폰 시장의 성장에 맞추어 빠르게 진입하지 못했기 때문에 도태되고 만다. 즉 기존의 성공을 가져다주었던 2G 핸드폰의 역량이 새로운 3G 기반의 스마트폰 혁신에 의해 대체되었다고 할 수 있다.

제2절

혁신의 확산과 경로의존성

1. 혁신의 확산과 사회적 수용

1) 확산의 개념

뛰어난 발명이나 우수한 기술적 성취나 결과물 등이 혁신으로 거듭나기 위해서는 사회적 수용의 과정이 필요하다. 즉 시장을 통해 가치를 인정받고 시장의 다수에 의해 선택되는 과정이 필요하다. 모든 발명이 시장의 다수에 의해 선택되는 것은 아니다. 일부 계층에 가치 있는 것으로 인정되어 소수 계층에 의해서만 선택되어 소비되는 경우도 있으며 일반 대중 모두에게 인기를 얻어 소비되는 경우도 있다. 경제적인 관점에서 구매자들은 합리적 의사결정을 통한 구매를 하게 된다. 예를 들어 구매자 모두는 하나의 제품이나 서비스에 대해 서로 다른 가치를 부여하게 된다. 개인이 특정 제품에 대해 느끼는 가치가 클수록 선택될 가능성이 높으며 다수에 의해 높은 가치를 제공할 수 있는 발명은 시장 전체에 수용될 수 있다. 가치의 평가는 구매자의 주관에 달려있으나 가격은 정해져 있는 경우가 많다. 따라서 경제학적 관점에서 합리적 의사결정을 하는 구매자라면 주관적인 크기의 가치가 명시적인 가격보다 커야 선택이 된다. 따라서 발명의 상업화를 꾀하는 기업은 높은 가치와 이에 따른 적정한 가격 설정이 필요하다는 점을 고려해야 한다.

어떤 발명이 사회적 수용이 될 것인지를 판단하는 다섯 가지 항목을 알아보자. 첫째로 기존의 것에 비해 낫다고 생각되어야 한다. 기존 제품이 Full HD 모니터이고 새로운 제품이 4K 모니터라면 화질의 차이가 명확하기 때문에 기존보다 낫다는 생각이 들 것이다. 즉 새로운 제품을 구매할 때의 가치가 높다는 것이다. 단 화질에 큰 관심이 없거나 4K 영상이 없어 화질의 차이가 명확하지 않다면 새로운 제품은 시장의 선택을 받기 어려울 것이다. 둘째로 채택할 사람의 가치, 경험, 필요와 일치하여야 한다. 제품을 구매하는 사람들이 중요하게 생각하는 가치가 다를 수 있다. 예를 들어 같은 가방이라도 아디다스의 가방을 선택하는 사람은 스포츠를 좋아하는 사람이거나 관련된 활동에 관심이 많은 사람일 것이다. 그에 비해 에르메스 가방을 선택하는 사람은 남들에게 과시하거나 자랑하는 것에 좀더 높은 가치를 두고 있는 사람일 것이다. 즉 구매자가 중요하게 생각하는 가치나 필요를 충족시킬 수 있느냐에 따라 해당 발명의 선택 여부를 결정한다. 셋째로 사용할 사람들에게 쓰기 쉽고 알기 쉽게 보여야 한다. 복잡한 기술이나 제품들은 그 효용성이나 가치에 대해 아무리 설명해도 구매자가 이해하지 못하면 선택되기 어렵다. 초창기 비트코인이나 이더리움 등의 암호화폐는 블록체인 기술을 활용한 기존 화폐의 대안으로써 새로운 결제 수단으로 주목받았다. 그러나 초기에는 해당 기술에 대한 이해도 부족했고 이것을 투자나 결제 수단으로써 사용하기 어려웠기 때문에 수용이 쉽지 않았다. 넷째로 시험해 볼 수 있어야 한다. 어떤 제품의 품질을 이해하기 위해서는 제품을 시험 삼아 쓸 수 있어야 한다. 그것이 어렵다면 이미 사용한 사람들로부터 충분한 정보를 얻을 수 있어야 한다. 신약의 경우 쉽게 사용하기 어려운 이유는 사용했을 때의 위험부담이 크기 때문이다. 사용했을 때 목숨을 잃을 수도 있는 위험이 있는 제품은 사용해보기 어렵기 때문에 선뜻 수용되기 어려운 문제가 있다. 다섯째로 결과를 알아보기 쉬워야 한다. 4차 산업혁명의 도래와 함께 인공지능과 정보 서비스를 결합한 형태의 새로운 사업 모형이 등장하고 있다. 예를 들어 인공지능 법률 상담과 같은 서비스이다. 그런데 이러한 서비스는 결과를 봐도 전문가가 아닌 일반인의 입장에서는 결과를 이해하기가 어려울 수 있다. 혹은 결과가 정확한 것인지 아니면 일반 변호사들을 통해 받는 법률 서비스보다 좋은 것인지 알기가 어렵다. 지금까지 설명한 다섯 가지 기준을 통해 새로운 발명이 사회적 수용 여부를 검토해볼 수 있다.

2) 혁신 확산 모형

Singularity.com은 다양한 신기술이 미국 전체 인구의 1/4이 채택하는 데 걸리는 시간을 조사하였다. 전기는 1873년에 도입되어 무려 46년이 걸렸고, 전화는 1876년에 도입되어 35년이라는 시간이 걸렸다. 라디오는 1897년에 도입되어 31년, 텔레비전은 1926년에 도입되어 26년이 걸렸다. 개인용 컴퓨터는 75년에 도입되어 16년이 걸렸으며 휴대폰은 1983년 도입되어 13년, 인터넷은 1991년 도입되어 7년이라는 시간이 걸렸다. 이 사례를 통해 알 수 있는 것은 우리 인류에 커다란 영향을 준 발명이 사회에 확산되는 데 걸리는 시간은 상이하며, 최근 발명일수록 그 시간이 짧아지고 있다는 것이다.

Scurvy라 불리는 괴혈병은 과거 유럽의 많은 항해자들을 괴롭혔던 질병이다. 오랜 기간 동안 배를 타게 되면 비타민C의 부족으로 인해 걸리는 병인데 이 병에 대한 치료법이 정착되는 데는 매우 오랜 시간이 걸렸다.[1] 처음 괴혈병의 치료 방법을 제안한 사람은 1601년 영국의 제임스 랭캐스터(Jame Lancaster)경이다. 그러나 그의 아이디어는 채택되지 못하고 사장되었다가 1753년에 이르러서야 제임스 린드(James Lind)에 의해서 다시 제안되었다. 그는 6가지 치료법을 도입하여 각각의 치료법이 실제 효과가 있는지를 실제 시험을 통해서 오렌지 2개와 레몬 1개를 사용한 치료법이 우수함을 밝혔고 이를 책으로 출간하여 많은 반향을 일으켰다. 그럼에도 불구하고 그의 치료법은 계속 사장되었다가 1794년에 이르러서 길버트 블레인(Gilbert Blane)경에 의해 영국 해군에 도입되게 된다. 무려 200여 년에 가까운 시간이 걸려 괴혈병 치료 방법이 채택된 것이다.

이렇듯 발명의 가치가 아무리 훌륭하다 해도 사회적으로 수용되어 새로운 변화를 일으키는 데 걸리는 시간은 오래 걸릴 수도 있고 매우 급속도로 진행될 수도 있다. 이런 혁신적인 아이디어의 확산에 영향을 주는 요인은 무엇일까?

(1) 확산의 개념

확산은 사전적인 의미로는 흩어져 퍼진다는 의미와 서로 농도가 다른 물질이 섞여 시간이 지나면서 점차 농도가 같게 되는 현상으로 정의된다. 혁신적인 아이디어나 제품의 확산은 전자의 의미를 가지

1 칼 플랭클린, 세상을 바꾼 혁신 vs 실패한 혁신, 시그마 북스, 2008.

고 있다. 따라서 혁신의 확산은 새로운 혁신이 사회의 구성원 사이에서 전달되는 과정이라고 할 수 있다. 예를 들어 새로운 소문의 확산, 새로운 제품의 확산, 새로운 사상이나 라이프 스타일의 확산, 패션이나 스타일의 확산 등이 이에 해당한다고 할 수 있다.

연기나 냄새 등이 바람을 타고 빠르게 주변으로 확산되듯이 혁신의 확산도 어떤 매개체를 통해서 혹은 어떤 상황적 요인에 의해서 가속화될 수 있다. 첫째로 오늘날 정보 기술의 발전은 소문의 확산을 더욱 빠르게 하고 있다. 과거 웹1.0 시대의 인터넷에서 웹2.0 시대의 인터넷으로 바뀌면서 인터넷상의 정보들이 누구에게나 개방되어 있으며 불특정 다수에 의한 자발적 정보 공유와 참여가 일어나게 되었다. 이는 동시에 어떤 형태의 정보이건 개방과 공유, 참여로 인해 지역이나 세계로의 확산이 급속히 이루어진다는 것을 의미한다. 특히 페이스북이나 인스타그램, 트위터와 같은 SNS를 통한 정보 공유, 특정 글에 대한 좋아요, 추천 기능 등 각종 소셜 네트워크 서비스는 이러한 정보 확산을 가속화시켰다. SNS는 보통 친밀한 관계에 있는 사람들 간의 네트워크가 중심이 되는데 이들 간의 연결과 더불어 집단과 집단을 연결하는 연결 고리 역시 형성이 용이하기 때문에 SNS 네트워크를 타고 전 세계로 확산이 가능하게 됐다.

둘째로 교통의 발전 역시 확산의 속도를 빠르게 했다. 과거 산업 혁명 이전에는 주요 교통 수단의 동력원은 말과 같은 동물이었다. 따라서 대단위의 사람들의 이동이나 먼 거리를 이동하는 것에는 제약이 심했다. 바다를 이용한 왕래도 바람이나 사람의 힘에 의존했기 때문에 한계가 있었다. 그러나 산업 혁명과 함께 등장한 증기기관은 바다에서는 증기선을, 육지에서는 증기기관차의 등장을 가능하게 하여 대규모 물자와 인력의 이동을 가능하게 했다. 특히 이후 발전한 다양한 내연기관과 같은 동력 기술의 발전은 전 세계를 하나로 연결하는 새로운 교통수단을 만들었다. 특히 1, 2차 세계대전을 거치면서 급격히 발전한 군수 산업과 군사 기술 등이 민간에 확대되면서 항공 운송이 보편화되어 민간인 및 비즈니스를 위한 인력과 물자의 이동이 전 세계적으로 이루어질 수 있게 됐다. 교통의 발전은 동시에 전염병의 전 세계적 확산에도 영향을 미쳐 SARS, MERS 및 코로나19와 같은 전 세계적인 전염병 창궐에도 영향을 미치게 된다. 스페인 독감의 경우에는 미국에서 발발하여 전 세계적으로 확산하게 됐는데 이 이유가 1차 세계대전을 통한 물자와 인력의 이동에 의한 것이라고 알려져 있다.

- 확산의 요소

확산과 관련하여 사회학자인 에버렛 로저스(Everett Rogers)는 아이디어의 확산은 혁신이 사회의 구성원 사이에서 시간이 지남에 따라 특정한 채널을 통해 전달되는 과정으로 정의하였다. 그는 확산의 네 가지 요소로 혁신, 시간, 전달 통로(채널), 그리고 사회 체계로 정의하였다.

특히 그는 혁신의 확산 과정에서 수용 주체의 상이성을 주목하였다. 사회 내에서는 혁신이 시간에 따라 확산됨에 따라 수용하는 시점이 다른 계층들이 존재한다고 주장하였다. 이는 수용하는 주체가 갖는 특성 때문인데 새로운 것에 대한 위험을 느끼는 정도, 불확실성에 대한 태도에 기인한다고 하였다.

2) 혁신의 수용 주체와 확산

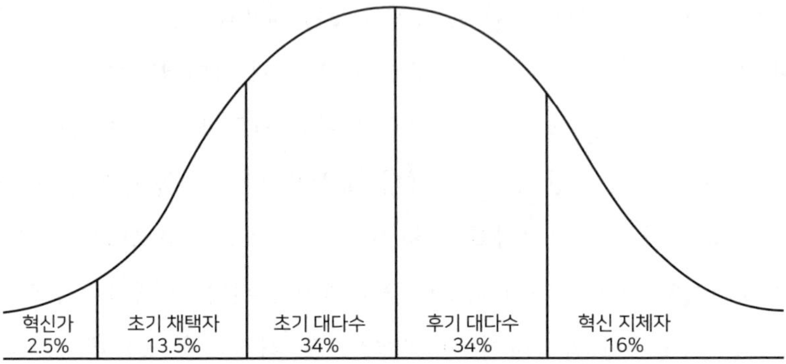

혁신 성향에 따른 소비자 집단 유형

출처: 김영석, 강내원, 박현구 옮김 (2005), 개혁의 확산, 커뮤니케이션 북스

에버렛 로저스는 혁신을 채택하는 시점에 따라 다섯 가지 유형의 소비자 집단을 구분하였다. 따라서 가로축은 시간축이며 세로축은 해당 시점에 채택한 사람의 규모를 나타낸다.

- 혁신가

이들 집단은 사회에 새로운 혁신이 도입되었을 때 가장 먼저 채택한다. Innovators라고 부르면 전체 사회 구성원의 2.5%에 해당한다. 이들은 새로운 혁신을 채택함으로써 발생할 수 있는 위험을 적극적 수용하는 계층이다. 즉 새로운 아이디어나 제품을 도입하거나 사용해본다. 다른 특징으로 연령대는 비교적 젊은 편이며 사회 계층도 높은 편에 속한다. 실패나 위험으로 발생할 수 있는 손실을 충분히 보상할 수 있는 높은 재무 유동성 즉 재산을 보유하고 있다. 또한 사교적이고 다른 혁신가들과 활발한 교류를 한다. 이들은 혁신과 관련된 과학적 정보에 쉽게 접근할 수 있으며 혁신을 선택함으로써 발생할 수 있는 실패를 두려워하지 않는 집단이다.

- 초기 채택자

조기 수용자라고 하며 흔히 얼리어답터라고 불리는 집단이다. 영어로는 Early Adopters이며 전체 사회 구성원의 13.5%를 차지한다. 이들 집단의 구성원들은 대체로 젊은 편이고 사회적 지위가 높은 편이다. 특히 이들은 교육 수준이 높으며 새로운 것에 대해 개방적 성향을 지니고 있다. 혁신가 집단과 유사하게 실패로 인한 손해를 보상할 만큼 충분한 재정적 여유를 가지고 있다. 혁신가 집단과 차이가 있다면 이들은 활발한 사회 참여의 동기를 가지고 있다. 이들은 다수와 연결된 대인 네트워크 상의 중심이 되는 경우가 많으며 TV, 신문 등의 대중 매체를 통해 빈번하게 노출되는 경향이 높다. 이들은 흔히 의견 주도자, 오피니언 리더(Opinion Leader)의 자질을 가지고 있는데 특히 IT기술의 발전과 SNS 등의 다양한 소통 채널이 등장함에 따라 이들의 영향력이 더욱 높아지고 있다. SNS에서 많은 팔로어들을 보유하고 있어 이들에게 많은 영향을 줄 수 있는 사람을 인플루언서(Influencer)라고 하는 데 이들 모두가 초기 채택자로 볼 수는 없지만 이들의 사회적 영향력은 초기 채택자와 유사하다고 볼 수 있다.

- 초기 대다수

조기 다수자라고도 하며 이들 집단을 영어로 Early Majority라고 한다. 사회 전체 구성원의 34%에 해당하며 혁신가, 초기 채택자 다음으로 혁신을 수용하는 계층이다.

이들은 앞서 혁신 수용자들과는 상이한 특징을 지니고 있다. 흔히 말하는 대중 시장 즉 주류 시장(Mainstream Market)의 첫 번째 계층에 해당한다. 혁신가와 초기 채택자가 새로운 것에 대해 개방적이고 적극적으로 수용하려는 태도를 지니고 있다면 이들은 새로운 것에 대해 보수적이며 위험이나 불확실성을 회피하는 성향을 지니고 있다. 이는 혁신가와 초기 채택자가 실패로 인한 손실에 대해 두려워하지 않는 특징을 지니고 있는 반면에 이들은 확실하고 위험 부담이 없는 선택을 선호한다. 새로운 기술이나 혁신을 수용하기 위해서 이들에게 필요한 것은 이미 수용한 계층들로부터 실증을 통한 확실한 검증이다.

이들은 대체적으로 평균 수준의 사회적 지위를 가지고 있으며 새로운 혁신에 대한 정보를 초기 채택자와 접촉을 통해서 얻는다. 그러나 초기 채택자와는 상이한 관점으로 혁신을 바라본다. 신중하며 동료들과 많은 상호작용을 하는 집단이다. 그렇지만 초기 채택자와는 달리 여론 주도자로서의 자질을 갖고 있지는 않다. 하지만 혁신에 대한 보수적 태도를 보이는 첫 번째 계층으로써 이들이 혁신을 수용하지 않는다면 혁신적인 제품이나 서비스의 시장 확산이 어려워질 수 있다. 혁신에 개방적인 성향을 보이는 혁신가, 초기 채택자 집단과 보수적인 성향을 보이는 초기 대다수 집단과의 간극을 제프리 무어(Geoffrey Moore)는 캐즘(Chasm)이라고 언급하였다.

- 후기 대다수

이들 집단을 후기 다수자라고도 하며 영어로는 Late Majority라고 한다. 사회 전체 구성원의 34%를 차지하며 이들 집단부터 특정 혁신의 수용이 전체 사회의 50%를 넘게 된다.

이들 집단은 조기 대다수에 비해 새로운 것에 대한 의심이 많은 계층이다. 조기 대다수에 비해 혁신에 대해 더욱 회의적 성향을 보인다. 대체적으로 평균 이하의 사회적 지위를 가지고 있으며 혁신 선택이 잘못 됐을 경우에 발생할 수 있는 손실을 보상할 수 있는 재무적인 유동성이 낮은 편이다. 이들은 조기 다수자들과의 관계 형성하며 이들로부터 혁신에 대한 정보를 얻는다.

혁신에 대해 보수적이고 회의적인 이들은 경제적 요구나 외부의 영향에 의해 혁신을 선택하게 된다. 조기 다수자 즉 50% 이상 선택이 이루어진 뒤에야 혁신을 수용하는 집단이다.

- 혁신 지체자

이들은 사회 내에서 혁신을 가장 늦게 받아들이는 계층으로 Laggard라고 한다. 사회 전체 구성원의 16%를 차지한다. 이들 대부분은 새로운 것과 변화에 대해 보수적이며 혁신이 기여할 수 있는 것들, 혁신의 가치를 의심하고 기존의 것들 즉 전통을 사랑하는 계층이다. 대체적으로 가장 낮은 사회적 지위를 가지고 있으며 금전적으로 여유가 없어 새로운 혁신을 수용함으로써 발생할 수 있는 위험을 부담하기 어려운 계층이다. 사회적으로도 고립화 성향이 강해 새로운 정보의 취득이 어려운 계층이다.

2. 경로의존성과 혁신

1) 경로의존성의 개념

미국 스탠퍼드 대학의 폴 데이비드 교수와 브라이언 아서 교수가 주창한 개념으로 경로의존성이란 한 번 일정한 경로에 접어들면 이후에 비효율적인 것을 알고서도 경로를 벗어나지 못하는 현상을 말한다. 예를 들어 어떤 제품이나 서비스를 선택한 뒤에 일정한 시기가 지나게 되면 다른 더 좋은 것이 나와도 계속적으로 사용하게 되는 것이다. 과거의 어떤 계기나 역사적 우연에 의해 오래 전에 시작된 것들이 미래에도 계속 지속되는 것을 말한다.

경로의존성이 발생되는 이유는 어떤 생각이나 태도, 행동 등이 관행이나 습관 등으로 오랫동안 반복되면 이것의 효율성, 옳고 그름과 관계없이 새로운 것으로 바꾸기가 어렵기 때문이다. 쉽게 말하면 이미 익숙해졌기 때문에 많이 불편하지 않다면 바꾸지 않으려는 타성이 있기 때문이다.

특히 제품이나 서비스를 구매한 경우 사람들은 이것을 제대로 사용하기 위한 많은 노력을 기울이게 된다. 처음 사용이 불편했던 제품이라도 계속 사용하게 되면 익숙해지고 보다 효율적으로 사용할 수 있게 된다. 처음 소프트웨어를 사용할 때는 메뉴도 익숙하지 않고, 기능도 잘 몰라 시간이 많이 걸리지만 시행착오를 거치고 주변 사람들의 도움 등을 통해 많이 알게 될수록 능숙해진다. 때로는 사용과 관련하여 모르는 것이 있을 때 유튜브와 같은 인터넷 서비스를 통해서 정보를 구하게 되거나 관련 도서를 구매하거나 고급 기능을 익히기 위해 학원 등의 수강을 할 수도 있다. 이렇듯 특정 제품이나 서비스 사용의 시간이 길어지고 사용의 효율성을 높이기 위한 시간과 돈의 투자가 이루어지면 다른 제품이나 서비스로 바꾸기 어려워진다. 많은 투자를 했기 때문에 새로 배우는 것에 대한 부담이 커지며 익숙한 것을 버리고 새로운 것을 배우는 과정에서 다시 반복해야 할 시행착오, 시간과 비용 투자는 기존 것을 고수하게 되는 결과를 낳게 된다. 이러한 현상을 고착화(Lock-in)라고 하며 시간과 돈, 열정 등 다양한 형태의 노력이 투자되어 사용의 효율성이 높아지는 현상을 학습 효과(Learning Effects)라고 한다.

2) 경로의존성의 사례

- 철로 간격

오늘날 철로의 간격, 궤간이라고 하는 규격은 표준 치수가 4피트 9인치로 1435밀리미터이다. 사실 이 간격이 공식화된 것은 영국의 조지 스티븐슨에 의해 기차가 발명됐을 때 영국 의회에 의해 의결된 궤간법의 결과라고 할 수 있다. 그런데 이 간격의 기원을 들여다보면 오래전 로마 제국 시대로 거슬러 올라간다. 로마 시대에 마차 바퀴의 너비는 말 두 마리의 엉덩이 폭으로 결정됐는데 이 크기가 4피트 9인치였던 것이다. 즉 오랜 옛날 정해졌던 규격이 19세기 말 산업혁명과 더불어 등장한 기차의 선로 간격에도 활용됐던 것이다.

전 세계 철로의 넓이가 모두 위의 수치를 따르고 있지는 않다. 나라별로 특수한 상황이나 배경에 의해 넓은 크기의 광궤를 선택한 나라와 더 좁은 크기의 협궤를 사용하는 나라들이 있다. 예를 들어 과거 러시아는 광궤를 선택한 나라이다. 이는 러시아가 1812년 나폴레옹의 침략을 받으면서 철도를 부설하는 경우 표준궤를 사용하는 프랑스 군의 침략을 도와주게 될 거라고 염려하여 표준궤보다 85밀리미터 넓은 광궤를 선택했다. 스페인도 광궤를 선택한 나라인데 러시아와 마찬가지로 광궤를 선택했는데 당시 적성국인 프랑스의 침공을 염려해서 그런 선택을 했다고 한다.

표준궤를 쓰는 영국은 19세기 식민지였던 인도에 철도를 건설할 때는 광궤로 시공했다고 한다. 이는 식민지의 물자들을 보다 많이 실어 빠르게 운송할 목적이었다고 한다. 선로 간격이 넓으면 공사비가 많이 드나 차량을 크게 만들고 대량 수송에 유리하며 속도를 높일 수 있는 장점이 있기 때문에 그렇게 했다고 한다. 20세기 초 일제강점기의 우리나라도 마찬가지였다. 일본은 국토의 대부분이 산지였기 때문에 건설비용이 저렴하고 산악지역에 적합한 협궤를 건설했으나 식민지였던 우리나라에는 표준궤로 시공했는데 이는 일본이 지배하고 있던 남만주의 철도 폭과 일치시켜 우리나라를 통한 대륙 침략을 원활히 하기 위함이었다고 한다.

표준궤는 로마 시대를 거쳐 산업혁명 시대의 영국에서 선택되어 전 세계 60% 정도의 철도에 사용되고 있다고 한다.

- 컴퓨터 드라이브 문자

개인용 컴퓨터 시장에 후발주자로 진입한 IBM은 PC의 표준 기술을 공개하였고 이것이 오늘날 IBM 호환 기종 PC가 시장에 확산된 계기가 되었다. IBM 호환 기종 PC는 당시 3.5인치 플로피 디스크와 5.25인치 플로피 디스크 두 개를 장착할 수 있었는데 5.25인치 디스크는 A를 3.5인치 플로피 디스크는 B를 해당 디스크의 드라이브 문자로 하였다. 참고로 3.5인치 플로피 디스크는 1.44MB, 5.25인치 디스크는 1.2MB를 저장할 수 있었다. 그리고 이후 PC에 오늘날 우리가 사용하는 대용량의 하드 디스크가 장착되기 시작하면서 하드디스크에는 C문자를 부여했다. 그러나 오늘날 기술의 발전으로 더 이상 플로피 디스크는 사용되지 않는다. 따라서 보편적으로 사용되는 하드디스크를 A로 할당해도 되지만 여전히 C로 사용하고 있다.

- 그레고리력

현재 전 세계적으로 사용되고 있는 약력으로 1582년 교황 그레고리오 13세에 의해 만들어진 것으로 율리우스력을 개정한 것이다. 율리우스력은 로마의 율리우스 카이사르가 기원전 46년에 제정한 것으로 1년의 길이가 365.25일인 관계로 편차가 있는 단점이 있었다. 그레고리력은 율리우스력의 단점을 보완한 역법으로 만들어진다.

율리우스력을 개선한 달력 체계이나 이 체계 역시 완벽하지는 못했다. 대표적인 것이 각 달의 일수가 다르다는 점이다. 프랑스 혁명으로 수립된 혁명 정부에서는 그레고리력을 폐지하고 단점을 보완한 프랑스 공화력을 도입하기도 했다. 또한 1년을 4계로 나누어 각 계를 91일로 하는 역법인 세계력이 등장하기도 했다. 세계력은 매년 요일이 일정하므로 달력이 바뀌지 않았으며 각 사분기의 일수가 같아져 각종 통계 지표 비교에 유리하다. 또한 일요일이 31일인 달은 5주, 30일인 달은 5주가 되므로 각 달의 근무일수가 26일로 일정해진다는 장점이 있다. 그러한 장점과 그레고리력의 한계점에도 불구하고, 500여 년에 걸쳐 쓰여 오면서 익숙해졌기 때문에 사람들은 여전히 그레고리력을 사용하고 있다.

3) 시장 실패와 혁신 실패

- 시장 실패의 개념

시장 실패는 경제학에서 시장 기구가 그 기능을 제대로 발휘하지 못해 자원의 비효율적 배분이 일어나는 상태를 말한다. 애덤 스미스는 개별 경제 주체들이 자신의 만족을 최대로 하는 이기적인 행동을 하더라도 사회는 발전하고 시장의 경제는 효율적으로 돌아간다고 주장했는데 이런 주장이 일정 부분 맞지 않는 경우를 말한다. 정리하면 애덤 스미스의 주장대로 아무런 외부의 간섭 없는 경우 시장 경제가 스스로 경제 자원의 효율적인 배분 상태를 달성하지 못하는 상태 혹은 그 원인이라고 할 수 있다.

시장 실패의 원인은 독점이나 과점과 같은 시장 지배력에 의한 경우, 불완전한 정보, 외부 효과, 공공재가 있다.[2] 독점이나 과점과 같은 시장 상황에서는 기업이 이윤 극대화를 달성하기 위해 경쟁 시장의 상황보다 더 적은 양을 생산하는 결과를 낳게 되는데 이는 독점이 아닌 상황에서의 거래보다 적은 수준으로 사회적인 후생의 감소를 낳게 된다. 따라서 시장의 효율성이 깨지는 상황이라고 할 수 있다.

외부성은 어떤 시장 참여자에 의한 경제적 행위가 제3자에게 의도하지 않은 편익이나 손해를 가져다주는 현상을 말한다. 특히 이 상황에서 편익을 얻게 되는 제3자로부터 대가를 받거나 손해를 일으키는 당사자에게 보상을 받는 일이 일어나지 않는 경우를 말한다. 손해가 발생하는 경우를 부정적 외부성, 편익이 발생하는 경우를 긍정적 외부성이라고 한다. 부정적 외부성의 대표적인 사례의 경우 생산자가

2 KDI 경제정보센터자료, https://eiec.kdi.re.kr/material/conceptList.do

일으키는 환경오염이다. 주변에 손해를 끼치기 때문에 제3자에게 피해가 발생하는 경우인데 이때 적절한 오염 방지 장치나 환경 복원을 위한 비용을 부과하게 되면 외부성이 사라진다. 이때 생산 규모는 비용을 고려하기 때문에 비용을 내지 않는 경우에 비해서 작아진다. 외부성은 비용을 내지 않는 경우에 발생하므로 실제로 생산자는 원래보다 더 많이 생산하는 결과를 낳게 된다.

반대로 긍정적 외부성의 경우 편익이 발생하더라도 제3자로부터 대가를 받지 않는 경우를 말한다. 예를 들어 집 근처 자신의 비용으로 설치한 가로등을 생각해볼 수 있다. 자신의 자녀들을 위해서 설치한 가로등으로 주변 사람들도 혜택을 볼 수 있다. 그러나 가로등 근처를 지나다니는 사람들은 가로등의 혜택에 대한 보상을 하지는 않는다. 집 주인 입장에서 더 많은 가로등으로 적소에 배치하여 추가 설치한다면 지나다니는 사람들에게 더 큰 혜택을 줄 수 있다. 그러나 지나는 보행인들이 자신들이 누리는 편익에 대한 보상을 주지 않기 때문에 가로등에 대한 과소 투자가 일어나게 된다.

- 경로의존성에 의한 시장 실패

경로의존성은 시장에 새로운 혁신이 도입되는 것을 방해하여 시장 내의 효율적인 자원 배분을 방해하는 시장 실패의 결과를 낳기도 한다. 대표적인 사례가 QWERTY 방식의 키보드이다.[3]

3 손용엽 외, 사이버 시장의 경쟁원리, 시그마인사이트컴, 2001.

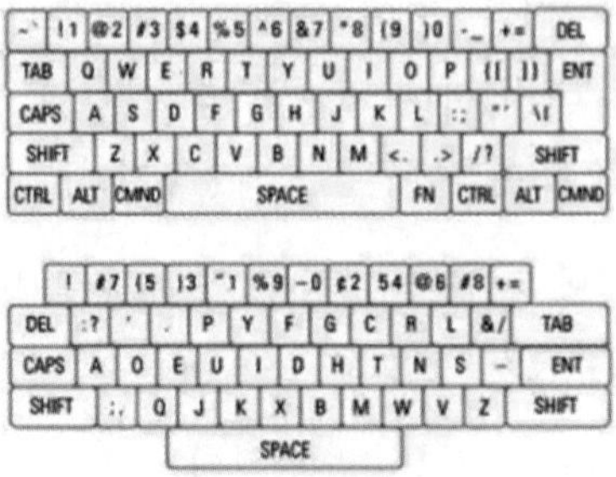

QWERTY와 DVORAK 키보드
출처: https://www.quora.com/

QWERTY(쿼티) 키보드 자판 배열은 상단 키의 배치가 QWERTY로 구성되어 있어 그렇게 불리고 있다. 쿼티 자판의 역사는 타자기 시절로 거슬러 올라간다. 타자기는 자판을 치면 금속 활자가 붙어있는 글자쇠가 튀어 올라 리본이라는 먹지에 부딪치면서 종이에다 글자를 찍는다. 손으로 쓰는 것보다 빠르게 쓸 수 있었지만 자판을 빠르게 치면 글자쇠가 서로 엉키는 경우가 많았다고 한다.

그래서 고안한 것이 타자 속도를 일부러 느리게 만들기 위한 자판의 배열 조정이었다. 그래서 등장한 배열이 쿼티 방식의 키보드이다. 글자쇠가 서로 엉키면 이것을 고치기 위한 시간이 많이 들어 생산성이 떨어지는 관계로 자판을 천천히 치도록 재배열한 것이다.

그런데 IT 기술의 발전으로 이제는 타자기가 아니라 컴퓨터로 문서를 작성하는 시대가 되었다. 이제는 더 이상 과거 타자기에서 문서 작성을 하는 경우 자판을 빨리 치더라도 글자쇠들 간에 꼬이는 일은 벌어지지 않는다. 따라서 더 효율적으로 자판을 배열하는 방식을 도입해도 가능할 것이다.

드보락(Dvorak) 자판은 1932년에 워싱턴 대학교의 오거스트 드보락 박사가 개발한 영어 자판 배열 방식이다. 드보락 자판은 보다 빠르고 편하게 타자를 치기 위해 개발된 방식으로 많이 쓰는 철자를 오른손 중간열에 배치하고 다섯 개의 모음이 왼손 중간열에 배치하여 쿼티 방식보다 빠르게 타자를 칠 수 있다고 한다. 그럼에도 불구하고 드보락 자판은 쿼티 방식을 넘어서지 못했다. 이는 쿼티 방식에 익숙해져있던 사회적 상황과 더불어 드보락 자판을 이용하면 새로 배워야 하는 귀찮은 일이 생기기 때문이었다. 기업에서는 새로운 자판 도입 시에 사용하는 직원들이 익숙해지도록 교육을 시켜야 하며 익숙해지기까지 기업의 문서 작업과 관련된 업무의 생산성이 떨어질 것이 분명하기 때문에 도입을 주저했다. 특히 오랜 동안 쿼티 방식을 사용했고 교육을 해 왔기 때문에 드보락 자판에 익숙한 인력을 구하기도 어려웠다. 이러한 이유로 드보락 자판은 당시로서는 혁신적 기술이었음에도 불구하고 시장에서 선택받지 못했다.

경로의존성은 새로운 혁신 기술이나 제품, 서비스가 사회에 등장했을 때, 기존의 혁신을 고수함으로써 시장의 비효율성을 야기할 수 있다. 아담 스미스의 주장에 따르면 아무런 개입이 없어도 시장 경제는 스스로 자원의 효율적인 배분을 이룰 수 있다고 했으나 경로의존성에 의해서 시장은 혁신적인 기술을 선택하지 못하고 기존 기술을 고수하게 된다. 효율적 시장 관점에서는 사회 전체가 혁신적인 기술을 수용함으로써 해당 기술이나 제품, 서비스의 생산이 이루어지고 이들에 적정한 자원이 배분되는 것이 바람직하나 여러 가지 이유로 비효율적 기술을 선택하게 된다는 것이다.

정리하면 경로의존성은 시장에 등장하는 새로운 혁신의 확산을 저해하는 요인으로써 시장의 비효율을 야기하는 결과를 낳을 수 있다.

제3절

혁신의 창출과 시장생태계

1. 경쟁과 혁신의 창출

1) 경쟁과 생태계

- 경쟁의 개념과 특징

경쟁은 영어로 Competition이라고 하며 브리태니커 백과 사전의 정의에 따르면 한 군집 내에서 같이 살고 있는 다른 종 또는 같은 종 사이에서 자원이 부족할 때, 개체들이 자원을 서로 차지하려고 하는 것을 말한다. 국어사전의 정의에 따르면 같은 목적에 대해 서로 이기거나 앞서려고 다툰다는 뜻이 있으며 생물의 여러 개체가 제한된 환경을 이용하기 위하여 벌이는 상호 작용으로도 정의되기도 한다.

경쟁을 경제학적 관점에서 본다면 시장 경제력이 집중되어 있는 정도로 정의하기도 한다. 시장 집중의 정도에 따라서 독점, 과점, 독점적 경쟁, 완전 경쟁 등으로 분류하는 데 경쟁이 치열할수록 완전 경쟁의 형태이며, 독점인 경우 시장 내 홀로 상품이나 서비스를 공급하기 때문에 가장 경쟁의 정도가 낮은 상태라고 할 수 있다. 경쟁이 치열하다는 이야기는 하나의 시장 내에서 많은 기업들 간에 같은 목적을 이루기 위해 다툰다는 것이다. 기업의 목적은 이윤을 가장 크게 하는 것이기 때문에 시장 내에서 더 많은 상품과 서비스를 팔기 위해서 다른 기업들과 서로 다투게 되는 것이다.

생물학의 정의로 설명한다면 기업의 이윤은 곧 자원이고 이 자원을 얻기 위해서는 더 많은 물품 판매를 할 수 있어야 한다. 물품을 사 주는 사람은 구매자이기 때문에 더 많은 구매자를 자사의 고객으로 유치해야 한다. 그러나 구매자의 수는 무한하지 않고 한정되어 있다. 우리나라의 인구를 생각해보면 이해할 수 있다. 파는 물건이 우리나라 10~20대를 대상으로 한다면 구매자들은 해당 인구수만큼 제한되어 있는 자원이라고 볼 수 있다. 특히 많은 기업들이 하나의 상품을 이들에게 판매한다면 기업들 숫자대로 균등하게 구매자들을 배분한다고 하면 모두 이윤이 날 수도 있지만 모두 손해가 발생할 수도 있다. 혹은 기업의 비용 구조에 따라 손해가 나는 기업도 이윤이 나는 기업도 있을 수 있다. 손해가 나는 상황에 있는 기업이라면 당연히 손해를 피하기 위해 다른 기업들과 다투려고 할 것이다. 이렇게 되면 자연스럽게 다른 기업의 구매자를 유치하려고 들 것이며 그런 경우 균등하게 구매자를 나누는 상황은 벌어지기 어려울 것이다. 한정된 자원은 시장 내의 기업들 간의 경쟁을 높이는 주된 원인이 된다.

- 자연 생태계의 경쟁과 진화

자연 생태계의 경쟁은 생물 종 간의 경쟁 혹은 하나의 종을 구성하는 개체 간의 경쟁으로 볼 수 있다. 서로 다른 이종 간의 경쟁을 종간 경쟁이라고 하며 같은 종 내의 개체들 간의 경쟁을 종내 경쟁이라고 한다. 종간 경쟁은 두 종류의 서로 다른 생물이 상대의 존재에 의해

불이익이 발생하여 다툼이 일어나는 경우라고 볼 수 있다. 예를 들어 아프리카 초원의 육식동물인 사자와 하이에나는 서로 다른 종이지만 아프리카의 초식 동물을 놓고 먹이 경쟁을 하는 관계에 있다. TV의 동물 관련 다큐멘터리나 인터넷 상의 검색을 통해 암사자가 사냥한 먹이를 두고 하이에나가 떼로 몰려와 뺏으려는 장면을 본 적이 있을 것이다. 이러한 한정된 먹이 자원을 두고 하는 경쟁은 자연 생태계의 포식자와 피식자 간의 연결 관계를 한눈에 볼 수 있는 먹이 그물(Food Web)을 통해 파악할 수 있다. 먹이 그물에는 포식과 피식 관계를 화살표를 통해 알 수 있는데 하나의 먹이를 서로 다른 종이 취하는 경우 이들 간의 먹이 경쟁이 발생할 수 있다. 하나의 먹이를 취하는 여러 종들 중에 한 종의 개체 숫자가 일시적으로 늘어나는 경우 종간 경쟁은 더욱 치열해진다.

그에 비해 종내 경쟁은 같은 종의 개체들 간에 다툼이 발생하는 것을 말한다. 같은 종들 간의 경쟁은 먹이 경쟁도 있지만 후손을 남기기 위한 짝짓기 경쟁도 치열하다. 짝짓기를 위해 수컷끼리의 경쟁이 치열한데 이를 통해 보다 우수한 종의 유전자를 후세에 남기는 방식으로 종의 지속성이 유지된다. 또한 영역 다툼이 일어나는 경우도 있다.

또한 환경의 변화에 따른 종내 경쟁이 일어나기도 한다. 기후의 변화나 천재지변 등으로 인한 환경의 변화는 해당 지역에 서식하는 동식물들에게 커다란 위협이 될 수 있다. 이러한 변화에 가장 잘 적응하는 개체만이 해당 종을 지속시킬 수 있는 원천이 된다. 서식 환경이 열악해져 먹이가 부족해지면 같은 종 내에서도 먹이 경쟁이 일어날 수 있다. 이러한 경쟁에서 살아남는 개체가 후세에 유전 정보를 전달하며 종을 유지할 수 있게 한다.

이러한 환경 변화와 경쟁, 생존의 과정은 궁극적으로 종의 변화가 누적되어 새로운 종으로의 변화를 야기한다. 이것을 진화라고 하는 데 Evolution이라고 하며 생물 집단이 여러 세대를 거치면서 변화를 축적해 집단 전체의 특성을 변화시키고 나아가 새로운 종의 탄생을 야기하는 관찰된 자연현상을 가리키는 생물학의 용어이다. 외부 환경의 변화에 적응하여 살아남은 개체들에 의해 세대에서 세대로 이들의 유전적 특징(눈동자색, 머리색 등 외형적 특징 등), 즉 유전형질이 전달되는 과정에서 유전적 특징의 변화가 누적된 결과라고 할 수 있다.

진화의 원동력으로 보통은 생물 집단과 환경의 상호 관계에 의해 유전 형질이 선택되는 자연선택(Natural Selection)이 언급된다. 이는 다양한 유전적 특징을 지닌 특정 종의 개체 중에서 환경 변화로 인한 경쟁에서 살아남은 개체들의 유전자가 후세에 전달되기 때문에 자연 환경에 의해 선택된다는 점을 강조하고 있다. 이것을 환경에 가장 잘 적응한 개체가 살아남는다는 적자생존(Survival of the fittest)으로 해석하기도 한다.

- 시장 생태계의 경쟁

자연 생태계의 경쟁이 진화라는 결과물을 낳았다면 시장 생태계에서의 경쟁은 어떤 결과를 낳을까? 강한 자가 살아남는다는 공통점도 있지만 차이점이 있다면 시장 생태계의 개체는 경쟁에서 이기기 위해 머리를 쓴다는 점이다. 동물들 중의 일부 종은 사냥을 위해 전략적으로 무리를 지어 사냥을 하여 성공 가능성을 높이기도 한다. 그러나 일부 종에 지나지 않으며 하나의 전략을 계속해서 바꾸어나가고 더 개선하는 것은 인간만이 할 수 있는 행태이다.

사람들은 경쟁에서 이기기 위해 다양한 방법을 생각해내고 이를 적용하며 결과를 통해 새로운 전략을 궁리하고 발전시킨다. 가장 간단한 예로 일상 생활에서 하는 게임을 생각해보자. 간단하게는 가위바위보부터 시작해서 전통 게임인 윷놀이와 오랜 역사를 지닌 바둑이나 장기 등과 같은 다양한 게임들을 생각해보자. 무엇보다도 게임을 하는 목적은 상대편과의 경쟁을 통해 승리를 얻기 위함이다. 게임 승리자에 대한 금전적인 대가가 정해져 있기도 하지만 반드시 금전적 대가만을 위해 게임을 하는 것이 아니라 승리 그 자체를 위해 하는 경우도 있다.

게임의 승리를 위해 많은 전략들을 생각해낸다. 어떤 게임은 그러한 전략들을 문서화하거나 교육할 수 있는 공간을 만들어 이를 전수하고 발전시킨다. 바둑의 경우 이미 하나의 스포츠로 자리 잡을 만큼 위상이 높아져있다. 오랜 시간 동안 스승으로부터 지도와 훈련을 통해 높은 수준의 실력자로 발전해나간다. 즉 인간의 경쟁은 사고할 수 있는 능력이 있기 때문에 전략을 만들고 경쟁에서 이를 적용하며 경쟁의 결과를 통해 끊임없이 전략을 수정하는 과정을 거친다는 특징을 가지고 있다.

- 기업 경쟁과 진화

시장 생태계를 구성하는 주된 구성 요소인 기업과 이들 간의 경쟁에 대해 알아보자. 먼저 기업에 대해서 알아보자. 기업은 자본주의 사회에서 이윤 추구를 목적으로 하는 생산 경제의 단위체 또는 그 활동으로 정의할 수 있다. 시장 생태계 내에서 기업의 주된 역할은 생산을 통한 가치 창출이라고 할 수 있다. 제품이나 서비스를 생산해서 시장에 공급하고 이를 판매함으로써 이윤을 창출할 수 있으며 공급된 제품이나 서비스는 구매자들에게 가치를 제공한다. 또한 기업은 생산을 위해 고용을 하고 피고용자이자 구매자들에게 임금을 지급하여 이들이 시장 경제하에서 소비를 할 수 있도록 한다. 기업의 생산과 고용, 그에 따른 소비는 시장 경제 시스템을 움직이는 원동력이며 경제의 성장은 생산의 확대로 인한 고용 창출 및 소득과 소비의 증가를 통한 선순환으로 가능하게 된다.

기업 간의 경쟁은 무엇인가? 경쟁의 개념에서 살펴보았듯이 둘 이상의 기업이 시장을 통해 서로 다투는 것을 의미한다. 일상생활에서 하는 게임을 통한 경쟁도 게임판 등 특정 장소를 통해 일어나듯이 기업도 시장에서 경쟁을 한다. 기업은 자연 생태계의 구성 요소들과 같이 생존을 위해 다른 기업들과 다툰다. 생존의 주된 원천이 바로 이윤이며 이윤을 통해 생존하고 성장할 수 있다. 이윤을 얻기 위해서는 한정된 자원인 구매자를 많이 확보하는 것이 중요하다. 기업 경쟁의 핵심은 생존과 성장을 위한 이윤 창출을 목적으로 시장에서 더 많은 구매자를 확보하는 것이다.

이를 위해 기업은 전략을 수립하는 데 전략 수립은 기업의 내부 상황에 영향을 받는다. 특히 기업이 보유한 자원이나 역량에 의해 제약된다. 기업이 신제품을 개발하여 경쟁 기업보다 우수한 제품을 출시하고자 하더라도 해당 기업이 개발할 수 있는 인력 자원이 없거나 연구 역량이 없다면 신제품 출시로 경쟁에서 이기고자 하는 전략은 실현 불가능할 것이다. 예를 들어 명품 브랜드를 보유한 패션 기업이 저렴한 대중 의류 제품을 출시한다고 하자. 기업이 충분한 생산 설비와 경험 있는 마케팅 인력을 가지고 있더라도 바람직한 전략은 아닐 것이다. 왜냐하면 이 기업의 경쟁력의 원천이 브랜드에 있기 때문에 저가의 대중 의류를 출시하는 경우 해당 브랜드가 주는 이미지와 가치를 손상시켜 장기적으로 브랜드 가치를 구매 시 중요하게 고려했던 고객들을 잃게 될 수 있기 때문이다. 또한 마케팅 인력의 경험 역시 대중 의류 제품 시장에서 적합하지 않을 수 있다. 고가의 명품 브랜드 마케팅의 역량과 대중 의류 시장에서의 마케팅 역량은 일치하지 않을 수 있기 때문에 대중 의류 시장으로의 진출은 적합하지 않은 전략이 될 수 있다.

전략에 영향을 미치는 기업의 내부 환경을 기업의 내부 자원과 역량이라고 한다. 자원은 Resources라고 하며 인간의 생활 및 생산에 이용되는 물적 자료 및 노동력, 기술 등을 통틀어 이르는 말이다. 자원을 효율적으로 활용할 있는 기업의 능력, 경험과 노하우를 기업의 역량이라고 하며, 이 두 가지가 기업 경쟁력의 원천이며 경쟁에서 다른 기업보다 유리한 위치에 설 수 있는 경쟁 우위(Competitive Advantage)라고 할 수 있다.[1] 기업의 자원은 눈에 보이는 공장, 생산 설비, 토지 등의 물적 자원이나 연구, 마케팅, 생산 업무를 수행하는 인적 자원, 물리적 형태를 갖추고 있지는 않으나 중요한 자원 중의 하나인 브랜드, 기업의 기술이나 특허권 그리고 기업의 명성과 이미지 등의 자원이 있다. 이런 자원과 더불어 이것을 활용할 수 있는 역량으로 생산, 마케팅, 영업, 연구개발 등의 역량이 있다.

위의 내용을 토대로 기업의 전략은 기업의 성장과 생존을 위하여 경쟁 기업의 대응과 자신의 희소한 자원 및 역량을 고려하여 경쟁 우

1 장세진, 경영전략, 박영사, 2020.

위를 확보하기 위한 방법이라고 정의할 수 있다.

2) 경쟁과 진화

동일 산업에 속한 기업을 하나의 종으로 간주한다면 기업 간 경쟁을 자연 생태계내에서 일어나는 경쟁과 비유할 수 있다. 예를 들어 같은 산업 내 경쟁 관계는 동일 종의 서로 다른 개체들 간의 생존이나 번식을 위한 경쟁이라고 비유할 수 있다. 또한 오늘날 산업 간 규제의 완화와 더불어 국가 간 무역에서도 장벽이 완화되면서 이종 산업의 기업들과의 경쟁이 흔해지고 있다. 이러한 경쟁은 자연 생태계에서의 종간 경쟁으로 비유할 수 있다. 예를 들어 인터넷 서비스 시장의 강자인 구글의 경우 웨이모(Waymo)를 설립하여 자율주행자동차 시장에 진출하고 있다. 애플의 경우에도 2020년 말부터 자율주행자동차 시장 진출을 위한 노력을 기울이고 있으며 우리나라 현대자동차를 비롯하여 닛산 등과 같은 기업과 접촉하여 자율주행자동차 제조 협력을 꾀하고 있다. 산업 간 경계가 모호해짐에 따라 동종 산업의 다른 기업만이 경쟁 상대가 아니라 이종 산업의 기업들도 잠재적인 경쟁자가 될 수 있는 상황이다.

이러한 경쟁은 시장 환경의 변화에 따라 더욱 가속화될 수 있다. 새로운 기술의 등장이나 시장 트렌드의 변화, 인구의 변화 등이 기업 경영 환경의 변화를 촉진시키며 경쟁을 심화시킬 수 있다. 기업 매출과 관련하여 가장 큰 환경 변화는 인구의 변화이다. 절대적인 인구수의 변화도 중요하지만 기업 제품이나 서비스에 관심을 갖고 구매 의사가 있는 연령대 인구의 변화가 더욱 중요하다. 인구의 감소는 시장 규모의 축소를 의미하며 이는 시장이 빠르게 포화되거나 정체되어 기업 간 경쟁을 심화시키는 원인이 된다.

또한 기술의 발전 역시 기업의 성장과 생존을 결정하는 중요한 환경 변화가 된다. 4차 산업혁명과 함께 주목을 받게 된 기술은 새롭게 시장에 진출하는 기업들에게는 새로운 사업 기회를 제공하나 기존 기술을 통해 지금까지 성장했거나 성공했던 기업들에게는 커다란 위협이 될 수 있다. 신기술에 의해 변화된 시장 환경에서 이것을 받아들여 새롭게 진입한 신생 기업들과 경쟁을 할지, 아니면 기존 기술을 더욱 개선하고 강화하여 신생 기업들과 경쟁할 것인지를 결정해야 한다.

결국 기업이 통제할 수 없는 시장의 변화나 기술의 발전과 같은 환경의 변화는 마치 자연 생태계에서 환경 변화에 적응하지 못한 개체들이 도태되는 것과 유사하게 기업의 생존을 결정할 수 있다. 환경에 적응하여 다른 개체들과의 경쟁에서 살아남은 기업들이 장기적인 생존과 성장이 가능하게 되며 이러한 과정을 통해 생존한 기업들은 초기의 모습과는 매우 다른 형태로 변화할 수 있다. 이러한 현상을 마치 자연생태계의 진화로 비유해볼 수도 있을 것이다.

예를 들어 IBM은 20세기 초에 설립된 미국의 대표적인 컴퓨터 제조회사이다. 기업이나 연구소 등에 사용되는 대형 컴퓨터, 메인프레임(Mainframe)의 제조사로 기상 예측 등에 사용되는 슈퍼 컴퓨터 등의 제조사이기도 하다. 1980년대 후반에 애플이 매킨토시 컴퓨터로 개인용 컴퓨터 시장을 열었을 때 IBM도 후발 주자로 PC 시장에 진출하여 오늘날 전세계 많은 사람들이 사용하는 PC의 기술적 토대를 제공하였다. 이렇듯 전통적으로 하드웨어 제조사인 IBM은 오늘날 비즈니스 솔루션, 컨설팅 등의 비즈니스로 확장하고 있다. 비즈니스 환경이 하드웨어와 더불어 소프트웨어, 컨설팅 등에 더 많은 기회가 있음을 포착하고 시도한 변화였다. 또한 4차 산업혁명 기술의 등장으로 IBM은 IBM Watson이라는 인공지능 서비스 플랫폼을 개발하여 보건 의료를 비롯한 다양한 분야에 접목될 수 있는 기술 서비스를 제공하고 있다. 즉 IBM의 이런 변화는 시장 환경 변화에 맞추어 끊임없이 자신을 변화시킴으로써 시장에서의 생존과 경쟁 우위를 유지하기 위해 노력했으며 오늘날 IBM은 컴퓨터 제조사로써뿐만 아니라 인공지능을 비롯한 솔루션 및 소프트웨어 분야에서의 경쟁력 있는 기업으로 변화했다. 이러한 시장 생태계 내의 기업의 변화를 자연생태계의 자연선택에 의한 진화로 간주해볼 수도 있을 것이다.

3) 혁신과 창조적 파괴

기술 발전에 따라 시장 기회를 노리고 새롭게 창업한 기업들에 의해서 기존 기업들은 위협을 받는다. 하지만 모든 기술이 시장에서 성공하는 것은 아니다. 발명에 의한 결과물이 혁신으로 시장에 영향을 주기 위해서는 사회적 수용이라는 절차를 거치게 된다. 사회적 수용의 과정에서 기존 기업은 시장의 유지를 위해, 신생 기업은 시장의 침투 및 획득을 위한 다양한 형태의 노력을 하게 된다. 우수한 성능과 다양한 기능의 제품이나 서비스를 출시하고, 마케팅을 통해 제품의 우수성을 알리고 구매자들과의 접근성을 높이는 다양한 노력을 하게 된다. 그러나 신생 기업은 발전된 기술의 우수성만으로 시장에서 성공할 수는 없다. 시장 소비자들은 기술의 우수성도 중요하나 실질적으로 구매에 영향을 미치는 편익이나 사용이나 구매, 소비 방식의 변화로 발생하는 비용 등을 모두 고려하기 때문에 신생기업의 경쟁은 용이하지 않다.

그럼에도 불구하고 새로운 기술로 무장한 신생 기업이 기존 기업과의 경쟁에서 승리하여 기존 기업이 도태되는 일이 벌어진다. 전통적인 벽돌산업(Brick and Mortar) 산업이 인터넷 기반 유통 기업들에 의해서 사라졌으며, 전통적인 방식의 인쇄물 등 아날로그 기반의 제품이나 서비스 방식을 고수했던 기업들은 디지털 기술을 접목하여 구매자들에게 이동성과 높은 편이성을 제공한 기업들에 의해 사라졌다. 새로운 기술의 등장과 이 기술을 접목한 창업가들에 의해 기존 기업들이 위협을 받으며 궁극적으로 시장에서 도태되어 창업가들에게 그 자리를 내주게 되는 일이 발생한다.

경제학자인 조셉 슘페터(Joseph Schumpeter)는 이러한 과정을 Creative Destruction of Perennial Gale, 즉 창조적 파괴[2]라고 하였으며 이는 혁신을 통해 시장이 변화하고 발전하게 되는 원동력이라고 하였다. 슘페터는 혁신을 주어진 자원을 새로이 배치하거나 결합하여 새로운 기술, 시장을 찾아 새로운 방식으로 새로운 가치를 만들어 내는 것이라고 정의하였다. 즉 기존 자원의 재조합을 통한 결과물이 혁신이며 이것이 시장 발전의 원동력이 될 수 있음을 지적하였다.

슘페터가 말한 혁신에 의한 시장 발전은 단계별로 진행이 된다. 첫째로 시장에서 인정받아 널리 수용되어 시장의 지배적 디자인(Dominant Design)이 된 제품이나 기술을 보유한 기업의 성공의 기간이 존재한다. 둘째로 이 기간에는 새로운 기술의 발전과 더불어 이것을 제품이나 서비스에 담아 시장에 새롭게 진입하는 혁신적 기업

2 요제프 슘페터, 자본주의 사회주의 민주주의, 북길드, 2016.

가, 즉 창업가들에 의한 도전이 계속된다. 이들 창업가들이 도입하는 혁신은 기존 기업의 경쟁 우위를 파괴할 잠재력을 가지고 있다. 셋째로 이러한 창업가들에 의해 기존 기업의 경쟁 우위가 파괴되고 이들이 시장에서 도태되면서 창업가들의 혁신에 의해 시장의 지배적 디자인이 교체되는 기간이 존재한다. 마지막으로 이러한 과정이 끊임없이 반복되면서 시장은 새로운 혁신과 이것을 도입한 창업가에 의해 발전하게 된다는 것이다.

이러한 창업가들의 철학을 기업가 정신(Entrepreneurship)이라고 하며 이는 낡은 사고와 행동, 타성에서 벗어나 새로운 시장이나 상품, 새로운 생산 방식 등을 창조하고자 하는 정신이라고 할 수 있다. 특히 새로운 것을 창조하며 기존의 것을 창의적으로 결합하는 것을 수행하는 정신이 창업가 정신, 기업가 정신이라고 할 수 있다.

2. 협력과 혁신의 창출

1) 협력과 시장 생태계

- 협력의 개념과 특징

환경 변화에 적응할 수 있는 개체는 다른 개체와의 경쟁에서 생존 가능성을 높일 수 있다. 경쟁에서 이기기 위해 기업은 전략을 수립하고 경쟁 우위를 확보하여 이러한 과정에서 혁신이 만들어지게 된다. 그러나 생태계 내의 모든 혁신이 생존을 위한 경쟁을 통해서만 이루어지는 것은 아니다. 자연 생태계나 시장 생태계 모두에서 경쟁이 아닌 협력의 사례들을 찾아볼 수 있으며 이러한 협력을 통해서 혁신을 이루고 그것을 통해 생존하고 공존하는 모습을 볼 수 있다. 그렇다면 협력이 혁신에 어떻게 기여하는지 알아보자.

협력은 Cooperation이라고 하며 사전에 따르면 특정한 목적을 달성하기 위하여 서로 힘을 합하여 돕는 것을 의미하거나 정치 집단들이 힘을 모으는 과정을 의미한다. 자연 생태계에서의 협력의 대표적인 사례로 무리를 지어 행동하는 종들에서 볼 수 있다. 개미와 같은 곤충이나, 늑대나 사자와 같은 육식동물 등이 이에 해당한다.

자연 생태계의 협력은 같은 종의 개체들 간의 협력도 있지만 이종 간의 협력도 존재한다. 대표적인 사례가 공생이다. 공생은 영어로 Symbiosis라고 하는 데 각기 다른 두 개나 그 이상 수의 종이 서로 영향을 주고받는 관계이다. 보통 개미와 진딧물의 사례를 많이 드는데 이들 간의 관계는 공생의 한 예이며 공생은 영향을 어떤 방식으로 주고 받느냐에 따라서 다양하게 나타날 수 있다. 공생 관계에 있다고 말할 수 있으려면 해당 개체 간에 상호 관계가 존재하며 이들이 물리적으로 인접한 곳에서 서식하고 있어야 한다. 또한 공생 관계는 시간에 따라 변화할 수 있다. 즉 서로 혜택을 주고 받는 관계라도 환경의 변화에 따라 공생 관계의 변화가 발생할 수 있다는 것이다.

보통 자연 생태계의 협력을 말할 때는 상리 공생(相利共生)을 말한다. 영어로는 Mutualism이라고 하며 쌍방의 생물종이 관계를 통해 모두 이익을 얻는 경우를 말한다. 대표적으로 개미와 진딧물이 있으며 흰개미와 흰개미의 내장에 사는 원생동물 간의 관계가 있다. 흰개미의 내장에 사는 원생동물은 자신의 영향을 취하기 위해 흰개미가 섭취한 셀룰로오스를 분해하며, 흰개미는 분해된 셀룰로오스를 섭취하여 영양을 획득하게 된다. 공생이지만 일방이 이득을 취하는 편리공생, 한 생물은 아무런 영향이 없으나 인접한 생물에게 해를 주는 편해공생, 한쪽에만 이익이 되고 상대방이 피해를 입는 기생이 있다.

시장 생태계의 협력은 동일 산업 내의 협력보다는 이종 산업 간의 협력이 흔한 편이다. 이는 동일 산업 내의 기업들은 경쟁 관계에 있기 때문에 협력하기가 용이하지 않기 때문이다. 일부 가능한 경우는 동종 산업의 기업이나 서로 다른 시장에서 사업을 하므로 직접적인 경쟁 관계에 있지 않은 상황이다. 또는 기업 간 격차가 커서 시장을 지배하는 우월한 기업이 있는 경우에는 이 기업의 가격이나 제품 등의 전략이나 정책을 모방하거나 따르는 경우가 이에 해당한다.

기업의 협력은 대표적으로 기업 간 제휴(Alliance)나 합작투자(Joint Ventrue), 공동 마케팅 등 다양한 형태로 나타난다. 협력은 새로운 시장으로의 진출을 위해, 새로운 투자를 위한 자금 조달 및 위험 분산을 위해 혹은 새로운 기술을 제공받는 등의 형태로 일어나며 궁극적 목적은 곧 기업의 이윤 창출이라고 할 수 있다.

- 협력을 어렵게 하는 이유

자연 생태계를 비롯하여 시장 생태계에서의 다양한 협력의 사례들이 있으며 협력을 통해 더 생존의 가능성을 높일 수 있음에도 불구하고 협력이 깨지거나 경쟁이 대세인 이유는 무엇일까? 특히 협력하기로 했음에도 불구하고 자신의 이익을 우선하는 이기주의적 행동에 협력은 깨지는 경우가 있다. 특히 팀 단위 활동에서 이런 일들이 많이 발생하는 데 자신의 기여를 최소화하고 팀원들의 기여에 의해 얻어진 결과물을 취하는 것을 무임승차(Free Riding)라고 한다. 그렇다면 어떤 경우에 무임승차와 같은 기회주의적 행동이 나타날까?

예를 들어 팀원의 수가 보통 4~5명인 팀에서 10~20명인 팀으로 규모가 늘어났다고 생각해보자. 보통의 경우 역할을 분담하거나 보고서 작성과 같이 일정량이 주어진 경우라면 개인 별로 분담하여 팀 활동을 수행하게 된다. 이 경우 발생할 수 있는 문제는 무엇일까? 20명이 하나의 보고서를 작성하게 된다면 개개인의 분량이 보고서의 결과에 기여하는 부분이 줄어들게 된다. 즉 상대적으로 내가 제출한 과제의 분량이 적기 때문에 결과에 미치는 영향도 적을 것이라고 생각한다는 것이다. 내 기여분이 결과에 작은 부분을 차지한다면 나 하나쯤 하지 않거나 열심히 하지 않아도 결과에 큰 영향을 주지 않을 것이라고 생각할 가능성이 높다. 이는 4~5명인 팀과 비교해보면 명확하다. 적은 수의 팀원이 프로젝트를 수행하는 경우에는 한두 사람의 태업이나 불성실이 팀 전체 결과에 미치는 영향이 커진다. 따라서 결과로 인한 불이익 및 팀원들로부터의 비난을 피할 수 없게 된다. 또한 다수가 팀에 참여하는 경우에는 팀원들의 활동에 대한 관찰과 평가가 어려워지며 이것이 팀원 개인의 기회주의적 행동을 야기할 수 있다. 유능한 팀장이 있다 하더라도 많은 팀원들 각각이 얼마나 프로젝트에 참여하고 노력하고 있는지 관찰하고 평가하기 어려워진다. 노력한 만큼 결과에 대한 대가를 얻어가는 것이 공정하나 자신의 노력에 대해 인정받기 어렵거나 노력하지 않아도 적절히 통제되거나 평가되지 않는다면 무임승차하려는 경향이 높아질 수 있다.

이는 악의에 의한 것이 아니라 합리적 개인에 의해서 일어나는 행동일 수도 있다. 즉 사람들은 누구나 같은 결과라면 비용을 줄이기를 원한다. 다시 말하면 같은 물건이라면 저렴하게 사길 원하며 같은 가격이라면 더 좋은 물품을 원한다. 이는 합리적 구매 의사 결정이라고 할 수 있다. 팀 활동도 마찬가지로 같은 결과를 얻을 수 있다면 내 비용을 최소화하는 것이 좋다. 그렇게 함으로써 팀 활동 참여에 대한 대가 즉 만족을 높일 수 있다. 즉 내가 팀 활동을 하면서 노력을 줄였을 때 즉 비용을 덜 들이고 했을 때 결과의 차이가 크지 않다면 비용을 덜 들이는 선택을 하는 것이 현명한 판단이다.

따라서 다수가 모여서 협력하는 경우 무임승차와 같은 기회주의적 행동을 줄이기 위해서는 몇 가지 장치가 필요하다. 예를 들어 어떤 부문에서 협력을 하는지 구체적으로 협상이 필요하다. 모호한 부분이 있다면 우리는 모두 비용을 줄이는 선택을 하게 된다. 이는 궁극적으로 협력이 좋은 결실을 맺는 데 방해가 될 수 있다. 또한 구속력 있는 합의가 필요하다. 협력을 위한 구체적인 항목들이 있다면 이것들이 지켜지지 않을 때 적절한 징벌 장치가 필요하다. 이렇게 함으로써 징벌에 따른 비용을 발생시켜 기회주의적 행동을 통해 노력을 줄이는 경우 궁극적으로 더 많은 비용을 내야 한다는 것을 알려주어야 한다. 이렇게 하여 협력에 참여한 당사자들에게 협력을 지속할 수 있는 구속력을 갖추게 된다. 마지막으로 협력 당사자들에 대한 정보를 손쉽게 획득할 수 있어야 한다. 가능하다면 이들의 기회주의적 행동을 정확히 관찰하고 이것을 입증하여 비협력자에게 사전에 합의된 대로 적절하게 징벌할 수 있는 수준의 정보 획득의 용이성과 투명성이 필요하다. 협력의 유지를 위해 기회주의적 행동에 대해 객관적으로 확인할 수 있는 입증 가능 여부가 매우 중요하다.

2) 집단지성과 혁신의 창출

- 집단지성의 개념

혁신을 창출하는 주체는 전통적으로 기업의 연구소나 정부의 연구기관 등이었으나 오늘날 혁신은 일반 대중으로부터 만들어지고 있다. 대표적인 사례가 집단지성이다. 집단지성은 불특정 다수의 대중의 협력(공동 작업이나 공동 노력) 또는 이들 간의 경쟁을 통해서 생겨나 합의에 의한 결정의 결과는 나타나는 집단의 공유된 지식이라고 할 수 있다. 집단지성은 대중의 지혜, 집단 지능, 협업 지성, 공생적 지능의 다양한 유사 개념으로 불리기도 한다.

집단지성이라는 개념은 미국의 곤충학자인 윌리엄 휠러가 Ants: Their Structure, Development, and Behavior라는 저서에서 처음 제시한 개념으로 개미들의 협업을 설명하기 위한 개념으로 사용됐다. 이후 집단지성은 다양한 학자들에 의해 연구되었으며 이들에 의해 다양하게 정의되고 있다.

피터 러셀(1983)은 다양한 가치관과 지식을 갖고 있는 보통의 시민들이 자유롭게 개진하는 독립적인 생각과 의견이 합리적이고 상식적인 방법으로 통합된다면 이는 의미 있는 사회자본이며 집단지성이라고 정의하였다. 피에르 레비(1994)는 미디어와 사이버 공간을 통해 대중들은 시공간의 제약을 벗어나 서로의 지식을 공유하고 판단하고 지속적인 가치를 창출하는 상황으로 집단지성을 형성한다고 주장하였다. 제임스 서로위키[3]는 특정 조건에서 집단은 집단 내부의 가장 우수한 개체보다 지능적이라고 주장하여 집단지성의 존재를 제시

3 제임스 서로위키, 대중의 지혜, 랜덤하우스코리아, 2005.

하였으며 찰스 리드비터[4]은 집단지성은 웹이 창조한 집단적 사고방식과 집단적 놀이방식, 집단적 작업방식, 그리고 집단적 혁신방식으로 규정하였다.

이들의 정의에 따르면 집단지성의 특징을 나타내는 어구로는 '다양한 가치관과 지식', '자유로움', '지식의 공유와 통합, 판단', '집단적 사고와 작업' 등이 포함되어 있다. 이를 핵심 단어로 정리하면 다양성, 독립성, 공유와 통합, 가치 창출, 혁신으로 정리할 수 있다.

특히 집단지성은 오늘날 IT기술의 발전으로 과거와는 다르게 더 많은 일반 대중들의 참여와 이들 간의 지식 공유, 디지털 기술을 활용한 용이한 협력과 합의 등을 통해 더욱 강력한 혁신 창출의 수단으로 주목받기 시작했다.

- 집단지성의 특징

집단지성은 집단 구성원에 의해서 만들어지는 콘텐츠라고 할 수 있다. 따라서 집단지성은 일정 목적을 위해 모인 사용자가 제공한 정보라는 특징을 가지고 있다. 둘째로 집단지성은 집단 구성원들 간의 상호 작용에 의해서 만들어진다는 특징을 가지고 있다. 집단 구성원들은 경쟁하거나 협력하는 과정을 통해 의견을 교환하고 공유하면서 합의를 도출하는 과정을 거치게 된다. 셋째로 집단지성은 규모에 따라 집단지성의 성과가 높아지게 된다. 즉 참여가 늘어날수록 집단지성의 수준도 높아진다는 특징을 가지고 있다. 넷째로 집단지성은 과거 일부 엘리트 중심으로 지식이 창출되고 분배되는 피라미드형(수

4 찰스 리드비터, 집단지성이란 무엇인가, 21세기북스, 2009.

직형) 지성과 달리 일반 참가자 사이의 활발한 상호작용을 통해 형성되는 수평형 지성의 특징을 갖는다. 마지막으로 집단지성은 다수의 개인이 모여서만 되는 것이 아니라 일정한 조건이 주어졌을 때 형성될 수 있다.

표1 집단지성과 피라미드형 지성 비교

구 분	피라미드형 지성	집단지성
구성원	기업, 정부 기관 등	온라인 커뮤니티
지식의 원동력	수동적 상의 하달 방식	참여자들의 독립적 발상
지식의 분배	중앙 집중적	수평적 공유
변화형태	정적	동적
형성수단	자본 투자, 연구 개발	지식 공유와 합의

- 집단지성의 발생 조건

집단지성은 구성원의 다양성이 있을 때 만들어질 수 있다. 다양한 배경과 경험, 지식, 직업 등 여러 분야의 생각들이 모여서 상호작용할 때 수준 높은 집단지성을 만들어낼 수 있다. 특정 직군이나 분야의 사람들의 경우 해당 분야의 전문가이므로 전문 분야의 잘 정해진 문제에 대한 해답을 쉽게 찾을 수 있다. 그러나 해당 분야의 전문가이기 때문에 다른 사고와 접근 방법이 필요한 문제에 대한 답은 오히려 분야 밖의 사람들에게 의지할 때 더 좋은 답을 얻어낼 수도 있다. 다양성은 경험과 생각, 지식이 다른 사람들의 여러 가지 의견을 공유함으로써 특정 분야의 문제를 해결하는 데 창의적인 방법을 찾아내는 데 도움이 될 수 있다. 한 분야의 사람들만 모여서는 비슷한 생각, 비슷한 경험과 의견만이 공유되기 때문에 새로운 방법, 기존 시각의 틀을 깨는 아이디어를 찾기가 어렵다. 따라서 집단지성의 형성에는 다양성이 요구된다.

둘째로 독립성이 전제될 때 집단지성이 만들어질 수 있다. 이는 집단의 구성원들이 자신의 생각과 경험, 의견과 주장에 근거하여 독립적으로 판단하고 의견을 제시할 수 있어야 하는 점이다. 독립성이 깨지는 상황으로 보통 다른 사람의 의견에 동조화하는 경우를 들 수 있다. 예를 들면 집단이 모였을 때 특정 분야의 저명한 전문가가 존재하고 이들이 의견을 제시하는 경우 우리는 전문가의 권위에 의해 그들의 의견을 비판 없이 수용하는 경우가 있다. 또한 비범한 자질이나 능력, 카리스마를 보유한 리더가 존재하는 경우 이들의 의견과 생각을 그대로 추종하는 경우가 있다. 이들은 특히 높은 대중 호소력과 선동 능력이 있기 때문에 일반 대중들은 자신의 의견을 제시하기 보다는 리더의 생각을 따르고 비판적으로 생각하는 것을 잊게 된다. 독립성이 부재한 경우에는 집단은 하나의 생각으로 빠지기 쉬우며 집단사고(Group Think)에 빠지기도 한다.

셋째로 통합과 조정 장치가 필요하다. 다양한 배경과 경험을 지닌 집단 구성원들의 자유로운 의견이 공유되고 제시되었을 때 이것을 집단의 의견, 생각 혹은 지식으로 정리하고 통합하는 과정이 필요하다. 흩어져 있는 집단의 다양한 의견을 합리적으로 통합하는 시스템이 필요하다. 통합의 방법으로는 가장 많은 선택을 받은 대안을 선택하는 투표(Voting) 방식, 참여자들이 각자의 의견을 개진하고 이를 조합하여 모두가 동의하는 대안을 도출하는 합의(Consensus) 방식, 직접 측정이 어려운 값에 대해 직관적으로 어림잡은 결과를 평균하여 추정하는 평균화(Averaging) 방식, 불확실한 미래를 예측하는 여러 대안들이 거래되는 가상의 시장을 조성하여 시세가 가장 높은 대안의 적중 가능성이 높을 것으로 추정하는 예측 시장(Predicton Market) 방식이 있다.

- 집단지성의 활용을 통한 혁신

첫 번째 사례로 위키피디어 온라인 백과 사전을 들 수 있다. 위키피디어는 누구나 자유롭게 사전 제작에 참여할 수 있는 인터넷 백과 사전이다. 2001년 지미 웨일스와 래리 싱어가 시작하였으며 여러 나라의 언어로 제공되고 있다. 2021년 기준으로 영어판 600만여 개, 한국어판 530만여 개를 소개하고 있으며 상업적인 광고 없이 기부금을 통해 지원받는 비영리 단체인 위키미디어 재단에 의해 소유되고 지원받고 있다.

위키피디어는 누구나 백과 사전의 내용의 편집과 관리에 참여할 수 있다는 점이다. 이런 관점에서 대중의 지식 공유와 참여를 기반으로 하므로 집단지성의 대표적인 사례라고 할 수 있다. 누구든지 새로운 문서를 만들 수 있고 만들어진 문서의 수정도 가능하다. 이러한 개방성은 악의적인 문서의 훼손이나 부정확한 내용을 추가하는 경우 문제가 발생할 수 있다. 따라서 편집 규칙을 정하여 일부 문서들에 대해서는 생성과 편집을 규제하고 있다.

그럼에도 불구하고 위키피디어의 철학인 개방성으로 인해 위키피디어 문서는 사용자들의 지속적인 수정과 검토에 의해서 유지되며 향상되고 있다. 또한 쟁점이 있는 주제에 대해서는 토론 탭이 있어 사용자들 사이에 문서 내용의 개선을 위한 토론이 이루어지도록 하고 있다. 또한 사용자들의 익명성을 보장한다. 이러한 익명성을 통해 자유롭게 의견을 표명할 수 있고 위키피디어 커뮤니티를 활성화함으로써 정보의 질이 꾸준히 향상되고 있다.

두 번째로는 크라우드 소싱(Crowd Sourcing)을 들 수 있다. 크라우드 소싱은 불특정 다수의 참여자들로부터 아이디어를 창출하는 방식으로 특히 기업의 문제를 해결하는 데 많이 활용되어왔다. 기업의 문제를 해결하기 위해서 기업 활동의 일부 혹은 전 과정에 일반 대중이나 소비자들이 참여할 수 있도록 하여 기업의 문제를 해결하는 데 있어 이들의 의견이나 경험 등을 활용하는 것이다. 제안된 의견이 실제로 활용되어 기업의 성과가 개선되면 발생하는 수익을 의견을 제시한 대중과 공유하는 방법이다. 즉 전문가인 기업이 비전문가인 대중 혹은 타 분야의 전문가로부터 의견을 구해 문제를 해결하는 방식이다.

크라우드 소싱은 대중에 해당하는 Crowd와 아웃소싱의 영단어를 결합하여 만든 개념으로 IT 잡지인 WIRED의 편집자인 제프 하우가 처음 사용한 개념이다. 특히 웹 2.0의 등장으로 일반 대중들의 참여, 개방, 공유의 철학이 반영된 웹 서비스가 활성화되면서 기업들은 대중의 지식과 지혜를 기업 문제 해결에 활용하고 있다.

대표적인 사례가 이노센티브(Innocentive) 기업이다. 이노센티브는 전 세계에서 활동하는 과학 기술자들과 기업들을 연결하여 각종 연구 개발 과제를 해결해주는 크라우드 소싱 플랫폼 비즈니스 기업이다. 기업이 이노센티브를 통해 문제 해결을 위한 계약을 체결하고 기업이 직면한 문제를 제시하면, 이노센티브에 해결자로 등록된 전 세계의 수많은 과학 기술자들이 문제를 풀어 해답을 제시하는 방식이다. 제시된 해답을 보고 기업 측에서는 최고의 해답을 선정한 뒤에 해결자에게 상금을 지급한다. 따라서 이노센티브를 통해 기업은 문제를 해결할 수 있고 과학 기술자들은 해결에 대한 보상을 취득할 수 있게 된다. 이노센티브를 통해 해결한 대표적인 사례가 알래스카 기름유출사고다. 1989년 엑슨모빌 소속 유조선 발데즈호가 알래스카 인근에서 좌초했는데 이때 유출된 기름이 얼음과 엉겨 붙어 젤리처럼 굳어져 심각한 오염 문제가 발생했다. 이 문제는 상당히 오랜 기간 지속됐는데 결국 이를 해결하기 위해 국제기름유출연구소(OSRI)에서는 2007년 이노센티브에 현상금 2만 달러를 걸고 오염 문제를 해결하기 위한 방안을 요청하게 됐다. 전 세계 과학자들로부터 많은 아이디어들이 제시됐는데 문제가 제시된 지 3개월이 지난 후 시멘트 회사 엔지니어인 존 데이비스의 아이디어가 올라왔다. 시멘트를 굳지 않게 하려고 기계로 젓듯이 오일도 진동 기계를 이용해 자극을 주면 얼지 않는다는 의견이었다. 이 의견이 채택되어 골치아팠던 오염 문제를 해결했고 존 데이비스는 2만 달러의 보상금을 받게 된다.

크라우드 소싱 형태는 기업의 신제품 개발에도 활용된다. 팸퍼스 등 각종 가정용 소비재를 생산하는 글로벌 기업인 P&G(Proctor & Gamble)의 경우 신제품 개발 시에 효율성이 떨어지는 연구개발 부서를 줄이고 소비자들을 제품 개발에 참여 시 대중을 통해 혁신을 꾀하는 크라우드 소싱 방식을 채택하였다. 대중과 기업을 연결하여 제품을 개발한다는 점에서 C&D(Connect & Development)라고 한다.

크라우드 소싱 방식은 제품 개발에서의 기업 내부 자원 즉 연구소나 자체 보유 기술을 활용하는 인소싱(Insourcing) 방식, 기업 외부의 가장 효과적 자원 즉 외부 연구 기관이나 기술을 활용하는 아웃소싱(Outsourcing) 방식에 비해 장점을 가지고 있다. 외부 자원을 활용하거나 내부 자원에 의존하는 경우에는 기업의 문제 해결에 드는 비용이 크라우드 소싱에 비해 더 많이 소요된다. 특히 내부 자원을 활용하는 경우 가장 많이 소요된다. 해결안을 찾는 데 시간도 자체적으로 하는 경우가 가장 많이 걸리며 크라우드 소싱이 가장 시간을 단축할 수 있다. 또한 해결안의 다양성도 크라우드 소싱이 가장 많으며 인소싱이 가장 적은 솔루션을 제공한다.

셋째로 오픈 소스(Open Source)의 소프트웨어 개발 방식을 들 수 있다. 오픈 소스 방식도 궁극적으로는 크라우드 소싱의 한 형태라고 할 수 있다. 오픈 소스는 이용자들이 소프트웨어의 원본 코드(소스 코드, Source Code)를 임의로 수정, 편집이 자유로워 누구나 개발에 참여할 수 있는 개방형 협업의 형태인 소프트웨어 개발 방식이다. 결과적으로 소프트웨어의 개선과 개발이 빠르게 일어날 수 있다는 장점이 있다. 위키피디어에 따르면 오픈 소스 개발 모델을 '기여자와 비기여자들에게 이용이 가능할 경제적 가치의 산물(또는 서비스)를 창출하기 위해 소통하는, 목표 지향적이지만 느슨한 공동 작용을 하는 참여자들에 의존하는 혁신 또는 생산 시스템을 의미한다.'고 정의하고 있다. 그러면서 오픈 소스 소프트웨어 개발의 주된 원칙을 일반이 자유로이 이용할 수 있는 소스 코드, 청사진, 문서 등 제품의 동료 생산(Peer Production)으로 정의하고 있다.

위키피디어에 따르면 오픈 소스의 장점을 다섯 가지로 제시하고 있다. 오픈 소스로 제작된 소프트웨어의 경우 일반 사용자 입장에서 거의 비용이 들지 않거나 적다. 두 번째로 사용자가 원하는 대로 변형이 가능하다. 세 번째로 보안 취약점을 쉽게 파악할 수 있다. 네 번째로 누구나 버그(Bug, 프로그램 오류)를 고칠 수 있다. 마지막으로 특정 제조업체에 의존하지 않아도 된다. 특정 기업에 의해 소유된 독점 소프트웨어인 경우 해당 소프트웨어를 많이 사용할수록 여러 가지 이유(학습 효과, 망효과 등으로 인한 고착화)로 의존도가 높아지는데 오픈 소스는 특정 기업에 의존하지 않아도 된다.

단점은 네 가지로 제시하고 있다. 첫 번째로 오픈 소스의 경우 프로그래밍에 익숙하지 않은 비숙련 사용자들에게는 이용이 어려울 수 있다. 특히 사용 편이성을 높인 배포판이 아니라 소스 코드를 직접 빌드(Build)하여 실행하는 경우 비숙련자는 어려울 수 있다. 두 번째로 이미 표준적으로 사용되는 소프트웨어가 있는 경우 오픈 소스 버전과의 호환성 문제가 발생할 수 있다. 세 번째로는 소스 코드가 특정 기업에 소유된 것이 아니므로 사용자 입장에서 필요한 고객 지원이 불리하다. 독점 소프트웨어의 경우 해당 기업의 책임 하에 소프트웨어의 사용 시의 문제 해결이나 불편 사항들을 제공하면 이에 대한 적절한 조치를 받을 수 있다. 그러나 오픈 소스 방식에서는 불편 사항에 대한 해결 방안을 직접 검색을 하거나 해당 오픈 소스 커뮤니티에 올려 답을 구해야 하는 경우가 대부분이다. 또한 해결방안으로 검색된 정보가 최신의 정보가 아닐 수도 있고, 부정확한 정보일 수도 있다. 따라서 문제 해결이 원만하게 되지 않거나 매우 많은 시간과 노력을 들여야 하는 경우가 발생한다. 마지막으로 잘못된 정보일 수 있다. 누구나 편집할 수 있기 때문에 기능 상의 문제가 있는 잘못된 소프트웨어 일 수도 있다.

대표적인 오픈 소스로는 PC에서 사용하는 운영체제인 리눅스가 있으며 사무용 소프트웨어로는 LibreOffice, OpenOffice 등이 있다. 그림 편집기로는 포토샵과 유사한 GIMP, 통계 분석 패키지로는 R과 같은 소프트웨어가 오픈 소스 모델을 따라 개발되고 있다.

3) 공진화와 혁신

- 공진화의 개념과 특징

경쟁은 서로 다른 종 혹은 동종의 개체들 간의 환경에의 적응과 생존의 과정에서 일어난 종의 변화가 누적되어 진화라는 결과를 낳는다. 협력은 동종의 개체들이 해당 무리의 생존 혹은 이종의 개체들 간의 공생의 형태로 일어나는데 이렇듯 생존의 가능성을 높이기 위한 협력과 공생의 결과가 누적되어 진화가 일어나기도 한다. 이것을 공진화라고 한다.

공진화는 Coevolution이라고 하며 상호 진화라고도 하는 데 한 생물 집단이 진화하면 이와 관련된 생물 집단도 진화하는 현상을 가리키는 진화생물학의 개념이다. 공진화란 개념은 1964년 생물학자인 에리히와 라벤이 최초로 사용했으며 이들은 나비와 식물 사이의 상호 진화에 대한 연구 과정에서 이 개념을 제시하였다. 이들의 정의에 따르면 공진화는 상호 작용하는 종들의 상호 호혜적 변화라고 할 수 있다.

공진화에는 상호 작용하는 종들 즉 이종 간의 상호 작용으로 인한 각각의 진화라고 할 수 있다. 따라서 이종 간에는 연결을 통한 상호 작용이 전제가 되어야 한다. 예를 들어 먹이 그물 상의 포식자와 피식자 간의 관계, 숙주와 기생 생물 간의 관계, 상리 공생 관계의 생물 등과 같이 일대일 관계가 형성되어 있어야 한다.

- 공진화의 유형과 사례

공진화의 개념에는 반드시 협력적 관계만을 담고 있는 것은 아니다. 이종 간의 경쟁 관계를 통해 하나의 종이 진화하는 경우 다른 종의 진화를 야기하는 경우 역시 공진화로 볼 수 있다. 따라서 공진화를 세 가지 유형으로 구분할 수 있다.[5]

첫째로 협력적 공진화를 들 수 있다. 자연 생태계에서는 상리 공생 관계에 있는 이종의 공진화를 생각해볼 수 있다. 곤충에 의해서 수분이 되는 충매화의 꽃잎 구조와 곤충의 입틀 형태의 진화를 들 수 있다. 시장 생태계에서는 PC시장에서 마이크로소프트의 사례를 들 수 있다. 마이크로소프트는 PC시장에서 OS를 판매하면서 다수의 응용 프로그램 소프트웨어 즉 MS의 OS에서 구동하는 다양한 소프트웨어가 만들어질 수 있도록 Windows API를 공개하였다. 즉 개발자들이 마이크로소프트의 OS 상에서 구동할 수 있는 소프트웨어 제작을 쉽게 할 수 있도록 프로그램 제작 인터페이스 기술을 개방하였다. 이는 윈도즈가 새로운 버전으로 갱신될 때마다 계속 지원을 하여 새로운 기능을 제공하는 상위 버전의 제품에서도 응용 프로그램을 제작할 수 있도록 하였다. 이렇게 하여 개발자들은 자사의 소프트웨어를 만들어 마이크로소프트의 OS에 구동할 수 있게 하여 소프트웨어를 판매함으로써 혜택을 얻었고 마이크로소프트는 다양한 응용 소프트웨어를 갖출 수 있음으로써 PC 사용자들이 마이크로소프트의 윈도즈 OS를 지속적으로 사용할 수 있도록 할 수 있었다. MS는 윈도즈 버전을 높이면서 지속적으로 혁신을 도입하였으며 동시에 API를 개방함

5 김준호, 홍진환, 코에볼루션(Co-evolution), 한스컨텐츠, 2011.

으로써 응용 소프트웨어 개발자들 역시 함께 혁신할 수 있도록 하는 협력 관계에서의 혁신을 통한 진화가 일어났다고 볼 수 있다.

둘째로 경쟁적 공진화를 들 수 있다. 상호 경쟁하는 종끼리 경쟁을 통해 서로 진화하는 관계를 경쟁적 공진화라고 한다. 경쟁 관계에 있는 서로 다른 종이 생존을 위해 적응하는 과정에서 한 종의 진화가 다른 종의 진화를 야기하는 경우를 말한다. 바이러스는 숙주의 몸에 들어가면 전염병을 일으킨다. 인간은 바이러스의 숙주로써 치명적인 바이러스가 등장하면 생존을 위해 백신이나 치료제 등을 개발한다. 인간이 바이러스를 퇴치하고 바이러스가 일으키는 질병으로부터 생존율을 높이는 형태로의 혁신을 하게 되면 바이러스도 생존을 위해 진화를 한다. 정확히 말하면 바이러스는 수많은 번식의 과정에서 돌연변이가 발생하는 데 이 돌연변이 중에서 현존하는 백신이나 치료제가 듣지 않는 새로운 치명적 바이러스가 등장할 수 있다. 인간은 새롭게 등장한 변이 바이러스에 대항하기 위해서 새로운 백신과 치료제를 개발하게 되는데 이러한 혁신을 인간의 진화라고 가정한다면 바이러스와 인간은 생존을 위한 경쟁을 통해 진화한다고 볼 수 있다.

기업의 혁신을 기업의 진화로 간주한다면 기업간 혁신 경쟁도 경쟁적 공진화로 볼 수 있다. 최근에도 지속되고 있지만 2000년대 초반 CPU 제조사인 인텔과 AMD 간에는 CPU의 클럭스피드(Clock Speed) 즉 CPU 처리 속도를 개선하는 기술 경쟁이 있었다. AMD는 CPU 시장의 후발 주자이며 초기에는 인텔로부터 기술 라이센싱을 받아 성장한 기업이다. 인텔이 개발한 x86 아키텍처의 시초인 8086 프로세서를 개발하여 IBM에 납품하게 될 때 IBM은 복수 공급자(2차 생산자)를 지정할 것을 인텔에 요구하여 AMD에게 기술 라이센싱을 주고 8086 CPU를 생산하도록 했다. 그러나 인텔이 1985년 개발한 386 프로세서부터 AMD에게 기술 라이센싱을 하지 않았고 이에 AMD는 자체적인 CPU를 개발하기 시작했다. AMD는 당시 AMD-K 시리즈의 제품을 출시하여 인텔의 최상위 CPU 제품인 펜티엄보다는 성능이 떨어졌으나 합리적인 가격과 성능을 제공하여 한 때 인텔보다 높은 점유율을 달성했다. 이후 K7 버전부터 애슬론이라는 이름을 붙여 출시하였으며 64비트 기술 특허를 확보하여 인텔도 AMD로부터 64비트 기반의 CPU를 제작하기 위해서 AMD로부터 기술 라이센싱을 받아야만 했다. 이들 간의 경쟁의 절정은 AMD가 처음으로 CPU의 멀티코어(Multi Core) 기술을 적용하여 제품을 출시하였다. 이전까지는 CPU의 계산을 담당하는 연산 코어가 1개였고 이 코어의 클럭스피드에 관심이 많았으나 AMD 제품 이후로 복수 개의 코어가 있는 CPU를 출시하여 코어가 몇 개가 있는 CPU를 개발하느냐가 중요한 관심사가 되었다. 당시 소프트웨어 환경은 복수 개의 코어를 활용할 수 있는 소프트웨어들이 많지 않았기 때문에 코어의 클럭당 처리효율이 좋았던 인텔이 시장에서 더 주목을 받게 되었고 AMD는 이후 난국을 극복하기 위한 몇몇 투자의 실패로 2009년 이후 새로운 CPU를 출시하지 못해 이들 간의 경쟁은 인텔의 승리로 마감하였다. 이렇듯 인텔과 AMD 간의 치열한 기술 경쟁은 CPU 시장에서의 생존을 위한 기업 간의 혁신 경쟁 즉 경쟁적 공진화의 사례로 볼 수 있다.

셋째로 착취적 공진화를 들 수 있다. 착취적 공진화는 포식자와 피식자 간의 관계를 생각해볼 수 있는데 이들 간의 먹고 먹히는 관계에서 생존을 위한 진화가 일어나는 것을 말한다. 예를 들어 황조롱이는 쥐와 같은 설치류를 먹고사는 육식 동물이다. 환경의 변화로 인해 쥐들의 서식 환경이 좋아지지 않게 되면 자연선택에 의해 오랜 시간을 거쳐 잘 적응한 개체만이 살아남게 되는 진화가 일어나게 된다. 이는 쥐를 먹고 사는 황조롱이에게도 서식 환경의 변화가 된다. 즉 먹이 수의 변화도 중요하지만 이들의 진화는 황조롱이에게도 영향을 주게 된다. 서식 환경의 변화로 더 빨라진 쥐들만 살아남게 됐다면 황조롱이도 더 빨라진 쥐를 잘 사냥할 수 있는 개체만이 살아남게 될 것이다. 먹이 사슬의 포식자나 피식자 어느 하나의 진화는 상대편의 진화를 야기한다는 것이다. 예를 들어 외부 환경의 변화로 더 빨라진 사자들이 진화를 통해 살아남게 된다면 피식자인 가젤(Gazel)과 같은 피식자들도 더 빨라진 개체만이 살아남게 될 것이다. 이러한 과정이 진행되면 자연스럽게 두 종의 진화가 일어나게 될 것인데 이것을 착취적 공진화라고 한다.

아마존과 출판사 간의 관계를 착취적 공진화 관점에서 설명해볼 수 있다. 아마존은 현재 세계적인 거대 유통 공룡으로 성장하였다. 초기 책 판매 회사에서 지금은 다양한 물품뿐만 아니라 아마존의 서버 자원을 활용하여 기업에 대여해주는 아마존 웹 서비스(AWS)를 비롯하여 아마존 고객들에게 회원세 형태로 제공하는 프라임 서비스, 킨들과 같은 전자책과 오디오북, 프라임 서비스를 통해 자체 제작하는 영화나 드라마 등의 콘텐츠를 제공하는 아마존 프라임 TV 서비스, 아마존의 고객들의 다양한 정보들을 토대로 개발된 인공지능 서비스인 알렉사(Alexa), 아마존의 물류 시스템을 통해 기업들의 효율적 물류 대행 서비스를 제공하는 풀필먼트(Fulfillment) 서비스 등 다양한 사업 영역으로 확대하고 있다. 따라서 아마존을 통해 책을 판매하는 출판사 입장에서는 아마존을 통하지 않고는 다양한 시장 고객을 만나기 어려워졌다. 아마존에 의존적이 되다보니 아마존은 출판사들의 이익보다는 자사의 판매를 높이기 위한 프로모션 등을 실행하기도 한다. 예를 들어 휴가나 명절 시즌 등에 출판사들의 전자책을 권당 10달러도 되지 않는 가격으로 판매하는 데 이는 아마존의 매출을 늘리는 데는 도움이 되나 출판사에게는 이익이 되지 않는다. 출판사들은 아마존에서 벗어나기 위해 자체적인 인터넷 유통망을 구축하기도 하거나 출판사들이 모여 별도의 협회를 만들기도 한다. 2010년 일본은 전자책 분야에서 아마존과의 경쟁에 사전 대비하기 위한 방안으로 일본전자서적출판사협회를 만들어 대응하였다. 아마존은 KDP(Kindle Direct Publishing)를 도입하여 일반 개인들이 아마존을 통해 출판할 수 있는 길을 열었다. 이렇게 함으로써 출판사가 주도하는 출판 시장에 새로운 영향력을 행사할 수 있는 전략을 수립하였다. 이러한 개인의 맞춤형 소량 출판을 POD(Publishing On Demand)라고도 한다. 이는 출판사를 통한 출판의 경우 대부분 유명 작가 중심으로 출판물이 만들어지는 데 반해 개인의 맞춤형 소량 출판은 다양한 작가들이 등단할 수 있는 수단으로 롱테일(Long-tail) 원리를 따라 아마존의 새로운 매출 창출의 수단으로 활용될 수 있기 때문이다. 아마존과 출판사와의 관계는 대형 유통 공룡인 아마존이영향력을 행사하여 출판사들이 창출해내는 가치의 상당 부분을 획득하기 때문에 출판 유통 시장의 포식자로 이해할 수 있을 것이다. 아마존의 영향력이 커짐에 따라서 출판사들은 자구책으로써 별도의 유통망을 구축하거나 협회를 만드는 등의 변화를 꾀하고 있으며, 이에 아마존은 개인의 맞춤형 출판 서비스를 제공함으로써 출판업계에 영향력을 견제하는 전략을 취하고 있다. 이러한 관계를 통해 아마존과 출판업계의 전자책 시장에서의 상호 변화는 시장 생태계에서의 착취적 공진화로 이해할 수 있을 것이다.

- 공진화와 혁신

다양한 공진화의 유형 중에서 협력을 기반으로 하고 있는 협력적 공진화, 혹은 이타적 공진화는 상호 호혜적인 변화를 꾀하는 이종 간의 진화, 이종 산업 내의 기업들 간의 협력, 서로 다른 개인들 간의 협력을 통한 혁신이라고 할 수 있다. 위키피디어나 크라우드 소싱과 같은 집단지성을 통한 대중에 의한 혁신과 더불어 협력을 통한 기업들 간의 상생을 통한 혁신은 우리 사회 및 시장 생태계 발전의 중요한 원천이 된다.

토의문제

1. 새로운 발명을 성공한 혁신으로 만들기 위해서 고려해야 할 것은 무엇인지 설명해보자.
2. 4차 산업혁명 기술 제품이나 서비스 중 하나를 골라 해당 제품이나 서비스가 혁신의 유형 중 어느 것에 속하는지 논의해보자.
3. 에버렛 로저스가 제시한 혁신 수용 계층의 유형을 활용하여 4차 산업혁명 기술 중의 하나를 골라 해당 기술이 사회에 수용되기 위해서는 어떤 노력이 필요한지 논의해보자.
4. 새로운 혁신을 도입하는 기업 입장에서 기존 제품이나 서비스로 고착화되는 경로의존성 문제를 어떻게 극복할 수 있을까? 논의해보자.
5. 기업 간 경쟁을 통해 새로운 혁신을 창출한 사례가 있는가? 4차 산업혁명 기술 분야에서의 사례를 들고 논의해보자.
6. 플랫폼 비즈니스에서 협력을 통한 혁신 창출의 사례를 찾아보고 해당 사례에 대해 논의해보자.

6

전자무역의 개념 및 활용

학습 목표

- 무역자동화와 전자무역의 역사를 이해하며 4차 산업혁명 시대에 전자무역이 디지털 전환의 핵심이 될 것을 미리 내다볼 수 있다.
- 전자무역의 활용 효과와 활용 사례를 통해 전자무역의 필요성에 대해 확실히 이해할 수 있다.
- 전자무역과 직접 관련이 있는 글로벌 B2B 전자상거래 외에 글로벌 B2C, B2G, CBT 전자상거래 시장의 확장에 대하여 이해할 수 있다.

제1절

무역자동화와 전자무역

1. 무역자동화의 역사

1) 무역의 역사

대한민국의 대외무역법 제2조 제1항에서는 "무역"을 "물품 등"의 수출과 수입으로 정의하고 있다. 수출은 국내의 서비스나 물품 등을 외국으로 내보내는 것이며, 수입은 그 반대 개념이다. 국가 사이에 일어나는 상거래 행위인 국제무역은 그 역사가 매우 길다. 고대 메소포타미아 문명부터 모든 역사에서 우리가 분명하게 알 수 있는 사실은 강대국들이 대부분 무역을 통해 발전하였다는 것이다. 하지만 오랜 세월 동안 무역상은 해상운송과 대금결제에 있어서 위험부담이 컸었다. 고대 그리스와 로마 시대부터 환어음과 신용장의 개념은 존재했었으나 19세기 후반에서 20세기 초기에 영국의 은행을 중심으로 무역 대금결제의 수단으로 신용장이 본격적으로 도입되면서 무역거래에서의 신용위험이 해소되었다.[1]

1 김현미, 전자신용장(e-L/C)의 활성화를 위한 거래 실무상의 문제점과 해결방안에 관한 연구, 전남대학교 대학원 학위논문, 2012.

신용장은 대부분 우편, 전신(cable), 텔렉스(telex)[2]에 의하여 전송되다가 1973년에 SWIFT 시스템이 도입되면서 전자적 메시지 전송이 보편화하였다.[3] 하지만 SWIFT는 금융기관 간의 폐쇄적인 메시지 통신망이며 여전히 대부분 무역서류는 우편으로 전달되고 있었다. 그나마 한국에 SWIFT 시스템이 본격 가동된 것은 1992년이다.

2) 무역자동화의 추진

서류 없는 무역 시대는 무역자동화의 추진으로 시작되었다. 기업들이 무역업무에 이메일을 활용하는 것은 1990년대부터 일반화되었지만, 서류 없는 무역 시대는 전자문서교환(EDI) 기술의 발달과 종합무역업무자동화 기본계획에 의해 시작되었다. 전자문서교환(EDI) 방식을 활용하면서 전체 무역업무를 사무실 컴퓨터 앞에 앉아서 한꺼번에 처리하는 것이 가능해졌다. 무역회사가 관련 기관을 방문하는 데 들어가는 시간과 비용이 획기적으로 단축되기 시작한 것이다. 1989년 당시 상공부(현재 산업통상자원부에 해당)는 종합무역업무자동화 기본계획을 수립하였고 1991년 12월에 「무역자동화 촉진에 관한 법률」을 제정하였다. 1991년에 한국무역협회의 100% 출자로 설립된 한국무역정보통신(KTNET)을 1992년 12월에 정부에서 무역자동화 지정사업자로 정하면서 무역자동화 사업추진이 본격적으로

2 전신타자기를 전화망처럼 연결해서 메시지를 주고받는 서비스이다. 제2차 세계대전 이후 무역 통신을 지배하다가 1980년대 들어와서 팩시밀리에 그 자리를 내주었다. 텔렉스는 글자 단위로 비용을 지급하므로 무역용어에 약어가 많은 것이다.

3 채진일, 글로벌 전자무역에서 SWIFT의 TSU BPO의 도입과 과제, 무역상무연구 제49호, 2011.

시작되었다.[4]

1994년 1월 상역, 외환 부문의 서비스를 시작으로 보험, 통관, 물류 부문까지 자동화가 완료되었다. 관세청, 외국환은행은 물론 모든 무역 관계기관과 무역회사가 전자문서교환(EDI) 망으로 연결되었다. 처음부터 이 EDI 망은 글로벌 네트워크와 연동되어 국제적으로도 서류 없는 무역업무처리가 가능했다. 1997년 10월부터는 종합적인 무역업무자동화서비스가 완성되었다.

2. 전자무역 개념의 정립

1) 전자무역 촉진에 관한 법률

1990년대에 무역자동화 사업이 추진되는 가운데 정보통신기술의 발달에 따른 제3차 산업혁명이 일어났다. 인터넷을 비롯한 새로운 정보통신기술의 보급이 가속화되면서 정보통신기술을 활용하는 무역업무를 무역자동화 개념에 머물러 두기 어렵게 된 것이다. 전자문서교환(EDI)도 인터넷 방식의 Web-EDI로 확장되었다. 정부의 「무역자동화 촉진에 관한 법률」이 오히려 전자문서교환(EDI)의 걸림돌이 된다는 지적이 일면서 2005년 「전자무역 촉진에 관한 법률」로 법명을 변경하고 내용을 전면 개정하였다. 「무역자동화 촉진에 관한 법률」은 폐쇄적인 시스템 내부에서 운용하는 무역 프로세스에 적용되기 때문에 웹 기반의 전자무역을 포함한 전자무역법으로 개정한 것이다.

4 김동구, 우리나라 무역자동화(EDI) 운영의 개선방안에 관한 연구, 산학경영연구 제11호, 1998.

2) 사이버 무역

무역자동화의 개념이 전자무역이라는 법적 용어로 정립되는 과정에서 가상공간을 활용한 국제무역이라는 개념 즉, 사이버 무역(International Trade Carried by Cyber Space)이 주목받은 적이 있었다. 사이버 무역은 인터넷과 정보통신기술을 기존 무역에 접목한 새로운 무역형태로 받아들여졌다. 가상공간에 존재하는 세계 시장을 대상으로 저렴한 거래비용을 무기로 유형 상품뿐만 아니라 서비스 등 무형상품을 사고파는 무역거래가 사이버 무역이다. 계명대학교 전자무역학과는 처음에 사이버무역학과로 설립되었다가 전자무역학과로 명칭을 변경하였다.

「전자무역 촉진에 관한 법률」은 전자무역의 기반을 조성하고 그 활용을 촉진하여 무역절차의 간소화와 무역 정보의 신속한 유통을 실현하고 무역업무의 처리 시간 및 비용을 줄임으로써 산업의 국제 경쟁력을 높이고 국민경제의 발전에 이바지함을 목적으로 하고 있다.[5] 이 법에서는 전자무역을 무역의 일부 또는 전부가 "전자무역문서"로 처리되는 거래로 정의하고 있다.[6] "전자무역문서"란 전자무역에 사용되는 「전자문서 및 전자거래 기본법」 제2조 제1호에 따른 전자문서를 말한다.[7] "전자문서"란 정보처리시스템에 의하여 전자적 형태로 작성·변환되거나 송신·수신 또는 저장된 정보를 말한다.[8]

5 전자무역 촉진에 관한 법률 제1조.
6 전자무역 촉진에 관한 법률 제2조 제1호.
7 전자무역 촉진에 관한 법률 제2조 제4호.
8 전자문서 및 전자거래 기본법 제2조 제1호.

3) 진정한 전자무역은 무역업무의 혁신

하지만 전자무역을 전자무역문서의 활용에 국한하여 이해하는 것은 1990년대의 무역자동화 개념에 머물러 있는 것이다. 전자무역은 모든 정보기술을 활용해서 무역의 모든 단계가 신속하고 효율적으로 이루어질 수 있도록 하는 무역업무 혁신으로 이해해야 한다. 정형화된 무역실무뿐만 아니라 정보기술과 네트워크를 통해서 세계 시장을 개척하고 관리하는 모든 무역 활동이 전자무역인 것이다. 그리고 전자무역은 무역 프로세스를 획기적으로 전환하여 4차 산업혁명 시대의 새로운 무역환경에서 새로운 비즈니스 모델을 개발하는 것을 포함한다. 전자무역은 기존 무역의 거래방식과 업무처리 방식을 전자화하는 수준에 머무르지 않고, 최신 정보기술을 활용하여 무역의 구조와 프로세스를 혁신하는 것에 궁극적인 목적이 있다.

4) 디지털 전환과 전자무역

오랜 역사 동안 아날로그를 기반으로 하였던 무역문서와 무역 활동이 1990년대 들어 본격적으로 전산화(digitization)된 것이 무역자동화이다. 무역문서를 전자문서로 전환하고 이를 전자문서교환(EDI) 방식으로 주고받을 수 있게 된 것만 해도 획기적이었다. 3차 산업혁명이 무르익은 2000년대 들어 무역업무 프로세스의 디지털화(digitalization)가 일어났다. 무역문서의 전자화뿐만 아니라 인터넷, PC, 스마트 기기 등 디지털 기술을 이용하여 무역업무를 처리하는 것이 일반화되었다. 단순히 전자문서교환(EDI) 무역문서가 Web-EDI로 바뀐 것이 아니라 전자문서를 처리하는 기업이나 기관 내부의 업무가 디지털화된 것이다. 무역 ERP가 설치된 회사는 자사의 ERP

시스템에 입력한 정보를 uTradeHub 전자무역시스템에 다시 입력할 필요 없이 전자무역 서비스를 이용할 수 있다.[9] 무역업무가 효율적으로 개선되었지만, 무역업의 비즈니스 모델은 근본적으로 바뀌지 않았다.

4차 산업혁명이 시작된 지금 전자무역은 디지털 전환(Digital Transformation)의 시대를 맞이하고 있다. 디지털 전환은 전산화, 디지털화의 개념을 포함하면서 비즈니스 모델의 변화까지 포함하는 개념이다. 전자무역과 글로벌 전자상거래가 확산하면서 수출기업과 소비자를 연결하는 무역상, 대리점, 도매상 등 중개인(intermediary)의 역할이 약화하고 있다. 국내 소비자가 외국 인터넷 쇼핑몰에서 물건을 구매하는 직구(직접 구매)는 수입상의 역할을 대체하고 있고, 해외 소비자가 국내 인터넷 쇼핑몰에서 상품을 구매하는 역직구는 새로운 수출 경로로 부상하고 있다.

3. 전자무역, 전자상거래 그리고 e-비즈니스

1) 전자무역과 글로벌 전자상거래

전자무역과 유사한 개념으로는 글로벌 전자상거래가 있다. 「전자문서 및 전자거래 기본법」에서 "전자거래"란 재화나 용역을 거래할 때 그 전부 또는 일부가 전자문서 등 전자적 방식으로 처리되는 거래

9 ERP(Enterprise Resource Planning, 전사적자원관리)란 기업 내 생산, 물류, 재무, 회계, 영업과 구매, 재고 등 경영 활동 프로세스들을 통합적으로 연계해 관리해 주며, 기업에서 발생하는 정보들을 공유하고 새로운 정보의 생성과 빠른 의사결정을 도와주는 전사적 자원관리시스템 또는 전사적 통합시스템을 말한다.

를 말한다.[10] 「전자상거래 등에서의 소비자보호에 관한 법률」에서는 "전자상거래"란 전자거래의 방법으로 상행위(商行爲)를 하는 것으로 정의하고 있다.[11] 기본적으로 상행위에 초점을 두고 있으므로 전자무역과 전자상거래는 비슷한 개념이라고 할 수 있다. 그러나 전자무역은 서로 다른 국가의 수출자와 수입자 간의 상행위에 초점을 맞추고 있으며 국내 상행위를 포함하지 않는 개념이다. 전자상거래 중에서 국내를 제외한 글로벌 전자상거래만 전자무역과 밀접한 관련이 있다.

여기서 주목할 것은 최근 글로벌 B2C(기업과 소비자간 거래) 전자상거래 규모가 지난 2010년 이후 급격히 증가하고 있다는 점이다. 한국의 전자상거래를 통한 수입(직구) 규모와 온라인 해외 직접판매(역직구) 실적이 크게 상승하고 있다. 2010년 이전까지는 전자상거래 관점에서 전자무역을 글로벌 B2B(기업 간 거래) 개념으로만 이해할 수 있었다. 해외시장 개척 및 바이어 발굴에 관심 있는 수출 중소기업들은 EC21, ecplaza 같은 글로벌 무역 B2B 사이트만 이용하고 있었다. 지금은 글로벌 B2B 사이트뿐만 아니라 B2C 방식의 온라인 해외 직접판매도 기업들의 해외시장 개척에 필수적인 활동으로 자리잡고 있다.

2) 전자무역과 글로벌 e-비즈니스

한편 e-비즈니스는 기업에서 주요한 경영 활동들을 수행하려고 인터넷과 정보시스템 등 디지털 기술을 포괄적으로 이용하는 것이

10 전자문서 및 전자거래 기본법 제2조 제5호.

11 전자상거래 등에서의 소비자보호에 관한 법률 제2조 제1항.

다. e-비즈니스는 기업 내부 경영관리는 물론이고 다른 회사와의 협력을 위한 활동들과 전자상거래까지 포함한다.[12] 참고로 WTO(세계무역기구)는 e-비즈니스를 "통신 네트워크를 통해 제품 제조, 광고, 판매 및 유통하는 것"으로 정의한다. WTO는 전자문서 교환과 제품의 생산, 글로벌 전자상거래 등 전자무역의 관점에서 e-비즈니스를 바라보고 있다. e-비즈니스는 수출입 절차, 국경 간 상품이동, 대금결제, 무역금융 등 주요 국제기구에서 논의하고 있는 무역 원활화의 핵심분야와 관련하여 논의되고 있다.[13]

위의 내용을 정리하여 전자상거래와 e-비즈니스 관점에서 전자무역을 정의한다면 다음과 같다. 무역과 관련된 개인, 기업, 기관들이 인터넷과 정보시스템 등 디지털 기술을 이용해서 글로벌 상행위를 하는 것을 말하는 것이며, 궁극적으로 전자무역은 글로벌 전자상거래와 글로벌 e-비즈니스 일부분으로 볼 수 있다.

4. 전자무역의 특성과 발전 방향

1) 전통적인 무역과 전자무역의 비교

전통적 무역에서는 수출상, 수입상, 대리점, 도매상 등의 중개인(intermediary)이 반드시 존재했었지만, 전자무역 시대에는 수출기업과 소비자가 직접 거래하는 직구 또는 역직구의 비중이 늘어나며

12 Laudon, Kenneth C., Jane P., Management Information Systems (12th Edition), Prentice Hall, 2011.

13 김선옥, e-비즈니스의 활성화를 위한 무역원활화추진, 통상정보연구, 제7권 제2호, 2005.

중개인의 역할이 줄어들고 있다. 전통적 무역에서는 물리적인 시장이 존재하기 때문에 전 세계를 거래대상으로 하는 경우는 글로벌기업만 가능한 것이었다. 전자무역 시대에는 중소기업도 온라인으로 전 세계 시장을 개척할 수 있다.

전통적 무역에서는 기업의 공식적인 근무 시간에 일하는 것뿐만 아니라 바이어의 시차에 맞추기 위해 야근을 하는 경우도 많았다. 그렇게 열심히 해외영업을 해도 사람이 24시간 연속해서 근무하는 것은 불가능하다. 이제는 전자상거래 시스템이 자동으로 업무를 처리하는 비중이 늘어났기 때문에 24시간 연속해서 무역업무가 진행되는 시대를 맞이하였다. 전자무역의 장점은 데이터 재입력이 필요 없다는 것이다. 자동으로 생성된 주문 정보 등 온라인으로 획득된 데이터를 담당자가 재입력할 필요가 없고 확인만 해주면 된다.

전자무역 시대의 마케팅 활동은 양방향 통신을 통한 1대 1의 접촉이 가능하다는 장점이 있다. 전통적인 마케팅 활동은 구매자의 의사와 상관없는 일방적인 마케팅이다. 불특정 다수의 바이어를 대상으로 수출상품을 홍보하는 마케팅 활동을 펼쳐왔다.

사람이 직접 고객 문의에 대응하는 방식은 한계가 있다. 주문량이 늘어날수록 고객 문의와 불만 접수도 늘어나기 때문에 고객 문의에 당일 응답하고 처리하는 것을 어려워하는 회사가 많다. CRM(고객관계관리) 솔루션을 도입한 회사는 실시간 마케팅 자동화가 가능하다. 이메일, 메시지, SNS 등 반복적인 마케팅 업무를 자동화할 수 있다. 사람이 수동으로 처리하는 것보다 효율적이며 고객 문의에 즉각 대응할 수 있다. 인공지능 기술을 활용하여 고객의 행동 및 습관을 분석하면 최적의 타이밍에 고객관리를 할 수 있다.

물리적인 시장에서는 매장 등 특정한 장소에서 거래가 이루어진다. 재고관리가 중요하고 시간과 공간의 제약을 받는다. 하지만 가상공간 시장에서는 시간과 공간의 제약이 없어질 뿐만 아니라 물리적 공간에서 불가능한 서비스를 제공할 수 있다. 스마트폰 등의 보급은 가상공간을 시장으로 확장하는 데 크게 이바지하고 있고, 가상공간과 물리적 공간을 연결하고 있다. 온라인(online)과 오프라인(offline)이 결합하는 현상이 전자무역 분야에서도 활성화되고 있다.

전통적으로 무역업무는 종이문서로 된 무역서류를 전달하여 처리되었다. 우편 또는 Fax로 전송하는 것이 결국 종이문서를 전달하는 것이었다. 이제는 전자문서교환(EDI)과 인터넷의 도입으로 서류 없는 무역(Paperless Trade) 시대가 열렸다.

국제무역 거래에 있어서 가장 중요한 대금결제는 전통적으로 신용장, 추심, 송금 방식이 환거래은행을 통해 이루어졌다. 기대한 것보다 활용 비중이 크게 늘어나지 않고 있지만, 전자적 수단을 통해 무역 대금결제를 하는 것도 가능하다.

표2 전통적인 무역과 전자무역의 주요 특성 비교

구 분	전자무역	전통적 무역
무역형태	직접무역 (수출기업-소비자)	간접무역 (수출기업-Intermediary-소비자)
거래대상 지역	전 세계	한정된 지역
거래시간	24시간	제약된 시간
고객 수요 파악	온라인으로 수시획득 Data 재입력이 필요 없음	Agent의 활동정보의 재입력 요구됨

구 분	전자무역	전통적 무역
마케팅 활동	양방향 통신을 통한 1대 1의 접촉	구매자의 의사가 무시된 일방적인 마케팅
고객 대응	고객 불만에 즉시 대응	고객 불만에 대응 지연
판매거점	가상공간	물리적인 시장
통관 및 수출입	전자문서	종이문서
대금결제	전자화폐, 전자자금이체	신용장, 환어음, 현금, 수표

2) 전자무역의 효과

전자무역을 통한 거래비용 절감은 단순히 종이문서를 전자문서로 바꾸는 것이 아니라 무역업무 전반의 혁신을 통해 가능한 것이다. 무역업무 중 일부만 온라인 업무가 가능했던 무역자동화 시기에는 전자문서를 다시 종이문서로 출력하는 때도 많았다. 이제는 인터넷 기반의 전자무역 플랫폼 uTradeHub과 기업 내부 정보시스템을 연계하여 모든 무역 절차의 전자화가 실현되었다. 기업에서 가장 중요한 자원인 업무시간이 획기적으로 단축되었고 그만큼의 시간을 무역의 본질적 가치인 해외시장 개척 및 관리에 투입할 수 있게 되었다.

이미 2009년을 기준으로 전자무역 이용률은 수출통관 98%, 관세환급 72%, 외환상역 40% 정도로 확인되었다. 한국의 전자무역은 23만여 무역활동 기업을 비롯하여 은행, 보험사, 관세사, 보세창고, 선사, 항공사와 무역 관계기관을 연계한 최고 수준의 무역 커뮤니티를 구축하였다. 875종에 달하는 무역업무 문서를 전자화하였다. 연간 3억 6천만 건의 무역문서를 전자적으로 처리하므로 전자무역 활용에

따른 경제적 효과는 약 6조 원에 달하는 것으로 나타났다.[14]

한국은 무역의존도가 세계에서 가장 높은 수준이고 세계 7위 수출 강국이다. 무역 인프라의 경쟁력이 중요한 나라이다. 각고의 노력으로 2010년경에 이미 한국의 전자무역 서비스 수준은 완성단계에 이르렀다. 한국으로부터 ODA(공적개발원조)를 받는 국가들이 한국의 전자무역에 큰 관심을 보여 몽골, 리비아, 칠레 등 여러 국가에 한국의 전자무역 및 전자통관 시스템이 수출되었다. 글로벌 전자무역 네트워크가 이루어지지 않으면 아무리 한국의 전자무역 인프라가 훌륭하더라도 반쪽짜리에 불과하다. 그러므로 전자무역 시스템의 수출뿐만 아니라 글로벌 전자문서 교환 서비스, 국제협력 활동, 국제 공인인증기관 상호인정 체계 등 글로벌 전자무역 확산 노력이 뒤따라야 한다.

3) 전자무역의 발전 방향

4차 산업혁명 시대의 디지털 혁신은 국제무역의 모든 영역에 영향을 미칠 것이다.[15] 네트워크를 활용한 전자상거래의 확산은 무역 절차에서 생산자와 소비자 간의 거리와 정보교환을 단축하고 있다. 관세행정에는 빅데이터, 드론, IoT(사물인터넷), 블록체인 등 4차 산업혁명 핵심 기술들이 접목되고 있다. 국제물류 기업들도 블록체인 시스템, 클라우드 컴퓨팅을 적극적으로 도입하고 있다. 무엇보다도 국제무역 협상에서 새로운 디지털 통상규범의 중요성이 확대되고 있

14 한국무역협회 국제무역통상연구원, 무역절차의 그린화, 전자무역의 경제적 효과분석, Trade Focus Vol.9 No.64, 2011.

15 이병문·정희진·박광서, 4차 산업혁명이 무역에 미칠 영향과 이에 대비한 수출촉진 전략, 무역학회지 제42권 제3호, 2017.

다. 무역자동화, 전자무역의 시대는 디지털 무역의 시대로 진화하고 있다. 전 세계적인 디지털 경제 전환, 범국가적 차원에서의 디지털 전략, 디지털 통상 협상, 디지털 국제 표준 등 디지털 무역 원활화에 대한 논의가 활발해지고 있다.[16]

미래의 전자무역은 경제통합 가속화, 전자상거래와 새로운 무역 방식의 확산 같은 국제 무역환경 변화에 능동적으로 대처해야 한다. 무역정보 빅데이터, 외환, 상역, 통관, 물류 등 모든 무역 절차가 국내는 물론이고 해외까지 전자적으로 실현되는 글로벌 무역정보망의 구현을 지향해야 한다.

16 한국무역협회 통상지원센터, 디지털무역 표준 논의 동향과 시사점, KITA 통상 리포트, Vol.6, 2021.

제2절

전자무역의 활용

전자무역 서비스 사용자의 관점에서 무역업무 단계별로 전자무역의 활용 방법을 잘 알고 있어야 한다. 무역업무 단계에 따라 전자무역의 활용이 어떠한 장점이 있는지 이해할 필요가 있다.

1. 전자무역의 업무단계별 장점

1) 정보수집 단계

전통적으로 무역활동기업들이 해외시장정보를 수집하기 위해서는 국제무역박람회, 컨벤션, 카탈로그, 대중매체 등을 이용했다. 이제는 중소기업도 인터넷 정보를 검색하여 국내외 신제품이나 거래처에 대한 정보를 신속하고 쉽게 수집할 수 있다.

2) 무역마케팅 단계

전통적으로 무역활동기업들이 무역마케팅 활동을 위해 직접 해외출장을 가서 종이 카탈로그나 대중매체를 이용하였으나 전자무역 시대에는 수출기업이 인터넷을 통해 전자카탈로그를 보내거나 전자우편, SNS로 마케팅을 할 수 있다. 홈페이지 개설과 무역거래알선사이트 등록, 온라인 광고 등을 통하여 글로벌 마케팅을 쉽게 수행할 수 있다.

3) 거래협상 단계

전통적으로 무역활동기업들이 거래처와 계약조건을 협상하기 위하여 해외출장을 나가거나 국제전화로 통화하는 것이 관례였다. 전자무역 시대에 전자우편은 기본이고 화상회의 같은 비대면 상담방식을 적극적으로 활용하고 있다.

4) 물류·운송 단계

매매계약이 체결된 후 수출자는 물품인도 의무를 이행해야 한다. 계약 물품을 수입자에게 보내는 과정에서 기존 방식은 수출자가 운송인과 대면, 전화, Fax 등의 수단으로 운송계약을 체결하고 운송과정을 관리하였다. 전자무역 시대에도 유형재의 경우 물리적인 방법으로 운송되지만, 온라인으로 운송계약을 체결하고 운송과정을 실시간으로 지켜볼 수 있다. 무체물(콘텐츠 등)의 경우 온라인 유통이 활성화되고 있다.

5) 대금결제 단계

무역 대금결제는 전통적으로 송금, 추심, 신용장 결제방식 등이 주로 이용됐다. 전자무역 시대에는 전자신용장이 보편화하였고 글로벌 신용카드, Trade Card 방식 등의 새로운 전자결제시스템이 보급되고 있다.

6) 계약의 종료

무역계약의 의무이행이 종료된 다음에 사후관리를 위하여 데이터베이스 마케팅기법으로 고객관계관리(CRM)를 한다. 거래처의 요구를 충족할 수 있는 새로운 상품개발 또는 거래처와 상품에 대한 정보를 교환하는 등 고객관리를 하는 과정에서 CRM 등 정보시스템의 활용이 필요하다.

2. 전자무역 활용의 의의

1) 시간적·공간적 한계의 극복

전자무역은 종이 무역서류 중심의 무역 방식이 가지고 있던 시간적·공간적 한계를 뛰어넘어 24시간 365일 가상공간에서 거래가 이루어질 수 있는 구조를 갖추고 있다. 양방향의 거래가 실시간으로 이루어질 수 있다는 점은 전자무역의 유용성을 극대화하고 있다.

2) 시장의 통합화·단일화

전자무역은 거래당사자의 물리적 위치가 문제가 되지 않기 때문에 국가별로 독립적으로 존재하던 시장이 네트워크에 의해 단일시장으로 통합되고 있다. 물론 개별 전자상거래 사이트에서 다양한 시장이 형성되겠지만 가상공간이라는 점과 누구나 쉽게 시장정보를 얻을 수 있는 점에서 단일화된 시장이 온라인에서 형성된다고 할 수 있다. 기존에는 마케팅 능력과 영업 네트워크가 부족한 중소기업이 세계적 브랜드를 탄생시키기에 어려움이 있었으나 가상공간상의 시장에서는 기업의 규모와 상관없이 세계적인 기업으로 부상할 기회가 주어진다.

3) 편리한 해외시장 정보수집

거래처를 발굴하고 해외시장 정보를 얻기 위하여 그동안 각 기업은 큰 노력과 시간을 투자하였다. 국제무역박람회에서 기업과 기관 관계자를 직접 만나거나 각종 인쇄매체를 통하여 직·간접적으로 해외시장 정보를 수집했다. 그러나 이제 사무실에 앉아서 해외시장 정보를 손쉽게 얻을 수 있게 되었다. 해외시장 정보수집 능력이 부족하여 기업경쟁력이 약했던 중소기업들이 정보력을 강화하여 경쟁력을 회복할 수 있게 되었다.

4) 쉬운 글로벌 마케팅

온라인에서는 저렴한 비용으로 전 세계적으로 동시에 광고 및 마케팅 활동을 펼쳐나갈 수 있다. 자사의 홈페이지는 물론이고 SNS를 통하여 광고 및 홍보 효과를 높일 수 있다. 따라서 세계적 기업들만 가능했던 글로벌 광고 및 마케팅 활동을 이제는 중소기업에서도 수행할 수 있게 되었다. 모든 기업이 우수한 제품을 세계적 브랜드로 성장시킬 기회를 얻게 된 것이다. 또한, 소비자의 의견을 반영하기 쉬운 환경이므로 제품의 설계에서부터 판매에 이르기까지 모든 단계에서 전 세계 소비자의 의견을 수렴하여 제품을 출시할 수 있다.

5) 거래비용의 절감

각종 무역문서가 정형화된 전자문서교환(EDI)으로 대체되었고,

각종 계약 상담 및 주문처리가 온라인을 통하여 진행되기 때문에 시간과 비용이 획기적으로 절감되었다. 종이를 절감하고 출장비를 아끼는 것뿐만 아니라 문서작성과 전달, 자료의 재입력 등에 들어가던 시간을 아끼는 것은 더 큰 가치가 있다. 사실 거래비용은 거래에 필요한 협상 비용, 정보의 수집과 처리 비용, 계약이 잘 준수되는가 감시하는 비용 등이 더 크다. 그러므로 공급사슬 내에서 기업 간의 의사결정을 인터넷 화상회의, 메신저 등을 통해 신속하고 정확하게 내리는 것이 각종 거래에 수반되는 비용을 절감하는 것이다.

6) 전자적 공급사슬 관리(e-Supply Chain Management)

전자무역에 참여하는 기업들은 소비자의 요구에 부응하며 글로벌 경쟁환경에 신속하게 대처할 수 있도록 서비스 공급자 간에 공급사슬(Supply Chain)을 구축해야 한다. 공급사슬 관리(SCM, Supply Chain Management)는 제품 계획으로부터 원재료 구매, 제조, 물류 등 공급망에 관련된 모든 구성 요소를 유기적으로 통합하여 그 결과로 얻어진 가치를 고객에게 전달하는 것이다. SCM은 공급사슬에 참여하는 모든 서비스 제공자 간의 효율적이며 통합적인 수행 능력을 높인다. 디지털 기술을 활용하여 공급사슬을 통합하고 관리하는 e-SCM(전자적 공급망 관리)도 전자무역에서 중요한 분야가 되고 있다.

3. 전자무역 활용 사례

1) A기업: 메이크업 브러시 수출[1]

A기업은 처음에 한국무역협회 자료실에 찾아가 무역활동기업 정보를 받아 상담해보고, KOTRA 바이어 디렉터리 정보를 얻어 인쇄물 카탈로그 발송을 해보았지만 별다른 성과를 거두지 못했다. 그 후 한국무역협회 전자무역 활용 세미나를 통해서 전자무역에 대하여 알게 되었다. 인터넷을 통해서 바이어를 발굴하고, 전 세계 소비자에게 수출상품을 홍보할 수 있는 전자무역의 장점을 알게 되었다.

전자무역에서 제품 다양화가 중요하다. A기업은 메이크업 브러시로 바이어 발굴을 했지만, 메이크업 브러시와 색조 화장품의 관련성이 높다는 점에서 관련 제품을 다양화시켰다. tradeKorea, buyKOREA, GobizKOREA 등 무료 무역거래알선사이트와 유료 글로벌 B2B 사이트를 적극적으로 활용하여 해외 바이어를 발굴하여 좋은 성과를 얻었다. 바이어가 A기업을 신뢰하게 만든 8가지 요인은 다음과 같다.

- 상세한 영문 홈페이지와 회사 도메인으로 만들어진 이메일
- 참신하고 편리한 디자인
- 국내·외 인증 획득과 특허 등록
- PPT 카탈로그를 통한 제품정보 제공
- 회사정보 변경의 최소화

1 한국무역협회 수출성공사례, 전자무역으로 신뢰를 쌓는 8가지 비결

- 소량 주문에도 최선의 서비스
- 효율적인 샘플과 운임 비용에 대한 대응

전자무역 특성상 회사정보가 노출되니 가짜 바이어의 접근이 늘어났다. 바이어의 이메일 주소가 회사 도메인으로 되어 있지 않으면 의심을 했다. 미국 회사라고 하는 데 +86으로 시작하는 중국 전화번호도 있었다. 이메일 도메인이 회사 주소지의 국가와 일치하지 않으면 의심을 했다. 'google.co.kr' 도메인을 사용하는 데 회사 주소지가 중국이라면 문제가 있는 것이다. 상담 과정에서 관심 품목의 전문 용어를 사용하면서 가짜 바이어를 걸러냈다. 진성 바이어인지 확신이 생기지 않으면 결국 해외기업 신용조사 서비스를 이용했다. 모든 계약 상담을 마치고 한국에 계약하러 오겠다던 바이어가 불법 취업을 목적으로 입국해서 사라지는 경우도 있었다. 무역계약을 미끼로 단기 방문비자를 쉽게 발급받을 수 있는 초청장을 노린 것이다.

2) B기업: 눈꽃빙수기 수출[2]

B기업 대표가 예전에 석유화학 관련 회사에서 했던 바이어 발굴 방법은 인터넷을 뒤져서 바이어 정보를 수집한 후 그들에게 팩스와 이메일을 보내고 전화를 한 것이었다. 기업 간 거래인 석유화학 업계에서는 상당히 효과적인 방법이었다. 하지만 이직한 후 눈꽃빙수기 업계에는 전혀 통하지 않는 방법이었다.

눈꽃빙수기는 국내에서 여름에만 팔리므로 다른 계절에는 반드시

2 한국무역협회 수출성공사례, 경험으로 터득한 인터넷무역 노하우

외국 바이어를 찾아야 한다. B기업 대표는 인터넷 검색을 통해 유명 바이어를 찾아 이메일을 보내고 상품을 소개했다. 그러나 눈꽃빙수기 업계는 담당자가 계속 바뀌고 퇴사하는 경우가 많아 답신이 전혀 오지 않았다.

그래서 바이어가 먼저 찾아오는 인터넷무역으로 방향을 돌렸다. tradeKorea와 Alibaba(중국) 같은 무역거래알선사이트에는 많은 바이어들이 가입해 있다. 그곳에 상품을 등록한다면 바이어들에게 충분히 노출되리라는 확신이 들었다. B기업 대표는 여러 무역거래알선사이트에 상품을 올려서 큰 성과를 거두었다. 제품에 관한 관심이 쏟아졌다. 1개월 만에 인터넷을 통한 첫 거래가 성사됐다.

매번 좋은 계약을 맺던 중 인터넷무역으로 인해 사기당하는 일이 있었다. 정확하게 말하자면 B기업 대표가 당한 사기는 아니었고 말레이시아에 있는 바이어가 사기를 당한 것이었다. 사기꾼들은 B기업 대표의 이메일을 해킹하여 그 이메일을 통해 바이어에게 제3국으로 1,500만 원가량 송금을 유도했다. 뒤늦게 알게 된 바이어가 경찰에 신고했지만 송금된 돈을 되돌려 받을 길이 없었다. B기업 대표가 생각해 보니 예전에 영국의 바이어한테 메일이 왔는데 Purchasing Order(주문서)가 첨부되어 있어서 의심 없이 그 파일을 열었다. 주문서는 이메일 아이디와 비밀번호를 입력해야 볼 수 있는 형식이었고 그때 입력한 이메일 아이디와 비밀번호가 국제 사기꾼에게 노출된 것이었다. B기업 대표는 다음 거래에서 그 바이어에게 가격 할인과 다른 서비스를 제공하여 보상했지만, 그 경험을 통해 진성 바이어와 사기꾼을 구별하는 방법을 터득했다.

상품이 필요한 진성 바이어는 A/S 문제에 대해 집요하게 물어본다. 그러나 그냥 주문을 많이 하겠다거나 전국 유통망을 언급하기만 하는 이메일 내용이라면 사기꾼일 가능성이 크므로 삭제해도 좋다. 그리고 사전 상담 없이 Purchasing Order를 첨부파일로 보내는 사람은 바이어가 아니라고 보면 된다. 첨부파일을 절대 열지 말고 스팸 처리해야 한다.

B기업 대표는 10개 이상의 무역거래알선사이트를 이용하는 데 가장 효과가 좋은 곳이 Alibaba라고 한다. tradeKorea는 거래 성사 확률이 높고 사이트에서 거래에 관한 관리를 해준다. 세계 곳곳에서 제품에 대한 문의가 오는 비결은 구글에 있다. 무역거래알선사이트 여러 곳에 상품을 등록하면 자동으로 구글에 노출이 된다. 무엇보다 중요한 건 빠른 답변이다. 각 상황에 맞춰 답변할 수 있는 메일 형식을 만들어 두면 좋다. 가장 먼저 바이어의 기본 정보를 물어본다. 바이어의 전화번호를 저장하면 메신저와 SNS에서 바이어와 소통할 수 있는 장점이 있다. 무역거래알선사이트와 구글에서 만난 바이어와 적극적인 소통을 하는 것이 진정한 인터넷무역이다. 바이어들이 가격을 먼저 물어본다고 가격부터 알려주면 안 된다. 경쟁사에서 가격정보만 빼가는 일도 많기 때문이다.

3) C기업: 전문무역상사[3]

C기업은 해외 온라인 마케팅을 주력사업으로 2010년에 창립되었다. C기업은 현재 한국무역협회로부터 전문무역상사로 지정되어 있다. 중소벤처기업부에서 GMD(글로벌 시장개척 전문기업)로도 지정

3 한국무역협회 수출성공사례, 이제는 B2C가 소비재 수출의 출발점

되어 있다. 중소기업진흥공단의 B2C 판매대행 사업도 진행 중이다. C기업 대표는 소비재 제품들의 대부분이 B2C 전자상거래로 판매되는 현실에 주목하고 있다. 전자무역 시대의 해외 마케팅은 온라인상에서 먼저 B2C 방식으로 해외 소비자의 검증을 거치다 보면 현지 바이어의 눈에 띌 수 있다. 영세한 제조회사는 해외 전자상거래를 직접 진행하기 어려우므로 C기업과 같은 전문무역상사가 해외 소비자 검증과 바이어 매칭을 대행하는 것이 효율적이다. 그러므로 전자무역은 이제 B2C로 시작하여 B2B로 연결되는 것이다.

C기업의 온라인 수출 성공사례는 다음과 같다. 먼저 모니터를 제조하는 국내 중소기업의 수출 과정이다. 제품경쟁력은 충분하지만, 해외시장에 대하여 전혀 모르는 기업이었다. C기업에서 이 회사에게 제품기획 단계부터 컨설팅했다. C기업은 온라인 시장조사를 통하여 해외에서 통할 제품의 사양을 찾아냈다. 그런 다음 유튜브를 활용한 마케팅을 진행했다. 600만 구독자를 보유한 유튜버를 활용하여 동영상 리뷰를 했는데 전 세계 500만 명 이상이 이 동영상 리뷰를 봤다. 온라인 마케팅을 계속 진행하며 제품에 대한 소비자 반응이 좋다는 판단이 서자 미국의 주요 온라인 몰에 제품을 출시했다. 출시 첫날 700대가 매진되었다.

다음으로 차량용 블랙박스를 수출한 사례이다. 러시아 수출에만 주력하고 있던 상황에서 C기업은 아마존, 큐텐, 이베이 등 해외 온라인 몰에 제품 등록을 하고 SNS와 유튜브 홍보 마케팅을 진행했다. 한 달에 1만 달러 정도 판매되던 제품이 수개월 후에 한 달에 30만 달러 이상 판매되는 성과를 얻었다. B2C 판매를 통해 전 세계 소비자들에게 검증을 받으니 현지 바이어가 직접 제조회사로 연락을 해왔고

B2B 방식의 수출이 시작되었다. 각국의 온라인 판권은 현지 바이어에게 넘어갔지만, 제조회사의 수출은 기하급수적으로 늘어났다.

C기업은 전문무역상사로서 모니터 회사와 블랙박스 회사의 전자무역 관련 업무를 지속해서 대행하고 있다. C기업의 현지 물류센터를 통해 제조기업의 물류도 지원하고 있다. 이러한 사례를 통해 C기업은 다른 국내 제조회사의 본격적인 해외 진출을 돕고 있다.

C기업 대표는 수출의 패러다임이 더욱 온라인으로 바뀔 것으로 예측한다. 해외 B2C 온라인 몰에서 제품을 검증해야 할 필요성은 커지는데 국내 중소기업은 해외 마케팅 비용을 부담하기 힘들다. 그러므로 정부의 지원을 통해 전문무역상사의 해외 마케팅 지원 프로그램과 B2C 판매대행 지원사업이 늘어날 필요가 있다.

4. 전자무역 활성화 과제

1) 전자무역 이용률

한국에서 전자통관시스템 활용률은 100%이다. 관세청이 법률로 의무화하였기 때문이다. 전반적인 전자무역 활용은 대기업과 비교해 중소기업의 활용률이 낮은 수준이다. 한국무역협회에 의하면 2012년 기준으로 전체 전자무역 서비스 중 원산지증명서 발급업무와 구매확인서 발급업무는 100%를 기록하고 있다. uTradeHub을 통한 전자무역 이용률 평균은 2012년 58%에 도달하였다. 2013년부터 완전 전자화된 내국신용장 업무는 2013년 기준으로 전체 내국신용장 발급 비중에서 전자무역이 79%를 차지하였다.

하지만 2013년 기준으로 uTradeHub을 통해 수출신용장의 27%, 적하보험증권의 25%, 수입화물선취보증의 26%, 화물인도지시의 37% 정도만 처리하는 등 전자무역 이용률이 낮은 무역업무가 남아 있다.[4] 권혁(2019)의 연구에 의하면 252개 응답 기업 중 전자무역을 이용한 수출 비율은 10% 미만에 불과한 기업이 63.1%를 차지했다.[5] 이에 산업통상자원부는 전자무역의 활성화를 위해 모든 기업이 언제 어디서나 전자무역을 활용하여 가장 경제적이고, 효과적인 방법으로 무역 활동을 수행할 수 있도록 전자무역 인프라 확산 정책을 추진하고 있다.[6]

2) 수요자 중심의 통합 서비스 체계 구축

전자무역의 활용도를 높이기 위해 국내 무역, 통관, 물류 네트워크의 연계를 통해 업무의 가시성을 확보해야 한다. 기업들은 모든 무역과정의 업무처리정보 및 화물추적정보를 알기 원한다. 이를 위한 새로운 전자무역 서비스를 개발 중이다. 원자재 구매, 납품업무 등 주로 기업 간 거래에 활용되는 전자문서의 유통 및 관계기관 업무처리에 필요한 인프라를 제공해야 한다. 수출화물을 체계적으로 무역업계가 관리할 수 있도록 외국 주요 항만과 화물추적정보를 연계해야 한다.

4 이상진·김형철, 전자무역 활용현황 분석과 발전방향에 관한 연구, 전자무역연구 제12권 제2호, 2014.

5 권혁, 한국 수출입기업의 전자무역시스템 활용성과에 관한 실증 연구, 경영연구 제34권 제1호, 2019.

6 한국통상정보학회, 선진 무역환경 조성을 위한 전자무역 개선방안 연구, 2009.

3) 국가 간 서류 없는 무역 실현

해외 전자무역 망과의 연계를 통해 글로벌 전자무역 서비스를 확대한다. 국가 간 전자무역시스템의 연계뿐만 아니라 민간기업 통신망 연계를 통하여 전자무역 문서를 단절 없이 교환할 수 있도록 정책을 추진한다. 전자무역 초기 단계에서부터 이미 국내의 우수한 전자무역시스템의 수출을 촉진하고 있다. 정보통신기술 및 인프라가 미흡한 국가에 한국의 전자무역시스템을 수출하여 글로벌 전자무역 서비스를 확산하는 것이 전략적인 글로벌 전자무역 서비스 확대 방안이다.

4) 전자무역 확산을 위한 지원조직 정비

전자무역 서비스의 안정적 제공을 위하여 전자무역기반시설을 운영하는 데 공공성을 확보한다. 무역의 전 과정에 전자무역이 가능하고, 모든 기업이 더욱 편리하게 전자무역을 이용할 수 있도록 관련 법령을 계속 정비해나간다.

제3절
전자무역과 글로벌 전자상거래

1. 전자상거래 모델의 분류

전자상거래의 역사는 생각보다 길다. 기업 간 거래에 전자문서를 활용하기 시작한 것도 전자상거래로 볼 수 있고, 홈쇼핑도 전자상거래의 형태로 간주할 수 있다. 인터넷과 모바일이 보편화하면서 전자상거래는 빠르게 확장되었다. 「전자문서 및 전자거래 기본법」에서는 "전자거래"를 재화나 용역을 거래할 때 그 전부 또는 일부가 전자문서 등 전자적 방식으로 처리되는 거래로 규정하고 있다.[1] 그리고 「전자상거래 등에서의 소비자보호에 관한 법률」에서는 "전자상거래"를 전자거래의 방법으로 상행위(商行爲)를 하는 것으로 정의하고 있다.[2] 전자상거래는 세계 경제에서 차지하는 비중이 상당히 커졌다.

2020년 코로나19 범유행으로 전 세계가 경기 침체를 겪었지만, 전자상거래 시장은 오히려 성장했다. 중국이 2조 8천억 달러로 압도적인 세계 1위의 전자상거래 시장이고, 미국 7천 98억 달러, 영국 1

1 전자문서 및 전자거래 기본법 제2조 제5항
2 전자상거래 등에서의 소비자보호에 관한 법률 제2조 제1항

천 536억 달러, 일본 1천 870억 달러순으로 시장이 성장했다. 세계 5위를 기록한 한국 전자상거래 시장 규모는 2020년 140조 원을 돌파했고 2022년 200조 원에 달할 것으로 전망된다. 특히 모바일 쇼핑은 전체 전자상거래의 67%를 차지하고 있다. 성균관대학교 최재붕 교수의 표현에 의하면 "인류 소비 문명의 표준이 바뀌고 있다".

전자상거래는 다양한 비즈니스 모델의 구분이 가능한데, 거래에 참여하는 주체에 의한 분류 방법이 일반적이다. 전자상거래 거래참여자의 분류는 크게 B(business, 기업), C(customer, 고객), G(government, 정부)로 구분된다. 여기에서 G는 중앙정부뿐만 아니라 지방정부, 공기업, 정부 투자기관, 교육기관까지도 포함된다. 그러므로 B2C(business to consumer) 전자상거래는 기업과 소비자 간의 거래, B2B(business to business) 전자상거래는 기업 간 거래, B2G(business to government) 전자상거래는 정부와 기업 간 조달 거래로 구분한다.

2. 글로벌 B2B 전자상거래

1) B2B 전자상거래의 정의 및 종류

특히 글로벌 B2B 전자상거래는 전자무역과 밀접한 관련이 있다. 전자상거래 관점에서 전자무역을 이해하자면 먼저 글로벌 B2B 전자상거래를 생각할 수 있다. B2B 전자상거래는 기업과 기업 간에 이루어지는 제품(서비스 포함) 또는 정보의 거래를 말한다. 비록 초기 전자상거래의 관심은 B2C에 초점이 맞추어졌지만, B2B의 총 거래금액은 이미 B2C의 총 거래금액을 넘어섰다. B2B 웹사이트는 다음과 같이 분류할 수 있다. 많은 B2B 사이트들은 이러한 분류 중 하나 이상에 관계가 맺어지는 것으로 보인다. B2B 모델은 계속 발전하고 변화되고 있다.

- 기업 홈페이지

기업의 얼굴과도 같은 기업 홈페이지는 24시간 연속 운영되는 가상 무역전시장으로 생각할 수 있다. 어떤 기업의 홈페이지는 등록된 사용자들에게만 허용되는 업무환경을 제공한다. 어떤 기업의 홈페이지는 웹사이트에서 직접 제품을 판매하는 실제적인 전자상거래의 도구가 된다.

- 제품 공급과 조달을 위한 거래소

기업 구매담당자가 공급자로부터 물품을 사기 위해 방문할 수 있고, 제안서를 요청하며, 입찰에 참여하는 때도 있다. 전자조달 사이트라고도 일컬어지며, 일부 사이트는 기업들의 모임을 지원하고, 어떤 곳에서는 틈새시장에 초점을 맞춘다.

- 산업 포탈

제품의 목록, 토론그룹 및 기타 기능과 같은 산업체 및 회사별 통합 정보를 제공하여 온라인 산업시장을 제공한다. 이러한 산업 포털 사이트는 조달 사이트들보다 폭넓은 목적을 가진다.

- 중개 사이트

제품이나 서비스를 원하는 기업과 공급을 할 수 있는 기업 간에 중개자로서 역할을 한다. 장비를 빌려주는 사이트 등이 좋은 예이다.

- 정보 사이트

기업들을 위해 특정 산업에 관련된 정보를 제공한다. 특정 산업에 특화된 검색 사이트들과 무역 및 산업 표준화를 조직하는 사이트들이 포함된다.

2) 글로벌 B2B 무역거래알선사이트

해외 바이어 발굴을 원하는 수출 중소기업들은 글로벌 B2B 무역거래알선사이트를 이용하고 있다. 1996년에 국내 최초로 글로벌 무역 B2B 사이트 ecplaza가 오픈되었다. 현재 국내 B2B 무역거래알선사이트 가입자 1위인 EC21은 1997년에 한국무역협회에서 오픈했으며 2000년에 한국무역협회로부터 분사하였다. 세계 최대 온라인 B2B 거래 플랫폼인 Alibaba는 1999년에 중국에서 시작하였다. 전 세계적으로 수많은 B2B 무역거래알선사이트가 존재하며 국내의 많은 공공기관도 무역거래알선사이트를 구축해놓았다. KOTRA의 BuyKOREA, 중소기업진흥공단의 GobizKOREA, 한국무역협회의 tradeKorea가 대표적이다. 한국농수산식품유통공사 B2B 홍보 무역거래알선 플랫폼인 AgroTrade도 있다.

무역거래알선사이트 또는 플랫폼을 영어로 B2B e-Marketplace라고 부른다. 인터넷을 통해 거래처 선정을 도와주는 것이 주된 기능이다. 무역회사가 자기 회사의 정보 및 상품정보를 이러한 사이트에서 홍보하고 등록된 다른 회사정보를 검색하여 거래처를 발굴하는 것에 활용한다.

2020년 현재 약 4조 달러에 달하는 B2C 전자상거래 시장 규모도 큰 것이지만, B2B 전자상거래 시장은 2019년에 이미 5조 달러를 돌파하였다. Verified Market Research의 예측에 의하면 2020년부터 2027년까지 연평균 17.37% 성장하여 B2B 전자상거래 시장은 2027년에는 19조 달러에 이를 것으로 예상한다.

다음 표는 여성기업 종합정보포털의 주요 글로벌 무역거래사이트 정보를 참고하여 주요 B2B 무역거래알선사이트를 정리한 것이다. 없어지거나 성격이 변경된 사이트도 많다. 산업별, 제품별로 특화된 B2B 무역거래알선사이트는 이보다 훨씬 더 많이 찾아볼 수 있다. 예를 들어 Textile world처럼 세계적인 직물회사들의 정보를 제공하는 사이트가 있다.

표3 주요 B2B 무역거래알선사이트

사이트 이름	URL	특징
Alibaba	www.alibaba.com	5천만 이상의 글로벌 가입자를 보유하여 세계에서 가장 큰 온라인 B2B 무역거래알선사이트
EC21	www.ec21.com	한국 최대의 B2B 무역거래알선사이트, 200개 이상 국가의 판매자와 바이어 정보를 보유하고 있음
ecplaza	www.ecplaza.net	영어, 중국어, 일본어, 한국어의 4개 국어 사이트 지원, 약 40만 회원을 보유한 B2B 무역거래알선사이트
globalsources	www.globalsources.com	다양한 종류의 국제무역박람회 정보를 활용하며 고급 바이어 정보를 제공함

사이트 이름	URL	특징
Tradeindia	www.tradeindia.com	인도 최대의 기업회원을 보유한 B2B 무역거래알선사이트
IndiaMart	www.indiamart.com	인도의 B2B 무역거래알선사이트, 거래 실적에 따른 신용등급 등 다양한 서비스 제공
Tradekey	www.tradekey.com	중동지역 최초의 B2B 무역거래알선사이트, 220개 국가의 기업 정보 보유
China.cn	en.china.cn	B2B 분야에서 유일한 non-commerce 웹사이트, 중국 국가 공인 B2B 사이트
ECVV	www.ecvv.com	5천만 이상의 글로벌 가입자를 보유하였으며 대중국권 수출입 비즈니스 촉진 기구
KOMPASS	www.kompass.com	전 세계 주요 75개국 KOMPASS Local Center를 통해 글로벌 마케팅 지원
WAND	www.wand.com	세계 11개 언어로 된 무료등록 B2B 디렉터리 플랫폼
Tradeport	tradeport.org	미국 캘리포니아주 거래알선 정보, 산업 및 시장정보, 무역박람회 정보
Used Equipment Network	www.usedequip.com	장비 딜러가 판매하는 75,000개 이상의 중고기계 품목 소개

3. 글로벌 B2C 전자상거래

1) B2C 전자상거래의 정의 및 종류

B2C는 기업이 개별 고객에게 직접 제품 및 서비스를 판매하는 수단으로 전자상거래를 사용하는 것을 말한다. B2C는 제품(서비스)을 제공하는 기업과 이를 구매하는 소비자 간에 이루어지는 거래에 초

점이 맞춰진 것이다. 광고, 고객 서비스, 판매 등의 활동을 통해 고객 지향적인 전자상거래가 될 수 있다. B2C의 예는 다음과 같다.

- 정보, 교육(온라인 데이터베이스, 뉴스 그룹)
- 홈뱅킹(대금 납부, 이체, 계좌 관리)
- 홈쇼핑(온라인 시장, 온라인 주문)
- 오락(게임, 주문형 서비스)
- 온라인 광고

기업이 인터넷비즈니스를 전 세계적으로 수행하기 위해서는 정보, 대금결제, 상품 3가지 요소의 국경 간 이동이 자유로워야 한다. 예를 들면 Google과 같은 포털(portal) 비즈니스는 정보의 이동만 필요하므로 글로벌화하기 쉽다. 금융, 여행 서비스가 글로벌화하기 위해서는 정보와 더불어 거래대금의 국가 간 이동이 필요하므로 포털보다 국제화하기가 더 어렵다. B2C 전자상거래는 상품의 국경 간 이동을 가능하게 하는 인프라와 국가 간 결제 시스템 인프라가 취약하여 글로벌화가 어려웠다. 그래서 B2B 전자상거래의 국제화가 먼저 진행되었다. 그 이유는 B2B 전자상거래의 거래참가자 수가 B2C보다 적고 시장의 효율을 개선하여 얻는 경제적 이익이 크기 때문이다. 하지만 최근 10년간 글로벌 B2C 전자상거래 규모가 급격히 증가하고 있는 것에 우리는 주목한다. 전자상거래를 통한 수입(직구) 규모와 온라인 해외 직접 판매(역직구) 규모가 크게 상승하고 있다.

2) 크로스보더(Cross-Border) 전자상거래

온라인 검색기술 및 페이팔 같은 국제결제시스템의 발달로 해외 직접 구매 시장은 급성장하고 있다. 중간에 바이어를 통하지 않고 외국 소비자에게 직접 수출하는 CBT(크로스보더) 전자상거래 시장 규모는 2014~2018년 연평균 30.5% 급성장하여 2018년에 약 6,800억 달러로 증가하였다. 이는 2018년 전 세계 전자상거래의 23.6%를 차지하는 비중이다.

CBT(크로스보더) 전자상거래는 인접 국가 소비자로의 직접 수출, 소비재 수출이라는 특수성에 따라 B2B(기업 대 기업) 방식의 무역을 보완하는 혁신적인 수출방식으로 성장하고 있다. 미국 온라인 기업이 전자상거래로 캐나다 시장을 자국 시장화하듯이 한국 기업은 폭발적인 성장세를 보이는 중국 시장 공략에 크로스보더 전자상거래를 적극적으로 활용할 필요가 있다.

2001년 옥션, 2009년 G마켓을 인수하며 한국 시장에 진출한 eBay는 2009년부터 시야를 한국 시장의 구매자에서 판매자로, 내수에서 세계 시장과의 연계로 점차 확장하기 시작했다. 한국 상품을 온라인을 통해 직수출하는 이른바 '국가 간 교역(CBT: Cross Border Trade)' 사업을 본격화하였다. 한국 전자상거래의 폭발적인 성장과 이베이의 글로벌 영향력을 연계하여, 새로운 사업 기회를 창출하기 위해서였다. 2020년 현재 216개국에 판매 가능하므로 큰 시장 잠재력이 있다.

한국의 인터넷 인프라는 세계 최고 수준이다. 양질의 상품을 공급할 수 있는 우수한 제조업과 함께 전자상거래 시장도 빠르게 성장했고, 인터넷 사용 인구와 전자상거래 인프라도 충분하다. 해외 소비자들의 한국 상품에 관한 관심도 커지고 있다. 한국 제조업의 경쟁력이 높아지면서 유럽, 미국 등 선진국 시장은 물론 남미, 아프리카, 아시아 등의 신흥시장에서도 한국 상품의 인지도가 높아졌다. 이는 한류 열풍으로 인한 한국의 문화와 브랜드에 관한 관심도 한몫했다.

좋은 제품을 생산하는 중소기업은 CBT 시장의 잠재적인 판매자이다. 하지만 대부분 기업은 국제무역박람회 등 기존 방식에 익숙하지만 온라인 수출에 대한 인식은 여전히 낮은 편이다. 또한, 제조업체가 해외 소비자에게 직접 물건을 판매하는 B2C 직거래방식보다는, 현지 유통회사 등을 통한 B2B 방식의 대규모 거래를 선호하는 경향이 있다. 그러므로 이베이는 적극적인 교육으로 온라인 판매자를 양성하여 국내 중소기업들의 세계시장 진출을 돕고 있다.

4. 글로벌 B2G 전자상거래

1) B2G 전자상거래의 정의 및 종류

전자상거래가 활발해지면서 B2C, B2B 전자상거래는 이미 큰 시장을 형성하였다. 그리고 기업과 정부 간에 온라인으로 거래하는 전자상거래 방식을 B2G(Business to Government)라고 한다. 기업이 행정기관의 웹사이트에서 전자상거래 방식으로 공공업무를 해결하는 것도 B2G라고 부르는데 전자세금계산서, 국세청 홈택스 업무 등이 그 사례이다. 여기서는 정부 또는 정부 기관이 필요한 상품이나 서비스를 온라인으로 공공조달(public procurement)하는 것에 주목한다.

한국에는 국가종합전자조달 나라장터를 비롯하여 방위사업청 국방전자조달시스템, 공공혁신조달플랫폼 혁신조달종합포털 혁신장터가 서비스되고 있다. 공공조달 시장은 연간 135조 원으로 국내총생산의 7%에 달한다. 전 세계 공공조달 시장규모는 6조 달러이다. 미연방 정부조달은 2018년 기준으로 약 623조 원을 구매하는 세계에서 가장 큰 시장이다. 2019년 기준 UN 조달시장 규모도 199억 달러를 넘어섰다.

수출기업들은 전 세계 공공조달시장을 노려볼 만한데, 자국 입찰에 자국 기업을 우선하고 각국 정부마다 독립된 계약 규정이 있으므로 정보수집에 어려운 점이 있다. WTO(세계무역기구)는 GPA(정부조달협정, Government Procurement Agreement)를 담당하므로 매년 GPA 가입국의 정부조달 규모를 조사하여 발표한다. WTO 정부조달협정(GPA)을 체결한 국가의 공공조달시장은 직접 진출이 가능하다.

2) 글로벌 B2G 시장 진출전략

조달청에서는 우수 조달기업의 수출 활성화를 위해 '해외조달시장 수출 전략기업 육성 사업'을 시행한다. 수출전략기업과 해외 현지 기업을 매칭시켜 네트워크를 구축하고 해외 프로젝트 참여를 통한 해외 진출을 확대하기 위해서이다. 국내기업의 해외시장 진출전략을 수립하고, 역량개발 교육 및 해외 네트워크 구축을 지원한다. UN, WHO 등 국제기구에서 운영하는 조달시장으로 진출할 수 있도록 지원하는 '글로벌조달마케터사업'도 있다. 국제기구 조달시장 진출 유망기업을 대상으로 기업 맞춤 종합컨설팅을 제공하고 국제기구 조달 전문인력 양성을 통한 글로벌 조달시장 진출기반을 조성하기 위해서

이다.

중소기업벤처기업부 중소기업수출지원센터에서는 조달청과 함께 해외조달시장정보(b2g.exportcenter.go.kr)를 제공하고 있다. 북미, 국제기구, EU, 아시아 및 기타시장으로 나누어 해외 조달시장 동향과 최근 입찰정보를 제공하므로 B2G 방식으로 해외시장에 진출하고자 하는 기업에 도움이 된다.

3) 해외조달 성공사례[3]

분자진단 전문기업 씨젠은 유니세프(UNICEF)와 코로나19 진단키트에 대한 공급 계약을 체결했다. 이번 계약으로 씨젠은 유니세프의 주문에 따라 저개발 국가들에 코로나19 진단키트를 최대 2년간 공급하게 된다. 전문가들은 이번 계약이 유엔프로젝트조달기구(UNOPS), 유엔개발계획(UNDP) 등 유엔의 다른 기관들에도 활용 가능한 확장성이 높은 계약이라고 평가했다. 씨젠은 외교부와 조달청이 주관하고 있는 '해외공공조달 입찰 지원사업'에도 참여했다.

3 중소기업수출지원센터 해외조달시장정보 해외조달 성공사례 - 씨젠, 코로나19 진단 키트 UN조달 시장 진출

토의문제

1. 무역자동화와 전자무역의 관계를 전산화, 디지털화, 디지털 전환의 개념에서 설명하시오.
2. 전자무역 이용률이 여전히 낮은 무역업무는 무엇이며 그 숨은 이유에 대하여 설명하시오.
3. 이 책에서 주장하고 있는 전자무역의 미래가 과연 실현 가능한 것인지를 주제로 토론하시오.
4. 이 책에서 소개한 전자무역 활용 사례 외에 또 다른 좋은 사례를 찾아서 설명하시오.
5. 가상으로 수출기업을 정하고 그 기업이 B2B, B2C, B2G 중에 어떤 전자상거래 기법으로 수출하면 좋을지 토론하시오.

7

uTradeHub와 전자무역시뮬레이션

학습 목표

- uTradeHub의 추진 배경, 기능과 가입방법에 대해 이해한 후 전자무역실습시스템(uTradeEdu) 실습 준비에 들어간다.
- 수출 절차의 종합적인 이해와 더불어 수출 시뮬레이션 실습을 통해 각 수출 절차의 이론적 배경과 실무적 유의점을 체득한다.
- 수입 절차의 종합적인 이해와 더불어 수입 시뮬레이션 실습을 통해 각 수입 절차의 이론적 배경과 실무적 유의점을 체득한다.

제1절
uTradeHub의 이해

1. uTradeHub의 추진 배경

한국 정부와 한국무역협회가 2002년 전자무역 확산 전략회의에서 전자무역에 대한 비전을 정하였다. 전자무역 발전을 위해 설정한 비전은 “모든 기업이 언제 어디서나 인터넷환경에서 가장 경제적이고 효과적인 방법으로 모든 무역 활동을 수행할 수 있는 환경과 서비스를 제공하는 것”이다. 이를 실현하기 위해 「전자무역 촉진에 관한 법률」이 제정되었다.

그전까지 VAN(폐쇄적 전용망)이었던 무역자동화망을 무역업무의 연속처리가 가능한 개방적인 인터넷 기반의 전자무역기반시설로 전환·운영함으로써 국제경쟁력을 높이는 것을 목적으로 하였다. 이러한 입법 취지에 부합하도록 법률의 이름을 「무역업무자동화 촉진에 관한 법률」[1]에서 「전자무역 촉진에 관한 법률」[2]로 2005년에 변

1 무역절차의 간소화와 무역 정보의 신속한 유통을 실현하고 무역업무의 처리 시간과 비용을 절감하여 산업의 국제경쟁력을 높임으로써 국민경제 발전에 이바지함을 목적으로 하는 법률

2 전자무역의 기반을 조성하고 그 활용을 촉진하여 무역절차의 간소화와 신속한 유통

경하여 2006년부터 시행하였다. 이 법에 따라 전자무역기반사업자로 KTNET(한국무역정보통신)이 지정되었고, 전자무역기반시설로 uTradeHub(Ubiquitous Trade Hub)가 구축된 것이다.

산업통상자원부(2003년 당시 지식경제부)와 한국무역협회는 전자정부 과제의 하나로 지난 2003년부터 '전자무역 서비스' 구축사업을 추진하기 시작했다. 시장조사, 신용평가, 관세청, 선사/항공사, 시중은행, 금융결제원 등 마케팅에서부터 결제에 이르는 무역절차별 관계기관을 연계했으며 이를 기반으로 모든 무역업무를 단절 없이 처리할 수 있는 국가 전자무역 허브를 새로운 개념으로 구현하였다.

무역회사는 인터넷을 통한 단 한 번 접속으로 마케팅, 상역, 통관, 물류, 외환, 결제까지 무역업무 프로세스 전반을 신속하고 편리하게 One-stop으로 처리할 수 있다. 이제 무역회사는 은행이나 수출입 관련 기관을 직접 방문할 필요 없이 언제 어디서나 무역업무를 쉽고 간편하게 처리할 수 있다.

uTradeHub의 사업추진을 위한 주요 의사결정, 이해당사자 이견 조정, 기본추진 방향 및 이슈 사항 조정, 사업자 선정, 사업 진도 관리 등을 담당하는 주관기관은 산업통상자원부와 관세청이다. 한국정보화진흥원은 과제수행관리 지원을 하였다. 전자무역 추진과제 이행 및 사업관리 총괄(PMO, 프로젝트관리조직)은 전자무역추진센터에서 담당하였다. 전자무역 활용여건 조성 및 홍보/확산, 사업계획 수립 및 제안요청서 작성, 사업자 선정 지원, 시스템 구축 실무추진 등을 수행하였다. 전자무역추진센터는 국가전자무역위원회 산하

을 실현하고 무역업무의 처리 시간과 비용을 줄일 목적으로 만든 법률. 법률 제11690호를 근거로 2013년 3월 23일부터 시행되었다.

기구로 2004년에 출범하였으며 한국무역협회, 한국무역정보통신, KOTRA, 금융결제원, 전국은행연합회 등 관련 기관에서 전문인력을 파견받아 실무를 담당하였다.

2008년 7월 29일에 차세대 전자무역시스템인 uTradeHub가 정식 개통되었다. uTradeHub은 무역 고속도로를 만들기 위한 정부와 민간의 20년간 노력의 결정체이다. uTradeHub은 단순 비용절감 수준을 넘어 기업의 무역 프로세스를 혁신하고 생산성을 높이는 매개체로 자리를 잡았다. 2008년 이후에는 한국무역정보통신이 전자무역 기반사업자로서 uTradeHub을 고도화하고 서비스를 유지하고 있다.

2. uTradeHub의 기능과 가입방법

uTradeHub(Ubiquitous Trade Hub)은 무역포탈, 물류포탈, 통관포탈 등에 사용자가 접근하기 위한 관문이다. 통합로그인 기능은 물론이고 전자무역 서비스에 대한 전반적인 소개, 서브포탈마다 제공하는 공통서비스(공지사항, Q&A, FAQ, 자료실)를 제공하고 있다.

uTradeHub은 SSO(Single Sign On) 통합인증으로 단 한 번의 로그인으로도 uTradeHub에서 제공하는 무역포탈, 물류포탈, 통관포탈의 모든 서비스를 편리하고 신속하게 편리하게 One-stop으로 처리할 수 있다.

uTradeHub 홈페이지에서 회원가입을 할 수 있다. 무역/물류 회사일 경우 기업회원을 선택하고, 전자상거래 포탈 사용자일 경우 개인회원을 선택한다. 사업자등록번호를 입력하면 기존에 가입했던 기업정보를 읽어올 수 있다. 기업정보, 영문 추가정보, 사용자 정보를 입력한다. 무역/제조회사는 무역포탈 사용회사에 해당하며, 선사, 항공사, 포워더(운송주선인), 보세구역, 보세운송사, 검수회사, 육상운송사, 특송사, 관세사는 물류포탈 사용회사에 해당한다. 서비스별로 이용하고자 하는 서비스 세부내용을 선택하는 데 무역포탈과 물류포탈을 동시에 사용하는 경우 무역 서비스와 물류 서비스 중복 선택이 불가능하다.

uTradeHub은 유료 서비스이므로 요금 청구지 정보를 입력한 후 가입신청서를 출력한다. 가입신청서에 직인을 찍거나 대표자 서명(개인사업자만 가능)을 하고, 사업자등록증과 함께 KTNET에 팩스로 보내면 된다.

3. uTradeHub 각 포탈 소개

1) 무역포탈

uTradeHub의 핵심이라고 할 수 있는 무역포탈은 상역, 외환, 물류, 통관, 결제까지 모든 무역업무 절차를 신속하고 편리하게 이어서 처리할 수 있도록 단일화된 업무환경을 제공한다. 무역포탈을 통해 개별서류 또는 단절된 서비스에 맞추는 것이 아니라 사용자 중심의 업무환경이 구현된다. 개별 수출입 건 기준으로 무역업무 진행상황을 추적할 수 있고 요청한 업무의 처리결과, 관련 무역문서 등을 실시간으로 무역포탈의 사용자 업무 프로세스에서 확인할 수 있다. 무역포탈을 통하면 원산지증명서, 적하보험, 환어음, 선적요청, 선하증권 등 관계기관을 방문할 필요없이 서류제출 및 접수를 할 수 있다. 언제 어디서나 복잡한 무역업무를 처리할 수 있다. 전자문서 중복 제출을 방지하고 전자문서 유통의 간소화로 비용 및 인력을 절감하는 효과가 있다.

2) 글로벌 전자무역 포탈

전자무역 서비스를 국내에 한정하지 않고 해외 파트너사와 거래정보를 교환할 수 있는 서비스를 제공해야 무역 및 물류기업의 무역자동화 혁신을 실현하며 무역 부대비용을 획기적으로 절감할 수 있다. 글로벌 전자무역 포탈을 통해 해외 파트너 및 본사-지사 간 전자문서 송수신 부가서비스를 제공한다. KTNET의 MFCS(해상화물 적하목록)와 연계하여 관세청 적하목록 신고를 자동화할 수 있다. 철강재 수입회사는 철강협회에 '철강재 사전수입신고'를 자동화할 수 있다. 글로벌 서비스는 범아시아 전자무역 네트워크 구축연맹(Pan Asian eCommerce Alliance), 아시아-유럽 전자무역 네트워크 구축연맹(ASea Europe Alliance for Paperless Trading) 등 글로벌 전자무역 사업자 간의 협력을 통해 제공되고 있다.

3) 전자상거래 무역포탈

전자상거래로 판매된 물품에 대해 배송요청, 수출통관, 반품 재수입신고, 대금결제, 구매확인서 발급 등의 서비스를 제공하며, 통계정보를 통한 다양한 조건으로 실적을 확인할 수 있다. 전자상거래 판매 물품에 대해 전자상거래 수출신고, 배송요청, 외화입금 요청 등의 업무를 쉽고 빠르게 처리할 수 있다. 동일 사업자등록번호로

uTradeHub에 가입되어있는 경우, 1개의 ID로만 전자상거래 무역포탈 서비스를 이용할 수 있다. 2020년 현재 전자상거래 무역포탈 서비스는 무료로 운영되고 있다.

4) FTA Korea

FTA Korea는 uTradehub에서 제공하는 FTA 원산지관리서비스(원산지 판정/유통/보관)이다. 웹 기반으로 별도의 소프트웨어 설치 과정이 필요 없지만, 원산지 판정 및 입증서류 관리가 가능하다. 수출기업들과 거래 관계가 있는 국내 중견/중소기업의 원산지관리시스템으로 적합하다. FTA Korea의 장점으로는 업종이나 회사 규모에 상관없이 범용적으로 이용 가능한 것이다. 별도 설치작업이 없으므로 초기 구축비용 및 운영/유지보수 비용이 절감된다. 기존 원산지관리시스템 보유회사라도 협력사의 원산지관리시스템이 FTA Korea라면 연계하여 이용할 수 있다. 전자문서에 의한 원산지판정자료 교환이 가능하기 때문이다.

5) uTradehub-ERP 연계를 위한 오픈 API 서비스

수출입 기업은 사내 ERP 시스템에 입력한 정보를 KTNET의 전자무역플랫폼 uTradehub에서 그대로 활용할 수 있게 되었다. KTNET은 오픈 API[3] 기반으로 uTradehub 서비스를 설계해 기업 ERP와 uTradehub 플랫폼이 손쉽게 연동될 수 있도록 했기 때문이다. 기업 ERP 시스템에서 처리한 수출입서류 정보를 uTradehub 전자무역시

3 open application program interface

스템에 재입력해야 하는 불편함을 덜 수 있다. 기업은 연계를 위한 응용프로그램을 구축하거나 별도의 솔루션을 구매할 필요 없이 쉽게 다양한 외부 정보시스템과의 연계가 가능해졌다.

4. uTradehub 전자무역실습시스템(uTradeEdu)

1) 개요

KTNET은 20년간 전자무역 인프라 시스템 운영 경험과 비결을 기반으로 전자무역실습시스템(uTradeEdu)을 구축하였다. 본 서비스 사용자는 관련 산업계 실무자, 전공 대학생 그리고 특성화 고교생이며, 실습 분야는 크게 국내외 무역업무 중심의 'e-Trade'와 물류업무 중심의 'e-Logistics'로 분류된다. 전자무역 실습시스템(uTradeEdu)을 이용하여 무역활동기업, 물류기업에서 이뤄지고 있는 생생한 현장 업무들을 가상으로 실습해 봄으로써 전자무역/전자물류 실무 역량을 키울 수 있다.

현재 기업에서 사용하고 있는 무역 정보통신기술(ICT)기반 솔루션과 uTradehub 서비스 환경하에 관련 업무 지식을 배울 수 있고 실습도 가능하다. 인터넷만 가능하면 교육현장에서 별도의 시스템 설치 없이 간단히 사용 가능하므로 편리하다. 무역부문은 수출입회사, 관세사, 국내 물품구매자 그리고 공급자 업무를 업무 주체 간, 대 기관(은행, 관세청 등)별 실습이 가능하다. 물류부문은 포워더, 선사, 운송사, 물류센터, 터미널 업무를 업무 주체 간, 대 기관(항만청, 관세청, 은행 등)별 실습이 가능하다.

2) 수강방식과 커리큘럼

uTradeEdu는 수강생 개별가입 방식이 아니라 각 학교, 기관, 회사 교육업무담당자와 uTradeEdu 단체교육담당자 사이에 계약 후 수강생 개별 회원가입이 진행되는 절차를 거쳐야 한다. uTradeEdu의 수강방식은 디지털교과서의 형태를 가지고 있으며, 기본적인 이론 교육과 업무실습 그리고 퀴즈와 요약을 통해 수강생들이 쉽게 학습목표를 달성할 수 있도록 구성된 자기 주도형 학습 프로그램이다. 수강생은 무역 및 물류의 업무 흐름에 맞춰 전체 업무를 실습할 수 있으므로 무역 및 물류 업무 프로세스를 이해하는 데 도움이 된다. 학습자에 대한 수강 이력, 진도 관리 등 편리한 교수 관리 기능이 제공되며 교육 수료증 발급이 가능하다.

무역 및 물류 업무의 시작인 계약을 비롯하여 각종 전자문서 작성법, 업무 순서를 실제와 똑같이 실습하여 현업에서 바로 적용할 수 있도록 과정이 준비되어 있다. e-Trade(수출입무역업무)의 경우 수출회사와 수입회사 간 무역업무를 중심으로 오퍼/승낙, 계약, 각종 신청/신고서 및 대금결제업무를 비즈니스 프로세스에 따라 진행하며 실습할 수 있다. e-Logistics(수출입 물류업무)의 경우 포워디(화주)와 선사 간 화물처리업무를 중심으로 스케줄 조회, 부킹, 선적요청, B/L발행, 관련 물류회사의 업무를 비즈니스 프로세스에 따라 진행하며 실습할 수 있다. 자세한 커리큘럼은 다음 표와 같다.

표4 uTradeEdu 실습 커리큘럼

실습 강좌		강의명
무역실습표준 (수출)	1	오퍼 및 구매발주
	2	무역계약
	3	수출신용장 통지
	4	구매확인서 발급신청
	5	세금계산서
	6	상업송장/포장명세서
	7	원산지증명서 발급신청
	8	해상적하보험청약
	9	수출신고 및 수출신고필증
	10	선박스케쥴조회
	11	선박부킹(booking)
	12	선적요청(S/R)
	13	선하증권발행 사전확인(Draft B/L)
	14	화물추적정보
무역실습 표준 (수입)	1	무역계약
	2	신용장(L/C) 개설
	3	대금결제(사전 송금방식)
	4	화물도착통지(선사/포워더)
	5	보세운송신고
	6	수입신고
	7	선적서류 내도통지(신용장 개설은행)
	8	대금결제(신용장 방식)
	9	수입화물선취보증(L/G)
	10	수입화물인도청구/화물인도지시서(Master D/O 또는 House D/O)
	11	자가운송신청
	12	라인운송신청(보세운송요청동의)
무역실습 집중 (국내물품구매)	1	국내발행물품매도확약서
	2	구매확인서 발급신청
	3	내국신용장개설신청 및 통보
	4	세금계산서
	5	물품수령증명서
	6	판매대금추심의뢰(로컬L/C)
	7	매입의뢰도착통지 및 대금지급

실습 강좌		강의명
물류실습 표준 (수출)	1	선박스케쥴 조회
	2	포워더 선하증권(House B/L) 등록
	3	포워더 수출적하목록신고
	4	포워더 선사선적요청(S/R)
	5	운송회사 혼재화물(LCL) 차량배차
	6	선사 선적지시
	7	컨테이너터미널 반출입 등록
	8	컨테이너터미널 본선 양적하계획
	9	컨테이너터미널 양적하결과통보
	10	선사 출항신고
물류실습 표준 (수입)	1	화물도착통지
	2	신용장(L/C) 개설
	3	은행 수입화물선취보증서(L/G) 발행
	4	선사 수입화물 인도지시서(Master D/O) 발행
	5	운송회사 보세운송동의 신청(라인운송)
	6	운송회사 보세운송 신고
	7	물류센터 보세화물 반입예정 정보수신
	8	물류센터 반입신고
	9	화주 수입신고
	10	물류비 정산

제2절

수출 무역시뮬레이션

1. 수출 절차

수출 절차는 정형화된 것은 없으나 일반적으로 5단계로 구분할 수 있다. 해외시장조사, 수출계약 체결, 운송 및 보험계약, 수출신고 및 통관, 대금 회수 및 클레임 처리로 나눌 수 있다. 해외시장조사를 통해 적합한 바이어를 선정하며, 오퍼에 대한 바이어의 승낙 또는 바이어의 구매발주를 거쳐 수출계약을 체결한다.

수출계약 체결 때 대금 결제방법의 협의가 중요하며 수출제한 품목을 수출하고자 하는 경우 사전수출 허가를 받은 다음에 수출계약을 체결해야 한다. 수출자는 필요할 경우 수출보험 및 적하보험에 가입하고 수출 계약할 때 정해진 운송수단으로 운송을 준비한다. 이후 수출신고 및 통관을 마친 후 수출품의 선적이 이루어지면 운송서류인 선하증권(해상) 또는 항공운송장(항공)이 발행된다. 신용장 또는 추심방식 대금결제의 경우 선적 후 은행을 통해 수출대금의 회수절차가 진행된다. 제품의 품질에 대한 클레임이 발생할 수 있으며 클레임까지 처리해야 비로소 모든 수출 절차가 마무리된다.

uTradeEdu의 무역실습 표준(수출) 시뮬레이션에서는 신용장 방식의 대금결제, CIF(cost insurance and freight, 운임보험료 부담조건), 해상운송 등의 수출계약을 가정하고 다음과 같은 수출 절차를 제시하고 있다.

> 오퍼 및 구매발주 → 무역계약 → 수출신용장 통지 → 선적준비 → 상업송장/포장명세서 작성 → 수출신고 후 수출신고필증 발행 → 원산지증명서 발급신청 → 해상적하보험청약 → 선적요청 → 선적과 동시에 선하증권 발행 → 환어음 매입

2. 오퍼 및 구매발주

1) 이론적 배경

무역에서 오퍼(offer, 청약)는 매매의 조건을 구체적으로 상대방에게 제시하면서 그 조건으로 물품을 판매 또는 구매하겠다는 제의를 말한다. 상대방(피청약자: offeree)의 승낙이 있으면 계약을 성립(체결)시키겠다는 의사표시이다.

청약은 판매 청약(Selling Offer: S/O)과 구매 청약(Buying offer: B/O)으로 크게 나눌 수 있는데 보통 수출자가 수입자 앞으로 거래조건이나 거래내용을 작성하여 보내면 이를 Selling Offer라고 하며, 반대로 수입자가 수출자 앞으로 보내는 구매의사표시는 Buying offer라 부른다.

승낙(acceptance)은 청약의 내용에 절대적이고 무조건 동의하여 계약을 성립시키겠다는 의사표시이다. 그러므로 조건부 승낙은 Counter Offer라 하여 승낙으로 간주하지 않고 상대방의 새로운 Offer로 간주한다.

수출자가 Selling Offer를 보냈을 때 수입자가 청약서의 내용을 절대적이고 무조건 동의하면 무역 계약이 체결된다. 수입자가 Selling Offer의 거래조건을 수정하여 Buying Offer를 전송할 수도 있다. Buying Offer에 수출자가 동의하면 이때도 무역 계약이 체결된다. Offer를 주고받는 횟수에는 제한이 없다. 중요한 점은 Offer에 대한 상대방의 절대적이고 무조건 동의로 계약이 체결되는 것이다. 무역계약서 양식이 정해져 있지 않으므로 Offer Sheet(물품매도확약서)에 서명해도 무역계약서로 인정될 수 있다.

Purchase Order는 수입자 구매담당자가 수출자의 견적서(Price Quotation)를 보고 구매조건을 문서로 제시하여 구매의사를 표시할 때 제출하는 문서이다. 계약 체결 전 Purchase Order는 사실상 Buying Offer로 간주하므로 수출자의 확인(승낙)을 받아야 법적인 계약서 체결이 진행될 수 있다.

2) 실무적 유의점

Offer Sheet(물품매도확약서)는 수출입 승인 근거서류가 될 수 있으므로 숫자, 문자, 단어, 표현 모두에 주의를 기울여야 한다.

Offer(청약)의 발행 일자(Issuing Date)는 반드시 오늘로 해야 하며, 유효기일(Validity)이 들어가면 그 기간 내에 본 Offer(청약)의 조건에 무조건 동의하는지를 회신해야 한다는 것이다. 유효기일이 들어가면 firm offer라고 하고, 유효기일이 없으면 free offer이다.

3. 수출신용장 통지

1) 이론적 배경

신용장(L/C, Letter of Credit)이란 Issuing Bank(신용장 개설은행)이 beneficiary(수익자) 또는 그 지시인에게 대금 지급을 약속하는 문서이다. 수출신용장은 신용장개설의뢰인(보통 수입자)의 요청과 지시에 따라 개설은행이 발행한다. 신용장에서 약정한 조건과 일치하는지를 확인하고 유효기일 내에 첨부서류가 이상 없이 제시되어야 대금을 지급하므로 개설은행의 조건부 지급 확약서를 말한다.

신용장의 유효기일(expiry date)은 수익자가 개설은행에 대하여 어음의 지급, 인수, 매입을 요구하기 위해 서류가 제시되어야 할 최종 유효기일을 말한다. 유효기일을 넘겨 접수된 신용장에 대해서는 개설은행이 상환을 거부할 수 있다.

개설은행이 발행한 수출신용장은 통지은행(Advising Bank)을 통하여 수익자(Beneficiary, 일반적으로 수출자)에게 EDI(전자문서교환)의 방법으로 신속하게 통지한다. 개설은행이 수익자에게 직접 통지할 수도 있다. 하지만 일반적으로 수출지의 은행(통지은행)을 통해 통지한다.

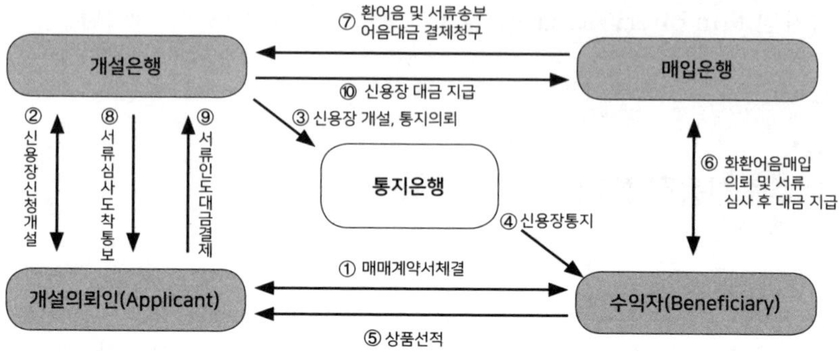

신용장 개념의 흐름

2) 실무적 유의점

수출자는 무역서류에 따라 Exporter, Seller, Drawer(발행인), Accountee(대금 수령인), Consignor(송하인), Accreditee(신용수령인) 등으로 다르게 지칭한다.

국내에 있는 통지은행일 경우 은행영업점을 방문하여 전자거래약정을 체결하면 그 은행의 기업 인터넷 뱅킹에서 신용장 통지를 조회할 수 있다. 국내 통지은행과 전자거래약정을 체결하면 uTradeHub에서도 신용장 통지가 가능하다. 국외은행의 통지는 SWIFT로 송수신되고 있으므로 Telex 또는 우편 신용장은 거의 찾아보기 힘들다.

4. 상업송장/포장명세서

1) 이론적 배경

무역 거래에서 물품의 선적과 함께 물품의 소유권을 넘기기 위해

통용되는 무역문서들을 총칭해서 선적서류(shipment documents)라고 한다. 신용장이나 추심방식의 경우 선적서류는 은행을 통해 수입자에게 전달된다. 각종 검사, 증명, 보험서류와 대금을 받기 위한 목적으로 전달하는 서류들도 포함하고 있다.

기본 선적서류에는 상업송장(commercial invoice), 보험서류(insurance documents), 운송서류(transport documents)가 있다. 상대방이 원하면 보내주는 선택 선적서류에는 포장명세서(packing list), 검사증명서(inspection certificate), 원산지증명서(certificate of origin), 중량/용적증명서(certificate of weight/measurement), 세관용 송장(customs invoice) 등이 있다.

상업송장(commercial invoice)은 수출자가 수입자 앞으로 작성해 보내는 선적화물의 계산서 및 내용증명서이다. 상업송장은 유가증권이 아니므로 화물의 소유권을 인정하는 문서는 아니다. 하지만 모든 무역 거래에서 수출자가 직접 작성해야 하는 중요한 기본 선적서류이다. 상업송장은 수출자의 송화명세서, 상품 출하 안내서, 가격 계산서 및 대금청구서, 수입통관 과세자료, 선적화물의 계산서 및 내용증명서 역할을 한다. 수입자로서는 수입계산서(수입상품 매입치)의 역할을 한다.

포장명세서(packing list)는 상품의 포장 속에 들어있는 상품의 목록을 기술한 서류이다. 상업송장의 부속서류이므로 상업송장의 내용과 반드시 일치해야 한다.

2) 실무적 유의점

상업송장의 상품명세는 반드시 신용장의 상품명세와 일치해야 한다. 신용장 금액이 상업송장의 금액을 초과할 수 없다. 신용장에서 서명된 상업송장을 요구한 경우 반드시 상업송장에 서명이 들어가야 한다. 상업송장 발행 일자는 신용장 유효기일을 넘기면 안 된다. 상업송장은 수출자가 직접 발행하는 것이므로 송장번호(commercial invoice No.)는 수출자가 자체 관리한다. 중복되지만 않으면 된다. 통지처(notify party)가 수하인(consignee)과 같은지 다른지 점검해야 한다. 전자무역에서 포장명세서는 상업송장 작성 후 자동생성된다.

5. 수출신고

1) 이론적 배경

원칙적으로 모든 내국 물품을 외국으로 수출하고자 할 때 당해 물품이 장치된 소재지를 담당하는 세관장에게 신고하고 수출신고필증을 받아야 한다. 수출신고는 수출자가 직접 할 수도 있다. 하지만 관세사, 관세법인 및 통관 취급 법인에 수수료를 내고 의뢰하는 경우가 대부분이다. 수출신고 시점은 상품 포장 후부터 가능하다. 화물 운송 전 또는 선적 전까지는 반드시 수출신고를 해야 한다. 수출신고서는 상업송장, 포장명세서를 근거로 한다. 수출신고자는 세관이 부여하는 통관 고유번호를 사전에 등록해야 한다.

2) 실무적 유의점

일반적으로 수출자가 관세사에게 수출통관업무를 의뢰할 때 상업송장과 포장명세서를 전달한다. 수출신고 후 세관에서 심사수리 또는 물품검사를 통보하면 세관 직원에게 서류심사 또는 현장 물품검사를 받아야 한다. 수출품목이 전략물자에 해당하면 수출신고 전에 수출허가를 받아야 한다. 전략물자란 정부가 국가안보 등 목적으로 수출입을 통제하기 위하여 특별히 정한 품목 및 기술을 말한다. 대한민국은 산업통상자원부 장관이 전략물자를 고시하고 있다. 기업이 전략물자를 모르고 무허가로 취급해도 처벌을 받게 되므로 전문판정 기관인 전략물자관리원의 전략물자관리시스템에서 관련 정보를 수시로 확인해야 한다.

6. 원산지증명서 발급신청

1) 이론적 배경

원산지란 물품의 생산, 가공, 제조 등이 이루어진 것으로 보는 국가(또는 경제통합)를 의미한다. 특혜무역협정(FTA)에서 관세의 부과, 징수 및 감면, 수출입 물품의 통관 등에 있어서 중요한 기준이 된다. 원산지를 결정하는 기준은 국가별 원산지규정에 따라서 다르다. 적용 목적에 따라 (관세)특혜원산지규정과 비특혜원산지 규정으로 분류할 수 있다. 교토협약과 WTO 원산지규정에 관한 협정에서는 원산지 판정 기준으로 완전생산기준과 실질적 변형기준을 제시한다.

원산지증명서(certificate of origin)는 각국 정부 또는 정부가 인정하는 기관에서 발급한다. 한국의 일반원산지증명서는 전국 상공회의소에서만 발급한다. 한국의 관세양허원산지증명서 및 FTA 원산지증명서는 전국 상공회의소, 지역별 세관, 2개 자유무역지역관리원에서 발급한다.

원산지증명서는 자동 발급이 아니다. 수출자가 상업송장 작성 및 수출신고를 한 후, 온라인으로 발급 기관에 원산지증명 발급신청을 한다. 수출자가 신청한 원산지증명발급 신청내용을 발급 기관이 검토하여 원산지증명서가 이상 없이 발급되면 수출자가 직접 출력해서 사용하면 된다.

2) 실무적 유의점

일반 원산지증명서의 경우 수출자가 상업송장과 수출신고필증번호를 상공회의소에 제출해야 원산지증명서 발급이 가능하다.

원산지증명서의 유형은 실제로 다양하다. 특히 FTA 원산지증명서는 FTA별 원산지 증명방식이 다르므로 잘 알아봐야 한다. 협정이 정하는 방법과 절차에 따라 자율발급[1]을 시행하는 FTA 협정이 많아졌다.

7. 적하보험청약신청

1) 이론적 배경

화물 운송 중에 발생하는 각종 위험 때문에 화물이 손상을 입는 경우를 대비하여 보험에 가입해야 한다. 이때 보험료를 누가 부담하고 손해가 발생했을 시 어느 정도의 보상을 받을지에 관한 결정을 보험 가입 때 해야 한다. 수출자와 수입자 중 어느 쪽이 적하보험에 가입

1 수출자가 해당 물품에 대한 원산지를 확인하여 작성한 후 직접 서명하여 사용

할지 매매계약에서 결정된다.

ICC(국제상업회의소)가 무역 계약에 사용되는 조건을 통일할 목적으로 제정한 인코텀즈(incoterms) 2020에서 수출자가 적하보험에 가입하는 조건은 CIF, CIP, DAP, DPU, DDP이다. 이러한 조건으로 계약하면 보험료가 계약금액에 포함된다. CIF, CIP 조건은 수출자가 적하보험에 가입하지만, 선적과 동시에 수입자에게 위험 이전이 된다. 선적서류 중에서 적하보험증권을 수입자에게 넘겨야 한다. DAP, DPU, DDP 조건은 수출자가 적하보험 가입도 하고 화물이 수입자가 정한 장소에 도착할 때까지 위험부담도 수출자가 져야 한다. 그러므로 적하보험증권을 수입자에게 넘길 필요가 없다.

2) 실무적 유의점

적하보험을 청약할 때 원산지증명서는 필요하지 않다.

CIF, CIP 조건이라면 적하보험 계약자는 수출자이고 피보험자(assured)는 수입자가 된다. CIF, CIP 조건이라면 신용장에 적하보험 관련 문구(conditions)가 들어가 있다. 흔하게 보이는 문구는 "INSURANCE POLICY OR CERTIFICATE IN DUPLICATE AND ENDORSED IN BLANK FOR 110% OF TOTAL INVOICE VALUE WITH CLAIMS PAYABLE AT DESTINATION IN CURRENCY OF DRAFT"이다. 번역하면 "백지 배서한 보험증권 또는 보험증명서를 원본 2통 첨부할 것. 상업송장 금액의 110%를 보험에 가입하며 보험금은 환어음에 표시된 통화로 도착지에서 청구할 수 있어야 함"이다.

개정된 인코텀즈 2020에서 CIF 조건은 최소담보(ICC C), CIP 조건은 최대담보(ICC A)로 규정하고 있다. 수출자가 적하보험에 가입하지 않는 인코텀즈 조건이라면 수입자가 적하보험에 가입할 의무는 없다. 대신 화물에 대한 위험은 수입자가 그대로 떠안아야 한다.

8. 선하증권 발행

1) 이론적 배경

해상운송 계약에 따라 선박에 운송화물을 선적 완료하면 선박회사에서 선하증권을 발행한다. 선하증권(B/L, Bill of Lading)은 운송화물의 선적을 입증하고 운송화물의 소유권을 문서로 만든 증권이다. B/L(선하증권)을 정당하게 소지한 사람에게 운송화물을 인도하기 때문에 권리증권인 동시에 유가증권이다.

1990년 6월 CMI(Committee Maritime International, 국제해사법회)에서 전자선하증권에 관한 CMI 통일규칙이 채택되었다. 서면에 의하여 발행 및 유통되던 선하증권을 전자적인 방법에 따라 유통될 수 있도록 한 것이다. 선하증권은 매우 중요한 서류이기 때문에 전자문서로 보내는 것과 동시에 개인키(private key)를 사용하여 소유권을 증명한다.

선하증권의 종류는 다양한데 일반적인 무역 거래할 때 신용장에서 요구하는 선하증권은 다음과 같다. "FULL SET OF ORIGINAL CLEAN ON BOARD OCEAN BILL OF LADING CONSIGNED TO ISSUING BANK MARKED FREIGHT PREPAID"

FULL SET은 세 통의 선하증권 원본 모두를 제출하라는 뜻이다.

CLEAN은 아무런 하자 내용이 없는 무사고 선하증권을 제출하라는 뜻이다.

ON BOARD는 화물이 본선에 적재된 다음에 발행된 선하증권이다.

OCEAN BILL OF LADING는 해상 선하증권을 뜻한다.

MARKED FREIGHT PREPAID는 운임 선지급 표시인데, CIF 조건과 같이 수출자가 운임을 부담할 경우 이런 문구가 들어간다.

CONSIGNED TO ISSUING BANK는 선하증권의 소유권이 일단 신용장 개설은행에 넘어간다는 뜻이다.

2) 실무적 유의점

현대에는 20피트 컨테이너가 1만 개 이상 들어가는 컨테이너선이 많다. 그러므로 선하증권 발행을 선박회사와 계약을 맺은 포워더(forwarder, 운송주선인) 회사에서 대행하는 경우가 많다. 포워더는 선박 없이 선사 업무를 보는 N.V.O.C.C(Non-Vessel Common Carrier)가 대부분이다. 포워더는 송하인(consignor, 대부분 수출자)의 선적요청을 받고 Draft B/L을 먼저 발행한다. 수출자의 Draft B/L 확인이 끝나면 정식으로 House B/L을 발행한다.

포워더는 선적요청, 상업송장 사본, 포장명세서 사본, 수출신고필증 사본, 신용장 사본을 송하인에게 받아서 Draft B/L 작성을 한다. 정식 B/L 발행 전에 오류를 줄이는 데 필요한 절차이다. 정식 B/L 발행 후 오류를 수정하면 B/L이 재발행되었다는 증거가 남으므로 문제가 될 수 있다. 업계에서는 Draft B/L과 함께 Check B/L이라는 용어도 많이 쓴다. Draft B/L은 선하증권의 역할을 할 수 없다.

선적일(On Board Date)보다 B/L 발행일(Date of Issue)이 앞서면 안 된다. B/L 원본 수량(No. of Original B/L)은 FULL SET일 경

우 3부이다. 그렇지 않은 때도 있으므로 확인을 해야 한다. 인코텀즈 C그룹, D그룹 조건일 경우 운임조건(Freight Term)은 선지급(PREPAID)이고 E그룹, F그룹 조건이면 후지급(COLLECT)이다.

제3절
수입 무역시뮬레이션

1. 수입 절차

수입 절차는 정형화된 것은 없으나 일반적으로 5단계로 구분할 수 있다. 계약 체결, 수입승인 및 요건확인, 신용장 개설, 운송서류 내도 및 대금결제, 수입통관이 핵심적인 절차이다.

수입에서도 해외시장조사가 필요하며 청약(offer)과 승낙(acceptance)의 과정을 거쳐 정식으로 수입계약을 체결한다. 사후에 발생할 수 있는 분쟁을 막기 위해 거래조건을 꼼꼼하게 검토하여 계약을 체결해야 한다.

수출입 공고에 수입제한 사항이 있으면 수입승인을 받아야 한다. 수입승인의 권한은 산업통상자원부 장관에게 있지만 '산업통상자원부 장관이 지정하여 고시하는 관계 행정기관 또는 단체의 장'에게 위탁하고 있다. 수입승인대상 품목에 적용되는지 확인할 때는 HS코드[1]로 확인해야 한다. 수입제한은 아니지만, 법에서 규정하는 수입조건

1 Harmonized Commodity Description and Coding System(국제통일상품분류체계)의 약칭

을 충족하였음을 증명하는 요건확인을 받아야 하는 때도 있다. 수입요건이 적용되는 품목은 다양하며 증명해야 하는 절차나 입증서류도 각각 다르다. 수입요건확인 서류를 받는데 시간이 비용이 소요되므로 수입자는 관세사의 도움을 받아 이에 대한 대비를 잘해놓아야 한다.

신용장 방식으로 대금결제를 하는 것으로 계약을 했다면 수입상이 직접 신용장 발행을 신청해야 한다. 수입승인 또는 요건확인을 받은 다음에 계약서의 내용을 바탕으로 수입상이 직접 화환신용장 발행 신청서를 작성하여 신용장 개설은행에 수입신용장 발행을 신청한다. 신청서에 기재되는 내용은 그대로 신용장의 조건이 되므로 모든 사항을 간단명료하고 정확하게 입력해야 한다.

신용장 방식으로 대금결제를 하면 수출상은 물품을 선적한 후 선적서류를 갖추어 환어음과 함께 매입은행에 제출한다. 선적서류가 신용장 개설은행에 넘어오면 신용장 조건과 일치하는지를 신용장 개설은행에서 심사한다. 이상이 없으면 수입상에게 선적서류도착 통지서를 발송한다. 통지를 받은 수입상은 신용장 개설은행에 대금결제를 한 후 선적서류를 받을 수 있다. 만약 수입화물은 도착했으나 선적서류가 늦게 도착하면 수입상이 신용장 개설은행으로부터 L/G(수입화물선취보증서, Letter of Guarantee)를 발급받아 선박회사에 제출하여 화물을 인수할 수 있다.

도착한 수입화물은 일단 보세구역에 반입한다. 세관에 수입신고를 마쳐야 수입상이 화물을 가져갈 수 있기 때문이다. 예외적으로 수입화물이 도착하기 전에도 수입신고를 할 수 있다. 세관에서 수입신고 확인을 마치고 내준 수입신고필증을 받으면 보세구역에서 수입상의 물품을 실어 낼 수 있다. 수입 관세는 수입신고와 동시에 내는 것이 원칙이지만 담보를 제공하여 수입신고 후에 사후납부를 할 수도 있다.

uTradeEdu의 무역실습 표준(수입) 시뮬레이션에서는 신용장 방식의 대금결제, 선하증권보다 화물이 먼저 도착한 경우, 해상운송 등의 수입계약을 가정하고 다음과 같은 수입 절차를 제시하고 있다.

무역계약 → 신용장(L/C) 개설 → 화물도착통지(선사/포워더) → 보세운송신고 → 수입신고 → 선적서류 내도 통지(신용장 개설은행) → 대금결제(신용장 방식) → 수입화물선취보증(L/G) → 수입화물인도청구/화물인도지시서(Master D/O 또는 House D/O) → 자가운송신청 또는 라인운송신청(보세운송요청 동의)

2. 수입신용장 개설 신청

1) 이론적 배경

신용장(L/C, Letter of Credit)이란 Issuing Bank(신용장 개설은행)이 beneficiary(수익자) 또는 그 지시인에게 대금 지급을 약속하는 문서이다. 수입신용장은 외국환은행이 수입자를 대신하여 신용장 조건과 일치되는 서류가 제시되는 조건으로 수입화물의 대금 지급을 확약하는 것이다.

수입자는 신용장 결제 매매계약에서 거래은행에 신용장 개설을 의뢰하는 applicant가 된다. 수입자는 채무자, 수하인(consignee), 고객 등으로 표시되기도 한다. 수입자가 반드시 개설의뢰인이 될 필요는 없다. 수입대행을 할 경우 제삼자가 개설의뢰인이 될 수 있다.

개설은행(Issuing Bank)은 개설의뢰인의 지시와 요청에 따라 신용장을 개설하여 통지한다. 수출자가 발행한 환어음에 대해 지급, 인수할 의무가 있다. 선적서류를 매입한 은행(Nego Bank)에 대하여 보상할 의무도 있다. opening bank 또는 establishing bank로 표시되기도 한다.

신용장이 개설되면 개설은행이 직접 수익자(수출자)에게 통지할 수도 있고, 개설은행이 수익자 소재지의 통지은행에 개설 사실을 알리고 통지은행이 수익자에게 통지하도록 하는 방법도 있다. 통지은행은 수익자 소재지의 개설은행 지점이나 환거래은행이 된다.

개설은행의 요청에 따라 제3의 은행을 확인은행으로 정할 수 있다. 수익자 관점에서 개설은행의 신용도가 불확실하다고 생각이 들면 신용도가 높은 은행의 확인을 요청한다. 확인은행은 수익자에게 개설은행과 같은 위치를 갖는다. 신용장의 조건과 일치하는 서류를 제출할 경우 확인은행이 대금 지급의 보증을 서는 것이다. 확인은행이 있는 신용장을 확인신용장(confirmed L/C)이라고 한다.

2) 실무적 유의점

수입신용장 개설 이전에 거쳐야 할 업무가 있다. 개설은행과 개설의뢰인 사이에 외국환 거래약정서가 체결되어야 한다. 수입신용장 개설은 개설의뢰인의 담보가 제공되어야 한다. 그러므로 수입자는 담보를 제공할 수 있는 재무적 능력이 반드시 뒷받침되어야 한다. 수입신용장 개설 한도가 약정되고 한도 내에서 수입신용장 금액을 정한다. 은행이 개설신청서를 심사한 다음에 개설 관련 수수료를 개설의뢰인이 내야 비로소 수입신용장이 개설된다.

결제조건 유형(Payment Type)에 맞추어 대금지급조건(42C Draft at)을 정한다. AT SIGHT L/C는 대금지급조건이 DRAFTS AT SIGHT이다. AT SIGHT L/C는 선적서류와 환어음이 제시되는 즉시 결제하는 조건이다. 반대로 USANCE L/C는 일정 기간 후에 결제할 수 있다. USANCE L/C는 대금지급조건에서 00 DAYS AFTER SIGHT과 같이 기일을 정한다.

신용장 유효기일(Date and Place of Expiry) 전까지 선적서류가 신용장 개설은행에 도착해야 하므로 선적기일(Latest Date of Shipment)과 신용장 유효기일 사이에 여유가 있어야 한다. 선적기일과 신용장 유효기일이 같거나 선적기일보다 신용장 유효기일이 앞서는 일은 없어야 한다.

신용장 개설신청서에 들어가는 모든 내용은 무역계약서 내용과 일치해야 한다. 신용장 개설신청서는 신중하고 꼼꼼히 작성해야 한다. 대부분의 신용장은 취소불능신용장(irrevocable credit)이다. 발행된 신용장이 수익자에게 통지되면 취소나 조건변경이 불가능하다. 취소불능신용장의 조건을 변경하려면 신용장발행의뢰인·발행은행·통지은행·수익자 모두가 합의해야 한다.

3. 보세운송 신고

1) 이론적 배경

외국으로부터 수입하는 화물을 입항 즉시 통관하지 않으면 보세(保稅)화물이 된다. 보세화물은 반드시 세관장에게 신고하거나 승인을 얻어 화물 그대로 다른 보세구역으로 운송할 수 있다. 우체국의 관리하에 운송되는 물품, 검역대상 물품, 국가기관에 의하여 운송되는 압수 물품은 보세운송 승인이 필요 없다.

보세구역은 보세화물에 대한 관세의 부과가 유보되는 지역이다. 보세구역에 장치(藏置)하기 곤란할 때는 세관장의 허가를 받아 타소장치장(보세구역 밖)에 장치할 수 있다. 보세구역에서는 물품의 반입, 반출, 작업 등을 세관장이 엄격히 통제한다.

보세운송 제도를 적절히 활용하면 통관 부대비용을 절감할 수 있고 통관절차가 간소화된다. 보세운송 신고 구비서류는 보세운송 신고서 또는 보세운송 승인신청서와 적하목록 사본을 제출한다. 화주, 관세사가 하는 보세운송 승인신청의 경우 담보제공서가 첨부되어야 한다.

보세운송 신고는 대부분 수입화물을 내륙운송하는 운송사에서 한다. 내륙운송사는 운송대상 물품의 B/L(선하증권) 단위로 수입화물 정보시스템을 통하여 세관에 보세운송 신고를 한다. 세관으로부터 보세운송신고필증을 받아야 보세운송을 할 수 있다. 보세운송 신고 승인일로부터 해상화물은 10일, 항공화물은 5일 이내에 목적지에 도착해야 한다.

2) 실무적 유의점

보세운송 신고일(Declaration Date)과 보세운송 허가 기간(Allowed Period)을 보면 보세운송 대상 화물의 특성을 알 수 있다. 허가 기간이 10일이면 해상화물, 5일이면 항공화물이다.

화물관리번호는 MRN 11자리 + MSN 4자리 + HSN 4자리 총 19자리의 숫자와 영문자로 구성되어 있다. MRN(Manifest Reference Number)은 항공기 또는 선박 식별번호이다. MSN(Master B/L Number)은 선사나 항공사에서 기재하는 일련번호인데 한 비행기, 한 배에 9,999건까지 신고될 수 있다. HSN(House B/L Number)은 포워더(운송주선인)가 발급하는 일련번호이다.

Master B/L은 선사가 포워더에 발급하는 선하증권이다. 컨테이너 화물(FCL) 당 하나가 발행되며 수출대금 결제가 가능한 선하증권이다. House B/L은 포워더가 화주에게 발급하는 선하증권이다. 소량 단위 화물(LCL)의 거래에 발행된다. 수출대금 결제는 불가능하지만 통관 진행은 가능하다. 그러므로 House B/L은 반드시 그 근거가 되는 Master B/L이 존재한다.

보세운송신고는 일반적으로 입항 선박 또는 항공기별 House B/L 단위로 신고해야 한다. 소량 단위의 화물(LCL)이면 House B/L 단위로 화주를 구분하기 때문이다. 단일 화주의 컨테이너 화물(FCL)이나 소량 단위의 화물(LCL) 중 컨테이너에서 꺼내지 않은 상태로 보세운송할 때는 Master B/L로 신고할 수 있다.

4. 수입신고

1) 이론적 배경

수입자는 반드시 세관에 수입하고자 하는 의사를 신고해야 한다. 화물이 보세구역 또는 타소장치장에 반입된 후에 수입신고서에 의하여 신고한다. 수입자가 직접 할 수도 있지만 대부분 수입신고를 대행하는 관세사 또는 관세사 법인에 수입신고를 의뢰한다.

관세사는 계약 내용, 상업송장, 포장명세서 등 수입자의 기본정보를 받아 수입신고서를 작성하여 세관에 전송한다. 세관은 신청서 확인 후 관세사에게 수입신고필증을 발급한다. 세관에서 검사 대상이라고 판단하면 서류 또는 물품검사의 추가 절차를 거치게 된다.

2) 실무적 유의점

최초 수입자는 '통관고유부호'를 세관으로부터 받아야 한다. 외국수출자가 '해외거래처'로 등록되어 있어야만 수입신고가 가능하다. 수입 물품이 요건확인 대상 물품이면 해당 기관으로부터 승인을 받은 후 수입신고를 한다. FTA 등으로 관세 특혜를 받으려면 특혜원산지증명서를 준비해야 한다.

5. 대금결제(신용장 방식)

1) 이론적 배경

무역 대금결제방식에는 신용장, 추심, 송금 방식이 있다. 신용장

(L/C, Letter of Credit)은 개설은행이 신용장 조건과 일치하는 서류를 확인한 후 수출자에게 대금 지급을 확약하는 것이다. 추심 결제방식은 은행의 지급보증이 없다. 수입자의 거래은행을 통하여 환어음 및 선적서류를 전달하여 대금을 받는 것이지만 수출자는 수입자의 신용을 믿어야 한다. 송금 결제방식은 수입자가 은행을 통하여 수출자에게 대금을 송금하는 방식이다. 은행은 전혀 책임지지 않는다. 그 외에 국제 팩터링, 포페이팅, Trade Card 방식도 일부 사용된다.

신용장 방식에서 서류의 이동과 대금의 결제는 은행을 반드시 통해야 한다. 신용장은 개설은행이 대금 지급에 대한 책임이 있다. 신용장 조건과 일치하는 선적서류가 도착했다면 개설은행은 수입자에게 선적서류 도착 통지를 한다.

수입자는 포워더로부터 화물도착 통지(Arrival Notice)를 받으면 개설은행에 선적서류 도착 여부를 조회해야 한다. 선적서류보다 화물이 먼저 도착하였을 때 수입자가 수입화물선취보증서(L/G) 발행을 은행에 신청해야 한다. 선적서류 도착 통지를 받으면 정해진 기간 내에 '지급지시신청'을 하여 수입대금을 결제한다. 수입대금을 결제하고, 선적서류 수령증을 제출하면 개설은행은 선적서류를 수입자에게 내준다.

2) 실무적 유의점

기한부 신용장(USANCE L/C)일 경우 환어음 기간의 이자를 누가 부담할 것인가 정해야 한다. 이자를 수출자가 부담하는 것은 Shipper's Usance라 칭하며 수입자가 신경 쓸 필요가 없다. 이자를 수입자가 부담하는 것은 Banker's Usance라 한다. Banker's Usance

일 경우 수입자는 수입어음 할인명세(Usance)를 통지받아서 이에 대한 할인 수수료를 내야 한다. (할인 수수료 = 개설금액 × 할인 기간 / 360 × 어음 할인율)

신용장 71B 항목은 수수료(charge) 부담에 관한 내용이다. 만약 "All banking commissions and charge outside KOREA plus reimbursing charges and issuing bank's handling charge are for account of applicant" 이런 내용이 있으면 수입자(applicant) 부담이다. applicant 대신에 beneficiary가 들어있으면 수출자(beneficiary) 부담이다.

6. 수입화물선취보증(L/G) 발행

1) 이론적 배경

수입 물품은 이미 도착했는데 운송서류가 도착하지 않았으면 난감해진다. 수입상은 운송서류를 기다리지 않고 수입 물품을 인도받을 수 있도록 수입화물선취보증신청서(Request for Letter of Guarantee)를 제출한다. L/G(Letter of Guarantee)는 수입자(신용장 발행신청인)의 신청에 따라 은행이 연대보증 하는 형식으로 발행된다. L/G의 내용은 다음과 같다. 선하증권 원본 없이 수입 화물의 인도를 요청하지만 추후 선하증권 원본을 제출할 것과 운송회사에 손해가 발생하면 은행이 배상을 책임지는 내용으로 되어 있다.

중국이나 일본에서 수입하는 경우 운송 기간이 짧으므로 화물이 먼저 도착하고 선적서류가 뒤늦게 도착하는 경우가 생긴다. 화물을 찾지 못하여 보세구역에 화물을 장치하면 창고료, 화재보험료 등이 발생한다. 수입자가 수입화물을 시급히 제조공정에 투입할 필요가 있거나, 신속한 유통이 필요한 경우 신용장개설은행에 요청하여 L/G를 발급받아 신속히 화물을 인도받게 된다.

L/G 발급신청 시 제출하는 서류로는 수입화물선취보증신청서, 선하증권(B/L) 또는 화물운송장 사본, 상업송장 사본이 있다. 선하증권(B/L) 원본이 도착하지 않았기 때문에 L/G 발급을 신청하는 것이다.

은행으로부터 L/G를 발급받은 후 선박회사에 제시하면 Delivery Order(D/O)를 발급받아 화물을 먼저 인도받는다. 하지만 L/G를 선박회사가 수락할 법적 의무는 없다. B/L과 L/G는 법적으로 서로 관계가 없다. 선박회사는 B/L 소지자에게 화물을 내주어야 할 의무가 있지만, L/G를 수락할 것인가는 선박회사의 자유의사에 속한다.

2) 실무적 유의점

L/G는 선적서류보다 화물이 먼저 도착했기 때문에 수입자가 신청하는 것이다. 그러므로 화물 도착 예정일(Arrival Date) 이후로 L/G 신청일(Application Datc)이 입력될 수 있다.

신용장 방식일 경우 신용장(Letter of Credit) 번호를 입력하고, 그 외의 대금결제 방식일 경우 무신용장 번호에 계약서 번호(Contract No.)를 입력한다.

7. 화물인도지시서

1) 이론적 배경

화물인도지시서(D/O, Delivery Order)는 선박회사가 화물의 인도를 지시하기 위하여 선장 앞으로 발행하는 서류이다. 원래 화물은 B/L(선하증권)과 바꾸어 인도하는 것이지만 B/L은 분실의 염려가 있으므로 대신 D/O를 이용하는 것이다.

여기서 Master D/O와 House D/O를 구분해야 한다. 먼저 선사가 수하인으로부터 B/L이나 L/G(수입화물선취보증서)를 받고 Master D/O를 발행한다. 포워더(운송주선인)가 House B/L을 발행하였으면 포워더가 House D/O를 수하인(consignee)에게 발행할 수 있다. 이때 반드시 Master D/O를 먼저 확인하고 그와 연계된 House D/O인지 확인해야 한다.

2) 실무적 유의점

화물이 먼저 도착하고 B/L이 늦게 도착하는 경우 수입자는 은행에 L/G를 신청해야 한다. 이럴 때 ETA(입항일) 이후에 L/G 신청을 한다. 은행으로부터 L/G를 발급받아 포워더에 L/G를 제출하고 제반 물류비용을 송금(Remittance)까지 마친 다음에 HOUSE D/O를 받아 화물을 인도받을 수 있는 것이다.

8. 자가운송신청/라인운송신청

1) 이론적 배경

포워더 또는 화주가 지정하는 운송사를 이용하여 운송하는 것을 자가운송이라 하고, 포워더 또는 화주가 선사와 계약된 운송사(Line 운송사)를 통해 운송하는 것을 라인운송이라고 한다. 보세운송과 항구 내 셔틀 운송의 경우 라인운송의 비중이 높다. 보세운송도 자가운송을 허용하는 예도 있다.

포워더 또는 화주가 자가운송사의 동의를 얻어 선사에 자가운송을 신청하면 선사는 이를 확인 후 화주에게 내준다. 화주가 이를 보세구역에 제출하면 보세운송에 의한 화물반출이 가능해진다. 자가운송 요청 및 각서, D/O(화물인도지시서), 보세운송신고필증을 첨부해서 제출해야 한다. 화주(수입자)는 포워더에게 보세구역에서 수입화물을 실어 내 자신의 창고(또는 공장)로 운송업무를 위임하는 경우가 많다.

D/O 발급 즉시 화주가 자가운송을 하지 않고 선사와 계약된 보세운송사를 통해 보세운송을 원하면 선사에 보세운송요청 동의신청서를 전송해야 한다. 선사는 보세운송동의요청에 대한 승인을 하는 동시에 선사와 계약한 운송사에 통보한다.

2) 실무적 유의점

자가운송 신청회사(Applicant)는 포워더이다. 실화주(Actual Consignee)는 수입자이다. 자가운송사(Inland Carrier & Trucker)는 실제로 화물을 운반하는 운송사이다. 입항일자(Vessel Arrival

Date) 이후에 D/O 발급을 할 수 있고 D/O 확인을 마친 다음에 자가운송을 신청할 수 있다. 이 순서를 잘 지켜야 한다.

일반적으로 라인운송(보세운송동의) 신청을 하는 단위는 House B/L 단위이다.

토의문제

1. uTradeHub 각 포탈의 기능에 대하여 알아보고 추가되어야 할 기능이 있는지 토론하시오.
2. 전자무역실습시스템(uTradeEdu)에 회원 가입을 하고 실습방법을 숙지하시오.
3. 전자무역 수출 절차를 숙지하고 각 절차에 대한 uTradeEdu 실습과제를 수행하시오.
4. 전자무역 수입 절차를 숙지하고 각 절차에 대한 uTradeEdu 실습과제를 수행하시오.

8

전자무역의 실무 적용 분야

학습 목표

- 국제무역 대금결제를 취급하는 외국환 업무에서 전자무역 시스템이 사용되는 현황을 이해한다.
- 무역에서 외환, 물류, 통관을 제외한 업무 대부분인 상역도 전자화되어 있는 것과 구매확인서, 원산지증명서 전자적 발급을 이해한다.
- 물류와 통관 분야에서 제반 무역업무가 전자적으로 처리되는 과정을 이해한다.

제1절

전자무역의 외환 분야

「전자무역 촉진에 관한 법률」 제12조(전자무역기반시설의 이용 등)에 의하면 무역업자와 무역 관계기관은 전자무역 문서를 사용하여 무역업무를 하려는 경우에는 전자무역기반시설을 이용할 수 있다.[1] 다만, 전자문서의 방식으로 다음에 해당하는 업무를 할 때는 전자무역기반시설을 통하여야 한다고 전자무역법에서 규정하고 있다.

- 외국환 업무 취급기관의 신용장 통지업무
- 외국환 업무 취급기관의 수입화물선취보증서 발급업무
- 외국환 업무 취급기관의 내국신용장 개설업무

국제무역 대금결제는 대부분 외국환은행의 중계로 이루어진다. 외국환 업무를 하려는 은행은 반드시 기획재정부 장관의 업무 인가를 받아야 한다. 외국환은행이 신용장 통지업무, 내국신용장 개설업무, 수입화물선취보증서 발급업무를 할 때는 전자문서의 방식으로 uTradeHub을 통해 이루어진다.

1 전자무역 촉진에 관한 법률 제12조.

1. 전자신용장 서비스(e-L/C)

1) 개요

2005년부터 수출입회사는 uTradeHub을 통해 은행으로부터 신용장 관련 업무를 온라인으로 통지받을 수 있다. 신용장 조건변경, 신용장 관련 수수료 업무를 포함한다. 환어음 매입, 신용장 양도 등의 신청업무도 온라인으로 처리할 수 있다.

e-L/C는 종이 문서에 기반한 전통적인 신용장과 다르게 전자적인 방식에 의해서만 통지되는 신용장을 말한다. 신용장 통지에서부터 수출대금 매입까지 신용장 관련 프로세스의 모든 과정을 전자화하고 체계적으로 관리하는 것이 전자신용장 서비스 시스템이다. 은행권과 공동으로 구축된 한국 전자신용장 서비스는 세계 최초의 사례이다. e-L/C는 e-NEGO의 기반시스템으로써 핵심적인 역할을 담당한다.

2) 주요기능

e-L/C 서비스를 이용하는 무역회사에 e-L/C를 통지한다. 신용장 원본 확인을 요청하는 세삼자에세 전자무역 문서보관소에 보관된 e-L/C를 유통하는 기능도 한다. 그 밖에 e-L/C 내도통지 관리 기능, e-L/C 이력관리, e-L/C 양도 및 매입 신청 관리 기능 등이 주요기능이다.

통지 및 매입은행을 위해 전자신용장서비스는 e-L/C의 한도, 매입 내역, 통계 등을 제공하는 기능이 있다.

3) 기대효과

무역회사는 종이 신용장이 필요 없게 된다. 신용장 원본의 전자화로 무역회사의 관리비용이 절감된다. 신용장이 분실되거나 훼손되는 위험이 원천적으로 방지된다. 제삼자에게 신용장을 전달하기 쉬워진다. 신용장 진행 프로세스를 수시로 확인하기 쉬워진다. 은행은 무역회사에 신용장을 통지하는 것과 환어음 매입업무가 쉬워진다. 불법적으로 신용장을 위조하거나 변조하는 시도가 근원적으로 차단된다. 무역회사의 환어음 매입요청 시 은행에서 신용장 한도를 즉시 확인하지 못해 사기를 당하는 경우도 가끔 있었는데 이런 문제가 생기지 않는다.

2. e-L/G(수입화물선취보증서) 발급업무

1) 개요

해상화물에 대한 L/G(수입화물선취보증서) 발급 및 확인업무는 2004년부터 EDI를 통한 전자무역 방식으로 처리되고 있다. 전자방식의 수입화물선취보증서(e-L/G) 발급제도가 도입되어 수입상은 선적서류보다 수입화물이 먼저 도착했을 때 신속하고 간편하게 실어낼 수 있다.

2) 기대효과

은행과 선사, 무역업계는 L/G 업무처리에 걸리는 시간을 줄여 업무효율을 높이며 창고료와 인건비 등 물류비용도 절감해 e-L/G는 무역업계의 경쟁력을 향상하는 데 이바지하고 있다. 수입화물선취보증서(L/G)의 전자화 덕분에 화주는 선사를 직접 방문할 필요가 없다. 선사는 L/G의 사실 여부를 확인하기 위해 유선 혹은 문서로 은행에 확인을 요청하고 은행으로부터 Fax를 수신하던 절차가 생략되었으므로 교통비와 통신비용 등 비용 절감은 물론이고 업무 처리시간 단축으로 연간 약 150억 원의 경제적 효과를 얻고 있다.

경제적 효과 외에도 선사들이 L/G에 대한 거부감을 가졌던 L/G 위조문제를 근본적으로 해결하였다. L/G에 의한 화물 인도시 선사가 책임질 일이 없어졌으므로 L/G 제도에 대한 긍정적 인식이 확산되었다. 무역의 전 과정을 전자화하는 연결고리로 e-L/G는 중요한 역할을 하고 있다.

3. 내국신용장 개설업무 전자화

1) 개요

내국신용장(local L/C)은 수출업자가 수취한 수출신용장을 담보로 하여 국내 은행에서 개설해 주는 제2의 신용장이다. 수출에 필요한 원자재 또는 완제품을 수출업자가 국내에서 원활하게 조달하기 위하여 국내 은행이 지급을 보증한다. 국내 공급업자(제조, 생산자)를 수혜자(beneficiary)로 하며 물품을 공급받는 자를 개설의뢰인으로 하는 국내신용장이다.

2) 용도

개설의뢰인(구매자)은 수출용 구매자금을 대출받는 등 무역금융의 혜택을 받을 수 있다. 은행이 지급 보증을 해주므로 수출용 원자재 또는 완제품의 확실한 조달이 보장된다. 내국신용장으로 관세환급 신청도 가능하다.

수혜자(공급자)도 내국신용장을 통해 판매한 제품을 대외무역법상 수출실적으로 인정받을 수 있고 부가가치세 영세율을 적용받는다.[2] 은행이 지급 보증을 해주므로 물품공급대금을 안전하게 회수할 수 있다. 융자대상 증빙서류로 인정받으므로 무역금융의 혜택을 받을 수 있다.

3) 내국신용장 전면 전자화 시행

산업통상자원부와 한국은행은 22개 외국환은행과 공동으로 내국신용장 전면 전자화를 시행하였다. 2013년 2월 1일에 먼저 기업의 내국신용장 개설 신청과 이에 따른 외국환은행의 개설, 통지를 전자무역기반시설을 통한 전자문서방식으로 일원화하였다.[3] 2014년 2월 14일부터 내국신용장 결제를 위해 발행되는 환어음을 폐지하고 내국신용장 결제가 판매대금 추심의뢰서를 통해 전자적으로만 처리되기 시작했다.[4] 마지막으로 2015년 10월 2일부터 내국신용장 근거서류 은행 제출이 전자화되었다. 내국신용장 추심매입, 개설의뢰·조건변경시 KTNET 전자문서보관소에 보관된 근거서류가 은행에 자동

2 세율이 영(zero)인 것이다. 영세율에 관한 규정은 부가가치세법과 증권거래세법에 있다.
3 한국은행 무역금융 운용세칙 제12조, 제15조
4 한국은행 무역금융 운용세칙 제16조

으로 제출되고 있다. uTradeHub 메인화면에서 내국신용장 서비스(uLocal)메뉴로 접속하면 이용할 수 있다.

4. 전자결제시스템의 활용

국제무역 대금결제에 있어서 가장 큰 비중을 차지하는 신용장(L/C), 추심 등이 전자결제시스템의 상용화로 그 입지가 줄어들면 은행들에 타격이 있을 것으로 예상된다. VISA, MASTER 등 글로벌 신용카드 회사들이 컴퓨터 통신회사들과 공동으로 안전한 전자상거래 프로토콜인 SET(Secure Electronic Transactions)를 개발하여 1996년부터 서비스하고 있다. 카드결제 전용 보안프로토콜인 SET는 온라인으로 상품을 구매하는 고객이 입력한 신용카드번호를 암호화하여 보내면 판매자는 카드회사에 대금결제를 확인하는 시스템이다. 그러므로 글로벌 전자상거래나 소액무역 대금결제에는 신용카드 사용이 보편화되었다.

또한, 세계적인 화물배상책임보험조합인 TT Club과 국제은행 간 통신협회인 SWIFT에 의해 1997년 시작된 Bolero(Bill Of Lading Electronic Registry Organization) 프로젝트는 현재 국제볼레로회사가 전자선하증권 서비스를 제공하고 있다.

이러한 전자결제 시스템들의 개발과 확산으로 B2C, B2B 전자상거래 모두 안전한 전자대금결제가 가능해졌다. 그러나 신용카드 결제는 무역거래실적이 세관 당국에 즉시 보고되지 않기 때문에 관세 부과 방법이 주요 쟁점이 되고 있다.

5. e-Nego 시스템

1) 개요

Nego는 negotiation을 줄여서 부르는 무역용어이다. 신용장 대금결제 방식에서 수출업자가 은행에 수출환어음과 선적서류를 제시하고 수출대금을 미리 회수하는 것을 말한다. 수출환어음매입의뢰라고도 부른다. 외국환은행으로서는 환어음 및 선적서류를 매입하는 것이다. 수출업자로서는 수출환어음을 외국환은행에 매각하는 것이다. 선적서류에 하자가 없는 것은 클린네고이고, 하자가 있으면 각서네고이다. 선적서류 하자로 인하여 은행이 어음을 지급받지 못하면 어음대금을 수출자가 반환하겠다는 각서를 첨부하는 것이다.

e-Nego 시스템은 선적서류의 전자화 및 선적서류 제출 자동화를 통해 수출기업이 은행을 방문하지 않고 uTradeHub에서 Nego 업무를 처리할 수 있는 시스템이다. e-Nego 시스템은 전자무역의 결정판이라고 볼 수 있으며 2010년에 세계 최초로 한국에서 상용화되었다.

2) 기능

uTradeHub을 통해 수출환어음 매입신청서와 함께 전자신용장(e-L/C), 전자선하증권(e-B/L), 전자원산지증명서(e-C/O), 전자보험증권(e-I/P)도 전자적으로 발행 및 유통한다. 기업 내부시스템이 e-Nego 시스템과 연계되면 은행까지 연계돼 수출환어음매입업무 전체를 전자적으로 처리할 수 있다. e-Nego 시스템의 전자 선적서류가 세계적으로 유통되기 위해서는 해외서비스 연계가 필요하다.

해외시스템과 uTradeHub이 허브 투 허브(Hub to Hub) 연계 또는 해외 전자무역망(SWIFT, OpenText Business Network 등)과 연결을 추진해야 한다.

3) 기대효과

수입회사는 선적서류 수령까지 걸리는 시간이 절감된다. 수출회사는 Nego에 따른 시간과 비용이 절감된다. 서류작성 및 준비 기간이 평균 6일이었는데 3일로 단축되었다. 선적 당일 Nego는 원칙적으로 불가능했는데 e-Nego 시스템에서는 가능한 경우가 많아졌다. 선적서류 전달시간이 단축되었으므로 신용장 개설은행으로부터 매입대금이 지연될 때 매입은행이 징수하는 지연이자 부담이 감소하였다. 선하증권(B/L), 보험증권(I/P) 등 중요 선적서류의 분실 위험이 사라졌다.

매입은행은 본지점 간 선적서류 전달시간이 단축되었다. 은행의 대고객 서비스가 개선되었다. 선적서류의 위변조 위험이 사라졌고, 매입서류를 보관하고 검색하는 과정이 간편해졌다.

6. 무서류(Paperless) 무역송금 서비스

무역대금 해외송금은 외환거래 관련 규정에 따라 증빙서류(수출입신고필증, 상업송장 등)를 제출해야 한다. uTradeHub에서 제공하는 Paperless 무역송금은 증빙서류 제출 없이 전자문서로 해외송금 신청서만 작성하여 송금업무 처리가 가능한 것이다. 이 서비스에 가입하기 위해서는 uTradeHub 회원가입과 함께 은행과 전자무역업무 약정을 체결해야 한다. 기업 내부 ERP와 연계하여 외환업무 처리도 가능하다.

제2절

전자무역의 상역 분야

상역(商易)은 상업적 교역, 즉 상업적 거래를 의미한다. 무역에서 외환, 물류, 통관을 제외한 업무 대부분을 상역으로 분류할 수 있다.

「전자무역 촉진에 관한 법률」 제12조에 의하면 무역업자와 무역 관계기관은 전자무역 문서를 사용하여 무역업무를 하려는 경우에는 전자무역기반시설을 이용할 수 있다.[1] 다만, 전자문서의 방식으로 다음에 해당하는 업무를 할 때는 전자무역기반시설을 통하여야 한다고 전자무역법에서 규정하고 있다.

- 세관장이 발급한 원산지증명서는 제외한 「대외무역법」 제37조에 따른 원산지증명서 발급업무
- 「상법」 제695조 제2호에 따른 해상적하보험증권 발급업무
- 「대외무역법」 제18조에 따른 구매확인서 발급업무

무역회사들이 직접 다루는 상업송장, Offer Sheet, 계약서, 세금계산서, 포장명세서, 거래명세서, 물품수령증명서, 환어음 등 다양한 상

1 전자무역 촉진에 관한 법률 제12조.

역 업무들이 전자무역법에 규정되어 있지 않다. 하지만 uTradeHub에서는 대부분 전자문서 기능을 지원하고 있다.

1. 전자무역 계약

1) 전자계약의 개념

계약은 관련 당사자가 직접 대면하여 서면에 의한 각종 계약을 하는 것이 일반적이다. 반면 전자거래는 계약 업무가 전자문서와 전자서명을 통하여 이루어진다. 전자계약은 대면 계약의 비효율성을 대체할 수 있다. 전자문서 형태의 전자계약서를 작성하여 전자적으로 서명하여 계약체결을 하면 된다. 기술적으로 어려운 부분은 없지만, 전자서명에 대한 전자인증이 관건이다.

2) 전자인증

전자인증이란 전자서명의 인증을 의미하고 제삼자인 인증기관이 전자서명을 확인하고 증명한 것을 뜻한다. 무역분야에서는 국내에서 유일한 전자무역의 전자인증 서비스인 TradeSign을 통해 전자인증이 이루어진다. TradeSign은 KTNET(한국무역정보통신)에서 제공하는 서비스이다.

신청인이 등록대행기관을 직접 방문하여 신청하면 즉시 인증서 발급이 가능하고, 우체국에 찾아가는 서비스를 이용하여 신청하면 약 4~5일이 소요된다. 등록대행기관은 한국무역정보통신 공인인증센터를 비롯하여 각 지역 상공회의소이다. 2020년 현재 법인/개인

사업자용 공동인증서의 1년 비용은 100,000원이지만 TradeSign 인증서비스에 가입하면 uTradeHub(전자무역서비스), uLogisHub(물류포탈서비스), 나라장터 전자입찰, e세로 전자세금계산서 등 다양한 업무에서 활용할 수 있다.

2. 전자적 원산지증명서 발급 및 검증

1) 대한상공회의소 원산지증명센터

KTNET에서 전자무역용 또는 기업 범용(1등급) 공동인증서를 발급받은 후 대한상공회의소 원산지증명센터에 접속하여 서명등록을 먼저 한다. 웹 인증서비스 이용을 위한 ID 등록은 대한상공회의소 원산지증명센터에서 한다. 기업의 대표 ID는 사업자등록번호 당 하나가 자동 부여된다. 법인기업은 사업 부문별로 서브 ID를 등록할 수 있다. 시스템에 로그인 후 인증받고자 하는 서식을 선택하여 작성한다. 관세양허 원산지증명서는 원산지소명서도 함께 작성해야 한다. 문서 작성이 완료되면 상공회의소에 인터넷으로 접수한다. 원산지증명서 신청시기는 수출신고를 마치고 선적 후 1개월 이내이다.

접수가 완료되면 상공회의소 발급자에 의해 서류심사가 진행된다. 심사가 완료된 후 발급 완료 또는 보정 요청을 신청자에게 한다. 보정 요청된 문서는 '재작성'을 클릭하여 문서를 수정한다. 수정된 문서는 재접수해야 한다. 인증수수료는 온라인 결제시스템을 이용한다. 수수료 결제는 10일 이내에 완료해야 한다. 상공회의소에 회비를 낸 회원 기업은 인증수수료가 면제된다.

승인된 문서는 기업이 직접 컬러프린터로 출력해야 한다. 발급된 문서는 증명서 조회 사이트에서 사실 여부를 확인할 수 있다. 외국 수입상이 직접 Authenticity of a document issued/certified by Korea Chamber of Commerce and Industry(KCCI)에서 Year of Issuance/Certification, Reference No, Reference Code를 입력하면 사실 여부를 확인할 수 있다.

2) FTA Korea

FTA Korea는 uTradehub에서 제공하는 FTA 원산지관리서비스이다. 원산지판정관리 서비스, 사후검증 대비용 자료보관 서비스, 원산지증명서 발급/유통/보관 서비스를 핵심으로 한다. FTA Korea를 활용하면 외부시스템과의 자료교환이 편리해진다. 전자문서로 수신받은 원산지확인서 데이터를 시스템에서 재활용할 수 있다. 시스템이 서로 다르더라도 원산지확인서 발급 및 유통지원이 가능하다. 기업 내부 ERP 시스템의 원가, 생산, 거래처 등 정보가 FTA Korea와 연동된다. 회사마다 별도의 FTA 시스템을 구축할 필요가 없다. 원산지 판정결과를 암호화된 전자문서 방식으로 전달하는 중계서비스이므로 원산지 판정에 활용된 원가, 거래처 등 영업비밀 정보의 노출로부터 안심할 수 있다.

3) 관세청 UNI-PASS

FTA 특혜 원산지증명서는 관세청 전자통관시스템(UNI-PASS)에서도 발급받을 수 있다. UNI-PASS에서 원산지증명서를 신청하면 수출신고 정보를 불러와서 미리 채워주는 기능을 이용할 수 있다.

UNI-PASS에서 수출신고를 먼저 완료한 다음에 원산지증명서를 신청하기 때문이다. 원산지증명서 신청 항목과 공통된 수출신고 정보는 자동으로 작성란에 채워주는 기능이 구축된 것이다. 업무도 편리하지만, 원산지증명서의 정확성과 신뢰성이 높아졌다. 원산지증명서를 작성하는 과정에서 항목을 잘못 기재하여 수입국 세관에서 FTA 특혜 적용을 거부당한 사례도 많았는데 이러한 문제를 해결하였다.

4) FTA 원산지증명서 검증 서비스 CO-PASS

원산지증명서를 악용하는 경우가 많으므로 적법한 절차를 통해 발급되었는지 반드시 확인이 필요하다. 관세청은 FTA 체결 국가들과 협력을 통해 FTA 원산지증명서 검증서비스 CO-PASS를 개발했다. 세관 또는 대한상공회의소에서 발행된 원산지증명서 모두를 CO-PASS 한 곳에서 조회할 수 있다. CO-PASS에서 원산지증명서를 조회하는 절차는 다음과 같다. 먼저 FTA 협정 및 국가를 선택한다. 그런 다음에 원산지증명서가 한국에서 발행된 것인지 상대방 국가에서 발행된 것인지 선택한다. 마지막으로 발급번호를 입력하면 쉽게 원산지증명서의 사실 여부를 파악할 수 있다.

3. 구매확인서 전자발급

1) 개요

구매확인서는 내국신용장 개설이 어려운 경우 국내에서 수출용 원자재 및 완제품의 구매를 원활하게 하려고 외국환은행장 또는 전자무역기반사업자(KTNET)가 내국신용장에 준하여 발급하는 증서이다. 내국신용장과 가장 큰 차이점은 무역금융의 혜택을 받을 수 없다는 점이다.

2010년 기준 연간 100만여 건의 구매확인서가 발급되었는데 55만 건 이상이 온라인으로 처리되었다는 통계가 있었고, 결국 2011년 7월 1일 자로 구매확인서는 전면 전자발급이 시행되었다. 은행 창구를 방문하는 구매확인서 발급은 폐지되었다. 온라인 발급은 KTNET 또는 은행 중에서 자유롭게 선택할 수 있다. 전자발급 전면시행으로 인해 기업들의 부가가치세 신고가 간소화되었다. 구매확인서가 발급된 국내 거래는 부가세 영세율을 적용받는데 이제는 구매확인서 사본 첨부가 필요 없다. KTNET가 구매확인서 발급 명세를 은행 발급분까지 포함하여 국세청에 일괄 통고하기 때문이다. 기업이 발급받은 구매확인서는 5년간 전자문서보관소(KTNET)에 보관되므로 언제라도 이용할 수 있다.

2) 전자발급 방법

uTradeHub에 접속하여 회원가입을 하고 구매확인서 발급 기관을 KTNET로 선택한다. 가입신청서를 출력하여 사업자등록증 사본과 함께 Fax로 KTNET 고객센터에 보낸다. 은행을 발급기관으로 지정할 경우 uTradeHub 가입승인서를 출력하여 거래은행에 직접 제출하는 절차가 추가된다.

기업 내부 ERP 시스템이나 전자무역용 전문 S/W를 사용하고 있으면 KTNET과 별도 협의하여 구매확인서 신청업무 자동화 기능을 추가할 수 있다.

제3절

전자무역의 물류/통관 분야

「전자무역 촉진에 관한 법률」 제12조에 의하면 무역업자와 무역 관계기관은 전자무역 문서를 사용하여 무역업무를 하려는 경우에는 전자무역기반시설을 이용할 수 있다.[1] 다만, 전자문서의 방식으로 다음에 해당하는 업무를 할 때는 전자무역기반시설을 통하여야 한다고 전자무역법에서 규정하고 있다.

- 세관장이 확인하는 경우는 제외한 「대외무역법」 제12조 제2항에 따른 통합공고상의 수출입요건확인기관의 요건확인서 발급업무
- 「해운법」 제24조 제2항에 따른 외항화물운송사업자와 같은 법 제26조에 따른 국내 지사 설치신고를 한 자의 수하인(受荷人)에 대한 화물인도지시서 발급업무

전자무역법에서는 관세청과 세관의 전자통관 업무를 별도로 규정하고 있지 않다. 관세법에는 다음과 같은 조항이 있다. 관세청장은

1 전자무역 촉진에 관한 법률 제12조.

전자통관의 편의를 증진하고, 외국 세관과의 정보 교환을 통하여 수출입의 원활화와 교역 안전을 도모하기 위하여 전산처리설비와 데이터베이스에 관한 국가관세종합정보망을 구축·운영할 수 있다.[2] 하위 규정에 따르면 인터넷으로 수출입신고 등 민원처리와 정보서비스를 받기 위하여 접속하는 관세청 인터넷 사이트를 "전자통관시스템 UNI-PASS"로 정의한다.[3]

1. 전자무역 물류

1) 개요

전자무역 거래는 가상공간에서 쉽게 일어나지만, 원자재, 부품 또는 제품의 이동, 포장 및 통관 등 물류 활동은 물리적 무역 거래와 불가분의 관계에 있다. 전자무역이 제공하는 가격경쟁력과 정보기술만으로 고객을 확보하기가 쉽지 않다. 따라서 수주받은 물품을 적시에 정확하게 제공할 수 있는 물류 기반이 마련되지 않으면 전자무역 거래가 성공할 수 없으므로 국제물류의 효율성을 높이는 것이 전자무역에서 무엇보다도 중요하다.

주문과 동시에 빨리 상품을 받고자 하는 소비자들의 필요에 부응하여 현지 생산, 보관, 배달이 증가하고 있다. 판매, 생산, 부품, 원자재 조달 거점 간의 수송효율을 극대화할 수 있는 시스템이 구축되고 있다. 예를 들어 세계적 전자상거래 사이트인 아마존 판매자가

2 관세법 제327조 제1항.

3 정보통신망에 의한 수출입식물 검역신청 등 업무처리에 관한 규정 제2조 제5항

FBA(Fulfillment by Amazon)를 이용하면 아마존 주문처리 센터에 상품을 보관한 후, 해당 상품에 대해 아마존이 직접 상품 선별, 상품 포장, 배송 및 고객 서비스까지 진행한다.

2) uLogisHub 해상스케줄/화물추적/홍보서비스

uTradeHub에서 해상스케줄 화물추적 메뉴로 들어가면 약 250여 개 선사/포워더의 스케줄과 화물추적 정보를 조회할 수 있다. 해상스케줄 화물추적 메뉴는 해상물류업무 사이트인 uLogisHub로 전환된다. 스케줄 서비스는 별도 가입이 필요하며 화물추적 서비스는 별도 가입 없이 사용할 수 있다.

조회할 수 있는 서비스는 선사에서 제공하는 FCL(컨테이너 1개를 단위로 해서 수송되는 대량화물) 선적 스케줄, 포워더에서 제공하는 LCL(Less than Container Load) 스케줄, 내륙운송 전문기업이 제공하는 Inland(내륙운송) 스케줄, 화물 이동정보, 선박 입출항 조회 등이다.

2. 전자무역 통관

1) 관세행정의 전자화

전자무역에서 통관 업무는 관세청의 UNI-PASS(전자통관시스템)를 통하여 검사검역 등 수출입요건을 갖추어야 하는 물품의 수출입을 원하면 요건확인 신청과 수출입신고를 하나의 창구에서 원스톱(One-Stop)으로 처리할 수 있다. UNI-PASS는 관세청이 수출입 업무를 효율적으로 추진하기 위해 개발한 시스템으로 수출입 통관 업무처리 속도가 빨라짐에 따라 물류비용 절감효과가 있다. WCO(세계관세기구)가 권고하는 국제표준을 모두 반영하였기 때문에 어느 나라에서나 사용할 수 있는 시스템이다. 국제표준화기구의 정보통신(IT) 서비스 관리 국제표준인 ISO 20000 국제공인을 받았다. 관세청은 2005년부터 14개국에 UNI-PASS를 수출하고, 29개국에 관련 컨설팅을 했을 정도로 국제경쟁력을 인정받고 있다.

관세청은 수출기업들이 신속 정확하게 원산지증명서(C/O)를 신청할 수 있도록 FTA-PASS(자유무역협정 원산지관리시스템)를 UNI-PASS와 연계해 운영하고 있다. FTA-PASS는 FTA 원산지관리업무를 기업들이 직접 할 수 있도록 관세청이 2010년 개발·보급한 원산지관리시스템이다. 기관발급 원산지증명서를 수출자가 신청하면 UNI-PASS에 저장된 수출신고 정보가 원산지증명서 신청서에 그대로 기재된다.

2) 온라인 요건확인

수출입요건확인 제도는 법령이 정하는 바에 의하여 요건확인기관으로 지정된 기관이 기업의 요청에 따라 수출입 물품의 허가·승인·표시 조건을 확인 및 증명하는 제도이다. 수출입요건확인은 수출입 업무절차 가운데 가장 번거롭다.

한국은 2005년부터 요건확인기관의 민원서비스를 전자화하였고 2010년에 수출입에 관련된 요건확인업무가 전면 온라인화됐다. 기업 담당자가 수출입 승인·추천 등 요건확인을 위해 요건확인기관에 방문하는 대신 온라인으로 업무를 처리하는 것이다. 반복적으로 제출되던 서류가 자동화, 간소화되어 이를 통해 요건확인기관과 기업의 업무 효율성을 높일 수 있게 되었다.

3. e-B/L(전자선하증권)

1) 개요

해상 무역화물의 인도청구권을 표시한 선하증권(B/L)은 유가증권이므로 전자화되기 어려운 실정이었다. 이는 전자무역이 활성화되는데 걸림돌이 되었다. 운송사로부터 전자적으로 B/L을 수신하고 B/L이 전자적으로 유통되는데 Title Registry가 가장 중요하다. 물품의 인도청구권을 전자적으로 관리해야 하기 때문이다. uTradeHub의 e-B/L(전자선하증권) 서비스는 B/L의 소유권을 Title Registry에 등록하고 B/L 원본을 전자무역문서보관소에 보관하여 유통한다. B/L 발급 및 유통의 전자화는 e-Nego의 선행 조건이다. 수출환어음매입 시 선적서류 제출이 필요한데 그중 가장 중요한 서류가 B/L이기 때문이다. e-B/L이 유통되면 e-Nego가 완성되므로 수출대금 조기 회수가 가능해진다.

2) 주요 기능

- 선적하기 위해서는 상업송장이 먼저 기준문서로 발급되어야 하며 상업송장을 작성하면 포장명세서는 자동으로 작성된다.
- 선적요청은 수출회사가 직접 또는 포워더(운송주선인)에게 부탁하여 상업송장, 포장명세서, 컨테이너 정보, 수출신고필증 정보를

입력하여 운송사에 선적을 요청하는 절차이다.

- Check B/L 조회를 통해 B/L에 기재될 내용을 수출상이 직접 확인하며, 정식 B/L이 발행된 다음에 e-B/L 조회는 권리등록 상세조회, 인쇄의 기능을 제공한다.
- 수출자가 자신이 소유한 e-B/L을 다른 회사에 양도할 경우 e-B/L 재발행 요청을 통해 e-B/L 양도(Transfer) 신청을 한다.
- 다른 회사가 양도(讓渡)신청 의뢰를 받고 e-B/L 양수(讓受)를 동의하거나 거절할 수 있다.
- e-B/L 소유권의 등록, 이전 등 변경사항을 확인하려면 Title Registry에 등록된 권리(Title)를 조회하면 된다.

4. e-AWB(전자항공화물운송장)

항공화물운송장(Air WayBill)은 항공화물 운송을 위한 기본적인 서류이다. 해상운송에서의 선하증권(B/L)과 같은 역할을 하는 증권이다. 선하증권(B/L)과 같은 유통성은 없다. 선하증권(B/L)은 유가증권이지만 항공화물운송장(Air WayBill)은 수취증에 불과하다.

e-AWB Service는 항공사 대리점으로부터 항공화물운송장(Air WayBill)을 전자적으로 수신하고, 원본은 KTNET 전자무역보관소에 저장한다. 변경 이력과 원본 출력 내역을 Title Registry에 등록하여 항공화물운송장(Air WayBill)의 전자적 발급과 유통 기반을 제공한다. 주요기능은 e-B/L 서비스와 유사하다.

토의문제

1. 국제무역 대금결제 전자화 현황에 대해 추가로 학습하고 전자결제시스템 활용률이 높아지지 않는 이유를 주제로 토론하시오.
2. 무서류(Paperless) 무역 송금 서비스에서 발생할 수 있는 문제점을 주제로 토론하시오.
3. 전자무역 활성화를 위한 공동인증서 전자인증을 대체할 방안을 주제로 토론하시오.
4. 원산지증명서 검증을 위한 혁신적인 방법이 있을지 토론하시오.
5. e-B/L(전자선하증권)의 원활한 유통을 위하여 세계적으로 어떤 노력을 하고 있는지 조사하시오.

9

전자무역 분야의 4차 산업혁명 적용

학습 목표

- 4차 산업혁명이 무역에 미칠 영향과 무역업계의 대응방안, 새로운 국제통상 질서에 대해 이해한다.
- 블록체인과 스마트 계약에 대한 지식을 습득하고 블록체인이 전자무역에 어떻게 활용되는지 이해한다.
- 제4장에서 배운 빅데이터에 대한 지식을 바탕으로 전자무역에 빅데이터가 어떻게 활용되는지 사례를 중심으로 이해한다.

제1절

4차 산업혁명과 무역

1. 4차 산업혁명의 이해

정보통신기술(ICT)의 융합으로 이루어지는 차세대 산업혁명인 4차 산업혁명은 '초연결', '초지능', '초융합'을 그 특징으로 한다. 1차 산업혁명은 증기기관과 기계화, 2차 산업혁명은 전기를 이용한 대량생산, 3차 산업혁명은 컴퓨터 정보화 및 자동화 생산시스템이 주도하였다. 4차 산업혁명은 로봇과 인공지능(AI)이 주도할 것으로 예상한다. 4차 산업혁명은 세계 경제의 흐름에 큰 영향을 미칠 것이며 통상환경에도 큰 변화가 있을 것으로 예상한다. KIEP(대외경제정책연구원)에 의하면 4차 산업혁명은 기술발전 수준, 기술 특성, 국가별 기술 격차 등 여러 요인에 따라 국제무역 환경에 영향을 미칠 것이다.[1] 2017년 한국무역협회의 '무역업계의 4차 산업혁명 대응 현황 조사'에 따르면 4차 산업혁명이 무역환경에 영향을 미칠 것으로 예상하는 무역회사의 비중이 83.3%에 달했다.

1 KIEP 최낙균 외, 디지털 혁신의 국제비교와 시나리오별 무역 영향 분석, KIEP 연구보고서, 2018.

2. 4차 산업혁명이 무역에 미칠 영향

1) 무역 대상의 변화

무역 대상은 유형재 중심에서 무형재의 비중이 커지고 있다. 콘텐츠의 소비가 주목받는 시대이다. 4차 산업혁명과 함께 스마트제품의 시장확대 현상은 심화할 것이다.[2] 스마트제품은 사물들이 IoT(사물인터넷) 기술로 연결되어 데이터를 생성, 수집, 공유하며 새로운 서비스를 창출하는 제품으로 정의된다.[3] 이미 제조업과 서비스의 융합이 시작되었다. 자동차, 주택, 건설, 의료, 금융 등 분야에서 ICT(정보통신) 실시간 제어의 개념이 자리 잡았다. 제조업의 모든 가치사슬[4]은 디지털화되고 있다. 무역의 대상이 제품에서 지식이나 솔루션[5]으로 확대되고 있다. 제품과 솔루션이 융합된 형태도 국제화의 대상이다. 4차 산업혁명은 혁신적인 제품·서비스를 등장시킬 것이다. 혁신의 정도가 우리의 상상을 뛰어넘어 패러다임[6] 자체의 변화를 가져올 것이다.

2 이병문·정희진·박광서, 4차 산업혁명이 무역에 미칠 영향과 이에 대비한 수출촉진전략, 무역학회지 제42권 제3호, 2017.

3 김보경, 해외 IoT기술 접목 스마트 제품의 성공전략, Trade Brief, Vol.8, 국제무역연구원, 2016.

4 기업이 제품 또는 서비스를 생산하기 위해 원재료, 노동력, 자본 등의 자원을 결합하는 과정(최성범, 미디어 경영, 2013)

5 특정 상황에 대한 해결책으로 사용자의 요구에 따라 프로그램과 관련된 문제들을 처리해주는 하드웨어, 소프트웨어, 기술 등(미래와경영연구소, NEW 경제용어사전, 2006)

6 어떤 한 시대 사람들의 견해나 사고를 지배하고 있는 이론적 틀이나 개념의 집합체(두산백과)

2) 무역 주체의 변화

4차 산업혁명은 생산기술의 변화와 네트워크의 활용으로 생산자와 소비자 간의 거리와 감정의 격차를 축소할 것이다. 소비자 구매패턴이 변화하고 상품의 수명주기가 빨라지면 중소기업의 수출환경이 유리해질 것이다.[7] 대기업 중심 규모의 경제 이점이 줄어드는 것을 뜻한다. 그러므로 4차 산업혁명은 대규모 제조설비를 갖추지 못한 중소기업에도 기회로 작용할 것이다. 심지어 개인도 아이디어만 있으면 개방형 제조플랫폼으로 제품생산 및 무역을 할 수 있는 시대가 실현되고 있다.

3) 무역 시장의 변화

기존의 무역은 B2B 거래를 통해 이루어지는 구조였지만 전자상거래의 발달로 글로벌 소비자 직접구매 즉 B2C가 늘어나고 있다. 4차 산업혁명은 이러한 변화를 앞당기고 있다. 4차 산업혁명은 소비자 중심의 시장을 형성하여 전자상거래를 촉진한다. 특정 물품의 일괄적 공급시스템이었던 무역은 전 세계 개별 소비자를 대상으로 맞춤형 생산하여 판매하는 형태로 바뀔 것이다. 신흥 개발국가의 중산층 확대에 따라 그들이 새로운 소비의 핵심으로 떠오르고 있다. 세계 경제에서 신흥국의 비중은 2015년 39%였지만 2030년 63%로 확대될 전망이다. 신흥국은 유통망이 낙후되어 있어서 오히려 전자상거래의 비중이 더 커지고 있고 소비자 평균 연령이 낮으므로 개인주의적인 소비 취향이 두드러지고 있다.

7 조빛나·김건우, 세계 무역구조 변화와 한국 무역, Trade Brief, No.30, 국제무역연구원, 2016.

글로벌 공급망의 확대, 신흥국의 생산기지화 정책 등으로 인해 중간재 중심의 무역이 지난 30년간 이루어져 왔다. 최근 중간재 무역의 비중이 줄어들고 소비재 무역의 비중이 확대되고 있다. 3차, 4차 산업혁명을 통한 혁신과 전자상거래의 확산이 중요한 원인이다.

4) 무역 형태의 변화

4차 산업혁명 시대에는 서비스화된 제품의 시장경쟁력이 높을 것이다. 제품의 콘텐츠와 네트워크 연결성이 핵심 경쟁력이 되는 것이다. 그러므로 물품 중심의 무역구조에서 콘텐츠 경쟁력이 있는 고부가가치 무역구조로 변화가 필요하다. 유형무역, 무형무역을 넘어 복합무역의 형태를 전략적으로 추진해야 한다. 복합무역은 유형무역과 서비스무역이 균형을 이루며 상호보완적으로 성장하는 전략이다. 기존의 공산품 위주의 유형적인 수출구조에서 벗어나야 한다. 물류, 관광, 금융, 기술개발, 경영지원 등 글로벌 비즈니스의 형태가 다양해질 것이다.

5) 무역 방식의 변화

4차 산업혁명과 함께 디지털 경제가 확대될 것이다. 인터넷 플랫폼의 경쟁은 치열해질 것이다. 무역에서도 전자상거래가 증가하고 있다. 인터넷 플랫폼에 의해 무역 거래비용은 낮아진다. 해외시장정보의 수집이 쉬워지고 해외시장과 네트워킹이 되므로 해외시장에 대한 거리가 짧아져 국경의 개념이 약화하고 있다. 그러므로 CBEC(국경 간 전자상거래) 규모는 더욱 커질 것이다. 4차 산업혁명의 다양한 기술이 국경 간 전자상거래와 접목되면 무역거래의 상당 부분이 온라인 거래로 대체될 것이다. 온라인 수출환경에서는 국제무역박람회나 상담회 같은 오프라인 마케팅보다는 스마트 수출마케팅의 역할이 더 중요해진다. 가상 온라인 국제무역박람회, 크라우드 펀딩 방식의 수출 등 온라인 수출 특성이 강화될 것이다. 이 부분에 대한 자세한 내용은 제10장에서 다루기로 한다.

3. 4차 산업혁명에 대한 무역업계의 대응

1) 주목받는 4차 산업혁명 기술

무역업계는 4차 산업혁명 대표 기술 중에서 빅데이터를 가장 주목하고 있다. 인공지능과 지능형 로봇 기술에도 주목하고 있다. 또한, 4차 산업혁명에 대응한 신제품 출시 및 비즈니스 모델 개발, 빅데이터를 활용한 마케팅을 계획하고 있는 것으로 조사되었다.

2) 스마트공장과 전자무역

지능형 생산공장에 자동화 솔루션과 정보통신기술(ICT)을 적용하여 생산성, 품질, 고객만족도를 향상하는 스마트공장(Smart Factory)이 세계적으로 확산하고 있다. 스마트공장에서는 IoT(사물인터넷) 빅데이터 분석이 중요한 자원이 된다. 수출품에 대한 해외고객 빅데이터에 어떻게 접근하는가에 따라 해외시장 진출에 큰 영향을 미칠 수 있다. 그러므로 각국 정부는 자국 데이터의 해외유출 및 활용을 제한하는 정책을 펴고 있다.

3) 수출 지원방식의 변화

4차 산업혁명은 수출 지원방식도 혁신할 수 있다. 수출금융 및 무역 물류에 이더리움 블록체인이 적용될 수 있다. 블록체인을 통한 스마트 계약을 통해 신속한 무역거래를 실현할 수 있다. 그러므로 무역 중개기관이나 인증기관의 역할이 축소된다. 불투명한 거래가 사라지고 거래 인증에 들어가는 시간과 비용을 대폭 절감할 수 있다. 세관은 화물 감시 및 검사를 간소화할 수 있고 수출회사는 대금 회수를 신속하게 할 수 있다. 정부의 수출지원 인프라에 블록체인 등 4차 산업혁명 기술이 활용되면 수출 지원방식이 혁신될 수 있는 것이다.[8]

4) 스마트 전자물류

4차 산업혁명 시대에 물류의 서비스 차원을 높이고 혁신적인 물류의 가치를 제공하기 위해 물류업계는 대응하고 있다. IoT(사물인터넷) 기술로 실시간으로 수집되는 정보가 물류 흐름을 신속하게 하고 물류 정보의 공유를 더 쉽게 해줄 수 있다. 물류의 흐름을 방해하는 요소가 생기면 인공지능 분석으로 대체 경로를 제안하거나 연계 운송수단을 확보할 수 있다. 그리고 컨테이너 적재 최적화를 위해 인공지능을 활용할 수 있다.

5) 관세 행정에서 4차 산업혁명의 활용

관세청은 인공지능, 사물인터넷, 드론, 블록체인 등 4차 산업혁명 신기술을 관세 행정에 여러 분야에 도입한 스마트 세관을 구축하고

8 KIET, 4차 산업혁명의 중소기업 수출 영향 및 정책 방향, 산업경제분석, 2017.

있다. 무역량은 계속 늘어나고 국경 간 전자상거래로 통관해야 할 품목도 늘어나므로 인력 증가보다는 4차 산업혁명 신기술로 대처할 수 있다. 인공지능 X-ray 판독 보조시스템, 블록체인을 통한 원산지증명서 검증시스템, 드론을 이용한 관세국경 감시 업무 등이 그 사례이다.

6) 인공지능(AI)과 무역

인공지능이 무역업무와 대금결제를 처리하는 시대가 다가온다. 인공지능이 거래처를 찾고 무역사기를 차단할 수 있으면 무역의 새로운 패러다임이 만들어지는 것이다. 인공지능을 활용하면 무역업무 효율성이 높아질 것이다.[9]

인공지능 챗봇(채팅로봇 프로그램)이 바이어 상담을 할 수 있다면 바이어와의 시차로 인한 어려움을 줄일 수 있다. 한국무역정보통신(KTNET)은 전자무역 이용자들을 위해 인공지능 무역 챗봇인 '티봇'을 출시했다. KTNET 콜센터에서 처리하던 질의응답을 인공지능으로 자동화한 서비스이다. 티봇은 머신러닝[10]을 활용하여 질의응답 유형을 학습한 후 이용자의 질문에 맞는 답변을 해준다. KTNET 고객들은 KTNET 업무에 관한 궁금증을 티봇으로 해소할 수 있다. 학습 데이터가 티봇에 축적되면 고도화된 업무처리도 가능해진다.

인공지능 통·번역기의 도움을 받는 것도 무역업무에 큰 도움이 된다. 구글, 네이버 등 포털사이트의 실시간 통·번역을 비롯하여 인공

9 이호형, 4차 산업혁명 관련 무역연구의 체계적 문헌고찰과 사례연구, 통상정보연구 제22권 제2호, 2020.

10 인간의 학습 능력과 같은 기능을 컴퓨터에서 실현하고자 하는 기술 및 기법(국립중앙과학관)

지능 통·번역 솔루션이 다양하게 출시되고 그 성능은 향상되고 있다. MOQ(최소구매 수량), 제품 특성 등 기본적인 답변은 인공지능 통·번역이 충분히 해낼 수 있다.

인공지능을 통해 무역 협상파트너를 분석하면 협상 전략을 수립하는 데 도움이 된다. 수요량 예측에 인공지능이 큰 역할을 할 수 있고 물류비용 절감에도 인공지능이 활용된다. 글로벌 전자상거래 기업들은 최대 18개월 수요를 인공지능으로 예측한다. 납기, 제조, 창고관리 등을 인공지능으로 관리하면 글로벌 가치사슬이 최적화된다.

KOTRA에서는 인공지능을 활용하여 수출동향보고서를 자동으로 작성해준다. '로봇 저널리즘' 인공지능이 통계분석은 물론이고 보고서 작성까지 처리한다. 이상거래징후 탐지에도 인공지능을 활용한다.

4. 4차 산업혁명 시대의 국제통상 질서

기존 무역거래에 적용되던 WTO 규범을 모두 전자무역에도 그대로 적용할 것인가 여부가 현안으로 주목받고 있다. 이와 더불어 인터넷 규제, 디지털 지식재산권, 인증, 보안, 투자, 해킹 등 디지털 무역과 관련된 다양한 문제가 발생하고 있다. 전자상거래에 대한 조세 문제에 대한 국제적 협력도 필요하게 되었다. 불건전한 콘텐츠의 확산에 따른 국제적인 규제가 필요하다. 디지털 지식재산권의 보호, 디지털 서비스의 소비자피해 문제 등이 무역 협상의 의제로 등장하고 있다. 이러한 문제를 다룰 인터넷 라운드(Internet Round)의 필요성도 제기되고 있다.

1) 디지털 무역

디지털 경제 전환은 빠르게 확산하고 있다. 기업들은 이미 데이터와 온라인 시장을 확보하기 위해 치열하게 경쟁하고 있다. 각 나라는 디지털 기술과 시장을 선점하기 위해 국가적 차원에서 디지털 전략을 추진하고 있다.

물품이 직접 세관을 통과하는 무역거래와 다르게 디지털 무역은 온라인을 통해 국경을 넘나들기 때문에 수출입 통계에서 빠지거나 세금을 내지 않는 문제가 발생한다. 기존의 무역 정책으로 디지털 무역을 다루기 어려운 상황이다. 나라별 인터넷 기술 수준과 정책이 다르고 디지털 거래는 복잡하므로 새로운 형태의 무역마찰이 발생하기 시작하였다.

ECIPE(유럽 국제정치경제센터)의 경제학자는[11] "디지털 무역의 부상은 국제 수준의 규제가 있어야 하며 인터넷 무역은 세계적이기 때문에 세계 무역 협상만이 의미가 있다."고 역설하였다.[12] 이에 WTO(세계무역기구) 전자상거래 협상과 FTA(지역무역 협상)에서 디지털 무역에 대한 새로운 질서와 규범을 논의하고 있다. 개인정보보호, 사이버 보안 등 광범위한 디지털 경제 논의가 포함되고 국제표준이 강조되고 있다. 국제표준화 경쟁도 심화하고 있다. 선진국들은 4차 산업혁명 핵심기술과 관련된 국제표준을 정하기 위해 치열하게

11 Hosuk Lee-Makiyama
12 KOTRA 워싱턴 무역관 보고서, 무역협정을 통해 보는 디지털 무역, 2017.

경쟁하고 있다. 디지털 경제 시대에 디지털 무역 강국이 되기 위해서는 국가적 전략과 정책이 요구된다.[13]

2) 보호무역주의

선진국 간 무역 블록화로 인해 보호무역주의가 확대되고 있다. 스마트공장 등 4차 산업혁명 생산혁신으로 인해 선진국들은 해외의 저임금국가에서 생산할 필요성이 줄어들고 있다. 선진국의 제조업 기업이 자국으로 복귀하는 생산시설 국내 이전(reshoring) 현상이 심화하고 있다. 첨단기술로 제조원가를 낮추기 위해 선진국 간 무역 블록화가 예상된다.

3) 기술무역 분쟁

신기술 분야의 무역 분쟁이 확대되고 있다. 미·중 무역 분쟁과 한일 무역 분쟁에서 볼 수 있듯이 원천기술과 핵심 소재·부품의 거래중단이 무역 분쟁의 수단으로 등장하고 있다. 기술력이 강한 선진국은 저개발국가의 경제 활성화를 위해 투자하지만, 저개발국가의 기술력이 향상하면 이를 견제하기 위한 무역 정책이 시작된다. 미국이 과거 일본을 견제하고 한국에도 반덤핑 관세를 부과하였으며 현재는 중국과 무역 분쟁을 하고 있다. 일본도 한국에 기술 전수를 많이 해주었으나 반도체 등 특정 산업에서 한국에 추월당한 이후 한국 경제를 견제하고 있다.

그러므로 4차 산업혁명 시대에 통상전쟁에서 승리하기 위해서는

13 한국무역협회, 디지털무역 표준 논의 동향과 시사점, 2021.

기술 역량을 키워야 한다. AI(인공지능), 빅데이터, IoT(사물인터넷), 블록체인, 클라우드 같은 기술의 사업화는 아직 본격화되지도 않았다. 지능정보 기술은 해외시장 진출 규제가 더 클 것으로 예상한다. 그러므로 기술 강국과의 연합과 소프트웨어 원천기술 확보가 요구된다.[14]

14 한국정보산업연합회, 4차 산업혁명 시대, 기술 무역 분쟁의 방향과 극복 전략, 2019.

제2절

블록체인과 전자무역

1. 블록체인(blockchain)의 이해

1) 개요

블록체인은 공개된 장부에 거래내용을 투명하게 기록한 후, 이를 복제해 수많은 컴퓨터에 저장하는 기술이다. 거래참여자들의 컴퓨터가 기록을 실시간으로 검증하여 해킹을 막을 수 있다. 블록(block)에 데이터를 담아 체인(chain) 형태로 연결하므로 블록체인(blockchain)이라 부른다. 공공거래장부라고도 부른다. 블록체인은 중앙집중형 서버에 기록을 보관하지 않는다. 거래참여자 모두에게 거래내용을 보내준다. 모든 거래참여자가 거래할 때마다 정보를 공유하고 대조하므로 데이터 위조나 변조를 원칙적으로 할 수 없다. 나카모토 사토시(정체를 알 수 없음)가 2007년에 블록체인 기술을 고안했다. 블록체인 기술을 적용한 세계 최초의 암호화폐인 비트코인은 2009년에 나카모토 사토시가 개발했다.

2) 블록체인 활용 분야

블록체인에 저장하는 정보가 다양하므로 블록체인을 활용할 수 있는 분야도 넓다. 블록체인은 현재 암호화폐(가상통화)에 주로 사용되고 있지만, 더 다양한 분야에 활용할 수 있다. 전자 결제나 디지털 인증에서 활용이 늘어날 것이다. 신뢰성이 요구되는 모든 분야에 블록체인이 활용될 수 있다. 화물추적시스템, 원산지부터 유통까지 과정 추적, 전자시민권 발급, 전자투표, 부동산 등기부, 위조화폐 방지, P2P[1] 대출, 예술품의 감정, 차량 공유, 의료기록의 관리와 공유 등이 그 활용 사례가 될 것이다.

3) 블록체인의 종류

퍼블릭 블록체인과 프라이빗 블록체인으로 크게 나눌 수 있다. 누구나 참여할 수 있는 퍼블릭 블록체인은 비트코인, 이더리움 같은 암호화폐(가상통화)가 대표적이다. 단점은 거래가 많아지면 속도가 느려진다. 익명으로 거래할 수 있어서 편리하지만, 범죄에 악용될 수 있다.

사전에 허가를 받은 사람만 참여할 수 있는 프라이빗 블록체인은 기업 또는 기관이 운영한다. 기본적으로 모든 장부에 대한 열람이 가능하지만, 구성원에 따라 특정 자료는 기록 및 수정할 권한을 지정할 수 있다. 공공기관에서 활용하기에 적합하다.

1 인터넷에서 개인과 개인이 직접 연결되어 파일을 공유하는 것(두산백과)

표5 블록체인 유형별 주요 특징

구분	퍼블릭 블록체인	프라이빗 블록체인
속도	느림	빠름
권한	모든 참여자가 읽기, 쓰기, 합의 등 권한 보유	구성원에 따라 사용 가능한 권한 지정 가능
사례	비트코인(가상통화), 이더리움(가상통화/스마트계약)	코다(금융), 하이퍼레저(범용)

출처 : 신뢰할 수 있는 4차 산업혁명을 구현하는 「블록체인 기술 발전전략」, 과학기술정보통신부, 2018.

4) 블록체인 솔루션

기업에서 블록체인을 활용하기 위해 다양한 시도를 하면서 퍼블릭 블록체인의 단점을 발견하였다. 그래서 프라이빗 블록체인 또는 하이브리드 블록체인 방식을 비즈니스에 적용하려고 한다. 대표적인 블록체인 솔루션은 하이퍼레저(Hyperledger)와 엔터프라이즈 이더리움(Enterprise Ethereum)이 있다.

- 하이퍼레저(Hyperledger)

하이퍼레저는 스마트 계약을 구현할 수 있는 블록체인 프로젝트이다. 리눅스재단(Linux Foundation)이 주관하고 있다. 하이퍼레저는 프라이빗 블록체인 기술의 표준으로 자리를 잡았다. 기업 비즈니스를 구현하기에 적합한 블록체인 플랫폼이며, 여러 산업에 범용적으로 도입할 수 있는 기술 표준을 제시하는 블록체인 플랫폼이다.

- 엔터프라이즈 이더리움(Enterprise Ethereum)

이더리움(Ethereum)은 2015년에 비탈릭 부테린(Vitalik Buterin)이 창안하였다. 이더리움은 퍼블릭 블록체인 플랫폼이면서 암호화폐이다. 비트코인을 1세대 블록체인으로 간주하고 이더리움을 2세대 블록체인이라고 한다. 비트코인은 화폐의 기능에 집중하지만, 이더리움은 블록체인을 기반으로 다양한 분야에 접목할 수 있게 확장성을 제공한다. 거래나 결제는 기본이고 계약서, SNS, 이메일, 전자투표 등 애플리케이션을 투명하게 운영할 수 있다. 엔터프라이즈 이더리움은 이러한 이더리움 블록체인 플랫폼을 기업환경에서 사용하는 것을 목표로 한다. EEA(Enterprised Ethereum Aliance)라는 조직을 구성하여 이더리움 기반의 블록체인 기술을 함께 개발하고 있다. 마이크로소프트, 인텔, 삼성SDS, SK텔레콤 등 세계적 대기업들이 EEA에 많이 가입하여 기업들을 위한 블록체인을 설계하고 있다.

- R3의 분산원장 코다(Corda)

R3는 글로벌 핀테크(금융기술 서비스) 스타트업(창업기업)인데 80개 이상의 금융기관이 참여하고 있는 세계 최대의 블록체인 컨소시엄으로 발전하였다. 코다(Corda)는 R3가 만든 분산원장 기술이다. 코다 자체는 블록체인보다 더 큰 개념인 분산원장 기술이다. 블록체인은 네트워크 참여자들이 데이터를 모두 공유하지만, 분산원장은 여러 기관에 분산된 데이터를 참여자들이 수평적으로 기록 및 관리하는 기술이다. 즉 블록체인은 분산원장 기술을 이용한 하위개념이다. 코다는 블록체인의 장점을 대부분 적용할 수 있다. 코다는 금융산업에 최적화된 분산원장 기술로 이해할 수 있다. 국제 은행 통신표준인 스위프트(SWIFT)에서 코다 플랫폼을 통해 GPI(Global

Payments Innovation)를 구현할 정도로 무역금융 업계가 코다 플랫폼을 널리 채택하고 있다.

2. 블록체인을 통한 스마트 계약

1) 개요

스마트 계약은 온라인으로 계약을 체결한 후 계약 단계별로 계약 조건을 명시한다. 해당 조건이 성립되면 거래참여자의 자동 결제가 이루어지도록 정의하며 거래를 신속하게 할 수 있다. 거래명세가 담긴 블록은 무역거래 당사자 각자의 컴퓨터에 분산 저장된다. 수시로 업데이트되므로 거래내용의 해킹이나 위변조가 거의 불가능하다. 블록체인을 통해 투명한 거래정보 공유도 가능하다.

현재 무역거래의 신뢰성을 높이기 위해서는 인증기관이나 중개기관의 개입이 필요한데 블록체인의 분산원장과 스마트 계약 기능은 기관의 개입이 필요 없게 된다. 은행 간 송금도 블록체인이 대신하면 송금수수료도 대폭 하락시킬 수 있다.

2) 스마트 계약 플랫폼의 장점

블록체인 기반의 스마트 계약은 다음과 같은 장점이 있다. 빠른 속도와 실시간 업데이트가 가능하다. 자동화된 거래이므로 정확하다. 네트워크를 통해 자동으로 실행된다. 중개인의 필요성이 감소하므로 비용이 절감된다.

이더리움은 스마트 계약 기능을 지원한다. 그러므로 비트코인보다 활용도와 확장성이 높다. 디파이(DeFi·탈중앙화 금융)는 블록체인 이더리움의 스마트 계약으로 실행되는 암호화폐 금융서비스이다. 금융기관을 통하지 않고 디파이에서 금융서비스를 이용할 수 있다.

3) 스마트 계약 사례

- 블록체인 기술을 적용한 NFT(Non fungible token, 대체 불가능한 토큰)로 디지털 예술품을 거래한다. NFT는 예술품의 거래 수단이면서 디지털 증명서가 되는 것이다. NFT는 거래할 수 있는 블록체인 파일인데 절대로 복제할 수 없어 희소성을 보장받는다. NFT가 포함된 디지털 작품은 원본으로 인정받으므로 그 가격이 올라간다. NFT를 활용한 새로운 콘텐츠 시장은 늘어날 전망이다. 예술가들이 NFT 작품을 직접 발행하면 갤러리 등 기존 유통채널에 내던 수수료를 절감하고 판매경로가 넓어지는 효과가 있기 때문이다. 기존에는 작품이 한번 판매되면 원작자에게 돌아가는 이익이 더 없었다. 블록체인이 지원하는 스마트 계약 기능을 이용하면 NFT 작품이 거래될 때마다 작가에게 수익이 분배될 수 있다.
- 온두라스의 농업 분야 블록체인 플랫폼 그레인체인(GrainChain)은 자체 스마트 계약 시스템으로 커피 원두의 생산, 유통, 수출 및 거래 과정을 관리한다.
- 서울시는 블록체인 기술을 기반으로 서울 공공일자리 전자근로계약 시스템을 구축했다. 근로계약서 체결부터 보관, 이력 관리까지 이 시스템을 통해서 비대면 방식으로 전환된다.
- 블록체인 농산물 이력 관리 플랫폼 블로서리: 이지팜에서 개발

한 블록체인 플랫폼 블로서리는 위변조할 수 없는 품질관리 시스템이다. 블로서리가 운영하는 마켓블리에서는 스마트 계약을 통해 생산단계에서 농식품을 예약 구매할 수 있다. 생산자는 계약 및 판매에 대한 위험을 줄일 수 있다. 소비자는 공급과정을 신뢰할 수 있고 예약구매를 통해 저렴하게 농식품을 구매하는 구조다.

- DID(블록체인 분산 아이디) 신분 인증기술을 활용하면 비대면 업무처리로 불필요한 사회적 비용을 줄여나갈 수 있다. 부산시민들은 DID 발급을 통해 부산시민카드, 도서관 회원증, 시청 방문증 등을 비대면으로 발급받을 수 있다. 각종 행정업무를 위한 대면 접수의 필요성이 줄어들 전망이다. DID 시스템이 신분을 확인해주기 때문이다. 이동통신 3사의 DID 연합체는 모바일 전자증명 서비스인 '이니셜'을 상용화할 계획이다. 이 외에도 DID를 통한 비대면 시스템 사례는 늘어나고 있다.

3. 전자무역 분야의 블록체인 활용

1) 블록체인 기반의 무역금융 네트워크

무역거래에서도 블록체인 도입이 활발하다. 무역거래는 계약 이후 복잡한 여러 절차를 거쳐야 한다. 현재의 무역거래의 과정에는 각종 서류준비에 많은 시간과 비용이 소요된다. 특히 신용장(L/C)은 은행이 보증하여 거래를 지원하는 제도이지만 신규법인은 개설이 어렵고 담보를 제공해야 신용장 개설이 가능하다는 단점이 있다. 국가 간 무역거래에서 필수적으로 부과되는 환전수수료, 은행 전산 수수료,

SWIFT 수수료 등도 부담이다. 블록체인 기술을 통한 스마트 계약은 이러한 문제점들을 해결할 수 있다. 무역금융에는 보안이 탁월하며 신뢰할 수 있는 결제 시스템이 있어야 하는 데 R3의 코다가 널리 이용되고 있다.

- 블록체인 기술을 활용하면 송금수수료 문제가 해결된다.

중계기관을 거치지 않고 송금하므로 송금수수료를 최소화할 수 있다. 국제무역에서 필수적이었던 환전수수료도 발생하지 않는다. 수입자가 대금을 스마트 계약에 입금한 후 국제물류에 참여하는 당사자들이 이송내용을 승인할 때 자동송금 되는 방식을 적용하면 대금결제 위험을 차단할 수 있다. 신용장(L/C)을 개설하지 않고도 효율적이고 신속한 거래가 가능한 것이다.

- 블록체인 무역금융의 사례

주요 금융기관들이 함께 구축한 블록체인 무역금융 네트워크인 '콘투어(CONTOUR)'는 신용장 거래 시범운용을 통해 R3 코다(Corda) 플랫폼에서 블록체인 신용장(L/C)을 성공적으로 발행했다. 블록체인 무역금융 프로젝트에서 활발하게 활동하는 HSBC는 자체적으로 블록체인 기반 무역금융 플랫폼 '볼트론'을 개발했다. HSBC는 볼트론을 통해 신용장 과정을 디지털화하는 데 성공했다. HSBC는 '이트레이드커넥트(eTradeConnect)'와 '위트레이드(we.trade)'에도 참여하고 있다. eTradeConnect는 홍콩 금융관리국이 지원하는 플랫폼이다. we.trade는 유럽 주요시장에서 송금결제 방식의 무역거래에 블록체인을 제공하기 위해 만든 합작회사다. 블록체인 방식의 무역금융을 통해 선적서류 제시 및 심사에 걸리는 시간이 24시간 미만으로 단축되었다.

2) 블록체인 기반의 통관

- 한국 관세청의 통관 물류 혁신

관세청은 인공지능(AI)과 블록체인 기술을 관세행정에 적용하고 있다. 빅데이터 기반 위험관리, 인공지능 통관검사, 사물인터넷(IoT) 관세행정 플랫폼 구축, CCTV와 드론을 활용한 종합감시체계 구축과 더불어 블록체인을 활용한 통관 물류 혁신으로 '스마트 세관(Smart Customs)'을 추진하고 있다.

관세청은 삼성SDS와 물류 관련 회사들과 함께 '해운물류 블록체인 컨소시엄'을 구성하여 수출신고와 적하목록 제출절차에 블록체인 기술적용이 가능함을 검증했다. 삼성SDS의 블록체인 플랫폼 '넥스레저'로 구축하였다. 수출통관 첨부서류를 블록체인 망에 공유하면 정보의 신뢰성과 정확성이 확보된다. 서류제출 절차가 생략되고 데이터의 재입력이 불필요하게 되어 수출통관·물류 절차의 혁신이 가능하다. 원산지증명서 자료교환(e-C/O) 서비스도 블록체인을 통해 가능해진다.

- 미국 세관의 수입 검증에 블록체인 사용

미국 세관도 통관업무에 블록체인 기술 활용을 추진 중이다. 미국 관세국경보호청(CBP, U.S. Customs and Border Protection)이 원자재 수입과정에서 블록체인을 사용하기 위해 블록체인 보안시스템을 개발하고 있다. 공급망 전체에서 원산지를 추적 및 검증하는 것은 복잡하고 어려운 절차인데 블록체인은 수출입 과정의 모든 관계자에게 수입품과 관련한 정보를 실시간으로 제공할 수 있다. 관세국경보호청(CBP)의 블록체인 기술 사용이 성공하면 미국 국토안보부 산하 다른 기관에서도 이 기술을 업무에 활용할 것이다. 미국 이민서비스국(USCIS)은 이민, 시민권, 허가증 등과 관련한 문제를 방지하기 위해 블록체인 기술을 적용할 수 있다. 미국 교통안전국(TSA)은 출입국 체크에서 승객의 신원을 확인할 때 블록체인 기술을 적용하면 업무를 자동화하면서도 보안성을 높일 수 있다.

3) 블록체인 기반 FTA 원산지관리

FTA 원산지관리에 블록체인 기술을 적용하면 FTA 원산지관리의 위험을 해결하고 원산지관리의 오류를 예방할 수 있다. 수출 제조기업이 협력사로부터 원산지확인서를 모으는 데만 약 1개월의 시간이 걸리지만 약 30%의 오류가 포함되어 있어 활용이 어려운 상황이다. 원산지확인서의 오류를 정정하지 못하고 그대로 사용하면 사후 원산지 검증 단계에서 불이익을 받을 위험이 크다. 블록체인의 분산원장 기술을 활용한 FTA 원산지확인서 통합관리서비스(FTACO.net)는 정확한 원산지확인서의 유통을 보장한다. 원산지확인서 오류를 자동 점검하여 오류가 발생하면 해당 기업들에 실시간으로 원산지 위험을 알려주어 신속하게 오류를 바로잡을 수 있다. FTA 원산지관리에 인공지능 머신러닝을 적용하면 원산지관리 이슈가 어디서 발생하는지 찾아내고 해결 방안까지 도출할 수 있다.

4) 물류 분야의 블록체인 플랫폼

세계 1위 선사 Maersk와 IBM이 만든 블록체인 플랫폼 Tradelens에 세계 2위 선사 CMA CGM과 세계 4위 선사 MSC가 합류했다. 세계 물동량 50% 이상의 해운 계약, 운임분석, 화물추적 등 해운 비즈니스 과정이 블록체인 기반 온라인 플랫폼인 Tradelens에서 수행될 수 있는 것이다. 개방형 플랫폼 GSBN(Global Shipping Business Network)에도 글로벌 선사들이 합류하고 있다. 글로벌 선사들은 여러 개의 블록체인 플랫폼에 중복 가입하고 있다. 그러므로 선사 및 화주의 시간과 비용을 대폭 절감시킬 수 있는 블록체인 플랫폼이 어떻게 상용화될지 주목해야 한다.

제3절

빅데이터와 전자무역

한국무역협회가 무역업계에서 가장 주목받는 4차 산업혁명 기술을 조사한 결과가 있다. 빅데이터가 무역업계에 미치는 영향이 가장 클 것이라고 기업들은 전망하였다. 거래제안 단계에서 빅데이터를 활용하면 시장정보 수집 및 바이어 발굴이 가능하다. 중소기업의 글로벌역량 강화를 위해 빅데이터에 기반을 둔 해외시장 맞춤화 수출 마케팅이 묘안이 될 수 있다. 무역 신용조사에도 빅데이터를 활용하여 거래위험을 감소시킬 수 있다. 계약이행 단계에서도 uTradeHub에서 빅데이터를 활용할 수 있다.[1]

1. 빅데이터 도입 및 활용

정보화 시대에 굉장한 양으로 생성되는 데이터들은 다양한 형태로 축적된다. 특히 모바일 기기의 보급으로 데이터 축적은 더욱 가속

1 이호형, 전자무역 분야 빅데이터 활용 사례연구, 정보화연구(구 정보기술아키텍처연구) 제15권 제2호, 2018.

화되어 전 세계적으로 저장되는 데이터의 양은 2018년에 33 제타바이트(ZB)를 돌파했고, 시장분석기관들은 2025년에 175 제타바이트까지 증가할 것으로 전망하고 있다. 1 제타바이트는 1조 1,000억 기가바이트(GB)에 해당하는 엄청난 용량이다.

IBM(2014)과 Gartner(2011)의 정의에 의하면 데이터의 규모, 다양성, 속도 때문에 기존 기술과 다른 방식으로 자료를 수집, 저장, 분석하는 것을 빅데이터라고 한다.[2] 빠른 속도로 쌓여가는 빅데이터를 그 분석 목적과 필요에 따라 정보를 추출할 수 있는 빅데이터 분석방법론이 중요해지고 있다.[3] 빅데이터는 수익 기회와 비즈니스 모델을 새롭게 만들어 내는 데 이바지한다. 빅데이터의 증가로 인해 비즈니스 환경변화는 물론 빅데이터를 활용하는 새로운 사업 기회가 나타나고 있다.[4]

빅데이터 분석이라는 용어가 사용되기도 전에 아마존은 고객 빅데이터를 고객서비스에 활용하고 있었다. 고객 맞춤형 콘텐츠 추천으로 동영상 시청 문화를 변화시키는 데 성공한 넷플릭스는 빅데이터 분석을 사업에 활용한 대표 주자이다. 이 외에도 다양한 분야와 기업에서 빅데이터 분석을 활용해 기대 이상의 성과를 달성하는 기업들의 사례가 보고되고 있다.

아마존의 배송 예측 서비스와 같은 빅데이터 분석은 결국 회사 내

2 IBM, Performance and Capacity Implications for Big Data, 2014.
Gartner, 'Big Data' Challenge Involves More Than Just Managing Volumes of Data, 2011.

3 임유진·최은미, 시계열 빅데이터 처리 분석을 위한 맵리듀스 메커니즘 연구, 정보화연구(구 정보기술아키텍처연구) 제12권 제1호, 2015.

4 함유근·박현영, 질병 예방을 위한 빅데이터활용 전략, 서울대학교의과대학 정보의학실 제13회 정보의학 세미나, 2013.

부적인 경험 데이터가 쌓여야 가능한 것인데 기업들 대부분은 경험 데이터가 사실상 부재하니 빅데이터 분석의 도입 및 활용을 제대로 할 수 없다는 문제도 있다.

2. 무역 분야 빅데이터 활용

1) 무역 전자상거래

무역은 전통적으로 기업 간 거래를 통해 수입상과 소비자에게 상품을 유통하는 구조이다. 전자상거래의 발달로 인해 지금은 다양한 디지털 기기가 연결되므로 소비자들은 전자상거래 직접구매를 쉽게 하고 있다. 거래정보의 실시간 공유와 전달은 전자상거래의 확산에 이바지하고 있다. 4차 산업혁명의 핵심기술인 빅데이터와 클라우드[5] 컴퓨팅은 전자상거래의 확산을 주도하고 있다. 예를 들어 글로벌 전자상거래 플랫폼 카페24는 해외 직접판매 쇼핑몰에서 사용할 수 있는 빅데이터 기반 실시간 상품 반응분석 서비스를 제공한다. 이를 통해 쇼핑몰 방문자의 행동 패턴을 실시간으로 파악할 수 있다. 실시간 해외소비자 현황에 따라 쇼핑몰 운영자는 판매 가격, 상품 노출 위치 등을 즉각적으로 조정할 수 있는 것이다.

2) 국제물류

국제물류 분야에서도 물류 관련 빅데이터를 수집·관리하는 기관

5 정보처리를 자신의 컴퓨터가 아닌 인터넷으로 연결된 다른 컴퓨터로 처리하는 기술 (정용찬, 빅데이터, 커뮤니케이션북스, 2013)

이 늘고 있고, 민간 기업의 국내외 물류 빅데이터 활용도 늘어나고 있다.[6]

- DHL의 빅데이터 분석

세계 최대 물류회사인 DHL은 빅데이터 분석을 통해 물류산업의 고객을 예측하고 물류운영을 효율화시키고 있다. DHL에 따르면 빅데이터를 활용하였을 때 배송경로를 실시간으로 최적화할 수 있다. 운송비용의 절감, 물류업무의 개선, 고객관리 및 고객서비스 향상, 빅데이터 분석을 통한 신사업 발굴 등도 가능하다.

- 해운항만물류 분석시스템

국내외 주요 항만들은 빅데이터에 기반한 스마트항만 구축을 추진하고 있다. 부산항만공사는 2016년부터 해운항만물류 빅데이터 분석시스템을 구축하기 시작했다. 인천항만공사는 빅데이터를 활용한 실시간 교통정보 제공 시스템을 개발·운영하고 있다.[7] 싱가포르항은 빅데이터 기반의 AI 분석시스템(SAFER)을 통해 항만운영의 효율성과 생산성 향상을 추진하고 있다.

3) 빅데이터를 활용한 무역마케팅

- 한국무역협회

한국무역협회는 빅데이터 분석을 통해 고객별 맞춤형 콘텐츠와

6 신나라·김용진, 물류 빅데이터 구축 실태 및 활용사례 분석을 통한 활성화 방안, 한국물류학회 물류학회지 제28권 제2호, 2018.

7 한국해양수산개발원, 해운·항만 정책 의사결정 지원 빅데이터 플랫폼 개발 필요, KMI 동향분석 제152호, 2019.

서비스를 추천해주는 서비스를 개시했다. 맞춤 뉴스, 추천사업, 각종 지원정보 등을 서비스한다. 한국무역협회의 온라인 거래알선 플랫폼인 tradeKorea에서는 연관검색 상품들을 자동으로 추천해준다. 무역아카데미 홈페이지(tradecampus.kita.net)에서는 이용자와 유사한 성향의 다른 이용자들이 수강하는 과정을 추천해준다. 인공지능(AI) 바이어 매칭 서비스도 추진 중이다.

- KOTRA

KOTRA는 빅데이터 플랫폼 구축 프로젝트를 시작했다. 인공지능 기반 지능형 분석 모델을 개발한 것이다. 또한, 분석 플랫폼을 구축하고 데이터 품질관리에도 힘을 쏟았다. KOTRA에 축적된 비정형화된 수출지원 경험을 분석할 수 있는 플랫폼이므로 다차원적인 국내기업 수출성과 분석이 가능하다. 과학적 의사결정은 관세청 및 글로벌 수출통계 데이터를 활용해 분석한다. KOTRA에서는 이미 수출 연관규칙을 도출하였다. 예를 들어 아프가니스탄에 수출하는 기업의 79%가 리비아에도 수출하고 있다. 튀니지에 수출하는 기업의 72%가 인도에도 수출하고 있는 것을 확인하였다. KOTRA는 빅데이터 플랫폼에 인공지능 엔진을 탑재해 다음과 같은 서비스를 제공한다. 해외 유망시장 추천, 수출 AI 보고서, 기업활동지수, 지능형 자동 매칭 등이다.

3. 전자무역 빅데이터 활용 사례

1) SmartTrade(한국무역통계진흥원)

한국무역통계진흥원은 빅데이터 전문기업과 업무제휴를 통하여 빅데이터 무역통계정보분석 서비스를 제공하고 있다. 서비스 이름은 스마트 트레이드(SmartTrade)인데 실시간 수출입정보 모니터링과 분석 서비스이다. 정형화된 수출입 통계자료 제공방식에 빅데이터 기술을 접목해 수출입통관에 대한 다차원적 분석과 고객 맞춤형 분석으로 도출한 상세한 정보를 실시간 제공하는 것이 특징이다. 아울러 해외 공급망 및 바이어 정보와 관세 분석정보를 종합적으로 제공한다. 기업들은 해외시장 신규개척 등과 관련된 수출업무에 SmartTrade를 활용하고 있다.

2) 관세청·은행연합회 공조 무역금융사기 예방체계 구축

가전회사 모뉴엘이 해외 매출액을 부풀려 무역보험공사와 금융회사로부터 3조 원 이상의 사기대출을 받았던 사건이 2014년에 적발되었다. 이러한 사기대출을 방지하기 위해 금융기관은 빅데이터를 활용하고 있다. 관세청의 통관절차 간소화(수출신고 자동 수리)로 인해 모든 수출품에 대한 검사가 사실상 불가능한 상황이었다. 이 때문에 실물확인 없이 수출신고 정보만 보고 무역금융 사기대출을 적발하는 것은 한계가 있었다. 금융기관 역시 대출심사 단계에서 수출자가 제출한 무역금융서류만 보고 수출가격이 적정한지 확인할 방법이 없으니 무역금융 사기대출을 사전에 적발하기 어려웠다.

이제 관세청이 수출입자료 빅데이터 분석을 통해 품목별 평균 수출단가 자료를 은행연합회에 제공한다. 각 은행은 기업 대출심사 때 이 자료를 실시간으로 활용할 수 있다. 은행이 사기가 의심되는 회사의 무역금융 심사자료와 선하증권(B/L) 번호를 관세청에 보낸다. 관세청이 수출입 실적 및 외환거래 실적과 은행의 자료를 비교하고 분석하여 가격이 조작되었는지 대출사기 의도가 있는지 조사하여 무역금융사기를 사전에 차단하고 있다.

관세청과 은행 간에 연계시스템이 구축되어 있다. 은행 시스템에서 관세청의 수출이행내용 정보를 즉시 확인할 수 있도록 시스템이 구축된 것이다. 특정 수출 품목의 정상적인 수출가격을 볼 수 있으므로 수출가격 조작 여부를 판단할 수 있다. 특정 수출품목이 정상적인 수출가격 분포를 벗어났다면 가격조작 가능성을 의심해보는 것이다.

3) 빅데이터 기반 무역통계종합포털서비스

빅데이터 기반 무역통계종합포털서비스인 K-stat(stat.kita.net)은 한국무역협회 홈페이지에서 이용할 수 있다. 한국 무역과 남북교역 통계, 주요교역국 무역통계를 볼 수 있다. 이 사이트를 통해 52개국 61가지의 무역통계정보를 한꺼번에 확인할 수 있다. 또한, 52개국의 수출입 현황을 한눈에 비교·분석할 수 있는 기능과 함께 무역통계정보를 그래픽으로 볼 수 있다. 수출입 품목별 통계정보는 HS(국제통일상품분류), SITC(국제표준분류), MTI(산업품목별분류) 3가지 형태로 제공하고 있다. 세계무역통계, 세계경제통계, 부품소재 통계 등 통계도 확인할 수 있다.

4) Global Trade Barometer

Global Trade Barometer는 국제무역 발전의 지표 산출을 위해 DHL에서 무역 예측에 인공지능, 빅데이터를 분석 및 활용하는 것이다. 한국을 포함한 세계 7대 무역 대국의 무역 데이터를 분석하여 무역 전망자료를 분기별로 고객들에게 제공한다. 7대 무역 대국이 국제 무역량에서 차지하는 비율이 약 75%에 달한다. 국가별 총량 데이터를 합산하면 글로벌 무역량의 단기 예측을 위한 효율적인 지표로 활용할 수 있다.

5) Import Genius

해상 운송 빅데이터를 통해 수출회사들에 새로운 바이어를 발굴할 기회를 Import Genius에서 제공하고 있다. 선하증권(B/L)과 적하목록(M/F) 정보를 분석하면 업계의 바이어, 유통회사, 거래량 같은 정보를 파악할 수 있다. 이를 통해 최적의 공급망 전략을 세울 수 있는 것이다. Import Genius는 빅데이터를 통해 최신 무역활동의 추이를 파악하는 비즈니스 모델이고 현재 서비스되고 있다. Visual Mapping 기능으로 무역활동기업 간의 관계를 한눈에 파악하는 것도 가능하다.

토의문제

1. 본 책에서 정리된 4차 산업혁명이 무역에 미칠 영향에 대해 반박하시오.
2. 스마트공장의 확대가 무역에 미칠 영향에 대해 추가로 조사하여 설명하시오.
3. 정부의 수출지원 인프라에 블록체인 등 4차 산업혁명 기술이 활용되어 수출 지원방식이 혁신될 방안에 대해 논하시오.
4. 인공지능이 거래처를 찾고 무역 사기를 차단할 수 있는 아이디어를 가지고 토론하시오.
5. 스마트 계약이 무역거래에 어떻게 적용될 수 있는지 구체적 방법을 조사하고 설명하시오.
6. 전자무역 빅데이터 활용 사례가 더 있는지 조사하고 설명하시오.

10

비대면 무역마케팅

학습 목표

- 무역마케팅 환경 변화의 이해를 통해 인터넷 무역마케팅의 필요성을 실감하고 비대면 무역마케팅 전략의 기초지식을 습득한다.
- 성공적인 비대면 무역마케팅을 위해 전자상거래 전략, 수출아이템 발굴 전략을 이해하고 오프라인 거래처 발굴 대비 온라인 거래처 발굴이 유리한 점에 대해 알게 된다.
- 비대면 무역마케팅을 실제로 수행하기 위한 온라인 국제무역박람회, 화상 상담, 무역거래알선사이트, 검색엔진과 소셜미디어를 활용한 바이어 발굴 방법에 대해 이해한다.

제1절

비대면 무역마케팅의 이해

1. 무역마케팅의 환경 변화

1) 무역마케팅의 개념

- 무역마케팅의 정의

많은 학자가 마케팅을 정의하였지만 마케팅은 개인 및 조직의 목적을 달성시키는 교환을 창출하기 위해 상품과 시장을 정의하고 관리하는 과정이다. Russell S. Winer의 정의가 가장 이해하기 쉬운데 "마케팅은 선택에 영향을 미치는 모든 활동이다".[1] 무역마케팅은 해외시장을 대상으로 마케팅을 전개하는 것을 말한다. 무역마케팅 활동은 국경을 초월하여 이질적인 경제, 사회, 문화, 법률 환경에서 이루어지므로 무역마케팅 전략의 개발이 요구된다.[2] 업무적인 측면에서 본다면 해외시장조사를 시작으로 무역계약을 체결하고 수출대금을 회수하는 모든 절차를 무역마케팅으로 볼 수 있다. 아이템을 발굴하거나 바이어를 찾아내고 상품을 제조 또는 확보하여 선적하는 업

1 Russell S. Winer, Marketing Management, 2nd ed., Prentice Hall, 2004.
2 최장우·박영태, 인터넷 무역마케팅, 두남출판사, 2010.

무도 무역마케팅의 범주에 들어간다.

- 무역마케팅과 국제마케팅의 비교

무역마케팅과 국제마케팅을 비교하면 다음과 같다. 무역마케팅은 상대방 국가와 수출입하기 위해 전개하는 활동이지만, 국제마케팅은 생산거점의 해외 진출과 더불어 해외 진출국을 거점으로 하여 다른 해외시장도 대상으로 하는 큰 규모의 마케팅 활동이다. 다국적기업이 전개하는 마케팅을 국제마케팅으로 정의하기도 한다. 국제마케팅은 제품(product), 가격(price), 판로(channel), 판촉(promotion), 물류(logistics) 등에 관한 전략을 종합적으로 계획하여 실시된다.

- 무역마케팅의 성공 요소

세계시장 1위 기업들은 수요자의 필요에 따라 제품을 다양화하며, 제작과정뿐만 아니라 마케팅에도 많은 관심을 기울이고 있다. 또한, 전문인력을 중시하고 혁신적인 제품을 개발하며 신뢰도가 높으며 글로벌 역량으로 무장된 특징이 있다.[3] 무역마케팅이 성공하기 위해서 기업의 상품력, 영업력, 관리력, 정보력 4가지 요소가 조화되어야 한다. 상품력은 품질이 좌우한다. 품질이 비슷할 때는 가격에 따라 경쟁력이 결정된다. 노동집약적인 상품일수록 저임금 국가와 경쟁하기 힘들어진다. 무역마케팅에서 영업력이 가장 중요하다. 상품과 서비스를 수출하기 위해 판촉 활동뿐만 아니라 거래서비스 능력이 영업력에 있어서 중요하다. 해외시장의 요구사항을 실제로 생산에 반

3 한국무역협회 국제무역연구원, 한국형 수출강소기업의 성공요인과 시사점, 2011.

영시킬 수 있어야 한다. 상품력과 영업력 외에 간과하기 쉬운 부분이 관리력이다. 원자재 확보능력과 납기 준수능력, 물류비용 절감 노력도 뒷받침되어야 한다. 해외시장에 대한 정보력은 항상 요구된다. 해외시장 정보가 충분하고 확실해야만 목표시장에 맞는 무역마케팅 전략을 수립할 수 있다.

2) 무역환경의 변화

- 경제적 국경의 퇴색

무역은 전통적으로 경제적 국경선인 관세선이 기준이 된다.[4] 무역거래 상대방의 주체는 반드시 외국인이 아니어도 괜찮다. 외국에 있는 한국인 무역회사와 거래할 수도 있고 본사와 국외지사의 거래도 무역거래로 간주한다. 정보통신기술의 발달로 인한 전자무역의 활성화, 특히 전자상거래의 확대는 무역의 경제적 국경을 퇴색시키고 있다. 서류 없는 무역으로 급속히 이행되었고 무역마케팅, 무역 계약, 대금결제, 통관, 물류 등 무역거래의 전 과정이 전자무역으로 전환되고 있다.

- 정보화 시대의 도래와 무역업무의 변화

정보화 시대가 도래(到來)함에 따라 무역업무 방식은 자동화되고 있다. 디지털 제품을 포함한 소비재는 대부분 전자상거래로 거래되고 있으며, 중소기업들은 온라인 홍보수단을 총동원하여 자사의 브

4 관세에 관한 법률규제가 이루어지는 경계로서, 정치적 경계인 국경선과 일치하는 것이 일반적이지만 반드시 일치하는 것은 아님(지식경제용어사전, 산업통상자원부, 2010)

랜드를 홍보하고 있다. 기업들은 온라인에서 원자재와 부품을 구매하고 완제품을 판매할 수도 있다. uTradeHub과 같은 전자무역 플랫폼을 통하여 계약체결 이후에도 무역업무를 전자적으로 해결할 수 있다.

- 인터넷비즈니스와 O2O의 확산

인터넷비즈니스는 인터넷을 통하여 고객에게 상품 및 서비스, 정보를 제공하고 대가를 받는 사업이라고 할 수 있다. 인터넷비즈니스는 전자상거래 유통은 물론이고 모든 사업분야에 빠르게 확산하였다. 인터넷 등장 초기에는 금세 전자상거래가 오프라인 쇼핑몰을 대체할 것 같았다. 하지만 옷을 입어보고 먹고 마시는 등 온라인으로 대신할 수 없는 경험들이 오프라인에 존재하므로 오프라인 상거래는 여전히 그 규모가 크다. 이런 한계를 뛰어넘기 위해 O2O(Online to Offline) 개념이 시작되었다. 온라인으로 고객을 모아 오프라인으로 보내주는 마케팅 방식이 먼저 시작되었고, 지금은 오프라인으로 뛰어드는 온라인 회사와 온라인으로 뛰어드는 오프라인 회사가 공존한다. 택시와 승객을 모바일로 연결해주는 서비스와 모바일에서 책을 주문한 뒤 오프라인 서점에서 받아가는 서비스가 좋은 사례이다.

- 무역마케팅의 뉴노멀[5]

2020년 초에 시작된 코로나19의 범유행이 계속되어 수출기업들은 해외출장길도 막히고 바이어들을 대면하여 만날 수도 없는 상황

5 시대변화에 따라 새롭게 부상하는 표준

에 부닥쳤다. 코로나19의 유행이 끝나더라도 비대면 거래가 '뉴노멀'로 자리 잡을 것이라는 전망도 나오고 있다. 하지만 전 세계 전자상거래 시장은 오히려 커지고 있으며 소비자들은 코로나 이후에도 온라인으로 주로 구매할 것이다. 대면접촉이 불가능하거나 부담스러운 바이어를 위해 어쩔 수 없이 비대면 무역마케팅을 시작했지만, 비대면 마케팅을 잘 활용하면 해외시장 개척의 돌파구를 찾을 수 있다.

3) 중소기업과 무역마케팅

중소기업은 제품의 판로개척에 취약하므로 온라인 마케팅은 중소기업에 비용대비 효과적인 방안이 된다. 영세한 기업의 경우 무역마케팅 담당자조차 없으므로 거래처 개척을 어려워한다. 국내 중소기업도 내수시장 한계를 극복하고 해외 진출을 적극적으로 모색하고 있다. 인터넷은 규모의 경제 효과를 감소시킬 것이므로 중소기업이 오히려 인터넷에서 경쟁하기 쉬울 수도 있다. 모바일 광고비는 저렴해지며, 틈새시장에 특화한 중소기업은 인터넷에서 수요처를 발견할 수 있다. 중소기업은 인터넷 무역마케팅 활동을 통해 대기업보다 불리한 약점을 보완할 수 있다.[6] 인터넷에서 발견하는 비즈니스 기회에 중소기업들도 신속하고 효과적으로 대응해야 한다. 직원이 5~20명 정도인 소규모 기업에서 Alibaba를 통해 러시아 경찰에 자동차용 블랙박스를 수출했고, 전쟁 중인 아프가니스탄에 농기계를 수출한 사례도 있다.

6 권영욱·남경두·임천석, 대일수출 중소기업의 인터넷 무역마케팅 활용 성과에 관한 실증연구, 관세학회지 제12권 제1호, 2011.

- 중소기업 인터넷무역의 5가지 성공원칙

첫째, 외국 비즈니스 문화를 이해하여 거기에 맞춰 상담을 준비해야 한다. 인터넷에서 국가별 비즈니스 문화에 대한 정보를 쉽게 찾아볼 수 있다. 둘째, 수출거래대금 지급조건과 방식을 잘 알아야 한다. 셋째, 거래 상대방의 신용조사를 철저히 하고 사기거래를 조심해야 한다. 넷째, 제품선적과 운송계획을 철저히 관리하여 신뢰를 잃지 않아야 한다. 다섯째, 인터넷에서는 고정관념과 틀을 깨야 한다.

2. 인터넷 무역마케팅의 이해

1) 인터넷 마케팅

인터넷 마케팅은 데이터베이스 마케팅이 핵심이다. 데이터 관련 솔루션을 활용하여 인터넷을 통해 고객 각자를 대상으로 마케팅을 한다. 최근 인터넷 마케팅은 SEM(Search Engine Marketing; 검색엔진 마케팅), SEO(Search Engine Optimization; 검색엔진 최적화), 모바일 광고, 콘텐츠 마케팅 등을 통하여 디지털 미디어 중심의 마케팅을 하고 있다. 그러므로 디지털 마케팅이란 용어도 많이 사용된다.

2) 인터넷 무역마케팅

- 인터넷무역의 정의

인터넷을 통하여 계약을 성립시키고 이후 대금결제, 선적, 보험, 통관절차는 전자무역을 통해 진행하는 무역거래를 인터넷무역이라고 할 수 있다. 수출업자는 인터넷으로 제품을 홍보하고 수입업자는

e-메일이나 SNS로 가격상담 및 계약체결을 하게 된다. 미국은 '인터넷 자유무역 지대'도 제안하고 있다. 인터넷은 제한이 없는 글로벌 네트워크이므로 기업은 전 세계를 대상으로 글로벌 마케팅을 펼쳐나갈 수 있다. 인터넷을 이용하면 적은 비용으로 거래처 발굴을 할 수 있고 해외시장 정보를 쉽게 검색할 수 있다. 인터넷은 중소기업에도 성장 가능성을 열어준다. 큰 투자 없이도 해외시장 개척이 가능하기 때문이다. 홍보 인쇄물에 비용을 들이지 않아도 인터넷에 무료로 전시할 방법이 많다. 바이어도 인터넷을 이용하면 다양한 상품정보를 쉽게 얻을 수 있으므로 검색에 들어가는 시간과 비용을 절약할 수 있다.

- 인터넷무역의 특징

인터넷상에서 단일 개념의 세계 시장이 탄생하였다. 국가별로 독립적이던 시장이 인터넷이라는 거대한 공간에서 단일 시장으로 통합되었다. 중소기업도 세계적인 기업으로 성장할 기회를 얻는다. 중소기업이지만 인터넷에서 브랜드 인지도가 높을 수 있다. 글로벌 광고 및 마케팅 활동은 대기업의 전유물이었지만 인터넷에서는 중소기업도 글로벌 마케팅 활동을 최소 비용으로 수행할 수 있기 때문이다. 인터넷에는 가격 정보가 노출되므로 상품 가격의 차별화가 사라지며 전반적으로 가격이 하락할 수 있다. 대신 경쟁이 치열해진다. 이메일, 인터넷 팩스, 화상 회의 등으로 통신 비용도 획기적으로 절감된다.

- 인터넷무역의 경제성

전통적인 무역 관습과 비교하면 인터넷무역은 다음과 같은 경제성이 있다. 중소기업의 시장 확대, 진입장벽 비용의 절감, 정보 획득 비용의 감소, 즉각적인 상호작용과 주문, 비용대비 큰 기대효과 등이다. 하지만 인터넷무역의 경제성은 무역계약 이전 단계까지 달성된다. 대금결제와 물류 단계에서는 인터넷으로만 모든 것을 처리할 수 없기 때문이다.

3. 인터넷무역마케팅 계획수립

1) 무역마케팅 계획의 필요성

무역마케팅은 해외시장을 대상으로 이질적인 환경에서 이루어지므로 전략적인 무역마케팅이 필요하다. 수출환경은 항상 변하므로 수출기업이 수출목표를 달성하기 위해서는 장기적 무역마케팅 계획을 세워 위험을 최소화해야 한다. 무역마케팅계획 시 주의해야 할 점은 단기적 이익보다 장기적 시장점유율 확대 또한 중요하다는 점이다. 무역미케팅의 계획수립은 “시장 상황분석→해외시장 진출전략 수립→무역마케팅 종합전략 결정→무역마케팅 조성·통제”의 과정을 거쳐 이루어진다.[7]

해외시장 상황분석을 마치면 새로운 시장 기회를 파악할 수 있다. 국내시장과 해외시장의 제품수명주기가 다른 예도 있고 해외시장에서 블루오션을 찾기도 한다. 해외 소비자들의 취향에 따라 수출용 신제품을 개발하거나 기능을 변경해야 하는 경우도 생긴다. 해외시장

7 이호형, 인터넷무역마케팅, 계명대학교출판부, 2015.

상황분석이 선행되어야 해외 진출방법을 결정할 수 있다. 해외시장 진출전략이 결정되어야 마케팅 활동을 통합, 조정, 통제하는 마케팅 믹스 전략을 수립할 수 있다. 마지막으로 마케팅 활동을 실제로 조정하고 통제하는 활동을 펼쳐나간다. 마케팅 성과와 반응의 측정을 통해 마케팅 전략을 지속해서 개선할 수 있다.

2) 무역마케팅의 성공 요인

기업의 무역마케팅 성공 요인에 관하여 알고 있어야 무역마케팅 계획수립에 있어서 필요한 자원을 적절하게 투입할 수 있다. 수출에 성공할 제품을 생산해 낼 수 있으려면 제품 기술, 생산 품질, 마케팅 접근 용이성, 서비스에 의한 고객 만족을 모두 갖추어야 한다. 개발, 생산, 마케팅, 서비스 활동이 균형을 이루어야 하고 경쟁력이 있어야 한다. 이를 위해 기업의 자금력, 기술력, 정보력, 관리능력이 뒷받침되어야 한다.

3) 무역마케팅 계획수립 및 이행

- 수출 목표시장군 설정

무역마케팅 계획을 수립할 때 수출아이템 분석이 이루어진 다음 해외목표시장을 선정한다. 제품의 특성에 따라 수출이 가능할 시장군을 선정한다. 무역마케팅을 효과적으로 수행하기 위하여 유사한 시장을 집단화하여 목표 시장군을 정한다. 지리적, 인구 통계적, 심리적, 행동적 기준 등으로 시장을 묶어볼 수 있다. 간접적인 자료를 구하여 먼저 조사해 볼 수 있으나 목표시장을 직접 방문하여 확인하는 것도 필요하다. 자체적인 기준에 따라 수출 가능성이 큰 지역을 여러 개 목표시장으로 정한다. 그런 다음에 본격적인 해외시장조사에 들어가는 것이다.

- 해외시장조사

본 교과서 제3장에서도 다루었지만, 수출 가능성이 큰 목표시장 중에서 가장 수출하기에 적합한 시장을 결정할 때 해외시장조사가 필수적이다. 해외시장조사의 목적은 시장 세분화(Market Segmentation)를 통해 목표시장을 선정하는 것이다. 목표시장이 잘못 정해지면 과녁을 빗나간 화살처럼 불필요한 곳에 마케팅 자원이 낭비될 수 있다. 조사내용과 조사방식의 정확성 및 적정성에 따라 시장조사의 결과는 다르게 나타날 수 있다. 마케팅 방식에도 큰 영향을 미치게 된다. 비대면 무역마케팅에서는 On-Line 해외시장조사 방식을 적절히 사용해야 한다.

제2절
비대면 무역마케팅의 전략

1. 전자상거래 전략

전자상거래는 인터넷이라는 마케팅 환경과 시장 상황에 구체적으로 접근해야 한다. 인터넷 가상공간은 공급자가 아닌 사용자가 가치를 창출한다. 소비자가 스스로 질서를 부여하므로 마케팅의 패러다임 자체가 달라진다. 제품, 가격, 유통, 촉진의 마케팅 종합전략은 전자상거래에 맞게 수정되어야 한다. 전자상거래 중심의 다각적인 마케팅 방안이 필요하다. 실시간 상호작용이 가능한 커뮤니케이션 방법을 사용해야 한다. 인터넷 마케팅은 미래지향적이어야 한다. 인터넷에서도 중요한 것은 품질이다. 품질 경쟁력이 없고 품질 관리가 제대로 되지 않으면 인터넷 마케팅을 아무리 잘해도 판매가 전혀 되지 않을 수 있다.

1) 인터넷 제품전략(Product)

제품 사진과 설명만 올려놓고 소비자의 주문을 기다리면 안 된다. 제품에 대해 소비자와의 쌍방향 커뮤니케이션과 신속한 대응을 준비하고 있어야 한다.

2) 인터넷 가격전략(Price)

저렴한 가격은 사람들이 편리함과 함께 전자상거래를 선호하는 가장 큰 이유다. 인터넷에서도 가격전략이 필요하다. 소비자가 쉽게 가격을 볼 수 있어야 한다. 가격표시나 정책을 명확히 해야 한다. 소비자를 유인하기 위해 경쟁사보다 몇 퍼센트가 더 저렴한지, 할인율은 얼마인지 등의 표시를 한다.

3) 인터넷 유통전략(Place)

인터넷 유통은 공간의 제한이 거의 없다. 전시공간은 무한하며 다양한 제품을 판매할 수 있다. 다만 신속하고 정확한 상품정보 제공, 편리한 결제방식 도입, 보안시스템 구축 등 상점 관리가 요구된다.

4) 인터넷 촉진전략(promotion)

인터넷이라는 매체를 통해 기업은 다양한 촉진활동이 가능하다. 다만 기업은 그 목적을 분명히 해야 한다. 실제 매출을 위한 촉진활동뿐만 아니라 제품 인지도를 높이기 위한 목적도 있을 것이다. 각종 검색엔진이나 해외 이마켓플레이스에 등록하는 것은 구매자들의 접근성을 높인다. SNS를 적극적으로 활용하는 것은 모든 기업이 하고 있다. 그러므로 꾸준한 노력과 인내가 필요하다. 어떤 경우에도 고객과 대화하여 고객의 요구와 생각에 즉각 대응해야 한다. 매장이나 대리점을 거치지 않고 고객을 상대할 수 있다는 것은 양날의 검이 될 수 있다.

5) 4A 전략

기업이 통제할 수 있는 마케팅 종합전략인 4P와 더불어 전자상거래에서는 고객 개개인에 대한 개별적 대응이 가능한 4A 마케팅 전략을 구사해야 한다. 4A는 AnyTime, AnyWhere, AnyWay, Any Product를 말한다. 모든 제품을 언제 어디서나 소비자가 접근할 수 있도록 모든 방법으로 온라인 마케팅 활동을 하는 것이다.

6) 6C 전략

전자상거래를 수행하는 기업들은 6C를 중심으로 전략을 세운다. 전자상거래 기업과 고객과의 관계를 연결해주는 콘텐츠(contents), 커뮤니티(community), 커머스(commerce), 커뮤니케이션(communication), 커스터마이징(customizing), 커넥션(connection)이 6C 전략이다.

- 콘텐츠(contents) 전략

고객이 홈페이지를 방문했을 때 고객이 원하는 내용을 쉽고 정확하게 찾을 수 있어야 한다. 좋은 콘텐츠는 좋은 내용과 잘 구성된 디자인, 그리고 콘텐츠 상호작용을 지원하는 기술이 결합하여 만들어진다. 콘텐츠의 3가지 요소는 내용(Contents), 디자인(Design), 기술(Technology)이다.

- 커뮤니티(community) 전략

제품과 연관된 관심사가 같은 사람들로 구성되는 커뮤니티를 말한다. 전자상거래 사이트의 방문자를 지속해서 유치하기 위해 상품 콘텐츠를 제공하고 다양한 커뮤니티를 구성하여 고객들이 참여할 수 있도록 한다. 전자상거래 커뮤니티는 제품 홍보, 아이디어 획득의 장으로 활용된다. 고객과 지속적인 관계 형성을 통해 단골을 확보하고 구전효과도 얻을 수 있다. 커뮤니티가 활성화되면 고객과 기업 모두에게 도움이 된다.

- 커머스(commerce) 전략

전자상거래의 수익원을 다각화시키고자 하는 전략이다. 상품 판매, 콘텐츠 유료화, 정보이용료 등이 핵심 수익원이지만 광고 수입, 제휴프로그램 등으로 이익을 얻을 수도 있다.

- 커넥션(connection) 전략

제휴마케팅 추진을 말한다. 전략적 제휴는 바로 커넥션 전략의 일부분이다. 인터넷 기업은 제휴마케팅과 공동 마케팅 프로그램을 더 많이 추진할 수 있다.

- 커뮤니케이션(communication) 전략

인터넷의 중요한 특성은 상호작용성과 쌍방향 커뮤니케이션이다. 고객과의 의사소통이 늘어날 수 있도록 다양한 매체를 활용한다. 전자상거래의 성공적인 커뮤니케이션을 위해 온라인과 오프라인 마케팅 커뮤니케이션을 통합해서 운영한다. 하지만 점점 온라인 커뮤니케이션의 비중이 더 늘어나고 있다.

- 커스터마이징(customizing) 전략

충성된 고객을 만들려면 고객의 특성에 대하여 잘 알아야 한다. 전자상거래에서는 고객 데이터베이스의 분석을 통하여 고객의 특성을 파악하고 개인에게 전문화된 상품 및 서비스의 정보를 제공한다. 일대일(One to One) 마케팅이 가능한 것이다. 고객의 취향에 맞게 상품 및 서비스를 재구성할 수도 있다.

2. 수출 아이템 발굴 전략

수출에 성공하기 위해서는 수출 아이템을 잘 선정하는 것이 매우 중요하다. 무역계약은 제품의 가격과 품질에 의해 결정된다. 수출 아이템을 선정하기 위해서는 제품, 가격, 품질 등을 골고루 살펴야 한다.[1] 수출경쟁력은 가격경쟁력과 비가격경쟁력 두 가지로 구분할 수 있다. 상품의 품질이 같은 것으로 가정할 때 가격에 따라 경쟁력이 결정된다. 가격이 비슷할 경우 품질이 경쟁력의 결정요인이 된다. 가격경쟁력은 환율의 영향을 받는다. 환율이 내려가면(원화 가치가 올라가면) 수출에 부정적인 영향을 미친다. 달러로 받은 수출대금을 원화로 환전할 때 금액이 줄어 수익이 줄기 때문이다. 그러므로 환율하락에 따른 가격경쟁력 약화에 대비해 수출회사는 끊임없이 품질과 서비스를 개선해야 한다. 중소기업은 기술개발과 경영혁신을 통해 강소기업을 지향해야 한다.

1 권재근, 알기 쉬운 인터넷 무역, 매일경제신문사, 1999.

1) 유망 수출 상품을 발굴하기 위한 선정기준

일단 국내외 수출입 통계자료를 통해 최근 수출액과 수출증가율이 높은 제품을 찾는다. 그런 다음에 수출회사가 생산할 수 있거나 제품을 확보할 수 있는 제품을 선택한다. 수출상이 그 제품에 대한 정보와 지식을 쉽게 얻을 수 있는 아이템이면 좋다. 이미 국내시장 반응이 좋은 아이템은 수출에 나설 수 있다. 항상 상업성이 있는 품목, 생활필수품, 장래가 유망한 품목은 눈여겨봐야 한다. 해외시장조사를 통해 특정 국가에서 수입 금지 또는 제한하는 품목은 처음부터 피해야 한다.

2) 수출 아이템 발굴을 위한 해외시장조사

글로벌 생산자로부터 글로벌 소비자에게로 제품 및 서비스가 전달될 때 연관되는 모든 사실 및 문제를 수집, 기록, 분석하는 활동이 해외시장조사이다. 수출할 상품에 대해 목표시장을 정하여 지리적, 징치저, 경제적, 사회적 환경을 거시적으로 조사한다. 구체적으로 상품과 시장, 경쟁회사와 제품 등을 조사한다. 나라별로 다른 상관습에 대한 대응책도 마련해야 한다. 해외시장조사 결과를 바탕으로 마케팅에 필요한 요소인 품질, 가격, 물류, 결제 방식, 판매촉진 등 마케팅 믹스 및 마케팅 전략을 결정한다.

검색엔진과 홈페이지 등 인터넷을 통한 해외시장조사를 통해 기초적인 해외시장 정보를 얻을 수 있고 무역거래알선사이트를 통해 거래처를 손쉽게 찾아볼 수 있다. 이는 전자무역 시대에 기업들이 경험하는 편리한 업무수행 방식이다. 해외 홍보를 하는 기업은 전자카탈로그, 홈페이지, SNS 등을 통해 전 세계를 대상으로 거의 무료로 자기 회사를 알릴 수 있다.

인터넷에서는 원하는 정보를 저렴한 비용으로 신속하게 얻을 수 있지만, 기업에 필요한 정보를 찾아내기 위해서는 정보검색능력, 웹사이트에 대한 이해, 성실함, 인내력, 정보분석 능력이 뒷받침되어야 한다. 무료로 공개된 내용은 정보의 가치가 떨어지는 경우가 많으므로 중요한 의사결정을 위해서는 유료 정보에 접근하기 위한 비용을 아끼지 말아야 할 것이다.

국가정보는 KOTRA 해외시장뉴스, 한국무역협회 무역통계서비스, 대한상공회의소, 신흥지역 정보 종합지식포탈(EMERiCs) 등에서 얻을 수 있다. 미국 컨트리와치사, 미국 CIA World Factbook, 유럽 유로페이지 등 해외사이트에서도 양질의 국가정보를 쉽게 얻을 수 있다.

표6 인터넷 국가정보 조사(국내 사이트)

KOTRA 해외시장뉴스 http://news.kotra.or.kr/	전 세계 KOTRA 해외무역관에서 수집한 해외시장 정보, 국가정보, 무역 투자 진출 정보
한국무역협회 무역통계 서비스 http://stat.kita.net/	- 무역통계 전문 데이터베이스로 산업통상자원부의 위탁을 받아 한국무역협회가 관리운영 - 연월별, 국가별, 품목별, 대륙경제권별 수출입 통계
대한상공회의소 www.korcham.net	- 해외경제 동향 제공 - 특히 중국, 베트남, 일본 시장에 대한 정보 풍부함
신흥지역 정보 종합지식 포탈 (EMERiCs) www.emerics.org	대외경제정책연구원(KIEP)에서 운영하는 신흥지역 정보 종합지식포탈(EMERiCs)과 중국 전문가포럼(CSF)

표7 인터넷 국가정보 조사(해외사이트)

미국 컨트리와치사 www.countrywatch.com	- 전 세계 191개국의 정치, 경제, 기업 및 비즈니스, 환경 등 세부정보 제공 - 구체적이고 실시간으로 업데이트된 국가정보 제공 - 특정 국가의 시장조사에 유용
미국 CIA World Factbook www.ciaworldfactbook.us	- 일반개황, 경제 현황 등 무료 제공 - 세계 각국의 정보와 지도 실시간 제공
유럽국가정보 유로페이지 www.europages.com	- 주요 유럽국가와 제3국 등 150여 개국의 국가 정보 (옐로페이지) 제공 - 각국 일반개황, 경제, 비즈니스, 여행 등 수록

기업정보는 무역정보 데이터베이스 사이트, 기업정보 데이터베이스 사이트를 이용하여 수집할 수 있다. 경쟁상품에 대한 정보는 무역거래알선사이트나 글로벌 검색엔진에서 얻을 수 있다.

표8 해외시장조사 On-Line 기업정보 수집

무역정보 DB 사이트 활용	- KOMPASS (국가별 바이어, 공급자 조회, 해외 기업 및 상품정보, 해외홍보 지원, 무역거래알선) - Thomas Register (미국 및 캐나다 제조업 분야)→ Thomas Net - KOTRA/KITA
기업정보 DB 사이트 활용	- Yellow Pages - 기업 현황정보 (크레탑 www.cretop.com) - 재무, 증권정보 - D&B (Dun&Bradstreet : 던 앤 브래드스트리트)
검색엔진	- 무역거래알선사이트 검색 - google.com - alibaba.com - ec21.com

산업통상자원부와 한국무역협회는 다양한 무역정보를 통합하여 제공하기 위해 트레이드내비(TradeNAVI) 서비스를 오픈하였다. 무역정보를 제공하는 기관이 다양하여 정보가 산재하여 있으므로 수요자 관점에서 통합적인 무역정보를 제공하게 된 것이다. 국내외 여러 기관에서 보유한 세율, 규제, 지원정보를 트레이드내비(TradeNAVI)에서 쉽게 통합하여 제공하고 있다. 최신 무역정보 및 상세세율정보를 제공한다. 세율, 규제, 지원정보에 대해서 HS코드, 산업 코드, 국가 코드를 재배치함으로써 무역정보의 상호 연관성을 높이고 있다. 중소기업의 FTA 관련 정보 활용역량을 발전시키는 데 도움이 된다.

3) 수출 아이템 결정 프로세스

수출 아이템을 결정할 때 담당자의 직관에 의존하지 말아야 한다. 많은 수출기업 대표들은 자기 회사 제품이 무조건 최고인 줄 알고 있다. 최종적인 결정을 내리기 위해서 체계적인 프로세스가 필요하다. 시장성, 경쟁력, 수익성 세 가지를 객관적으로 고려해야 한다.

먼저 해당 아이템이 판매되지 않는 시장이라면 그 이유를 알아보아야 한다. 시장성이 없다는 것을 확인해야 한다. 시장성이 있는 아이템이라면 우리 제품이 차별성이 있는지 또는 유사상품이 있는지 조사한다. 시장점유율이 높은 제품에 대하여 집중적으로 검토해본다. 품질, 가격, 납기, A/S 등을 살펴본다. 수익성은 처음부터 높게 잡지 말고 시장에 침투한 다음에 판매량을 늘려가며 수익성을 확보해야 한다.

무역상은 새로운 아이템을 계속 찾아야 한다. 전 세계가 수출시장이고 지역별로 수출 유망상품도 다양하다. 계약이 쉽게 이루어질 것

같다가도 실패하고 기대하지 않던 아이템에서 수출성과가 나올 수도 있다. 모든 해외시장의 가능성을 열어 놓고 아이템을 발굴해야 한다.

3. 해외거래처 발굴 전략

1) 전략 개요

거래처를 확보해야 안정적인 무역계약이 가능하다. 지금도 거래처를 발굴하기 위해 무역인들은 샘플을 들고 전 세계로 출장을 다니거나 온라인으로 바이어를 만나고 있다. 각종 사절단 및 국제무역박람회 참가, 해외 홍보매체 이용, 무역 관계기관의 도움을 받는 것은 전통적으로 거래처 발굴을 위해 해오던 방식이다. 특히 국제무역박람회 참가는 시간과 비용이 많이 들어가지만, 여전히 가장 성과가 높은 마케팅 방법이다.

하지만 중소기업들은 시간 및 비용이 많이 들어가는 오프라인 중심의 거래처 발굴보다 전자무역을 통한 비대면 무역마케팅을 펼쳐나가면 거래처 발굴 및 거래정보획득이 쉬우며 저렴한 비용으로 제품의 홍보가 가능하다. 또한, 기업 활동에서 거래비용 절감 등 장점을 바탕으로 중소기업의 세계시장 진출이 쉬우며 해외시장조사, 해외시장 개척, 해외 홍보, 거래처 탐색 및 신용조사가 인터넷을 통해 이루어지므로 무역기회가 확대되는 효과를 누린다.

인터넷 사용자의 증가로 인해 전자적 수단을 통한 마케팅을 활용하는 일이 잦아지고 있던 가운데, 2020년 코로나19 범유행 때문에 비대면 방식의 무역마케팅 비중이 크게 높아지게 되었다. 국제무역박람회 등 행사가 취소되거나 연기되었고 해외 출장에 큰 어려움이 생겼다. 화상 상담, 가상공간 국제무역박람회, 온라인 세미나, 전자상거래 등 비대면 방식의 무역마케팅이 주목받고 있다.

2) 오프라인 거래처 발굴 전략

- 국제무역박람회 및 시장개척단 참가

바이어와 직접 상담하여 거래처를 발굴하는 방법이 여전히 가장 큰 비중을 차지하고 있다. 국제무역박람회 또는 시장개척단, 구매상담회 등에 참가하는 방법이다. 국제무역박람회는 많은 기업이 선호하는 무역마케팅 기법의 하나이다. 상대기업의 의사결정자들이 국제무역박람회 동안 박람회 장소에 와서 상품과 구매에 관련된 정보를 얻는다. 그러나 사전준비와 상담전략이 미흡한 박람회 참가는 비용만 지출하고 성과가 없을 수도 있다. 단점은 많은 시간과 비용이 소모된다는 것이다. 그리고 코로나19와 같은 비대면 상황에서는 이 방법을 전혀 쓸 수가 없다. 점차 가상 박람회의 비중이 커지고 있다.

무역마케팅 예산이 부족한 중소기업들은 정부와 지방자치단체의 국제무역박람회 참가 지원제도를 활용할 수 있다. 기업별 개별 참가를 지원하기도 하고, 주관단체를 통해 참가하는 국제무역박람회 공동관 참가도 있다. 국제무역박람회 일정은 6개월에서 1년 전에 미리 검색하여 박람회를 선정한다. 중소기업 해외전시포탈(www.sme-expo.go.kr)의 정보가 많은 도움이 된다.

KOTRA에서 해외시장 진출을 희망하는 기업을 대상으로 시장개척단 또는 무역사절단을 구성하여 파견하면, KOTRA 해외무역관에서 바이어와의 수출 상담을 도와주는 방법도 있다. 수출상담회는 한국상품의 수입에 관심이 있는 개별 또는 단체 바이어를 한국으로 초청하여 국내 기업과의 상담 기회를 제공하는 것이다. 국내에서 개최되는 수출상담회에 참가하면 해외 출장을 가지 않고도 해외 바이어와 상담을 할 수 있다. 중소기업이 세계 주요 도시 KOTRA 해외무역관에 설치된 수출 인큐베이터에 입주하여 사무공간을 마련할 수 있는 사업도 있다.

- 소책자와 카탈로그

바이어를 만났을 때 회사와 아이템 소개자료로 소책자를 준비해야 한다. 팸플릿(Pamphlet)은 5페이지 이상 48페이지 이하 소책자이다. 리플릿(Leaflet)은 양면 또는 단면 인쇄된 낱장의 종이 전단지이다. 브로슈어(Brochure)는 팸플릿을 좀 더 고급스럽게 만든 것이다. 이러한 소책자를 충분히 준비한다.

카탈로그(catalog)는 상품의 소개를 목적으로 사진 위주로 구성한 소책사이다. 리플릿 정도의 간단한 것도 있고, 상품이 많으면 분량이 늘어나기도 한다. 카탈로그는 홍보 효과를 위하여 편집, 디자인, 인쇄를 고급스럽게 한다. 카탈로그는 제작 비용을 고려하여 요청하는 바이어에게만 배포한다.

카탈로그를 전자적으로 표현한 전자카탈로그를 구축하면 인쇄비용 부담이 사라지고 실시간으로 상품정보를 업데이트할 수 있다. 간단하게 PPT나 PDF 파일 카탈로그로 만들어 배포할 수도 있고, 웹사이트에 카탈로그를 만들어 놓고 관리할 수도 있다. 최근에는 동영상 카탈로그를 만드는 기업도 있다.

3) 온라인 거래처 발굴 전략

중소기업이 적은 비용으로 무역마케팅 효과를 얻기 위해서는 효율적인 온라인 거래처 발굴 수단을 적극적으로 이용해야 한다.[2]

- B2B 무역거래알선사이트(e-Marketplace) 활용

온라인 거래처 발굴은 무역회사가 회사정보 및 상품정보를 전 세계의 바이어에게 홍보하는 것에서 시작된다. 그리고 웹사이트에 등록된 청약 정보(Buying Leads)를 검색하여 거래처를 발굴할 수 있다. 이러한 기능을 지원하는 것이 무역거래알선사이트 또는 무역사이트이다.

- B2C 무역마케팅

경제적 국경 개념이 사라진 세계 시장을 온라인 직수출 방식으로 개척하는 기업들이 늘어나고 있다. 중소기업의 해외 진출은 그동안 기업 간(B2B) 전자상거래 중심이었으나 새로운 전자무역 직수출(B2C) 방식이 주목받고 있다. Google 등 검색엔진과 국제 택배시스템의 발달로 B2C 직수출은 중소기업의 새로운 마케팅 채널로 자리를 잡았다. 미국과 중국은 세계 최대의 전자상거래 시장이다. 지리적으로 인접한 중국 전자상거래 시장의 폭발적 증가세는 우리에게 큰 기회가 된다.

2 김학민, 전자무역 마케팅의 수출성과에 대한 효과성 분석, 통상정보연구 제13권 제2호, 2011.

- 웹 디렉터리

무역에서 디렉터리(directory)는 기업의 연락처, 취급품목, 재무상태 등의 정보를 제공하는 것이다. 주로 상공회의소, 협회, 조합 등 단체에서 회원사의 정보를 공유하는 목적으로 서비스하고 있다. 인터넷의 발달과 함께 디렉터리도 온라인 형태로 전환되었다. 담당자 E-mail, 홈페이지까지 수록하는 등 보다 자세한 정보를 제공하고 있으며 무역거래알선 기능도 들어가 있다. 대부분의 웹 디렉터리는 수출회사 또는 제조회사 위주로 구성되어 있으므로 수출기업에 필요한 수입업자나 유통업자 정보를 찾기 힘들다. 제대로 된 바이어를 찾고 싶으면 유료로 운영되는 웹 디렉터리에 가입해야 한다. Kompass(www.kompass.com)가 대표적인 유료 웹 디렉터리다.

- 소셜미디어 B2B 무역마케팅

링크드인(Linkedin), 페이스북, YouTube 등 소셜미디어는 무역마케팅 분야에 적극적으로 활용된다. 특히 Linkedin은 세계 최대 비즈니스 SNS이다. 가입자의 프로필이 상세하고 정확하므로 바이어 발굴과 사업 동반자 물색에 직접 활용할 수 있다.

소셜미디어를 무역마케팅에 활용하면 브랜드 인지도를 높이고 바이어의 신뢰도를 높일 수 있다. 동영상을 활용하면 더 효과적인 마케팅을 할 수 있다. YouTube에 제품소개 또는 제품리뷰 동영상을 올리면 전자카탈로그, 거래제안서, 홈페이지, 국제무역박람회 등에도 활용할 수 있다. 다양한 홍보수단과 연계하여 무역마케팅에 활용할 수 있으므로 동영상으로 홍보를 극대화하며 고객과 소통할 수 있다.

제3절

비대면 무역마케팅의 실행

1. 비대면 무역마케팅의 방향

1) 비대면 무역마케팅의 필요성

각국의 강력한 이동제한 및 입국 제한으로 대면 마케팅에 장벽이 세워지면 기업들은 비대면 마케팅으로 벽을 넘어야 한다. 최근 무역에서 보이는 흐름 변화가 바로 비대면 거래이다. 효과적인 비대면 무역마케팅은 무역업계에 활기를 불어넣을 수 있다. 코로나19 이후에도 온라인을 찾는 바이어들이 많아질 것이다.

각국 정부는 비대면 수출 강화를 위한 인프라를 확충하고 있다. 가상 국제무역박람회, 화상 상담회, 온라인 세미나의 비중이 늘어나고 있고 관련 산업의 규모가 커지고 있다. 한국에서는 KOTRA가 비대면 해외 마케팅 사업을 적극적으로 추진하고 있다. KOTRA는 온라인 지사화, 화상 상담, 온라인 설명회, 온라인 플랫폼 입점, buyKOREA 강화, 온라인 상품관, 온라인 전시관을 강화하고 있다. KOTRA는 코로나19 이후에도 대면·비대면 결합형(O2O) 해외 마케팅을 추진할 계획이다.

2) 비대면 무역마케팅 방법

인터넷 무역마케팅 중심의 비대면 무역은 AI(인공지능), IoT(사물인터넷), 빅데이터 등 4차 산업혁명 기술과 결합하여 고도화되고 있다. 해외 목표시장 선정, 해외시장조사, 바이어 발굴에서 빅데이터를 활용할 수 있다. 먼저 한국무역협회와 관세청의 수출 통계자료 빅데이터를 활용해 해외 목표시장을 선정하는 데 도움을 받을 수 있다. 해외시장조사 정보는 인터넷에서 충분히 얻을 수 있다. 수출상대국의 다양한 무역정보를 통합하여 제공하는 트레이드내비(TradeNAVI)에서 수요자 관점의 통합 무역정보를 얻을 수 있다. KOTRA의 무역 빅데이터 플랫폼은 빅데이터를 활용하여 유망 해외시장을 발굴해준다. 인공지능 기능을 활용하여 무역 도표를 자동으로 읽어주고 자연어 형태의 보고서를 제공하므로 무역 동향을 빠르게 파악할 수 있다. 해외시장조사 결과에 대한 정리와 분석을 마친 후 해외 바이어 발굴에 착수한다. 바이어를 발굴하는 방법은 검색엔진 활용 발굴, 소셜미디어 활용 발굴, 무역거래알선사이트 활용 발굴 3가지로 나눠 볼 수 있다. 대면 마케팅이 불가능한 시기에는 온라인 전시회와 화상 상담이 필수적으로 활용되고 있다.

3) 온라인 국제무역박람회와 화상 상담

- 온라인 국제무역박람회

코로나19 확산으로 대부분의 국제무역박람회가 온라인으로 전환되었다. 오프라인의 박람회를 온라인으로 옮겨놓은 것으로 쉽게 이해할 수 있지만, 장단점이 있다. 오프라인 박람회는 기업의 부스에서 고객과 직접 대화를 나누며 제품이나 기술을 소개하는 것이다. 온라인 박람회는 디지털 콘텐츠로 제품이나 기술을 소개해야 한다. 온라인 박람회는 물리적인 경계가 없으므로 시간과 장소의 제한이 없다는 장점이 있다. 오프라인 박람회에서는 전시장을 돌다가 평소에 생각하지 못했던 제품이나 기술을 만나서 새로운 사업의 기회를 얻을 수 있었는데 온라인 박람회에서는 상대적으로 이런 경우가 적어진다. 온라인 박람회는 제품을 만져보고 교감하는 경험이 부족한 단점도 있다.

오프라인 박람회가 종합 비즈니스 플랫폼이라면 온라인 박람회는 제품 노출, 관심 획득, 화상 상담 정도로 제한적인 기대효과가 있다. 그러므로 온라인 박람회에서는 특히 기업과 제품이 분류되는 카테고리와 키워드에 많은 신경을 써야 한다. 온라인 박람회에서는 제품 사진의 품질과 설득력 있는 동영상을 준비해야 한다. 우리 회사에 관심이 있는 바이어가 회사 소개자료를 다운로드 했을 때 끝까지 읽어볼 수 있도록 최신 자료와 설득력 있는 제안서를 준비해야 한다.

온라인 박람회에서는 상담용 제품을 사전에 발송해두는 것도 좋은 방법이다. 바이어가 직접 상품을 보고 파악하는 것은 비대면 상담의 한계를 보완하는 것이다. 인터넷 환경이 대한민국만큼 좋은 나라가 아니면 바이어의 온라인 접속 자체에도 문제가 생긴다는 것도 고려해야 한다. VR(가상현실) 등 온라인 박람회 콘텐츠의 혁신이 일어나고 있는 점과 고객들이 점차 온라인 박람회에 익숙해지고 있다는 점은 코로나19 상황 이후에도 온라인 국제무역박람회의 비중이 높아질 것을 예상할 수 있다.

- 화상 상담

코로나19 확산으로 수출기업에 화상 상담은 필수가 되었다. 화상 상담에서 성공적인 무역 계약을 성사하기 위해서는 차별화된 전략이 필요하다. 화상 상담의 단점은 바이어가 직접 상품을 확인할 수 없다는 것이다. 그러므로 다양한 시각적 준비가 필요하다. 시청각 자료를 적극적으로 활용하고 샘플을 보여주어야 한다. 한국무역협회는 성공적인 화상 상담을 위해 ①시청각 자료 활용, ②인증서·시험 성적서, ③유력 바이어와의 거래 명세, ④원활한 상담 환경 구축, ⑤제품 특성별 전략 수립 등이 필요하다고 하였다.[1]

코로나19가 잦아든 뒤에도 화상 상담은 출장비용과 시간을 절약할 수 있으므로 활용도가 높아질 것이다. 이에 화상 상담 성공을 위한 전략을 잘 세워야 한다. 대면 상담과 비교하면 화상 상담은 바이어의 집중도가 떨어진다. 제품 시연 영상으로 바이어의 관심을 끈 다음에 견적서와 브로슈어 등 추가정보를 공유하는 것이 전략적이다. 공인 시험성적서, 기존 거래처와의 실적을 공유하는 것은 상대방의 신뢰를 얻을 수 있다.

2. 무역거래알선사이트 활용 바이어 발굴

1) 무역거래알선사이트의 개념

- 정의

무역거래의 패턴이 비대면 무역방식으로 확대되면서 무역거래알선사이트에 관한 관심과 활용도가 높아지고 있다. 한국에서 무역거

1 한국무역협회, 포스트 코로나 시대, 온라인 화상 상담 성공전략, 트레이드 브리프 12호, 2020.

래알선사이트의 구축 및 운영은 무역 관계기관과 지방자치단체를 중심으로 활발히 진행되고 있다.[2] 무역회사가 회사정보 및 상품정보를 전 세계의 바이어에게 홍보하거나 웹사이트에 등록된 청약 정보를 검색하여 거래처를 발굴하는 기능을 지원하는 것이 무역거래알선사이트이다.

- 기능

무역거래알선사이트는 수출자와 수입자의 정보를 등록, 열람, 검색할 수 있는 기능이 필수적이다. 온라인에서 수출자와 수입자의 거래를 이어주는 가상의 시장을 제공한다. 무역거래알선사이트를 이용하면 쉽고 저렴하게 해외 홍보 및 거래처 발굴을 할 수 있다. 주요 기능으로 Product Post(상품정보 등록), Selling/Buying Trade Lead View(거래알선정보 열람), Company Profile Search(기업정보 검색)를 제공한다. 관심 있는 제품에 대한 인콰이어리 발송 시스템도 제공하고 있다.

무역거래알선사이트의 수익모델로 유료회원 등록비와 광고비가 있다. 대부분 무역거래알선사이트는 무료 회원등록이 가능하다. 무료회원은 바이어와 접촉할 기회가 제한되므로 유료회원 가입으로 다양한 기능들을 활용할 수 있다. 배너광고는 주로 사이트의 메인화면에 노출되는 유료 광고이다. 키워드 검색에 노출되는 광고 및 카테고리별 광고도 유료회원에게 추가 비용을 받고 제공한다.

2 장명진·윤광운, 우리나라 무역업체의 인터넷 무역거래알선사이트의 활성화방안, 통상정보연구, 제2권 제2호, 2000.

- 역할

무역거래알선사이트를 통해 수출자와 수입자가 필요한 정보를 쉽게 얻을 수 있다. 무역거래알선사이트는 수입자에게 수출자의 제품과 가격에 대한 정보를 제공하여 수입자의 정보수집 비용을 낮춘다. 적절한 수출자와 수입자를 연결하는 필요를 채워주는 Matching(연결)의 임무를 수행한다. 무역거래알선사이트에는 다수의 수출자와 수입자가 모이므로 규모의 범위와 경제를 유발할 수 있다. 수입자와 수출자 사이에 형성되는 정보 비대칭성을 감소시킨다. 대금결제, 물류, 전자문서 등 서비스는 무역거래알선사이트에서 거의 제공되지 않는다.

- 종류

무역거래알선사이트를 구분하는 기준으로 국내와 해외, 민간기업과 정부기관으로 나눌 수 있다. 정부기관 주도의 무역거래알선사이트로 한국무역협회의 tradeKorea, 중소기업진흥공단의 GobizKOREA, KOTRA의 BuyKOREA, 농수산물유통공사의 AgroTrade가 대표적이다. 홍콩무역발전국에서 운영하는 무역거래알선사이트 HKTDC는 홍콩 국제무역박람회에 참여한 바이어를 연결해준다. 무역거래알선사이트는 대부분 다양한 산업의 제품을 수평적으로 취급한다. 산업별 무역거래알선사이트는 전문화된 품목의 거래알선을 지원한다.

2) 무역거래알선사이트 아이템 등록

- 회원가입 및 상품 등록

무역거래알선사이트 중에서 EC21에 회원가입하고 무역마케팅을 수행하는 과정을 실습할 수 있다. ec21.com에 접속하여 Join Free 무료 회원가입을 진행한다. 국가 선택 후 Buyer 또는 Seller를 선택한다. 회사명, 이름, 전화번호, 이메일을 입력한 후 아이디, 패스워드를 등록하여 Create My Account 버튼을 누르면 가입이 완료된다. EC21에 상품을 등록하기 위해 Sign In 로그인하여 My EC21로 들어간다. Manage Products_Add a New Product 메뉴에서 상품을 등록한다. 무료회원 단계에서는 15개까지 상품 등록을 할 수 있다. Group Name은 상품 그룹을 Group 리스트 중 선택하여 등록하는 것이다. 영문 60글자 이내에서 상품명을 입력한다. 상품명과 상품 키워드는 검색에 노출되므로 상품의 특성을 잘 나타내는 단어로 구성한다.

- 인콰이어리 확인 및 답신

My EC21로 들어가서 Basic Services 〉 My Inquiries 〉 Inbox 메뉴에서 들어온 인콰이어리를 확인할 수 있다. 바이어가 보낸 Inquiry 내용은 보통 관심품목의 가격, 수량, 선적시기, 결제조건 등 조건을 구체적으로 제시하며 카탈로그나 샘플을 원하는 때도 있다. 이러한 내용의 인콰이어리를 받으면 신속히 회신해야 한다. 구체적인 품목을 명시하지 않고 접근하는 사기 이메일을 조심해야 한다. 특히 첨부파일이나 링크를 넣어서 보내는 경우 절대 열지 말아야 한다.

인콰이어리에 답변해야 할 때는 자기상품의 설명 또는 특징을 과장하지 않고 간결하게 다시 설명한다. 재고가 부족하여 조속한 주문이 필요하면 강조한다. 카탈로그나 가격표를 요청했으면 보충해 준다. 경쟁회사의 정보만 빼가는 경우가 있으므로 가격표를 보내는 것은 다시 한번 생각해봐야 한다. 샘플이 곧바로 준비되지 않을 때는 따로 보낸다고 언급한다. 샘플 비용은 바이어가 부담하는 것이 원칙이다. 샘플만 받고 연락을 끊는 사기도 많으므로 조심해야 한다.

- 바이어 찾기

EC21에서 아이템을 등록해놓고 바이어의 인콰이어리를 기다리는 방법도 있지만, 적극적으로 바이어를 찾아봐야 한다. 검색창에서 Buying Lead 탭을 선택하여 키워드 검색한다. Buying Lead는 바이어의 실제 구매의사를 등록한 글이다. 유료회원이라면 최근 3일간 업데이트된 New Buying Leads를 검색할 수 있다. 유료회원일 경우 Global Buyer Search 페이지 검색 창에서 키워드 검색하면 300만 바이어 정보를 접할 수 있다.

3) 무역거래알선사이트 성공 사례

이집트 바이어로부터 한국무역협회 tradeKorea에 회사를 찾아 달라는 요청이 들어왔다. 에어로졸 형태 자동차 카뷰레터 클리너 제품을 OEM 방식으로 생산할 회사를 찾는다는 것이었다. tradeKorea 매칭 담당자는 먼저 바이어 정보부터 확인하였다. 이집트에서 1981년에 설립되었고 자체 상표로 자동차 부품 및 화학제품을 유통하는 회사인 것을 확인하였다. 매칭 담당자는 국내 3개사를 찾아 소개해줬고 바이어는 최종적으로 S기업과 상담을 시작했다. 바이어는 S기업의 샘플을 구매해 테스트한 결과 성능에 만족했다. 곧바로 수량, 디자인 등에 대한 협의를 진행하여 바이어가 정식 주문했고 S기업은 최근 선적을 완료했다. 이후 S기업은 tradeKorea 서비스를 활용하며 해외시장 개척을 이어나가고 있다.

3. 검색엔진과 소셜미디어 활용 바이어 발굴

1) 검색엔진 최적화

- 검색과 검색엔진

'검색(Search)'이란 기업이 필요한 정보를 찾으려고 검색 서비스를 제공하는 사이트에서 키워드를 입력하여 그 결과를 확인하는 과정이다. 필요한 정보를 검색사이트에서 정확히 찾기 위해서 두 가지 조건이 필요하다. 적절한 키워드의 선택과 검색엔진의 성능이다. '검색엔진(Search Engine)'이란 검색사이트에 미리 저장된 색인(Index)을 바탕으로 정보를 찾게 도와주는 정보검색 시스템 또는 소프트웨어이다. 검색엔진의 성능은 키워드와 관련된 정보를 신속 정확하게 정렬하여 제공하는가에 달려있다. 검색 결과 상위에 위치할지는 검색엔진이 사용하고 있는 알고리즘에 달려있다.[3] 검색엔진이 가진 권한은 막강하다.

검색엔진의 동작 원리는 다음과 같다. 웹 크롤링(Web Crawling) 단계에서 검색엔진은 인터넷상의 수많은 페이지를 탐색하여 저장한다. 웹 크롤링은 웹봇 소프트웨어에 의해 자동으로 주기적으로 수행된다. 웹 크롤링 속도가 아무리 빨라도 인터넷상의 모든 정보를 실시간으로 100% 크롤링하는 검색엔진은 존재할 수 없다. 검색된 페이지를 특정 키워드와 연계하여 검색 색인(Index)으로 저장하는 단계가 검색엔진의 핵심적인 기술이다. 마지막으로 사용자가 입력한 키워드에 맞춰 미리 준비된 색인 정보 결과를 제공한다. 사용자가 키워

3 알고리즘(algorithm)은 문제를 해결하기 위해 명령들로 구성된 일련의 순서화된 절차이다(김종훈 외, 컴퓨터 개론, 한빛아카데미, 2013).

드를 입력하는 동시에 검색 결과가 나오는 것은 미리 색인이 되어 있기 때문이다.

- Google의 자신감

국내 검색포털의 경우 검색 결과를 인위적으로 구분하여 제공하므로 검색 결과의 우선순위는 검색사이트의 전략이 크게 반영된다. Google은 검색 우선순위를 Google 알고리즘에 따라 부여하는 데 검색 결과 화면 구성에 개입하지 않고 있다. Google의 자신감을 나타낸 것이다. Google은 전 세계 검색시장에서 계속 1위를 차지하고 있다. 여전히 강력한 성능으로 무장한 검색엔진이 핵심 경쟁력인 Google은 무역회사들이 반드시 활용해야 할 검색사이트이다.

- 검색엔진 최적화 전략

해외시장 개척을 원하는 기업은 검색엔진에서 검색했을 때 그 기업이나 제품정보가 상위에 나타나도록 관리해야 한다. 검색엔진 최적화가 쉬운 일은 아니지만, 회사 홈페이지를 대표할 핵심적인 키워드를 선택해 검색엔진 사이트 다시 등록하는 것이 첫걸음이다. 그 후 웹사이트 제휴나 추천 사이트에 등록 등으로 홈페이지 이용자를 늘려가면 검색순위도 올라가게 된다. 가장 중요한 것은 전략적인 검색 키워드 선정이다. 검색엔진의 관점에서 기업의 제품과 서비스에 대해 분석을 해서 키워드를 수정해나간다. 검색엔진 최적화는 한 번에 끝나는 것이 아니다. 사용자들이 찾지 않는 키워드는 과감히 버리고 검색이 늘어가는 키워드에 집중해야 한다. 검색엔진 최적화 전문기업과 계약하여 캠페인을 진행하는 것도 좋은 방법이다.

2) 소셜미디어 무역마케팅

- 필요성

이제는 모든 기업이 마케팅에 소셜미디어를 활용하지만 비즈니스닷컴에서 발표한 조사보고서에 따르면 B2B 기업에게 소셜미디어 활용이 더 전략적이라는 것을 알 수 있다. Twitter, Facebook, YouTube, Linkedin, 블로그 등 모든 소셜미디어를 바이어를 발굴하는 데 이용할 수 있다. 무역업계에도 소셜미디어를 활용한 무역마케팅 효과가 눈에 띄고 있다. 이제는 대부분 무역회사에서 비즈니스 전문 SNS Linkedin과 동영상 소셜미디어 YouTube를 무역마케팅에 적극적으로 활용하고 있다.

- Linkedin 마케팅

Linkedin은 비즈니스 전문 SNS이다. 미국에서 구직·구인 관련 SNS로 시작했고 지금은 바이어 발굴과 사업 동반자 물색 등에 많이 활용되고 있다. 미국과 유럽의 기업인 중에 Linkedin 계정이 없는 사람을 찾기 힘들다. Linkedin을 통해 중소기업들이 수출성과를 도출하면서 Linkedin이 해외시장 개척을 위한 수단으로 주목받고 있다. Linkedin에서 실시간 소통이 가능하며 상대방 프로필에 대한 신뢰성이 높기 때문이다.

- YouTube 마케팅

YouTube는 전 세계에서 가장 큰 비디오 소셜미디어일 뿐만 아니라, 이제는 Google과 맞먹는 검색엔진으로 이해해야 한다. 2020년 기준 YouTube의 월간 사용자는 약 19억 명이며, 분당 약 400시간

분량의 동영상이 업로드되고 있다. 사용자들이 YouTube를 시청하는 시간이 하루 평균 1시간 이상이다. YouTube에서 소비자들이 관심 분야에 대한 정보를 얻기 위해 동영상을 찾으므로 소비자에게 접근하기 위한 좋은 검색엔진 중 하나인 것이다.

3) YouTube와 인플루언서 마케팅

- 성공적인 YouTube 마케팅 전략

YouTube에 비즈니스 채널을 개설할 수 있다. 적절한 '카테고리'를 선택하는 것이 가장 중요하다. 채널·카테고리에 맞는 주제·콘텐츠를 정의할 때 검색어를 잘 정해야 한다. 채널에 방문하는 시청자들이 먼저 주목하는 '채널 트레일러(Channel trailer)' 영상, '채널 배너(Banner)', '채널 아이콘(Icon)'을 매력적으로 만들어야 한다. YouTube 채널은 Facebook, Instagram 등 다른 SNS와 유기적으로 연결하는 것이 좋다.

시청자의 눈길을 사로잡는 비디오는 주인공과 이야기가 명확한 것과 화질과 음성 품질이 좋은 것이다. 쉽게 검색 가능한 제목과 설명을 설정하는 것도 중요하다. "How to" 또는 "Review" 제목으로 시작하는 것도 도움이 된다. 비디오를 시청한 뒤 해당 채널의 웹사이트를 방문하도록 유도하거나 채널의 다른 영상도 시청할 수 있도록 끌어내는 전략이 필요하다. 비디오 재생이 끝나갈 때 나오는 End screen에 4개의 콘텐츠를 추가할 수 있는 것을 적극적으로 활용한다. 비디오 재생 중에 'Learn more', 'Download the app', 'Buy now' 등 링크를 표시해주는 '인포메이션 카드(Information cards)' 기능도 잘 활용하면 좋다.

- 인플루언서(influencer) 마케팅 전략

전자상거래에서 인플루언서[4]의 영향력이 커지고 있다. 기업들은 인플루언서와 손잡고 마케팅을 활발하게 하고 있으므로 무역마케팅에서도 적극적으로 활용해야 한다. 수만 명 이상의 유명 인플루언서의 출연료가 높게 형성되어 있지만, 팔로워 수가 500명~1만 명 사이인 마이크로 인플루언서도 전문 분야만 맞는다면 팔로워들의 반응이 좋다. 마이크로 인플루언서들은 마케팅 비용대비 좋은 성과를 기대할 수 있다.

특히 중국에서는 왕홍(인플루언서의 중국식 명칭)이 다양한 플랫폼에서 라이브 스트리밍으로 직접 판매에 나서는 것이 새로운 쇼핑 추세로 떠오르고 있다. 이를 적극적으로 활용하면 중국 시장진출을 더욱 쉽고 빠르게 할 수 있다.

4 SNS에서 대규모 팔로워(follwer: 구독자)를 통해 대중에게 영향력을 미치는 사람

토의문제

1. 무역 분야에 O2O(Online to Offline) 개념이 어떻게 적용될 수 있는지 토론하시오.
2. 비대면 무역마케팅이 뉴노멀로 자리 잡을 것이라는 전망에 대하여 반박하시오.
3. 해외시장 세분화를 달성하기 위한 STP 전략에 대하여 설명하시오.
4. 유망 수출 상품을 발굴하기 위한 추가적인 선정기준이 있으면 제시하시오.
5. 가상의 수출 아이템을 정해서 트레이드내비(TradeNAVI)에서 무역정보를 조사하시오.
6. 가상의 수출 아이템을 정해서 어떤 온라인 거래처 발굴 전략이 적합할지 토론하시오.

참고문헌

강민영, 박도휘, 라스트마일 딜리버리: 택배물류의 마지막 1마일을 잡아라, 삼정 KPMG 경제연구원, 2018.

권영욱·남경두·임천석, 대일수출 중소기업의 인터넷 무역마케팅 활용 성과에 관한 실증 연구, 관세학회지 제12권 제1호, 2011.

권재근, 알기 쉬운 인터넷 무역, 매일경제신문사, 1999.

권혁, 한국 수출입기업의 전자무역시스템 활용성과에 관한 실증 연구, 경영연구 제34권 제1호, 2019.

김대완, 김승욱, 문희정, 최하눌, 디지털콘텐츠 비즈니스, 청람, 2018.

김동구, 우리나라 무역자동화(EDI) 운영의 개선방안에 관한 연구, 산학경영연구 제11호, 1998.

김보경, 해외 IoT기술 접목 스마트 제품의 성공전략, Trade Brief, Vol.8, 국제무역연구원, 2016.

김선옥, e-비즈니스의 활성화를 위한 무역원활화추진, 통상정보연구, 제7권 제2호, 2005.

김종훈 외, 컴퓨터 개론, 한빛아카데미, 2013.

김준호, 홍진환, 코에볼루션(Co-evolution), 한스컨텐츠, 2011.

김학민, 전자무역 마케팅의 수출성과에 대한 효과성 분석, 통상정보연구 제13권 제2호, 2011.

김현미, 전자신용장(e-L/C)의 활성화를 위한 거래 실무상의 문제점과 해결방안에 관한 연구, 전남대학교 대학원 학위논문, 2012.

노규성, 기업을 바꾼 10대 정보시스템, 커뮤니케이션북스, 2014.

노규성·조남재, 경영정보시스템, 사이텍미디어, 2010.

류건우, 양근우, 이호형, 최하눌, 전자무역과 웹비즈니스, 계명대학교출판부, 2011.

마셜 밴 스타인 외(이현경 옮김), 플랫폼 레볼루션, 부키, 2017.

미래와경영연구소, NEW 경제용어사전, 2006.

박두순 외, 빅데이터 컴퓨팅 기술, 한빛아카데미, 2014.

박찬욱, 이상종, 조아라, CRM 고객관계관리, 청람, 2019.

박태영, 사례를 통한 기술경영의 이해, 무역경영사, 2014.

산업통상자원부, 지식경제용어사전, 2010.

손용엽 외, 사이버 시장의 경쟁원리, 시그마인사이트컴, 2001.

신나라·김용진, 물류 빅데이터 구축 실태 및 활용사례 분석을 통한 활성화 방안, 한국물류학회 물류학회지 제28권 제2호, 2018.

오세인, 디지털미디어 콘텐츠비즈니스, 커뮤니케이션북스, 2005.

요제프 슘페터, 자본주의 사회주의 민주주의, 북길드, 2016.

이병문·정희진·박광서, 4차 산업혁명이 무역에 미칠 영향과 이에 대비한 수출촉진전략, 무역학회지 제42권 제3호, 2017.

이상진·김형철, 전자무역 활용현황 분석과 발전방향에 관한 연구, 전자무역연구 제12권 제2호, 2014.

이순철, 김정포, 해외시장조사론, 2011, 두남출판

이정호, 누구도 알려주지 않은 마케팅 리서치 비법 노트, 커뮤니케이션북스, 2007.

이호형, 4차 산업혁명 관련 무역연구의 체계적 문헌고찰과 사례연구, 통상정보연구 제22권 제2호, 2020.

이호형, 인터넷무역마케팅, 계명대학교출판부, 2015.

이호형, 전자무역 분야 빅데이터 활용 사례연구, 정보화연구(구 정보기술아키텍처연구) 제15권 제2호, 2018.

이효진, CDMA와 WIPI 기술정책의 성과요인 비교분석 : 혁신시스템, 거버넌스구조, 경로의존성을 중심으로, 한국IT서비스학회지, 제18권, 4호, 2019.

임유진·최은미, 시계열 빅데이터 처리 분석을 위한 맵리듀스 메커니즘 연구, 정보화연구(구 정보기술아키텍처연구) 제12권 제1호, 2015.

장명진·윤광운, 우리나라 무역업체의 인터넷 무역거래알선사이트의 활성화방안, 통상정보연구, 제2권 제2호, 2000.

장세진, 경영전략, 박영사, 2020.

정용찬, 빅데이터, 커뮤니케이션북스, 2013.

정인희, 패션 시장을 지배하라, 시공아트, 2011.

정지선, 新가치창출 엔진, 빅 데이터의 새로운 가능성과 대응 전략, 한국정보화진흥원, 제18호, 2011.

제임스 서로위키, 대중의 지혜, 랜덤하우스코리아, 2005.

조빛나·김건우, 세계 무역구조 변화와 한국 무역, Trade Brief, No.30, 국제무역연구원, 2016.

주해종, 김혜선, 김형로, 빅데이터 기획 및 분석, 크라운출판사, 2017.

찰스 리드비터, 집단지성이란 무엇인가, 21세기북스, 2009.

채서일, 마케팅 조사론, 비앤엠북스, 2005.

채서일, 사회과학조사방법론, 비앤앰북스, 2016.

채서일, 플랫폼 비즈니스, 비앤앰북스, 2020.

채진일, 글로벌 전자무역에서 SWIFT의 TSU BPO의 도입과 과제, 무역상무연구 제49호, 2011.

최동수, 디지털경제, 박영사, 2007.

최병삼, 김창욱, 조원영, 플랫폼 경영을 바꾸다, 삼성경제연구소, 2014.

최성범, 미디어 경영, 커뮤니케이션북스, 2013.

최장우·박영태, 인터넷 무역마케팅, 두남출판사, 2010.

최정환, 이유재, 죽은CRM 살아있는CRM, 한언, 2013.

최하눌, 글로벌시대의 고객관계관리, 두남, 2008.

최하눌, 디지털 시장의 경쟁전략, 두남, 2008.

최하눌, 해외시장 개척을 위한 시장조사론, 계명대학교출판부, 2018.

칼 플랭클린, 세상을 바꾼 혁신 vs 실패한 혁신, 시그마 북스, 2008.

한국무역협회 국제무역연구원, 한국형 수출강소기업의 성공요인과 시사점, 2011.

한국무역협회 국제무역통상연구원, 무역절차의 그린화, 전자무역의 경제적 효과분석, Trade Focus Vol.9 No.64, 2011.

한국무역협회 통상지원센터, 디지털무역 표준 논의 동향과 시사점, KITA 통상 리포트, Vol.6, 2021.

한국무역협회, 디지털무역 표준 논의 동향과 시사점, 2021.

한국무역협회, 무역업계의 4차 산업혁명 대응 현황 조사, 2017.

한국무역협회, 포스트 코로나 시대, 온라인 화상 상담 성공전략, 트레이드 브리프 12호, 2020.

한국정보산업연합회, 4차 산업혁명 시대, 기술 무역 분쟁의 방향과 극복 전략, 2019.

한국정보화진흥원, 新가치창출 엔진, 빅 데이터의 새로운 가능성과 대응 전략, IT & Future Strategy, 2011.

한국통상정보학회, 선진 무역환경 조성을 위한 전자무역 개선방안 연구, 2009.

한국해양수산개발원, 해운·항만 정책 의사결정 지원 빅데이터 플랫폼 개발 필요, KMI 동향분석 제152호, 2019.

함유근·박현영, 질병 예방을 위한 빅데이터활용 전략, 서울대학교의과대학 정보의학실 제13회 정보의학 세미나, 2013.

홍태호, 신택수, 안현철, 김은미, 고객관계관리, 한경사, 2019.

Carl Shapiro, Hal R. Varian, Information Rules, HBS, 1998.

Dawn Iacobucci, 마케팅 바이블, 세종서적, 2002.

Gartner, 'Big Data' Challenge Involves More Than Just Managing Volumes of Data, 2011.

IBM, Performance and Capacity Implications for Big Data, 2014.

Katz Michael, Carl Shapiro, Network externalities, Competition, and Compatibility, American Economic Review, 75:3, 1985.

KDI 경제정보센터자료, https://eiec.kdi.re.kr/material/conceptList.do

KIEP 최낙균 외, 디지털 혁신의 국제비교와 시나리오별 무역 영향 분석, KIEP 연구보고서, 2018.

KIET, 4차 산업혁명의 중소기업 수출 영향 및 정책 방향, 산업경제분석, 2017.

KOTRA 워싱턴 무역관 보고서, 무역협정을 통해 보는 디지털 무역, 2017.

KTNET, 전자무역 물류 실무완성, 2016.

KTNET, 전자무역 물류총서, 2016.

Laudon, Kenneth C. & Laudon, Jane P., Management Information Systems: Organization and Technology(10th ed.). Macmillan Publishing Company, Inc., 2006.

Laudon, Kenneth C., Jane P., Management Information Systems (12th Edition), Prentice Hall, 2011.

Russell S. Winer, Marketing Management, 2nd ed., Prentice Hall, 2004.

저자소개

최하눌

한국과학기술원(KAIST) 산업경영학 학사, 동 대학원에서 경제학 전공으로 경영공학 석사, MIS 전공으로 경영공학 박사 학위를 취득했으며, 현재는 계명대학교 사회과학대학 경제통상학부 전자무역학전공의 부교수로 재직하고 있다. 주요 연구 분야는 전자상거래와 디지털경제, 플랫폼 비즈니스와 개방형 혁신, 빅데이터와 무역마케팅이다. 주요 저서로는 [글로벌시대의 고객관계관리], [전자무역과 ERP], [전자무역과 웹비즈니스], [해외시장 개척을 위한 시장조사론]이 있다.

이호형

경희대학교 무역학과 학사, 동 대학원에서 무역학 전공으로 경영학 석사와 박사 학위를 취득했으며, 경희대학교 무역학과 전임강사를 거쳐 현재는 계명대학교 사회과학대학 경제통상학부 전자무역학전공의 부교수로 재직하고 있다. 주요 연구 분야는 전자무역, 무역마케팅, 산학협력, 무역인력 양성이다. 주요 저서로는 [인터넷무역마케팅], [전자무역학 캡스톤디자인], [전자무역과 웹비즈니스]가 있다.